O CERCO

Michael Wolff

O cerco
Trump sob fogo cruzado

TRADUÇÃO
Débora Landsberg
Leonardo Alves
Renato Marques

Copyright © 2019 by Michael Wolff
Todos os direitos reservados.

*Grafia atualizada segundo o Acordo Ortográfico da Língua Portuguesa de 1990,
que entrou em vigor no Brasil em 2009.*

Título original
Siege: Trump Under Fire

Capa
Rick Pracher

Foto de capa
Drew Angerer/ Getty Images

Preparação
Lígia Azevedo

Índice remissivo
Probo Poletti

Revisão
Carmen T. S. Costa
Huendel Viana

Dados Internacionais de Catalogação na Publicação (CIP)
(Câmara Brasileira do Livro, SP, Brasil)

Wolff, Michael
    O cerco : Trump sob fogo cruzado / Michael Wolff ; tradução
Débora Landsberg, Leonardo Alves, Renato Marques. — 1ª ed.
— Rio de Janeiro : Objetiva, 2019.

    Título original: Siege : Trump Under Fire.
    ISBN 978-85-470-0088-2

    1. Estados Unidos — Política e governo — 2018– 2. Presidentes
— Estados Unidos 3. Trump, Donald, 1946– I. Título.

19-26457   CDD-973.933092

Índice para catálogo sistemático:
1. Trump, Donald : Estados Unidos : Presidente :
    Biografia   973.933092

Cibele Maria Dias – Bibliotecária – CRB-8/9427

[2019]
Todos os direitos desta edição reservados à
EDITORA SCHWARCZ S.A.
Praça Floriano, 19, sala 3001 — Cinelândia
20031-050 — Rio de Janeiro — RJ
Telefone: (21) 3993-7510
www.companhiadasletras.com.br
www.blogdacompanhia.com.br
facebook.com/editoraobjetiva
instagram.com/editora_objetiva
twitter.com/edobjetiva

Em lembrança de meu pai, Lewis A. Wolff

Sumário

Nota do autor 9

1. Na mira 13
2. Uma segunda chance 33
3. Advogados 49
4. Sozinho 61
5. Robert Mueller 70
6. Michael Cohen 85
7. As mulheres 98
8. Michael Flynn 109
9. Eleições de meio de mandato 123
10. Kushner 135
11. Hannity 153
12. Trump no exterior 166
13. Trump e Putin 179
14. Cem dias 194
15. Manafort 205
16. Pecker, Cohen, Weisselberg 218
17. McCain, Woodward, Anônimo 233
18. Kavanaugh 244
19. Khashoggi 256

20. Surpresas de outubro 268
21. 6 de novembro 280
22. Paralisação 294
23. O muro 307
Epílogo: O relatório 321

Agradecimentos 329
Índice remissivo 331

Nota do autor

Pouco depois da posse de Donald Trump como o 45º presidente dos Estados Unidos, me permitiram entrar na Casa Branca como observador à distância. Meu livro *Fogo e fúria* foi o relato resultante do caos organizacional e do drama constante — mais psicodrama do que drama político — dos primeiros sete meses de Trump no cargo. Ali estava um presidente volúvel e indeciso, lançando, quase diariamente, suas estranhas fúrias sobre o mundo e sobre a própria equipe ao mesmo tempo. Essa primeira fase da Casa Branca mais anormal da história americana se encerrou em agosto de 2017, com a saída do estrategista-chefe Stephen K. Bannon e a nomeação do general aposentado John Kelly como chefe de gabinete.

Este novo relato se inicia em fevereiro de 2018, no princípio do segundo ano de Trump no cargo, com a situação extremamente alterada. As fúrias imprevisíveis do presidente esbarravam em uma reação institucional cada vez mais organizada e metódica. A roleta da justiça tinha se voltado inexoravelmente contra ele. Sob diversos aspectos, o próprio governo e a própria Casa Branca de Trump começaram a atacá-lo. Basicamente todos os centros de poder restantes na extrema direita o consideravam incapaz. Até alguns de sua própria base o achavam irresponsável, e extremamente confuso e perdido. Nunca um presidente esteve sob tamanho ataque e com uma capacidade tão limitada de se defender.

Seus inimigos o cercam, focados em derrubá-lo.

* * *

Sou acompanhado no meu fascínio por Trump — na certeza absoluta de que ele vai acabar por se autodestruir — por, acredito, quase todo mundo que o encontrou desde que foi eleito presidente. Trabalhar a pouca distância dele é se defrontar com o comportamento mais extremado e desorientador possível. Não se trata nem de longe de exagero. Trump não é como outros presidentes, tampouco é como qualquer pessoa que a maioria de nós já conheceu. Portanto, todo mundo que já esteve próximo dele se sente forçado a tentar explicá-lo e contar suas peculiaridades, que são de enlouquecer qualquer um. Essa é mais uma de suas desvantagens: todos que o cercam, embora restritos por juras de confidencialidade, acordos de sigilo ou até amizade, não conseguem parar de falar de suas experiências com ele. Nesse sentido, Trump está mais exposto do que qualquer outro presidente da história.

Muitas das pessoas da Casa Branca que me ajudaram durante a escrita de *Fogo e fúria* agora estão fora do governo, porém mais envolvidas do que nunca na saga Trump. Sou grato por fazer parte dessa importante rede. Muitos amigos íntimos do Trump pré-Casa Branca continuam a escutá-lo e apoiá-lo; ao mesmo tempo, como manifestação de preocupação e incredulidade, trocam relatos entre si e com outras pessoas sobre seu gênio, seu estado de espírito e seus ímpetos. Em geral, percebi que, quanto mais próximos são dele, mais assustados ficaram em diversos momentos quanto a seu estado mental. Todos especulam como isso vai terminar — mal para ele, concluem. De fato, Trump provavelmente é um tema bem melhor para escritores interessados nas capacidades e falhas humanas do que para a maioria dos repórteres e escritores responsáveis pela cobertura regular de Washington e interessados sobretudo na busca do sucesso e do poder.

Meu principal objetivo em *O cerco* é criar uma narrativa agradável e de fácil compreensão, mas também quero chegar próximo de uma história em tempo real deste momento extraordinário, já que entender o fato bem depois de transcorrido talvez seja tarde demais. O objetivo final é simplesmente fazer um retrato: Donald Trump é um personagem americano extremo, quase alucinatório, e sem dúvida serve de lição. Para realizar essa atividade, ganhar perspectiva e achar as vozes necessárias para contar a história no sentido mais amplo, conferi anonimato a todas as fontes que pediram. Em casos nos quais me relataram — com a promessa de não atribuir fontes — um acontecimento não registrado ou uma conversa ou comentário em particular, fiz de tudo para confirmar as informações com outras fontes ou em documentos. Em certos casos, testemunhei os acontecimentos ou conversas aqui descritos. No tocante à investigação de Mueller, a narrativa que faço é baseada em documentos internos que me foram concedidos por fontes próximas ao Gabinete da Procuradoria Especial.

Lidar com fontes na Casa Branca de Trump rendeu muitas questões peculiares. Uma condição básica para se trabalhar nesse ambiente, sem dúvida, é a disposição para racionalizar e deslegitimar infinitamente a verdade e quando necessário mentir descaradamente. Na verdade, creio que isso tenha feito com que algumas das pessoas que minaram a fé pública se tornassem contadoras de verdades em particular. É o acordo que fizeram com o diabo. Mas, para o autor, entrevistar essas fontes com duas caras cria um dilema, pois é preciso depender de pessoas que mentem para também contar a verdade — e que mais tarde podem repudiar a verdade contada. Aliás, a natureza extraordinária de muito do que aconteceu na Casa Branca de Trump em geral é negada de forma grosseira por seus porta-vozes, bem como pelo próprio presidente. Porém, em cada relato sucessivo desse governo, seu nível de absurdo — ainda que o parâmetro seja constantemente elevado — quase invariavelmente foi confirmado.

Em uma atmosfera que promove e não raro exige hipérboles, o tom em si vira uma parte primordial da precisão. Por exemplo, é um fator crucial que o presidente, por um amplo leque de pessoas próximas, volta e meia seja descrito em termos máximos de instabilidade mental. "Nunca conheci ninguém tão maluco quanto Donald Trump" são as palavras de um membro da equipe que passou horas quase incontáveis com o presidente. Algo parecido me foi expresso por dezenas de outros com experiências em primeira mão. Como traduzir isso em uma avaliação responsável de sua Casa Branca singular? Minha estratégia é tentar mostrar e não contar, é descrever o contexto mais geral, é transmitir a experiência, é torná-la tão real que o leitor possa avaliar por conta própria onde está Donald Trump na escala vertiginosamente escorregadia do comportamento humano. É essa situação, um estado emocional em vez de um estado político, que está no cerne deste livro.

1. Na mira

O presidente fez sua já conhecida cara de "algo está fedendo", depois mexeu as mãos como se afugentasse um mosquito.

"Não me fale uma coisa dessas", ele disse. "Pra que me falar uma coisa dessas?"

Seu advogado particular, John Dowd, no final de fevereiro de 2018, pouco mais de um ano depois de iniciado o mandato de Trump, tentava explicar que procuradores provavelmente emitiriam uma intimação para obter documentos das Organizações Trump.

Trump parecia reagir menos às implicações de um mergulho profundo nos seus negócios do que a ter que ouvir falar de tudo isso. Sua irritação desencadeou uma breve arenga. Não era tanto porque estavam atrás dele — e sem dúvida estavam —, mas porque ninguém o defendia. O problema estava na própria equipe. Principalmente nos advogados.

Trump queria que seus advogados "arrumassem" as coisas. "Não me venha com problemas, eu quero soluções" era um daqueles clichês corporativos que ele vivia repetindo. Estimava seus advogados pela destreza que tinham por baixo dos panos e os culpava quando não conseguiam desaparecer com os problemas. Seus problemas se tornavam responsabilidade *deles*. "Faça sumir" era uma de suas ordens frequentes. Não raro, dita três vezes: "Faça sumir, faça sumir, faça sumir".

O assessor jurídico da Casa Branca, Don McGahn — representando a Casa Branca e não, em uma distinção que Trump nunca entendeu direito, o presidente —, demonstrou pouca competência no sumiço de problemas e se tornou um alvo constante da raiva e das invectivas de Trump. Sua interpretação jurídica do funcionamento adequado do poder executivo normalmente contrariava os desejos do patrão.

Por outro lado, Dowd e seus colegas, Ty Cobb e Jay Sekulow — o trio de advogados encarregado de conduzir o presidente pelos seus problemas jurídicos pessoais —, tinham adquirido enorme competência em tentar evitar o mau humor do cliente, muitas vezes acompanhado de ataques pessoais ameaçadores, quase descontrolados. Todos os três compreendiam que ser um advogado bem-sucedido de Donald Trump era dizer ao cliente o que ele queria escutar.

Trump acreditava em um mito de advogado ideal que não tinha quase nada a ver com a prática do direito. Invariavelmente citava Roy Cohn, seu amigo de longa data em Nova York, advogado e mentor durão, e Robert Kennedy, irmão de John F. Kennedy. "Ele me enchia o saco falando de Roy Cohn e Bobby Kennedy", declarou Steve Bannon, o estrategista político que, talvez mais do que ninguém, foi responsável pela vitória de Trump. "'Roy Cohn e Bobby Kennedy', ele dizia. 'Cadê meu Roy Cohn e meu Bobby Kennedy?'" Cohn, para seu próprio benefício e transformando-se em lenda, construiu o mito que Trump continuava a abraçar: com criatividade e músculo suficientes, o sistema jurídico poderia sempre ser manipulado. Bobby Kennedy fora o procurador-geral e capanga do irmão: ele protegia JFK e manejava os canais secretos do poder em prol da família.

Esse era um tema constante para Trump: enganar o sistema. "Sou o cara que escapa ileso", volta e meia se gabava com os amigos de Nova York.

Ao mesmo tempo, não queria saber dos detalhes. Queria apenas que os advogados lhe garantissem que estava ganhando. "A gente está mandando ver, não está? É isso que eu quero saber. É só isso que eu quero saber. Se a gente não estiver mandando ver, você ferra com tudo", ele berrou uma tarde, com membros de sua equipe jurídica ad hoc.

Desde o começo, foi um imenso desafio achar grandes advogados que aceitassem o que, no passado, sempre fora uma das atribuições jurídicas mais pomposas: representar o presidente dos Estados Unidos. Um advogado de colarinho-branco e de renome em Washington deu a Trump uma lista de vinte questões que teriam que ser abordadas imediatamente se ele aceitasse o caso. Trump se recusou a ponderar qualquer uma delas. Mais de uma dúzia de grandes firmas se recusou a representá-lo. No final das contas, Trump acabou com um grupo chinfrim de profissionais que não tinham a influência e os recursos dos grandes escritórios. Agora, treze meses depois da posse, ele enfrentava problemas jurídicos pessoais que tinham no mínimo a mesma dimensão que os enfrentados por Richard Nixon e Bill Clinton, e o fazia com o que parecia, na melhor das hipóteses, uma equipe jurídica bem pouco badalada. Mas Trump parecia ignorar seu flanco exposto. Intensificando seu grau de negação quanto às ameaças jurídicas que o cercavam, ele raciocinou em tom de chacota: "Se eu tivesse bons advogados, daria a impressão de que sou culpado".

Aos 77 anos, Dowd tivera uma longa e bem-sucedida carreira jurídica, tanto no governo como em escritórios de advocacia de Washington. Mas isso ficara para trás. Agora estava por conta própria, ávido para adiar a aposentadoria. Não há dúvida de que sabia da importância, em relação à própria situação no círculo jurídico de Trump, de entender as necessidades do cliente. Foi obrigado a concordar com a avaliação do presidente quanto ao contato de sua campanha com representantes do Estado russo: ele não seria atingido. Com esse fim, Dowd e os outros membros da equipe de advogados de Trump recomendaram que o presidente colaborasse com a investigação de Mueller.

"Não sou o alvo, né?", Trump vivia cutucando.

Não era uma pergunta retórica. Ele insistia em receber uma resposta, e que fosse afirmativa: "O senhor não é o alvo, presidente". No início do mandato, Trump tinha incitado o diretor do FBI James Comey a dar exatamente essa garantia. Em um dos gestos inconfundíveis de sua presidência, ele havia despedido Comey em maio de 2017 em certa medida por não estar satisfeito com o entusiasmo da afirmação e portanto achar que o diretor do FBI conspirava contra ele.

O presidente ser ou não ser de fato alvo — e sem dúvida seria necessário viver a outra realidade para não o ver como o alvo da investigação de Mueller — parecia fazer parte de uma realidade distinta da necessidade que Trump tinha de ser reassegurado de que não era o alvo.

"Trump me treinou", Ty Cobb disse a Steve Bannon. "Mesmo se for ruim, é ótimo."

O presidente imaginava — aliás, com uma confiança sobrenatural, e nada parecia dissuadi-lo — que num futuro próximo o próprio procurador especial entraria em contato, enviando uma carta de exoneração abrangente e até mesmo um pedido de desculpas.

"Cadê a porra da carta?", ele queria sempre saber.

O júri recrutado pelo procurador especial Robert Mueller se reunia às quintas e sextas no tribunal federal distrital de Washington. A questão era conduzida no quinto andar de um prédio comum na Constitution Avenue, nº 333. Os jurados se encontravam em um espaço desinteressante que parecia menos um tribunal e mais uma sala de aula, com promotores em um palanque e testemunhas sentadas à mesa diante da sala. Os jurados de Mueller eram mais mulheres do que homens, mais brancos do que negros, mais velhos do que novos; se distinguiam sobretudo pela concentração e pela intensidade. Escutavam os procedimentos com "um tipo assustador de atenção, como se já soubessem de tudo", disse uma testemunha.

Em um inquérito de júri, você recai em uma de três categorias. Você é uma "testemunha do fato", ou seja, o promotor acredita que tem informações sobre a investigação em pauta. Ou você é "partícipe", o que significa que teria envolvimento pessoal no crime em investigação. Ou, o mais preocupante, você é "alvo", isto é, o promotor está tentando fazer com que o júri indicie você. Testemunhas não raro se tornam partícipes, e partícipes muitas vezes se tornam alvos.

No começo de 2018, com a investigação de Mueller e seu júri mantendo um grau histórico de confidencialidade, ninguém na Casa Branca tinha como saber quem era o quê. Ou quem dizia o que a quem. Qualquer um e todos que estivessem trabalhando para o presidente ou para um de seus principais assessores poderia estar conversando com o procurador especial. O código de silêncio da investigação se estendeu à Ala Oeste. Ninguém sabia, e ninguém diria, quem estava soltando a língua.

Quase todos os membros do alto escalão da equipe da Casa Branca — o grupo de conselheiros que teve interações em primeira mão com o presidente — haviam contratado advogados. Aliás, desde os primeiros dias do presidente na Casa Branca, o passado jurídico enrolado e a visível falta de cuidado legal lançaram uma sombra sobre aqueles que trabalhavam com ele. Enquanto aprendiam a circular pelo labirinto que é a Ala Oeste, os veteranos já procuravam advogados.

Em fevereiro de 2017, apenas semanas depois da posse, e não muito depois que o FBI levantou as primeiras questões sobre o conselheiro de Segurança Nacional Michael Flynn, o chefe de gabinete Reince Priebus entrou no escritório de Steve Bannon e disse: "Vou te fazer um enorme favor. Me dê seu cartão de crédito. Não me pergunte por quê, só me dê o cartão. Você vai me agradecer pelo resto da vida".

Bannon abriu a carteira e deu a Priebus seu cartão American Express. Priebus voltou logo, devolveu o cartão e declarou: "Agora você tem proteção jurídica".

Ao longo do ano seguinte, Bannon — uma testemunha do fato — passou centenas de horas com seus advogados preparando o testemunho que daria perante a procuradoria especial e perante o Congresso. Por sua vez, os advogados passavam um tempo cada vez maior falando com a equipe de Mueller e os conselheiros das comissões do Congresso. No final do ano, as despesas legais de Bannon chegavam a 2 milhões de dólares.

O primeiro conselho de todo advogado ao cliente era direto e inequívoco: não fale com ninguém, assim não terá necessidade de testemunhar a respeito do que disse. Em pouco tempo, uma preocupação constante dos membros do alto escalão da Casa Branca de Trump era saber o mínimo possível. Era um mundo virado de ponta-cabeça: se antes todos queriam estar em reuniões, agora era melhor ficar de fora. As pessoas queriam evitar testemunhar conversas, queriam evitar que as testemunhassem sendo testemunha de conversas — pelo menos as mais espertas. Não havia dúvida de que ninguém era amigo. Era impossível saber qual era a situação de um colega na investigação; portanto, não havia como saber quais as probabilidades de ele ter que prestar depoimento sobre outra pessoa — você, talvez — para cooperar com o procurador especial, isto é, de lhe virar as costas para se salvar.

A Casa Branca, ficou logo claro para quase todo mundo que trabalhava lá — ao mesmo tempo que isso se tornava mais uma razão para *não* trabalhar lá —, era o cenário de uma investigação criminal em andamento, uma que poderia enredar qualquer um que chegasse perto.

O zelador supremo dos segredos de campanha, da transição e do primeiro ano de mandato era Hope Hicks, diretora de comunicação da Casa Branca. Ela havia testemunhado praticamente tudo. Via o que o presidente via, sabia o que Trump, um homem incapaz de controlar o próprio monólogo contínuo, sabia.

Em 27 de fevereiro de 2018, testemunhando perante a Comissão de Inteligência da Câmara — ela já tinha se apresentado diante do procurador especial —, Hicks foi pressionada a responder se já tinha mentido pelo presidente. Talvez uma profissional de comunicação mais habilidosa tivesse escapado do apuro, mas Hicks, que tinha pouca experiência além do trabalho como porta-voz de Donald Trump — que, de modo geral, significava lidar com o desdém dele pela verdade empírica —, se viu como que em uma súbita e inesperada lacuna moral ao tentar analisar publicamente a importância relativa das mentiras do chefe. Ela assumiu ter contado "mentiras leves", como se fossem, de algum modo, menos relevantes que as outras. Foi uma confissão avançada o bastante para exigir quase vinte minutos de deliberação com os advogados no meio do depoimento, aflitos com o que ela poderia estar admitindo e com aonde a desconstrução das inversões constantes do presidente poderia levar.

Não muito tempo após depor, outra testemunha perante o júri de Mueller foi questionada sobre até onde Hicks estava disposta a ir para mentir em prol do presidente. A testemunha disse: "Acho que, no que diz respeito a ser subserviente a Trump, Hicks vai em frente — mas ela não entraria na linha de tiro por ele". A declaração poderia ser vista tanto como um elogio irônico quanto como uma estimativa do grau de lealdade que havia na Casa Branca de Trump — provavelmente não muito elevado.

Quase ninguém no governo Trump, é possível argumentar, era adequado a seu cargo da forma convencional. Mas, com a possível exceção do próprio presidente, ninguém propiciava um retrato melhor dessa presidência despreparada e desinformada do que Hicks. Ela não tinha experiência política ou midiática substancial, tampouco tinha um temperamento fortalecido por anos de trabalho sob pressão. Sempre usando as minissaias de que Trump gostava, parecia invariavelmente assustada sob os holofotes. O presidente a admirava não porque tivesse habilidade política para protegê-lo, mas por sua dócil obediência. A função dela era se dedicar ao cuidado e ao sustento dele.

"Quando falar com ele, comece com um feedback positivo", aconselhou Hicks, entendendo a necessidade que Trump tinha de afirmação constante e sua incapacidade quase total de falar de algo além de si mesmo. A atenção que dava a Trump e sua natureza afável a haviam alçado, aos 29 anos, a um alto cargo na comunicação da Casa Branca. Do ponto de vista prático, ela atuava como chefe de gabinete de fato. Trump não queria seu governo cheio de profissionais: queria que sua equipe fosse formada por pessoas que tomassem conta dele e lhe dessem atenção.

Hicks — para Trump, "Hope-y" — era ao mesmo tempo a guardiã e o porto seguro do presidente. Também era um tema frequente de seu interesse lascivo: Trump preferia que os negócios, até mesmo na Casa Branca, fossem pessoais. "Quem está comendo a Hope?", ele exigia saber. O assunto também interessava a seu filho Don Jr., que volta e meia professava sua intenção de "comer a Hope". A filha do presidente, Ivanka, e seu marido, Jared Kushner, ambos conselheiros seniores da Casa Branca, exprimiam uma preocupação mais nobre em relação a Hicks; às vezes tentavam até sugerir pretendentes.

Porém, Hicks, aparentemente entendendo a natureza insular do mundo de Trump, se relacionava exclusivamente dentro da bolha, escolhendo os homens mais cafajestes: o chefe de campanha Corey Lewandowski durante as eleições e o assessor presidencial Rob Porter na Casa Branca. Enquanto a relação entre Hicks e Porter avançava, no outono de 2017, saber do caso se tornou um símbolo de intimidade com o universo de Trump, havendo um cuidado especial para esconder esse acontecimento do presidente. Ou não: outras pessoas, supondo que o envolvimento de Porter com Hicks não agradaria Trump, eram menos discretas quanto a ele.

Na animosidade intensa da Casa Branca de Trump, Rob Porter talvez tenha conseguido se tornar a pessoa mais malquista por todos, à exceção do próprio presidente. Um sujeito de queixo quadrado, que parece ter saído dos anos 1950 e poderia ser modelo de produtos para cabelo, era um retrato quase risível de traição e deslealdade: se ele *não* tivesse lhe dado uma facada pelas costas, era porque desprezava você. Uma espécie de personagem de sitcom — "Eddie Haskell", brincava Bannon, citando o ícone televisivo da insinceridade e do puxa-saquismo de *Leave It to Beaver* —, ele abraçava o chefe de gabinete John Kelly enquanto fazia sua caveira para o presidente. A avaliação de Porter quanto às suas grandes responsabilidades na Casa Branca, além dos cargos mais importantes que o presidente — segundo ele divulgava — lhe prometia, pareciam pôr o governo e a nação totalmente em seus ombros.

Porter tinha, antes de completar os quarenta anos, duas ex-mulheres ferozes, tendo espancado pelo menos uma delas e traído em níveis estratosféricos ambas. Durante um período como funcionário do Senado, Porter tivera um caso com uma estagiária, o que lhe custara o emprego. A namorada, Samantha Dravis, fora morar com Porter no verão de 2017, enquanto, sem que ela soubesse, ele saía com Hicks. "Eu te traí porque você não é atraente o bastante", diria a Dravis também mais adiante.

Em uma quebra de protocolo talvez criminosa, Porter obteve acesso aos documentos em estado bruto de sua liberação pelo FBI e viu as declarações das ex-esposas. A segunda ex-mulher havia escrito um post em um blog sobre o suposto abuso, que claramente o apontava como o agressor, ainda que não o nomeasse. Preocupado com o impacto negativo que as ex-esposas poderiam ter sobre sua liberação, ele recrutou Dravis para ajudá-lo a amansar sua relação com as duas.

Lewandowski, o ex-namorado de Hicks, ficou sabendo do envolvimento dela com Porter e começou a atuar para expor a relação; segundo alguns relatos, incentivou paparazzi a seguir Hicks. Embora o histórico de abusos de Porter aos poucos viesse à tona por conta da investigação do FBI, a campanha de Lewandowski contra Hicks interferia nas inúmeras outras tentativas de acobertar as transgressões de Porter.

No outono de 2017, Dravis ouviu os boatos impelidos por Lewandowski sobre uma relação entre Hicks e Porter. Depois de descobrir o número de Hicks salvo sob um nome masculino nos contatos de Porter, Dravis o confrontou, e ele imediatamente a expulsou de casa. Após voltar para a casa dos pais, ela deu início a uma campanha revanchista, falando abertamente dos problemas da liberação de Porter, inclusive com gente dentro da assessoria jurídica da Casa Branca, e de como ele tinha proteção do escalão mais alto da Casa Branca. Então, com Lewandowski, Dravis ajudou a vazar os detalhes do romance entre Hicks e Porter ao *Daily Mail*, que publicou uma matéria sobre o assunto em 1º de fevereiro.

Mas Dravis, unida às ex-mulheres de Porter, decidiu que, escandalosamente, ele havia passado uma *boa* impressão no relato do *Daily Mail* — ele era parte de um casal poderoso e glamoroso! Porter ligou para Dravis para fazer escárnio: "Você achou que ia me pegar!". Dravis e as ex-esposas revelaram publicamente os abusos que tinham sofrido nas mãos dele. A primeira esposa disse que ele a havia chutado e socado, apresentando inclusive uma fotografia do olho roxo. A segunda esposa informou à imprensa que havia pedido uma medida protetiva de urgência contra ele.

A Casa Branca, ou pelo menos Kelly — e provavelmente Hicks —, estava ciente de muitas dessas alegações e, na verdade, as acobertou. ("Em geral, tem tanta gente competente para os cargos da Casa Branca que dá para eliminar quem bate em mulher, mas era impossível ser tão seletivo na Casa Branca de Trump", disse um republicano conhecido de Porter.) O frenesi que havia irrompido em torno de Porter e seu histórico preocupante como um sujeito repulsivo não só irritava Trump — "Ele fede a má publicidade" — como enfraquecia Kelly ainda mais. Em 7 de fevereiro, depois que as duas ex-mulheres deram entrevista à CNN, Porter se demitiu.

Hicks, que se acanhava diante da imprensa — Donald Trump dava muito valor a aliados que não roubassem suas oportunidades de aparecer na imprensa —, de repente viu sua vida amorosa sob as luzes do intenso exame da imprensa internacional. Seu caso com o desacreditado Porter ressaltou sua relação bizarra com o presidente e a família dele, bem como a gestão irregular, as disfunções interpessoais e a falta geral de astúcia política no mundo de Trump.

O caso, curiosamente, era um dos últimos problemas de Hicks. Aliás, para ela, o escândalo de Porter talvez tenha se tornado uma nuvem *melhor* sob a qual deixar o governo do que aquela que quase todo mundo na Ala Oeste presumia ser a verdadeira.

Em 27 de fevereiro, um repórter de um boletim de informações privilegiadas de Washington, o *Axios*, Jonathan Swan, um dos canais prediletos de vazamentos da Casa Branca, noticiou que Josh Raffel estava deixando a Casa Branca. Em um novo esquema, Raffel havia entrado na Ala Oeste em abril de 2017 como porta-voz exclusivo do genro do presidente, Jared Kushner, e de sua esposa, Ivanka, contornando a equipe de comunicação da Casa Branca. Raffel, que assim como Kushner era um democrata, tinha trabalhado na Hiltzik Strategies, a firma de relações públicas nova-iorquina que representava a linha de roupas de Ivanka.

Hope Hicks, que também trabalhara na Hiltzik — talvez mais conhecida pelo longo tempo que representou o produtor cinematográfico Harvey Weinstein, envolvido, no outono de 2017, em um escândalo épico de assédio sexual e acobertamento —, no princípio tivera o mesmo papel que Raffel, mas em um nível mais alto: era a porta-voz do presidente. Em setembro, foi promovida a diretora de comunicação da Casa Branca, com Raffel como segundo na fila.

O problema surgira no verão anterior. Tanto Hicks como Raffel estavam no Força Aérea Um em julho de 2017 quando foi divulgada a notícia do encontro de Donald Trump Jr. na Trump Tower, durante a campanha, com intermediários do governo russo que ofereciam fofocas maliciosas sobre Hillary Clinton. Na viagem de volta aos Estados Unidos após a reunião do G20 na Alemanha, Hicks e Raffel auxiliaram o presidente na tentativa de lançar uma história em grande medida falsa a respeito do encontro na Trump Tower, tornando-se assim parte do acobertamento.

Embora fizesse pouco mais de nove meses que Raffel estava na Casa Branca, a notícia do *Axios* dizia que sua saída estava sendo debatida havia meses. Era mentira. Fora uma saída abrupta.

No dia seguinte, da mesma forma abrupta, Hope Hicks — a pessoa mais próxima do presidente na Casa Branca — também entregou o cargo.

A única pessoa que talvez soubesse mais do que ninguém sobre as manipulações da campanha de Trump e da Casa Branca dele de repente estava de saída. A preocupação profunda dentro do governo se baseava na suposição cabível de que Hicks e Raffel, tanto testemunhas como colaboradores das tentativas feitas pelo presidente de acobertar os detalhes do encontro do filho e do genro com os russos, eram partícipes ou alvos da investigação de Mueller — ou, pior, que já teriam feito um acordo.

O presidente, efusivo nos elogios públicos a Hicks, não tentou dissuadi-la de se demitir. Nas semanas seguintes, ele ficaria lamentando sua ausência — "Cadê a minha Hope-y?" —, mas, na verdade, assim que ficou sabendo que talvez ela falasse, ele quis seu desligamento e começou, em uma reescrita substancial, a rebaixar seu status e sua importância na campanha e na Casa Branca.

No entanto, do ponto de vista de Trump, este era o ponto mais auspicioso a respeito de Hicks: por mais fundamental que ela fosse à sua presidência, seus deveres consistiam apenas em agradá-lo. Ela era a improvável agente de uma estratégia magnífica e de grandes conspirações. A equipe de Trump era formada apenas por figurantes.

* * *

John Dowd talvez tenha relutado em dar a má notícia ao cliente, mas entendia bem o risco que era um promotor meticuloso com recursos basicamente ilimitados. Quanto maior a determinação de uma equipe de agentes do FBI tem ao peneirar, despir e inspecionar, maiores as chances de que crimes tanto metódicos como casuais sejam revelados. Quanto mais abrangente a procura, mais inevitável o resultado. O caso de Donald Trump — com seu histórico de falências, truques financeiros, ligações dúbias e o senso geral de impunidade — sem dúvida parecia proporcionar aos promotores um excesso de opções.

De sua parte, entretanto, Donald Trump ainda parecia acreditar que suas habilidades e seus instintos ao menos faziam frente a toda a meticulosidade e todo o esmero do Departamento de Justiça dos Estados Unidos. Ele acreditava até que a abordagem minuciosa funcionaria a seu favor. "Chato. Confuso pra todo mundo", disse, desdenhando dos relatos sobre a investigação feitos por Dowd e outros. "Não dá pra acompanhar nada disso. Não tem gancho."

Um dos diversos aspectos bizarros da presidência de Trump era que ele não enxergava a presidência, fosse pelas responsabilidades ou pela exposição, como algo muito diferente de sua vida pré-Casa Branca. Ele havia sofrido investigações quase incontáveis em sua longa carreira. Já tinha se envolvido em vários tipos de litígio ao longo de seus 45 anos de trajetória profissional. Era um lutador que, com impudência e agressividade, havia escapado de apuros que teriam arruinado um jogador mais fraco, menos astuto. Sua estratégia empresarial essencial era: o que não mata fortalece. Embora se ferisse repetidas vezes, Trump nunca sangrava até a morte.

"É questão de jogar o jogo", ele explicou em um de seus frequentes monólogos sobre sua superioridade e a burrice de todos os outros. "Sou bom de jogo. Talvez seja o melhor. Sério, devo ser o melhor. Acho que sou o melhor. Sou muito bom. Muito tranquilo. A maioria tem medo que o pior aconteça. Mas não acontece, a não ser que você seja burro. E eu não sou burro."

Nas semanas seguintes ao seu aniversário de primeiro ano de mandato, com a investigação de Mueller no oitavo mês, Trump continuava encarando o inquérito do procurador especial como uma luta de vontades. Não a considerava uma guerra de atrito — uma redução gradual de força e da credibilidade do alvo por meio de análise constante e pressão cada vez maior. Na verdade, via uma situação a ser confrontada, um combate governamental espúrio que era vulnerável a seus ataques. Tinha certeza de que poderia forçar a "caça às bruxas" — volta e meia tuitada em letras maiúsculas — a pelo menos um empate partidário.

Continuou irritado com as tentativas de persuadi-lo a entrar no jogo no estilo comum em Washington — montando uma defesa jurídica disciplinada, negociando, tentando conter os danos — em vez de fazê-lo do seu jeito. Foi desconcertante para muitas das pessoas mais próximas dele, mas elas se alarmavam ainda mais ao ver que, à medida que a indignação e a sensação de ofensa pessoal de Trump aumentavam, crescia também sua crença na própria inocência.

Já no fim de fevereiro, além das acusações do júri de Mueller contra um grupo de cidadãos russos por atividades ilegais relacionadas às tentativas do governo russo de influenciar as eleições americanas, Mueller tinha alcançado vários níveis do círculo de Trump. Dentre os que foram acusados ou se declararam culpados de crimes estavam o ex-diretor de campanha Paul Manafort, o ex-assessor de Segurança Nacional Michael Flynn, o diligente assessor júnior George Papadopoulos e o sócio de Manafort e oficial de campanha Rick Gates. Essa série de atos jurídicos poderia ser tipicamente entendida como uma abordagem metódica, um passo a passo até a porta do presidente. Ou, do ponto de vista da equipe de Trump, podia ser vista como uma caça aos oportunistas e parasitas que sempre rodearam Trump.

As dúvidas acerca da utilidade dos parasitas de Trump eram uma parte implícita da função deles: poderiam ser descartados e rejeitados a qualquer momento, o que acontecia prontamente ao mínimo sinal de dificuldade. Os apoiadores de Trump varridos por Mueller foram todos declarados jogadores aspirantes e marginais. O presidente nunca os conhecera, não se lembrava deles ou tivera pouco contato com eles. "Conheço o sr. Manafort. Faz muito tempo que não falo com ele, mas o conheço", declarou um Trump desdenhoso, usando um truque de seu manual de estratégias.

A dificuldade de provar uma conspiração é provar a intencionalidade. Muitos dos membros do círculo mais íntimo de Trump acreditavam que ele, as Organizações Trump e por conseguinte a campanha funcionavam de um modo tão difuso e fortuito, como uma gangue atrapalhada, que seria bem complicado comprovar a intencionalidade. Além do mais, os parasitas de Trump eram jogadores tão nitidamente medíocres que a burrice poderia muito bem ser uma defesa cabível contra a intencionalidade.

Muitos no círculo de Trump concordavam com o chefe: acreditavam que, apesar das manobras idiotas quaisquer levadas a cabo por mãos trumpistas idiotas, a investigação sobre os russos era obscura demais e banal demais para colar. Ao mesmo tempo, muitos, talvez todos, tinham a convicção secreta de que um mergulho fundo — ou até uma inspeção superficial — no passado financeiro de Trump renderia uma coleção de delitos patentes, e provavelmente um padrão corrupto.

Não era nenhuma surpresa, portanto, que, desde o início da investigação do procurador especial, Trump tivesse tentado impor um limite entre Mueller e as finanças de sua família, ameaçando-o abertamente caso ultrapassasse essa linha. O pressuposto de Trump ainda era de que o procurador especial tinha medo dele, ciente de onde e como sua tolerância ia se esgotar. Trump tinha certeza de que a equipe de Mueller poderia ser levada a entender seus limites, ou à base de indiretas ou de uma ameaça sem sutileza.

"Eles sabem que não podem me pegar", Trump disse a uma das pessoas que costumavam lhe telefonar após o jantar, "porque nunca me envolvi. Não sou o alvo. Não tem nada. Não sou o alvo. Eles já me disseram que não sou o alvo. E sabem o que aconteceria se me tornassem o alvo. Todo mundo entende todo mundo."

Livros e matérias de jornais sobre os 45 anos de Trump como empresário eram repletos de seus negócios duvidosos, e sua chegada à Casa Branca só serviu para ressaltá-los e trazer à tona casos ainda mais suculentos. O setor imobiliário era o modo de lavar dinheiro preferido do mundo, e o empreendimento imobiliário nível B de Trump — incessantemente anunciado por ele como um empreendimento triplo A — era muito explicitamente projetado para atrair lavagem de dinheiro. Além disso, os infortúnios financeiros do próprio Trump, seus esforços desesperados para preservar seu estilo de vida bilionário, seu apelo e sua viabilidade mercadológica o forçavam a entrar em esquemas constantes e pouco sutis. No departamento da grande ironia, Jared

Kushner, quando estudava direito e antes de conhecer Ivanka, identificara, em um artigo que escreveu, possíveis alegações de fraude contra as Organizações Trump em um acordo imobiliário específico que vinha analisando — agora tema de diversão dos seus conhecidos daquela época. Do ponto de vista prático, Trump se escondia à plena vista, conforme os procuradores pareciam estar descobrindo.

Em novembro de 2004, por exemplo, Jeffrey Epstein, financista que mais tarde seria parte de um escândalo envolvendo prostitutas menores de idade, comprou de uma pessoa falida uma casa que estava à venda fazia dois anos em Palm Beach, na Flórida, por 36 milhões de dólares. Epstein e Trump eram amigos íntimos — playboys prontos para a luta, por assim dizer — havia mais de uma década, com Trump volta e meia buscando a ajuda de Epstein para lidar com suas finanças caóticas. Pouco depois de negociar o acordo da casa em Palm Beach, Epstein levou Trump para vê-la, querendo conselhos sobre os problemas estruturais de se mudar a piscina de lugar. Mas, enquanto se preparava para finalizar a compra da casa, Epstein descobriu que Trump, que estava bem apertado em termos de dinheiro naquela época, havia oferecido 41 milhões de dólares pela casa e tirado a propriedade de Epstein por meio de uma entidade chamada Trump Properties LLC, financiada na íntegra pelo Deutsche Bank, que já sustentava um número substancial de empréstimos problemáticos feitos às Organizações Trump e a Trump pessoalmente.

Epstein sabia que Trump vinha emprestando seu nome em acordos imobiliários — isto é, por uma comissão polpuda, ele servia de representante a fim de disfarçar a posse verdadeira em uma transação imobiliária. (Era, em certo sentido, uma variação do modelo de negócios básico de Trump, de licenciar seu nome para imóveis comerciais de outras pessoas.) Furioso e certo de que Trump estava apenas servindo de fachada para os verdadeiros donos, Epstein ameaçou expor o negócio, que recebia grande cobertura nos jornais da Flórida. A briga ficou ainda mais acirrada quando, não muito tempo após a compra, Trump pôs a casa à venda por 125 milhões de dólares.

Mas, se Epstein sabia de alguns segredos de Trump, Trump sabia de alguns segredos de Epstein. Trump volta e meia encontrava o financista na casa atual de Epstein em Palm Beach, e sabia que Epstein era visitado quase todo dia, e havia muitos anos, por garotas contratadas para lhe fazer massagens não raro seguidas de sexo. Elas eram recrutadas nos restaurantes da cidade, em boates de striptease e no resort Mar-a-Lago, do próprio Trump. Enquanto a animosidade entre os dois crescia devido à compra da casa, Epstein se viu sob investigação da polícia de Palm Beach. À medida que os problemas jurídicos dele se intensificavam, a casa, com melhorias apenas modestas, era adquirida por 96 milhões de dólares por Dmitry Rybolovlev, oligarca que fazia parte do círculo de industrialistas alinhados ao governo Putin na Rússia e que, na verdade, nunca se mudou para aquela casa. Trump havia, miraculosamente, ganhado 55 milhões de dólares sem gastar nem um centavo. Ou, o mais provável, Trump havia apenas ganhado uma comissão para esconder o verdadeiro dono — um proprietário-fantasma que talvez tivesse canalizado dinheiro por Rybolovlev por outras razões que não o valor da casa. Ou, talvez, o verdadeiro dono e o verdadeiro comprador fossem a mesma pessoa. Rybolovlev podia ter, na realidade, pagado a si mesmo, lavando assim os 55 milhões a mais pela segunda compra da casa.

Esse era o mundo imobiliário de Donald Trump.

Como se conseguisse controlar a própria mente, Jared Kushner havia se tornado muitíssimo habilidoso em conter sua enorme frustração com o sogro. Ficava inexpressivo — às vezes parecia quase imóvel — quando Trump saía dos trilhos, dando ataques de raiva ou propondo ações políticas ou medidas idiotas. Kushner, um cortesão em uma corte de malucos, era de serenidade e compostura assustadoras. Ele também estava muito preocupado. Era estarrecedor e ridículo que aquele comentário frágil — "O senhor não é o alvo, presidente" — pudesse trazer tamanho alívio ao sogro.

Kushner entendia que Trump estava cercado de uma série de flechas fatais, qualquer uma das quais poderia matá-lo: a tese de obstrução; a tese de conluio; qualquer olhadela mais atenciosa no seu longo e dúbio histórico financeiro; as questões com mulheres, sempre à espreita; as perspectivas de uma debandada nas eleições intercalares e a ameaça de impeachment caso se voltassem contra ele; a inconstância dos republicanos, que a qualquer momento poderiam lhe dar as costas; e os membros mais antigos da equipe que tinham sido expulsos do governo (Kushner havia insistido na expulsão de muitos deles) e poderiam depor contra ele. Só em março, Gary Cohn, o principal assessor econômico do presidente, Rex Tillerson, secretário de Estado, e Andrew McCabe, diretor adjunto do FBI — todos nutrindo um profundo desprezo pelo presidente —, tinham sido extirpados do governo.

No entanto, Trump não estava a fim de escutar os conselhos de Kushner. Nunca considerado totalmente confiável pelo sogro — na verdade, Trump não confiava em ninguém a não ser, possivelmente, na filha Ivanka, esposa de Kushner —, Kushner agora se via definitivamente no lado errado da linha vermelha da lealdade a Trump.

Como íntimo da família, Kushner, em um jogo de política de corte tão cruel que em outras épocas poderia render planos homicidas, parecia ter triunfado sobre seus primeiros rivais na Casa Branca. Mas Trump sempre azedava com as pessoas que trabalhavam para ele, assim como essas pessoas azedavam com ele, principalmente porque quase sempre o presidente passava a acreditar que sua equipe estava lucrando às suas custas. Trump tinha a convicção de que todo mundo era ganancioso, e que mais cedo ou mais tarde tentaria tomar o que era dele por direito. Cada vez mais, tinha a impressão de que Kushner era só mais um membro da equipe tentando tirar vantagem de Donald Trump.

O presidente tinha acabado de saber que um fundo de investimento proeminente de Nova York, Apollo Global Management, chefiado pelo financista Leon Black, havia contemplado a Kushner Companies — o grupo de empreendimentos imobiliários da família que era gerido pelo próprio Kushner enquanto seu pai, Charlie, estava no presídio federal — com 184 milhões de dólares em financiamento.

Aquilo era problemático sob diversos aspectos, e deixava um vulnerável Kushner aberto a mais questionamentos sobre os conflitos entre seus negócios e seu cargo na Casa Branca. Durante a transição, Kushner havia oferecido ao cofundador do Apollo, Marc Rowan, o cargo de diretor do Gabinete de Gestão e Orçamento. De início, Rowan aceitou o emprego, recusando-o só depois que o presidente do Apollo, Leon Black, se opôs às revelações que teriam que ser feitas a respeito dos investimentos de Rowan e da firma.

Mas as preocupações do presidente eleito eram outras: ele estava mais aguda e furiosamente focado no fato de que, na constante busca de financiamento que ocorre em empresas imobiliárias de nível intermediário tais como a de Trump, Apollo nunca tinha oferecido a mão às Organizações Trump. Agora estava bem claro que Apollo apoiava os Kushner apenas por causa da ligação da família com o governo. O constante cálculo na cabeça de Trump, de quem lucrava com quem, e sua impressão de que lhe deviam por ter criado as circunstâncias em que todo mundo lucraria, era uma das coisas que sempre lhe tiravam o sono.

"Você pensa que eu não sei o que está acontecendo?", Trump escarneceu com a filha, uma das poucas pessoas que ele geralmente fazia de tudo para tentar apaziguar. "*Você pensa que eu não sei o que está acontecendo?*"

Os Kushner tinham ganhado. Não ele.

Ivanka defendeu o marido. Falou do incrível sacrifício que o casal fizera ao se mudar para Washington. E para quê? "Nossas vidas foram destruídas", ela disse em tom melodramático — e no entanto com uma veracidade considerável. O casal da alta sociedade nova-iorquina tinha sido reduzido a possíveis réus e alvos de chacotas da mídia.

Depois de um ano com amigos e conselheiros sussurrando que a filha e o genro eram a raiz da confusão na Casa Branca, Trump voltava a pensar que os dois nunca deviam ter se mudado. Reescrevendo a história, disse a várias das pessoas que telefonavam tarde da noite que ele *sempre* achara que os dois nunca deviam ter se mudado. Sob protestos amargurados de Ivanka, Trump se negou a interferir nas questões de autorização de segurança do genro. O FBI continuava a segurar a autorização de Kushner — que o presidente, quando bem entendesse, poderia aprovar, a filha o lembrava. Mas Trump não fez nada, deixando o genro por conta própria.

Kushner, com paciência e determinação sobre-humanas, aguardava sua chance. O truque entre os encantadores de Trump era focar a atenção do presidente, já que não se podia contar que ele participaria de qualquer coisa ao estilo de uma conversa normal com trocas razoáveis. Esportes e mulheres eram assuntos seguros: ambos o engajavam de imediato. Deslealdade também captava a atenção de Trump. Assim como conspirações. E dinheiro — sempre o dinheiro.

O advogado de Kushner era Abbe Lowell, um fanfarrão muito conhecido da vara criminal da capital, que se gabava de ter um menu atualizadíssimo de boatos e análises de quais artimanhas e estratégias os promotores usariam, assim gerenciando as expectativas e atenções dos clientes. A verdadeira vantagem oferecida por um advogado de renome talvez não fosse a habilidade no tribunal, e sim as informações de bastidores.

Lowell, fazendo acréscimos aos relatórios que Dowd havia recebido, disse a Kushner que os promotores estavam prestes a agravar substancialmente o risco ao presidente — e à família Trump. Dowd continuava tentando apaziguar o presidente, mas Kushner, com informações fornecidas por Lowell, chegava ao sogro com relatos desse novo front na guerra jurídica contra ele. Como era de esperar, em 15 de março veio a notícia de que o procurador especial tinha emitido uma intimação para que as Organizações Trump apresentassem documentos: era uma ordem profunda e abrangente, que englobava muitos anos.

Kushner também havia advertido o sogro de que a investigação transbordaria da equipe de Mueller, com sua ênfase restrita no conluio russo, para o Distrito Sul de Nova York — isto é, o gabinete do procurador federal em Manhattan —, que não se limitaria à investigação sobre a Rússia. Tratava-se de um desvio com o objetivo de contornar a restrição do procurador especial a questões referentes à Rússia, mas também uma tentativa de parte da equipe de Mueller de criar um curto-circuito em qualquer iniciativa do presidente para dispersar ou tolher a investigação. Ao transferir partes da investigação para o Distrito Sul, Mueller, conforme Kushner explicara a Trump, estava garantindo que a investigação do presidente continuaria mesmo sem o procurador especial. Mueller fazia uma jogada sagaz, ou de autoproteção, ao mesmo tempo que seguia um método preciso: embora se concentrasse no território limitado de sua investigação, partilhava indícios de outros possíveis crimes e os enviava a diferentes jurisdições, todas ávidas para fazer parte da caça.

E ainda piora, Kushner disse a Trump.

O Distrito Sul já tinha sido dirigido pelo amigo de Trump, Rudy Giuliani, ex-prefeito de Nova York. Na década de 1980, quando Giuliani era procurador federal — e quando, curiosamente, James Comey foi seu funcionário —, o Distrito Sul se tornou o principal acusador da máfia e de Wall Street. Giuliani foi pioneiro no uso de uma interpretação draconiana, e muitos acreditavam que inconstitucional, da Lei Federal das Organizações Corruptas e Influenciadas pelos Crime (Rico, na sigla em inglês) contra a máfia. Ele empregou essa mesma interpretação contra as grandes instituições financeiras, e em 1990 a ameaça de acusação formal de acordo com a Rico, sob a qual o governo poderia confiscar bens de forma quase indiscriminada, derrubou o banco de investimentos Drexel Burnham Lambert.

O Distrito Sul havia muito inquietava Trump. Depois da eleição, ele teve um encontro inadequado com Preet Bharara, o procurador federal de lá, o que passou uma impressão alarmante para todos os seus conselheiros, inclusive Don McGahn e o novo procurador-geral, Jeff Sessions. (A reunião prenunciava aquela que Trump teria logo depois com Comey, durante a qual quis uma promessa de lealdade em troca de estabilidade no cargo.) Seu encontro foi insatisfatório: Bharara não estava disposto a fazer suas vontades — ou, em suma, a sequer retornar suas ligações. Em março de 2017, Trump o demitiu.

Agora, disse Kushner, mesmo sem Bharara, o Distrito Sul estava querendo tratar as Organizações Trump como uma empresa ao estilo da máfia: os advogados usariam a lei Rico contra ela e perseguiriam o presidente como se ele fosse um magnata das drogas ou um chefão da máfia. Kushner ressaltou que empresas não tinham direito a usar a Quinta Emenda, que garante o direito de o réu permanecer calado para não se incriminar, e que não era possível conceder perdão a uma empresa. Além disso, bens usados ou derivados do cometimento de um crime poderiam ser confiscados pelo governo.

Em outras palavras, das mais de quinhentas empresas e entidades diferentes em que Donald Trump fora executivo até se tornar presidente, muitas poderiam ser confiscadas. Uma possível baixa de uma ação de confisco bem-sucedida era a marca registrada imobiliária dele: o governo poderia confiscar a Trump Tower.

Em meados de março, uma testemunha com conhecimento razoável acerca das operações das Organizações Trump viajou de trem a Washington para se apresentar ao júri de Mueller. Depois de ser pega na Union Station pelo FBI, a testemunha foi levada ao tribunal federal. Das dez às dezessete horas, dois procuradores da equipe de Mueller, Aaron Zelinsky e Jeannie Rhee, revisaram com a testemunha, entre outras questões, a estrutura das Organizações Trump.

Os procuradores perguntaram à testemunha sobre as pessoas que falavam sempre com Trump, a frequência com que se encontravam com ele e com quais objetivos. Também perguntaram como os encontros com Trump eram organizados e onde aconteciam. O depoimento da testemunha revelou, entre outras informações úteis, um fato interessante: todos os cheques emitidos pelas Organizações Trump eram assinados por Donald Trump em pessoa.

As atividades das Organizações Trump em Atlantic City foram tema de grande interesse nesse dia. A testemunha foi questionada a respeito da relação de Trump com membros da máfia conhecidos — não se tinha relações com eles, mas a natureza das relações que os procuradores já sabiam que existiam. Os procuradores também queriam saber da Trump Tower de Moscou, um projeto acalentado por Trump por anos — acalentado, na verdade, até depois de iniciada a campanha de 2016 —, mas nunca concretizado.

Michael Cohen, advogado particular de Trump e funcionário das Organizações Trump, era outro tópico relevante. Os procuradores fizeram perguntas sobre o grau de decepção de Cohen ao não ser incluído na equipe do presidente na Casa Branca. Pareciam estar sondando quanto rancor Cohen guardava, o que levou a testemunha a inferir que queriam estimar a margem de manobra que teriam caso tentassem virá-lo contra o presidente.

Zelinsky e Rhee queriam saber de Jared Kushner. E queriam saber de Hope Hicks.

Os dois procuradores também mergulharam na vida pessoal do presidente. Com que frequência traía a esposa? Com quem? Como os encontros amorosos eram marcados? Quais eram os interesses sexuais dele? A investigação de Mueller e seu júri estavam se tornando uma central de detalhes sobre o longo histórico de perfídias profissionais e pessoais de Trump.

Quando o longo dia enfim se encerrou, a testemunha deixou a sala do júri chocada — não tanto pelo que os procuradores queriam saber, mas pelo que já sabiam.

Na terceira semana de março, o genro de Trump já tinha toda a sua atenção. "Eles podem não só tirar você da presidência como levá-lo à falência" foi o recado de Kushner.

Agitado e zangado, Trump pressionou Dowd em busca de mais garantias, cobrando-o pelas garantias anteriores que lhe dera quando o presidente assim exigira. Dowd aguentou firme: ainda acreditava que a luta estava só no começo e que Mueller estava jogando verde para colher maduro.

Mas a paciência de Trump finalmente se esgotava. Ele resolveu que Dowd era um tolo e deveria retornar à aposentadoria da qual Trump vivia repetindo que o resgatara. De fato, Dowd resistiu à aposentadoria e tentou se defender garantindo ao presidente que poderia continuar lhe oferecendo uma ajuda valiosa. Foi em vão: em 22 de março, Dowd se demitiu relutantemente, tornando-se mais um ex-trumpista azedo no mundo.

2. Uma segunda chance

No dia em que John Dowd foi despedido, Steve Bannon estava sentado à sua mesa de jantar tentando evitar outra ameaça à presidência de Trump. Não dizia respeito a um procurador implacável, mas a uma base traída. Dizia respeito ao muro que não existia.

As casas de Capitol Hill, resquícios de classe média do século XIX, são lugares apertados com salões modestos, salas de estar estreitas e quartos pequenos. Muitas servem de sede de causas e organizações que não têm como bancar a vasta quantidade de escritórios padronizados de Washington. Algumas também fazem a vez de habitação dos líderes das organizações. Muitas representam iniciativas amadoras ou atividades excêntricas, com frequência uma espécie de relicário de esperanças, sonhos e revoluções ainda por vir. A "Embaixada" na A Street — uma casa construída em 1890 e antiga sede da Breitbart News de Bannon — era onde Bannon morava e trabalhava desde seu exílio da Casa Branca, em agosto de 2017. Era parte fraternidade, parte caverna, parte reduto pseudomilitar: livros sobre conspirações se espalhavam pela casa. Vários rapazes sérios e subempregados, aspirantes a milicianos, vadiavam na escada.

A atmosfera lúgubre e o coração sombrio da Embaixada contrastavam totalmente com o semblante efusivo e contente de Bannon. Podia até ter se exilado da Casa Branca de Trump, mas era um banimento exuberante, estimulado pela cafeína ou outra coisa.

Nas últimas semanas, ele havia ajudado a instalar seus aliados — e escolhidos de primeira hora durante a transição presidencial — em postos centrais do governo Trump. Recentemente, Mike Pompeo tinha sido nomeado secretário de Estado, John Bolton logo se tornaria o assessor de Segurança Nacional e Larry Kudlow fora designado diretor do Conselho Econômico Nacional. Os principais assessores políticos do presidente eram Corey Lewandowski e David Bossie, ambos aliados de Bannon, se não acólitos: ambos trabalhavam fora da Casa Branca e faziam visitas frequentes à Embaixada. Muitos defensores habituais da Casa Branca na televisão a cabo — os representantes — eram gente de Bannon transmitindo a mensagem dele bem como a do presidente. Além disso, seus inimigos na Casa Branca estavam de saída, entre eles Hope Hicks, H. R. McMaster, o ex-assessor de Segurança Nacional, e o círculo cada vez menor de aliados que apoiavam o genro e a filha do presidente.

Bannon vivia na estrada. Reunia-se na Europa com grupos da direita populista em ascensão e nos Estados Unidos com representantes de fundos de investimento desesperados para entender a variável Trump. Além disso, aproveitava todas as oportunidades de tentar convencer liberais de que o estilo populista também deveria ser o deles. No começo do ano, Bannon foi a Cambridge para ver Larry Summers, secretário do Tesouro de Bill Clinton, diretor do Conselho de Economia Nacional sob Barack Obama e, durante um tempo, presidente de Harvard. A esposa de Summers se recusou a receber Bannon em casa, portanto o encontro aconteceu em Harvard. Summers tinha a barba por fazer e usava uma camisa sem um ou dois botões, enquanto Bannon trajava duas blusas, calça cargo e jaqueta camuflada. "Os dois pareciam ter síndrome de Asperger", disse um dos participantes do encontro.

"Porra, você percebe o que o merda do seu amigo está fazendo?", berrou Summers a respeito de Trump e seu governo. "Vocês estão fodendo com o país!"

"Vocês, democratas de elite, só ligam para as margens, para quem é rico e para quem é pobre", rebateu Bannon.

"Suas asneiras sobre comércio vão afundar o mundo em uma *depressão*", vociferou Summers.

"E vocês exportaram empregos americanos para a China!", declarou um satisfeito Bannon, sempre curtindo a chance de discutir com um membro do establishment.

Bannon era — ou pelo menos se considerava — um reparador, um traficante de influência, um feitor de reis sem portfólio. Era uma espécie absurda de Clark Clifford, a eminência política e traficante de influência das décadas de 1960 e 1970. Ou um sábio da ala política, se esse não fosse um tipo de contradição supremo. Ou o cabeça de um governo auxiliar. Ou, talvez, algo genuinamente sui generis: ninguém parecido com Bannon tinha exercido um papel tão central na vida política dos Estados Unidos, ou tinha sido uma pedra no sapato dela. Quanto a Trump, com amigos como Bannon, quem precisava de inimigos?

Os dois podiam até ser essenciais um para o outro, mas também se vilipendiavam e ridicularizavam. A constante análise pública de Bannon a respeito da natureza desconcertante de Trump — tanto seus componentes cômicos quanto os angustiantes, o comportamento de um tio maluco —, para não falar de suas diatribes indiscretas sobre as futilidades da família Trump, continuava a afastá-lo cada vez mais do presidente. E, no entanto, embora não se falassem mais, ambos agarravam-se às palavras um do outro — desesperados para saber o que o outro dizia a seu respeito.

Fosse qual fosse o sentimento atual de Bannon por Trump — seu temperamento ia da exasperação à fúria, passando pelo enfado e pela incredulidade —, ele continuava acreditando que ninguém na política americana era capaz de fazer frente ao espetáculo intermediário de Trump. Sim, Donald Trump tinha restaurado o *espetáculo* na política americana — ele tinha tirado o trabalho duro da política. Em suma, conhecia seu público. Ao mesmo tempo, não conseguia andar em linha reta. Cada passo adiante era ameaçado pela próxima guinada. Assim como acontece com muitos grandes atores, sua autossabotagem inata estava sempre em conflito com seus afiados instintos de sobrevivência. Alguns que cercavam o presidente apenas tinham fé de que os instintos venceriam a autossabotagem. Outros, apesar da frustração da iniciativa, entendiam o quanto ele precisava ser liderado por mãos invisíveis — sendo "invisíveis" o atributo principal.

Sem ninguém para lhe dizer o contrário, Bannon continuou, invisível, conduzindo os negócios do presidente da sala de jantar da A Street.

Naquela tarde, o Congresso bipartidário, com uma tranquilidade surpreendente, aprovou 1,3 trilhão de dólares para o orçamento anual de 2018.

"McConnell, Ryan, Schumer e Pelosi", disse Bannon sobre as lideranças republicanas e democratas no Congresso, "em seu momento peculiar de magnanimidade bipartidária, passaram a perna em Trump."

Esse marco legislativo foi resultado da apatia de Trump e do empenho dedicado de todos os outros. A maioria dos presidentes ficam ávidos para entrar no matagal do processo orçamentário. Trump não tinha interesse. Então as lideranças republicanas e democratas — aqui amparadas pelas equipes orçamentárias e legislativas da Casa Branca — conseguiram aprovar uma enorme despesa que não subvencionava os itens obrigatórios de Trump, o sagrado muro, aquele possível monumento de 3200 quilômetros destinado a percorrer toda a fronteira entre Estados Unidos e México. Em vez disso, o orçamento fornecia apenas 1,6 bilhão de dólares para a segurança das fronteiras. Era na verdade o mesmo orçamento apresentado no final do setembro anterior, quando o muro mais uma vez não tinha sido financiado. No outono, Trump havia concordado em fazer com que o Congresso controlado por republicanos votasse a ampliação da lei orçamentária de setembro. Na vez *seguinte* em que o assunto viesse à baila, o muro seria financiado ou, ele ameaçou, o governo seria paralisado.

Até os trumpistas mais empedernidos do Congresso pareciam contentes em não ter que morrer no verdadeiro campo de batalhas do financiamento do muro, pois significaria abraçar ou ao menos suportar uma paralisia sempre arriscada do ponto de vista político. Trump também, à sua maneira, parecia entender que o muro era mais mito que realidade, mais slogan do que plano de fato. O muro ficava sempre para outro dia.

Por outro lado, não era claro o que o presidente compreendia. "Temos o orçamento", ele disse em particular ao genro no final das negociações orçamentárias de março. "Conseguimos o muro, sem dúvida."

Na quarta-feira, 21 de março, véspera da votação final, Paul Ryan, o presidente da Câmara, foi à Casa Branca receber as bênçãos do presidente para a lei orçamentária.

"Consegui 1,6 bilhão de dólares para começar o muro na Fronteira Sul, o resto está por vir", o presidente tuitou logo depois.

A Casa Branca havia pedido, a princípio, 25 bilhões de dólares para o muro, embora estimativas mais avançadas sobre o custo final do muro chegassem a

70 bilhões. Mesmo assim, 1,6 bilhão de dólares da lei orçamentária não era tanto para o muro, mas para medidas de segurança melhores.

À medida que a votação final se aproximava, um acordo de cavalheiros parecia ter sido obtido, englobando todos os cantos do governo — e parecia até que com o apoio tácito de Trump ou pelo menos sua distração conveniente. O entendimento era cristalino: fosse qual fosse a bandeira partidária, os membros do Congresso não estragariam o processo orçamentário do muro.

Também havia republicanos como Ryan — com o auxílio de doadores republicanos tais como Paul Singer e Charles Koch — que estavam loucos para se distanciar, na medida do possível, das políticas e da retórica linha-dura de Trump acerca da imigração. Ryan e outros haviam bolado um método simples para alcançar esse objetivo: concordar com ele e em seguida ignorá-lo. Havia uma conversa alegre, que Trump adorava, seguida por passos práticos, que o entediavam.

Naquela quarta-feira, Trump fez uma série de ligações para elogiar o trabalho de todos na lei. Na manhã seguinte, Ryan, em uma coletiva de imprensa televisionada para selar o trato, declarou: "O presidente apoia essa lei, não há nem sombra de dúvida".

Aí estavam as realidades paralelas. O muro era a manifestação mais concreta da política, da postura, da crença e da personalidade trumpistas. Ao mesmo tempo, forçava todos os políticos republicanos a fazer as pazes com o bom senso, a prudência fiscal e a flexibilidade política.

Não era apenas o custo e a falta de praticidade do muro, era ter que se engajar na batalha por ele. Uma paralisação governamental significaria uma briga de risco elevadíssimo entre o mundo de Trump e o resto do mundo. Caso acontecesse, poderia ser o momento mais dramático desde as eleições de 2016.

Se os democratas queriam endurecer a divisão partidária e estavam loucos para dar mais um exemplo — talvez a mãe de todos os exemplos — de Trump no seu grau mais extremado, uma paralisação por causa do muro seria providencial. Se os republicanos quisessem mudar o foco do Trump totalmente bárbaro para, digamos, a lei tributária que o Congresso tinha acabado de aprovar, a paralisação do governo varreria tal abordagem do mapa.

A Casa Branca, pelas costas de Trump, trabalhava de forma agressiva para aprovar a lei orçamentária e evitar a paralisação. O vice-presidente deu a Trump a mesma garantia que lhe dera antes, quando um orçamento foi aprovado sem o custeio total do muro: Pence declarou que a lei era a "entrada" do muro, uma expressão cujas implicações em termos de financiamento de dívidas pareciam satisfazer plenamente o presidente e que ele repetia com grande entusiasmo. Marc Short, diretor de assuntos legislativos da Casa Branca, e Mick Mulvaney, diretor do Gabinete de Gestão e Orçamento, em uma aparição conjunta na sala de reuniões da Casa Branca naquela quinta-feira, desviaram o debate do muro para o Exército. "Essa lei vai dar o maior aumento anual no orçamento do Exército desde a Segunda Guerra", disse Mulvaney. "Vai ser o maior aumento para nossos homens e mulheres de farda dos últimos dez anos."

A tentativa de distrair a base de Trump com essas banalidades falhou totalmente. O núcleo fervoroso insistia em forçar a questão, e Bannon ficava contentíssimo em servir de general.

Minutos após a aprovação da lei orçamentária em 22 de março, Bannon, na Embaixada, começou a dar telefonemas. Ligando para os apoiadores mais empedernidos de Trump, seu objetivo era "trazê-lo à luz". O efeito foi quase imediato: um Trump que não desconfiava de nada começou a ter que ouvir muitos dos ruidosos ocupantes do banco de trás, que de repente estavam furiosos.

Bannon entendia o que mexia com Trump. Não eram os detalhes. Não eram os fatos. Mas a sensação de que algo valioso lhe seria arrancado imediatamente o deixava de orelhas em pé. Se alguém o confrontasse com uma perda, ele mudava de direção na hora. Aliás, mudar de direção era seu único truque. "Não é que ele precise ganhar a semana, o dia ou sequer a hora", refletiu Bannon. "Ele precisa ganhar o *segundo*. Depois, fica à deriva."

Os trumpistas fervorosos retomavam uma linha dorsal do trumpismo: o presidente tinha que ser lembrado o tempo inteiro de que lado estava. Enquanto Bannon organizava um protesto barulhento com a base do presidente, também examinava a realidade de Trump: "Simplesmente não vai existir muro nenhum, nunca, se ele não tiver que pagar um preço político por não existir muro".

Se o muro não estivesse encaminhado até as eleições intercalares, em novembro, Trump seria visto como falso e, pior, fraco. O muro precisava se concretizar. A ausência de muro na lei orçamentária era exatamente o que parecia: Trump ausente. A mensagem mais eficaz de Trump, a linha de frente da narrativa dele — agressividade máxima contra imigrantes ilegais —, tinha sido calada. E havia acontecido sem que o presidente soubesse.

Na noite do dia 22, os âncoras da Fox News — Tucker Carlson, Laura Ingraham e Sean Hannity — martelavam o recado: traição.

A batalha estava sendo travada. A liderança republicana no Congresso, assim como os doadores de campanha, permanecia sóbria e pragmática perante as realidades políticas e a perspectiva de bilhões sem restrições em despesas governamentais — sem dúvida, sem a ilusão de que o México pagaria o muro. Quem se opunha eram os sábios da Fox, justos e inflexíveis no apelo às verdadeiras emoções do trumpismo.

A transformação pessoal de Trump ao longo da noite foi convulsiva. Todos os três eruditos da Fox dispararam séries de choques elétricos, cada um deles aumentando a voltagem da corrente. Trump havia liquidado o movimento. Ou pior, Trump tinha sido ludibriado e trapaceado por gente mais esperta. Trump, ao telefone, urrava de dor e fúria. Ele era a vítima. Ninguém estava do seu lado. Não tinha em quem confiar. A liderança do Congresso estava contra ele. A própria Casa Branca estava contra ele. Era traição. Quase todo mundo na Casa Branca o traíra.

Na manhã seguinte, a situação piorou. Pete Hegseth, o mais obsequioso dos adoradores de Trump na Fox, parecia, em *Fox & Friends*, quase ir às lágrimas com a deslealdade de Trump.

Quase ao mesmo tempo, Trump de repente — de modo desconcertante — mudou de posição e tuitou que estava pensando em vetar a lei orçamentária. A mesma lei que, 24 horas antes, ele havia abraçado.

Naquela manhã de sexta-feira, o presidente desceu de sua residência até o Salão Oval com uma raiva tão violenta que, por um instante, seu cabelo se desprendeu. Para o choque de quem estava com ele, estava ali um Donald Trump quase careca.

A mudança de ideia súbita do presidente criou um pânico geral no Partido Republicano. Se Trump levasse a cabo a ameaça de não assinar a lei, causaria o que mais temiam: a paralisação. E talvez botasse a culpa no próprio partido.

Mark Meadows, líder do Freedom Caucus, a bancada mais conservadora da Câmara, e aliado fiel de Trump no Congresso, ligou da Europa para avisar que após o voto na tarde de quinta-feira a maioria dos membros tinha ido embora de Washington por conta do recesso. O Congresso não poderia desfazer a votação do dia anterior e a paralisação começaria dali a algumas horas.

Mitch McConnell apressou o secretário de Defesa Jim Mattis a entrar em ação e avisar ao presidente que os soldados americanos não seriam pagos no dia seguinte se ele não assinasse a lei. Aquilo já havia acontecido: Mattis tinha emitido uma advertência similar durante a paralisação ameaçada de janeiro.

"*Nunca... nunca... nunca... mais*", Trump esbravejou, esmurrando a mesa após cada "nunca".

Novamente ele cedeu e concordou em assinar a lei. Mas jurou que da próxima vez haveria bilhões e mais bilhões para o muro ou haveria de fato uma paralisação. De verdade. *De verdade.*

Bannon já tinha passado por aquilo inúmeras vezes.

"Cara, ele é a porcaria do Donald Trump", disse Bannon, segurando a cabeça, sentado à mesa da Embaixada um dia depois que o presidente assinou a lei.

Bannon não estava confuso: tinha uma compreensão cristalina do perigo que Trump poderia representar para as aspirações e a carreira do próprio Bannon. Para os risos nervosos dos que o rodeavam, Bannon acreditava ser ele o homem de destino populista, não Donald Trump.

A urgência ali era verídica. Bannon acreditava representar o trabalhador contra a máquina tecnocrata-governamental-empresarial cujo eleitorado era formado por gente com ensino superior. Na visão romântica de Bannon, o trabalhador cheirava a cigarro, apertava sua mão firme e era forte como um touro — e não por causa dos exercícios na academia. Essa busca do tempo perdido, de (se é que um dia existiu) um mundo nivelado em que o trabalhador se orgulhava de seu trabalho e sua identidade, inspirava, Bannon acreditava, uma ira global. Era uma revolução — a inquietação, o temor e a subversão cotidiana de pressupostos liberais —, e era dele. A hegemonia global estava na mira de Bannon. Ele era o homem atrás da cortina — e poderia muito bem tomar a frente dela também —, tentando arrancar o mundo de sua anomia pós-moderna e restaurar algo como o abraço homogeneizado e cordial de 1962.

E a China! E o futuro crepúsculo dos deuses! Para Bannon, era uma questão de estilo de vida. A China era a Rússia de 1962 — porém, mais inteligente, mais obstinada e mais ameaçadora. Os fundos de investimento americanos, em seu apoio secreto à China contra os interesses da classe média americana, eram agora a quinta-coluna.

Até que ponto Trump entendia essa questão? Até que ponto estava comprometido com as ideias que arrebatavam Bannon e, por meio de uma osmose emocional, a base? Trump já estava no cargo fazia mais de um ano e não tinha enchido nem uma pá de terra para a construção do muro, nem um centavo tinha sido destinado àquilo. O muro e tantas outras coisas que eram parte da revolução populista de Bannon — cujos detalhes ele já tinha listado nos quadros brancos de seu escritório na Casa Branca, na expectativa de riscar cada um deles — estavam totalmente à mercê da desatenção e das oscilações de humor do presidente. Trump, Bannon já sabia havia tempo, "não dá a mínima para o projeto — ele nem sabe o *que é* projeto".

No final de março, depois que a penumbra do desastre da lei orçamentária se dissipou, houve um breve momento de otimismo para os fiéis do círculo mais íntimo de Trump.

O chefe de gabinete John Kelly, de saco cheio de Trump — assim como Trump estava de saco cheio dele —, parecia estar de saída. Kelly tinha entrado na Casa Branca substituindo Reince Priebus, o primeiro chefe de gabinete de Trump, em agosto de 2017, encarregado de instituir disciplina de gestão à caótica Ala Oeste. Em meados do outono, Trump já contornava os novos procedimentos de Kelly. Jared e Ivanka — muitas das novas regras tinham sido feitas para tolher o acesso total deles ao presidente — passavam por cima de Kelly. No fim do ano, Trump já zombava casualmente do chefe de gabinete e sua queda pela eficiência e pelas normas rígidas. Os dois se xingavam abertamente, sem se importar com a plateia enorme que ouvia seus insultos. Para Trump, Kelly era um "covarde" e "medíocre" prestes a "ter um derrame". Segundo Kelly, Trump era "demente", "louco" e "burro".

O drama ficava cada vez mais bizarro.

Em fevereiro, Kelly, um general de quatro estrelas aposentado, segurou o assessor Corey Lewandowski do lado de fora do Salão Oval e o empurrou contra a parede. "Não olhe nos olhos dele", sussurrou Trump a respeito de Kelly após o incidente, girando o dedo perto da cabeça para indicar que era louco.

O confronto deixou todos abalados, com Trump pedindo a Lewandowski para não contar a ninguém, e Lewandowski dizendo às pessoas para quem contou que quase urinou nas calças.

Em março, Trump e Kelly mal se falavam. Trump o ignorava; Kelly ficava de cara amarrada. Ou Trump soltava indiretas de que Kelly devia se demitir e o chefe de gabinete o ignorava. Todo mundo presumia que a contagem regressiva havia começado.

Vários republicanos, de Ryan e McConnell a seu adversário direitista Mark Meadows, junto com Bannon, haviam aderido ao plano de empurrar o líder da maioria na Câmara, Kevin McCarthy, para o cargo de chefe de gabinete. Até Meadows, que odiava McCarthy, estava totalmente de acordo. Havia uma estratégia afinal: McCarthy, um grande tático, faria a dispersa Casa Branca se concentrar de novo em uma missão — as eleições intercalares. Cada tuíte, cada discurso, cada ato seria voltado para a salvação da maioria republicana.

Infelizmente, Trump não queria um chefe de gabinete que o forçasse a se concentrar. Trump, estava claro, não queria um chefe de gabinete que lhe dissesse o *que fosse*. Ele não queria uma Casa Branca que seguisse algum método que não o de satisfazer seus desejos. Alguém por acaso mencionou que John F. Kennedy não tinha chefe de gabinete, e então Trump passara a repetir aquele factoide presidencial.

A equipe de Mueller, enquanto levava adiante a investigação sobre a Rússia, continuava a esbarrar no histórico financeiro profano de Trump, exatamente a toca do coelho na qual o presidente os advertira a não entrar. Mueller, tomando o cuidado de proteger as próprias costas, se deu ao trabalho de assegurar aos advogados do presidente que não estava atrás dos interesses comerciais dele; ao mesmo tempo, passava os indícios que sua investigação colhia sobre os assuntos profissionais e pessoais de Trump a outros procuradores federais.

Em 9 de abril, o FBI, seguindo as instruções dos procuradores federais de Nova York, fez uma batida na casa e no escritório de Michael Cohen, bem como no quarto que ele estava usando no Regency Hotel, na Park Avenue. Cohen, que se apresentava como advogado particular de Trump, passou horas algemado em sua cozinha enquanto o FBI conduzia a busca, listando e levando embora todos os aparelhos eletrônicos encontrados.

Por coincidência, Bannon também se hospedava no Regency em suas viagens frequentes a Nova York, e às vezes esbarrava com Cohen no saguão. Bannon conhecera Cohen durante a campanha, e o misterioso envolvimento do advogado em questões relativas a ela o preocupava. Agora, em Washington, ao ver as notícias sobre Cohen, Bannon entendeu que outra peça crucial do dominó havia caído.

"Embora a gente não saiba onde é o fim", declarou Bannon, "pode apostar no começo: o irmão Cohen."

Em 11 de abril, três semanas depois que o presidente tinha assinado a lei orçamentária, Paul Ryan — uma das figuras mais poderosas do governo dado o domínio republicano em Washington — anunciou seu plano de largar a presidência da Câmara e o Congresso.

"Olha só o que o Paul Ryan está dizendo", declarou Bannon, sentado à sua mesa na Embaixada, no começo daquela manhã. "Acabou. Está feito. Está feito. E o Paul Ryan quer cair fora da porra do trem do Trump hoje."

Ryan vinha dizendo a quem lhe desse ouvidos que cinquenta ou sessenta assentos da Câmara seriam perdidos dali a sete meses, nas eleições intercalares. O auxiliar de Ryan, Steve Stivers, presidente do Comitê Republicano Nacional do Congresso, estimava a perda de noventa a cem cadeiras. Àquela altura sombria, parecia mais que possível que os democratas eliminassem o déficit de 23 assentos e ganhassem uma maioria mais numerosa do que aquela que os republicanos tinham. E, ao contrário dos republicanos, eles tinham um partido unido — ou pelo menos unido contra Donald Trump.

Ryan e Stivers não eram nem de longe os únicos que anteviam aquele resultado. Mitch McConnell dizia aos doadores que nem se incomodassem em contribuir para as candidaturas ao Congresso. O dinheiro devia ser destinado às campanhas ao Senado, onde a perspectiva de maioria republicana era bem melhor.

Segundo Bannon, tratava-se do momento mais desesperador da carreira política de Donald Trump, talvez ainda pior do que a revelação do vídeo do "Agarrar elas pela boceta" pelo *Access Hollywood*. Ele já estava nas cordas juridicamente, com Mueller e o Distrito Sul o derrubando; agora, prevendo uma provável surra nas eleições, corria um sério risco político.

Mas o entusiasmo habitual de Bannon foi logo retomado. Enquanto desabafava, ia ficando quase feliz. Se o establishment — democratas, republicanos, pensadores moderados de todos os estilos — acreditava que Donald Trump tinha de ser expulso da presidência, Bannon se deleitava com a perspectiva de defendê-lo. Para ele, tratava-se de uma missão, mas também de um esporte. Bannon vicejava com a possibilidade de uma zebra. Seu próprio salto rumo ao palco mundial havia acontecido porque a campanha de Trump estava tão submersa na desesperança que ele obteve permissão para intervir. Então, em 9 de novembro de 2016, contra todas as expectativas, Trump, de carona na campanha de Bannon — com a primazia do estrategista-chefe se tornando logo uma das pílulas mais amargas que Trump teve que engolir —, ficou com a presidência. Agora, apesar de quase todas as pesquisas indicando que as eleições de novembro seriam desanimadoras, Bannon acreditava ainda saber como manter as perdas republicanas abaixo dos 23 assentos necessários para manter a maioria na Câmara. Porém, seria uma luta esfalfante.

"Quando Trump liga para os amigos de Nova York após o jantar e se queixa de não ter amigos no mundo, meio que tem razão", disse um mordaz Bannon. Ele via o caso contra Trump como basicamente político — seus inimigos estavam dispostos a fazer qualquer coisa para derrubá-lo — e essencialmente veraz. Tinha pouca dúvida de que Trump era culpado da maioria dos crimes de que era acusado. "Como é que ele conseguiu a grana das primárias e das eleições gerais com os problemas de 'liquidez' que tem?", indagou Bannon com as mãos esticadas e as sobrancelhas levantadas. "Não precisa explicar."

Mas para Bannon havia dois lados na política americana — não tanto direita e esquerda, mas os lados direito e esquerdo do cérebro. O lado esquerdo era representado pelo sistema judiciário, que era empírico, comprobatório e metódico; se tivesse a chance, seria inevitável e correto que condenasse Donald Trump. O lado direito era representado pela política, e portanto os eleitores que eram emotivos, voláteis, febris e sempre ávidos para jogar os dados. "Deixe os deploráveis exaltados" — Bannon bateu as mãos para dar um efeito de trovão — "e salvamos nosso homem."

Passados quase um ano e meio, todas as questões de 2016 estavam mais fortes e inflamadas do que nunca: imigração, o ressentimento do homem branco e o desdém liberal pelo homem branco trabalhador — e desempregado. O ano de 2018, para Bannon, era o verdadeiro 2016: a base deplorável havia se tornado uma nação deplorável. "É uma guerra civil", declarou Bannon, num juízo alegre que repetia sempre.

O problema mais ressonante era o próprio Donald Trump: as pessoas que o elegeram seriam galvanizadas pela tentativa de arrancá-lo delas. Bannon ficava horrorizado com os esforços dos republicanos populares para conduzir as próximas eleições com base na força da recente redução de impostos republicana. "Está de brincadeira? Puta merda, você está de brincadeira?" Aquela eleição tinha a ver com o destino de Donald Trump.

"Vamos dar uma segunda chance. É isso que os liberais querem. Pois vão ter. Vamos lá. Aprovar ou reprovar, com Trump ou sem Trump."

O impeachment não devia ser temido, e sim abraçado. "É para isso que estão votando: para tirar o Donald Trump ou salvá-lo do impeachment."

A ameaça jurídica, no entanto, talvez estivesse andando mais rápido do que as eleições. E para Bannon — que sabia melhor do que ninguém dos desejos, das mudanças de humor e da falta de domínio dos impulsos de Trump — seria impossível haver réu mais carente ou mais azarado.

Desde que entrou no barco, no verão de 2017, a equipe de advogados do presidente — Dowd, Cobb e Sekulow — passava a mensagem que o cliente insistia em ouvir: de que ele não era o alvo e em breve seria inocentado. Mas os advogados foram ainda mais fundo na estratégia de fazê-lo se sentir bem.

Presidentes, quando enfrentam investigações hostis do Congresso e do Judiciário, braços equivalentes do governo, sempre citam o privilégio do Executivo tanto como princípio legítimo quanto como tática dilatória. É um trunfo intrínseco. Mas os advogados de Trump, alçados pela frequência com que precisavam garantir ao presidente que ele não tinha nada a temer, amparavam aquela avaliação confiante, para o deleite de Trump, dispensando a alegação de privilégio do Executivo e de bom grado atendendo a todas as solicitações do procurador especial. Trump, com toda a sua ambiguidade, havia se tornado um livro aberto. Além disso, sempre crente na força e no charme da própria personalidade, estava, com a aparente concordância dos advogados, ávido para depor.

E no entanto, Bannon sabia, a situação era muito pior. Os advogados do presidente tinham mandado mais de 1,1 milhão de documentos ao procurador especial, auxiliados por uma parca equipe de produção de documentos. Eram apenas Dowd, Cobb e dois assistentes inexperientes. Em litígios de grande monta, documentos são registrados e referenciados meticulosamente em bases de dados complexas e eficientes. Naquele caso, tinham enviado boa parte do material apenas como anexo, mantendo pouco ou nenhum registro de em que exatamente consistia. Poucas pessoas da Casa Branca sabiam o que haviam entregado e, portanto, o que o procurador especial tinha em mãos. E a conduta assistemática não parou por aí. Dowd e Cobb não tinham preparado muitas das testemunhas que haviam trabalhado na Casa Branca antes de prestar depoimento à equipe de Mueller nem as interrogara após seus depoimentos.

Bannon estava assombrado com a comicidade e burrice daquela abordagem autocentrada de procuradores federais cuja reputação dependia da exposição do presidente. Trump precisava de um plano — que, é claro, Bannon já tinha.

Bannon jurava que não queria voltar à Casa Branca. Jamais voltaria, dizia. As humilhações de trabalhar no governo Trump tinham quase destruído sua satisfação por ter ascendido de forma tão milagrosa ao topo do mundo.

Alguns, no entanto, não se convenciam com suas afirmações. Acreditavam que Bannon fantasiava que seria levado de volta à Ala Oeste para salvar Trump — e que, não incidentalmente, seria sua grande vingança contra Trump, salvá-lo mais uma vez. Bannon sem dúvida acreditava que era o único capaz de levar a cabo aquele complicado resgate, um reflexo da certeza de que era o estrategista político mais talentoso da sua época e de sua opinião de que Trump era rodeado de palermas mais ou menos burros.

Trump, segundo acreditava Bannon, precisava de um conselheiro de guerra. E se Jared e Ivanka finalmente estavam fazendo as malas..., ele ponderava. Mas não, insistia, nem assim.

Além do mais, Trump consideraria intolerável. Bannon entendia que somente Trump poderia impedir o desastre, ou pelo menos que Trump *acreditava* que somente ele poderia impedir o desastre. Nenhum outro enredo era possível. Preferiria perder, preferiria até ir para a cadeia, a ter que dividir a vitória com outra pessoa. Era psicologicamente incapaz de não ser o centro das atenções.

No fim, era mais fácil e mais produtivo aconselhar Trump de longe do que de perto. Era uma jogada mais segura fazer o que tinha que ser feito sem que o próprio Trump se envolvesse, ou sequer soubesse o que estava sendo feito.

Na manhã em que Ryan anunciou sua aposentadoria da Câmara, Bannon ficou especialmente louco para aconselhar Trump. Em um lance habilidoso, convidou Robert Costa, um repórter do *Washington Post*, a visitá-lo na Embaixada.

Bannon passava boa parte do tempo falando com repórteres. Em certos dias, talvez na maioria deles, sua voz de fonte anônima — escondida por uma atribuição familiar tal como "esse relato foi tirado de entrevistas com funcionários atuais e antigos" — abafava grande parte das outras vozes sobre qualquer nova crise que engolfava o governo Trump. Essas aspas funcionavam como uma espécie de cochicho que Trump podia fingir não escutar. Na verdade, ele estava sempre desesperado atrás dos conselhos de Bannon, mas apenas se existisse um mínimo pretexto para acreditar que vinha de outro lugar que não de Bannon. Aliás, Trump estava bem disposto a ouvir Bannon dizer algo nesta ou naquela entrevista e alegar que ele mesmo tivera a ideia.

Costa se sentou à mesa de jantar de Bannon por duas horas, anotando a receita de Bannon para Trump se salvar de si mesmo.

A burrice de Trump, declarou Bannon, às vezes era uma virtude. Aquela era a opinião dele: o presidente devia fazer uma reivindicação retroativa de privilégio executivo. *Sei lá. Ninguém me disse que podia. Fui mal assessorado.*

Era difícil não ver a satisfação de Bannon com um Trump prostrado, admitindo sua falta de malícia e criatividade.

Bannon sabia que a reivindicação de privilégio executivo retroativo não teria chances de sucesso — tampouco deveria ter. Mas a mera audácia poderia garantir quatro ou cinco meses de protelação legal. O adiamento era uma vantagem, provavelmente a única possível. Poderiam manipular a reivindicação de privilégio executivo retroativo, por mais doida que fosse, levando-a até a Suprema Corte.

Para que o plano funcionasse, o presidente teria que se livrar dos advogados incompetentes. E teria que demitir Rod Rosenstein, o vice-procurador-geral que supervisionava a investigação de Mueller. Bannon tinha se oposto à demissão de Comey, e nos meses seguintes à nomeação do procurador especial lutava contra o ímpeto diário do presidente de despedir Mueller e Rosenstein, considerando a atitude um claro convite ao impeachment. ("É só não dar atenção a essa merda doida", ele insistia com todas as pessoas próximas ao presidente.) Mas agora as alternativas haviam se esgotado.

"Demitir Rosenstein é nossa única saída", Bannon disse a Costa. "Não falo isso levianamente. Assim que eles recorreram a Cohen — é o que eles fazem nas acusações contra a máfia, para conseguir uma reação do verdadeiro alvo. Então você pode ficar sentado e ser sangrado — ser acusado, ir a júri — ou lutar politicamente. Tirar do sistema da lei e da ordem onde estamos perdendo e vamos perder. Um novo vice-procurador vai rever a situação atual, o que leva alguns meses. Protelar, protelar, protelar — e mudar politicamente. Dá pra ganhar? Não faço ideia. Mas sei que pela outra via vou perder. Não é perfeito... mas vivemos em um mundo de imperfeição."

A matéria de Costa, publicada on-line naquele mesmo dia, dizia que Bannon estava "tentando vender um plano aos assessores da Ala Oeste e aos congressistas aliados a fim de tolher a devassa federal à interferência russa nas eleições de 2016, segundo quatro pessoas familiarizadas com as discussões". Mas independentemente do número de pessoas com quem Costa falara sobre as maquinações de Steve Bannon nos bastidores, o que importava era o que ele tinha conversado direta e longamente com o próprio Bannon, que usava o *Washington Post* para vender um plano ao presidente.

O plano em três etapas que Bannon tinha para Trump chegou instantaneamente no Salão Oval. E na manhã seguinte o presidente ofereceu a Kushner sua opinião de que devia demitir Rosenstein, reivindicar privilégio executivo e arrumar um advogado durão.

Tentando impor as próprias estratégias, Kushner insistiu que o sogro fosse cauteloso no tocante a Rosenstein.

"Jared está com medo", disse um Trump desdenhoso por telefone a um confidente. "É um maricas!"

3. Advogados

Havia um bolão de apostas quanto à pessoa mais infeliz da Casa Branca no momento. Muitos já tinham ostentado o título, mas um dos vencedores mais frequentes era Don McGahn, conselheiro da Casa Branca. Ele era um alvo constante do chefe, que fazia comentários depreciativos, zombarias, imitava sua voz em falsete e menosprezava radicalmente seu propósito e sua utilidade.

"É por isso que a gente não pode ter coisas boas", McGahn declarava baixinho de forma quase obsessiva, citando a música de Taylor Swift para comentar qualquer ato odioso que Trump tivesse acabado de cometer ("porque você as quebra", a letra prossegue).

McGahn trabalhava basicamente como advogado em eleições federais. De modo geral, estava do lado do "mais dinheiro, menos transparência" — ele era contra a aplicação rigorosa das leis eleitorais. Servira de conselheiro na campanha de Trump, possivelmente uma das mais desleixadas quanto ao cumprimento das leis na história recente. Antes de se juntar ao governo Trump, McGahn não tinha experiência na Casa Branca ou no poder executivo. Nunca tinha trabalhado no Departamento de Justiça ou em qualquer ramo do governo. Outrora advogado de uma ONG associada aos irmãos Koch, era conhecido como hiperpartidário: quando a conselheira da Casa Branca de Obama, ocupante anterior do gabinete de McGahn, Kathy Ruemmler, entrou em contato para parabenizá-lo e se oferecer para informá-lo dos métodos usados no passado, ele nem respondeu ao e-mail.

Uma das funções de McGahn era conduzir o que provavelmente era a relação mais complicada no governo moderno, fazendo a intermediação entre a Casa Branca e o Departamento de Justiça. Parte do seu trabalho, portanto, era aguentar a ira constante do presidente e sua perplexidade diante das razões para o Departamento de Justiça estar à caça de sua pessoa, além de sua incompreensão do que poderia fazer a respeito da situação.

"É o meu Departamento de Justiça", Trump dizia a McGahn, sempre repetindo a declaração mais que ambígua três vezes, como era típico dele.

Ninguém tinha como saber ao certo o número de vezes que McGahn teve que ameaçar, com mais ou menos intenção, ir embora caso Trump cumprisse a promessa de demitir o procurador-geral, o vice-procurador-geral ou o procurador especial. Curiosamente, uma das defesas contra a acusação de que o presidente havia tentado despedir Mueller em junho de 2017 na tentativa de acabar com a investigação do procurador especial — conforme o *New York Times* alegou em um furo de janeiro de 2018 — era o fato de que Trump estava quase constantemente tentando demitir Mueller e outras figuras do Departamento de Justiça, com frequência várias vezes por dia.

Até ali, a mão firme de McGahn tinha ajudado a evitar uma crise definitiva. Mas ele havia deixado escapar ou simplesmente ignorado muitos atos intempestivos, imprudentes e intrometidos do presidente que McGahn temia que poderiam formar a base das acusações de obstrução de justiça. Envolvidíssimo na Sociedade Federalista e na sua campanha por juízes "textualistas", McGahn havia muito sonhava em se tornar juiz federal, mas dada a terra de ninguém que ocupava entre Trump e o Departamento de Justiça — para não falar dos ataques às vezes diários do presidente contra a independência do Departamento de Justiça, que o conselheiro tinha que aceitar ou tolerar —, ele sabia que seu futuro como jurista estava morto.

Quinze meses após o início do mandato de Trump, as tensões tinham virado um conflito aberto. Agora era guerra — a Casa Branca contra seu próprio Departamento de Justiça.

Ali estava um paradoxo moderno, pós-Watergate: a independência do departamento. Ele poderia ser, sob todas as perspectivas organizacionais e legais, um instrumento da Casa Branca, e, como qualquer outro órgão, sua missão poderia dar a impressão de ser conduzida por quem estava na presidência. Era assim no papel. Mas o oposto também podia ser verdade. Havia uma classe de servidores no Departamento de Justiça que acreditava que as eleições não deviam exercer nenhuma influência na sua postura. O órgão estava fora da política e tinha que ser tão cego quanto os tribunais. Segundo esse ponto de vista, o Departamento de Justiça, por ser o investigador e promotor mais proeminente da nação, estava tão em xeque quanto a Casa Branca, e precisava ser tão independente dela quanto os outros braços do governo. (Dentro do Departamento de Justiça, o FBI reivindicava certo grau de independência dos chefes do departamento, bem como da própria Casa Branca.)

Mesmo entre aqueles da Justiça e do FBI que tinham uma opinião mais nuançada e que reconheciam a natureza simbiótica da relação do departamento com a Casa Branca, ainda havia uma forte noção das linhas que não poderiam ser ultrapassadas. O Departamento de Justiça e o FBI tinham, desde Watergate, se subordinado ao Congresso e aos tribunais. Qualquer tentativa de cima para baixo de influenciar uma investigação, ou qualquer indício de que alguém havia se curvado à influência — registrado em um memorando ou e-mail — poderia descarrilhar uma carreira.

Em fevereiro de 2018, Rachel Brand, a vice-procuradora-geral, ex-advogada de Bush indicada por Obama ao terceiro cargo mais importante do Departamento de Justiça, se demitiu para trabalhar como advogada da Walmart. Se Trump tivesse demitido Rosenstein durante a permanência de Brand, ela teria se tornado a procuradora-geral em exercício que supervisionaria a investigação de Mueller. Ela disse a colegas que queria sair antes de Trump despedir Rosenstein e exigir que ela demitisse Mueller. Preferia Bentonville, Arkansas, onde ficava a matriz da Walmart, a Washington, DC.

Durante pelo menos uma geração, a relação distante entre a Casa Branca e o Departamento de Justiça muitas vezes parecia mais um conflito interminável entre campos armados. Bill Clinton mal suportava sua procuradora-geral, Janet Reno, tendo que aguentar a impressão provocada pelas decisões dela a respeito de Ruby Ridge, um impasse de proporção exagerada entre sobrevivencialistas e o FBI que terminou em morte; Waco, um enfrentamento malsucedido com um culto cristão; e a investigação do dr. Wen Ho Lee, quando o Departamento de Justiça foi punido pela caçada temerária de um suspeito de espionagem.

Clinton chegou bem perto de demitir Louis Freeh, seu diretor do FBI, que o criticava publicamente, mas conseguiu engolir a raiva. A cúpula da Casa Branca de Bush, o FBI e o Departamento de Justiça quase haviam chegado às vias de fato à cabeceira da cama do enfermo procurador-geral John Ashcroft — James Comey em pessoa estava no caminho dos representantes da Casa Branca que tentavam fazer com que Ashford renovasse o programa de vigilância doméstica —, e a Casa Branca enfim teve que recuar. Sob Obama, Comey, que àquela altura era diretor do FBI, fez mais uma investida rumo à independência da agência em relação ao Departamento de Justiça quando decidiu por conta própria encerrar e depois reabrir a investigação sobre os e-mails de Hillary Clinton — e, ao fazê-lo, possivelmente virou a eleição para seu oponente.

Entra Donald Trump, que não tinha experiência política ou burocrática. Sua vida trabalhista tinha sido toda passada na gestão do que era essencialmente uma empresa familiar pequena, concebida para fazer o que ele desejava e se curvar ao seu estilo de negócios. Na época de sua eleição, faltava-lhe até conhecimento teórico do governo moderno e das normas e costumes de seu funcionamento.

Trump vivia recebendo aulas sobre a importância de "costumes e tradições" no Departamento de Justiça. Inevitavelmente ele respondia: "Não quero ouvir essa porcaria!".

Um assistente observou que ele precisava de "uma linha firme, preta. Sem uma linha firme, preta, que ele não possa ultrapassar, ele a ultrapassa".

Trump acreditava no que lhe parecia óbvio: o Departamento de Justiça e o FBI trabalhavam para ele. Estavam sob sua direção e controle. Tinham que fazer o que o presidente exigia; tinham que lidar com suas dificuldades. "Ele responde a mim!", um Trump irado e confuso repetiu no começo do mandato, referindo-se tanto ao procurador-geral Jeff Sessions quanto ao diretor do FBI, James Comey. "O chefe sou eu!"

"Eu poderia botar meu irmão no cargo de procurador-geral", Trump insistia, embora na verdade nem sequer falasse com o irmão (Robert, um empresário aposentado de 71 anos). "Que nem o Kennedy." (Seis anos depois de John F. Kennedy nomear seu irmão procurador-geral, o Congresso aprovou o Estatuto Federal Contra o Nepotismo, chamado de "lei Bobby Kennedy", justamente para evitar aquele tipo de coisa no futuro — o que não impediria Trump de contratar a filha e o genro como seus principais assessores.)

Os esforços feitos por qualquer um para explicar os pormenores da relação entre os vários ramos do governo frustravam Trump e o faziam dobrar a aposta no seu senso de honestidade e privilégio. Volta e meia tinha a sensação de que o atacavam em grupo, o que o enfurecia ainda mais. Como havia acontecido inúmeras vezes na sua vida, os advogados estavam tentando prejudicá-lo. Não conseguia tirar a ideia da cabeça: Comey, Mueller, Rosenstein e McCabe eram parte de um clube ao qual ele não pertencia. "Eles se falam o tempo todo", Trump dizia. "Estão nessa juntos."

Se a relação típica entre o presidente dos Estados Unidos e seu procurador-geral era necessariamente fria, se não sempre tensa, Trump a piorou muito. Sua humilhação pública de Jeff Sessions — um de seus apoiadores no Congresso — tornou Sessions o chefe do ódio a Trump. O presidente não só escarnecia de Sessions, mas o ameaçava, ou, pelo menos, da forma mais incisiva possível, o pressionava a se demitir ou revogar sua recusa. Em diversas ocasiões, Trump instruiu McGahn a pressionar Sessions a revogar sua recusa. Trump incitou muitos de seus assessores, se não todos, a ajudá-lo na tentativa. Não muito depois de se recusar a participar da investigação relacionada à Rússia, o presidente ordenou que Cliff Sims — um jovem funcionário da Ala Oeste que caíra nas graças do presidente ("uma doninha que se imiscuiu", na descrição de Bannon), e que, assim como Sessions, era do Alabama — fosse à casa do procurador-geral em uma manhã de sábado e exigisse que ele revogasse a recusa. Bannon, naquela situação, se opôs à ordem do presidente a Sims.

Se havia um mundo em que o procurador-geral, nomeado pelo presidente, pudesse usar sua autoridade para diminuir um pouquinho a tensão entre o presidente e os promotores do Departamento de Justiça, Jeff Sessions, que engolia sapos quase diários de Trump, não fazia parte dele. Numa época especialmente tensa, Sessions mandou um recado ao presidente de que, caso insistisse com as perseguições e ameaças, ele ia se demitir e recomendar o impeachment de Trump.

Nos dias seguintes à batida de 9 de abril no escritório e na casa de Michael Cohen, o presidente fervilhava. Não só o Departamento de Justiça estava contra ele como conspirava para atingi-lo no ponto mais vulnerável — seu advogado. Pouco importava que às vezes, no passado, quando Michael Cohen se apresentava como "advogado particular" de Trump, fosse corrigido em tom grosseiro: "Ele faz relações públicas pra mim".

E como o Departamento de Justiça tinha obtido o mandado para ir atrás de Cohen? Por um lado, Trump insistia que a batida nada tinha a ver com ele. Só dizia respeito à empresa de táxis de Cohen. Além disso, o presidente declarava que Cohen era mafioso. Por outro lado, acreditava que a batida provava que o Departamento de Justiça havia usado um pretexto qualquer para espalhar uma rede de escutas entre pessoas por meio das quais o "Estado profundo" captaria as conversas de Trump. Na visão de mundo centrada em Trump, seu próprio governo — uma subestrutura permanente de almas afins, de algum modo leal tanto a Barack Obama como a George Bush — o perseguia.

Em uma inversão de papéis curiosa e total, muitos conservadores, antes automaticamente incentivadores da imposição da lei, estavam desconfiados, se não paranoicos, da supervisão e do policiamento do governo. À medida que a investigação de Mueller avançava, a convicção de que um Estado profundo existia e estava atrás de Trump foi incutida na cultura de direita; essa convicção foi adotada, ainda que a contragosto, até por muitos republicanos comuns. Tornou-se um dos assuntos prediletos do âncora Sean Hannity, da Fox News, tanto na televisão como em telefonemas particulares. "Sean está esquisito", observou Bannon, "mas são boas histórias de ninar para o presidente."

Muitos liberais, outrora hostis ao FBI, a procuradores e à comunidade do Serviço Secreto, agora contavam com os investigadores do governo para perseguir implacavelmente Trump e sua família e assim proteger a democracia da ruína. Na MSNBC, agentes do FBI viraram deuses. Na nova visão liberal de mundo, autoridades policiais, antes alvo de um profundo desdém, eram abraçadas com entusiasmo. Pessoas como James Comey, cuja investigação de Hillary Clinton ajudara a cimentar o caminho rumo ao governo de Trump, tinham se tornado heróis da resistência.

Em 17 de abril, o livro de James Comey, A Higher Loyalty, foi lançado. Comey e Stephen Colbert, o comediante que apresentava um talk show noturno, brindaram com taças de vinho (na verdade, copos de papel) em rede nacional.

Entre outras revelações do livro, duas observações seriam especialmente preocupantes para Donald Trump: o tema latente do comportamento de mafioso de Trump e o fato de que Comey não dizia absolutamente nada sobre as Organizações Trump. Se o ex-chefe do FBI diz que você age como um chefão da máfia, trata-se de um aviso em neon. E se não menciona a organização no cerne da sua vida empresarial e familiar, é um sinal de que ela é alvo do FBI.

Embora a Casa Branca soubesse que o livro ia ser lançado, estava totalmente despreparada para ele — e para a reação descomunal de Trump. Kellyanne Conway foi logo enviada para contestar o livro, mas acabou focando no tratamento que Comey dera aos e-mails de Clinton, insinuando que ele havia influenciado a eleição a favor de Trump — algo que ninguém dizia na Casa Branca, já que as eleições jamais poderiam ter gerado um resultado que não uma vitória definitiva de Donald Trump.

Uma característica predominante da presidência de Trump era o fato de que quase todos os conflitos eram levados para o lado pessoal. Assim, Comey, com o sangue fervendo depois de ter sido demitido de maneira tão despeitada, era um rival digno de nota.

"Comey acha que sou idiota. Vou mostrar pra ele como sou idiota se ele acha que sou. Sou tão idiota que vou ferrar com todos eles, sou idiota a esse ponto", declarou um Trump bizarramente contente em um telefonema tarde da noite a um amigo de Nova York. O livro de Comey, cheio de justificativas pessoais, se conformava alegremente à opinião de Trump de que todos os policiais federais estavam fora de controle e corriam atrás dele. "Eu entendo esses caras", Trump prosseguiu, vendo os inimigos motivados pela mesma cobiça que o motivava. "Entendo. É a mesma velha história. Você vai atrás do nome mais conhecido. Entendo."

Em certo sentido, Trump também via os policiais federais não de seu papel como presidente, um protetor das leis nacionais, mas de sua função de empresário que a qualquer momento poderia chamar a atenção dos agentes e se meter em apuros com eles. Ao longo de sua carreira no setor imobiliário, a polícia federal sempre fora um perigo para Trump e pessoas como ele. Procuradores federais "são que nem câncer. Câncer de cólon", Trump dissera a um amigo que tinha problemas com o Departamento de Justiça.

Mas aquilo não queria dizer, Trump ressaltou, que ele, assim como muitos conhecidos, tinha medo do Departamento de Justiça. Havia um jogo ali, em que ele acreditava ser excelente. Seria meramente mais intimidante do que os outros. "Se eles acham que *eles* vão conseguir pegar *você*, vão mesmo. Se acham que *você* pode ferrar com *eles*, não ferram com você", Trump afirmou, resumindo sua teoria jurídica.

Uma de suas maiores decepções foi a descoberta de que, como presidente, não poderia controlar as autoridades federais. Quase escapava à sua compreensão que os policiais federais fossem um aborrecimento e uma ameaça *ainda maiores* depois de eleito.

A culpa, no entanto, não era dele. Tampouco era do sistema ou da estrutura do governo. Trump jogava toda a responsabilidade sobre Jeff Sessions, seu procurador-geral, dizendo sempre que ele deveria ter dado o cargo de procurador-geral a Rudy Giuliani ou Chris Christie, os dois únicos amigos de verdade que Trump tinha na política, "porque eles sabem como fazer esse jogo".

Como se não bastasse, o presidente botava a responsabilidade da nomeação de Sessions em Bannon, aliado e apoiador de longa data do outro. "Ferrado por ele de novo. Ferrado, ferrado, *ferrado*. Tantas vezes, tantas vezes, *tantas vezes*."

Após a saída de John Dowd, Trump voltou sua ira contra Ty Cobb, o segundo dos advogados de meia-idade que sua Casa Branca havia recrutado no verão de 2017, sem conseguir firmas de advocacia renomadas. Trump jogava pilhas de insultos sobre o advogado de 68 anos, sobretudo porque Cobb usava bigode. Bigodes incomodavam Trump, mas aquele, com pontas besuntadas de pomada, lhe parecia especialmente detestável. (Em uma lógica de zombaria não inteiramente clara, ou talvez apenas em um lapso de memória, Trump chamou Cobb — que tem o mesmo nome de um ilustre jogador de basquete — de Cy Young, outro jogador famoso.) Além disso, o presidente tinha certeza de que Cobb não estava à altura do pelotão de Mueller.

No começo de abril, Trump já tinha iniciado uma série de conversas diárias sobre a ideia de despedir Cobb. "O que devo fazer? Acho melhor despedir Cobb. Você acha que devo despedir Cobb? Eu acho que sim."

Ele precisava de um advogado excepcional. Perguntava a todo mundo: "Cadê meu advogado excepcional?". De repente houve outra tentativa de achar uma grande firma de advocacia com recursos para enfrentar o governo dos Estados Unidos. Mas firmas grandes têm comitês executivos que pesam com cuidado as vantagens e desvantagens de representar clientes difíceis como Donald Trump. Naquele caso, a desvantagem — a probabilidade de ser demitida publicamente por Trump e ainda levar calote — era grande demais.

Não tinha importância. Trump não queria mesmo um advogado de uma grande firma. Queria um advogado excepcional. "Excepcional, sabe?", ele dizia, como se fosse de uma especificidade minuciosa.

A lei não era lei para ele, mas um campo de batalha, e de uma batalha teatral. Trump sabia muito bem que tipo de ator excepcional ele queria.

Já fazia vários meses que Stormy Daniels, uma estrela da indústria pornô com quem Trump tivera uma relação e cujo silêncio Michael Cohen havia em tese comprado, estava no noticiário. O presidente mal se interessava por Daniels e mentia grosseiramente para todos, declarando que o caso jamais acontecera, mas todos percebiam que estava mentindo.

Trump adorava mesmo era o novo advogado de Stormy Daniels, Michael Avenatti. O sujeito era excepcional. E igualmente importante: ficava ótimo na tela. Avenatti era perfeito para o papel: ele parecia poder interpretar um advogado na televisão. Era o tipo de profissional que ele queria.

"Ele é um astro", comentou Trump. Era daquilo que ele precisava se fosse enfrentar pressão e ataques. "Me arruma um astro."

O corolário era de que todos os pequenos problemas tinham passado a grandes porque Trump não contava com um advogado como Avenatti — alguém que faria o que fosse necessário. Tal linha de pensamento logo se transformou em uma autocomiseração lúgubre: Trump se convenceu de que, sabe-se lá como, todos os advogados excepcionais estavam escondidos dele.

"Dershowitz", Trump vivia anunciando, era "o advogado mais famoso do país." Então acrescentava: "Vamos atrás do Dershowitz".

Embora Alan Dershowitz tivesse passado muitos anos como professor da Escola de Direito de Harvard até se aposentar em 2014, era considerado por muitos colegas de profissão menos um jurista teórico ou praticante escrupuloso do que um homem irritante e metido a esperto. Havia se inserido em diversos debates públicos e casos de peso, como os que envolviam Patty Hearst, Mike Tyson e O. J. Simpson. Mas se os livros que escrevia e a atenção que ganhava — pelas participações na TV e representações de sua pessoa em filmes — não aumentaram sua reputação como jurista, criaram um tipo de celebridade que lhe conferia outro valor. Sua agressividade, erudição, espetaculosidade e grandiosidade realmente fizeram dele um dos advogados mais famosos do país. Nada disso necessariamente o tornava um bom advogado, é claro. "Você deve fazer o contrário do que ele aconselhar", disse um insatisfeito ex-cliente de Dershowitz. Mas sem dúvida Dershowitz estava entre os mais famosos e bem-sucedidos advogados televisivos do país — e Trump queria acima de tudo alguém que pudesse interpretar um advogado na televisão. Na opinião dele, interpretar era a melhor e mais importante habilidade jurídica.

Nos últimos tempos, Dershowitz tinha chamado a atenção de Trump ao argumentar em uma série de participações televisivas que o presidente dos Estados Unidos estava acima da lei ou que pelo menos tinha um status especial, como um rei. No começo de abril, Dershowitz foi convidado para jantar na Casa Branca para discutir a possibilidade de representar o presidente. Era exatamente o tipo de advogado de que Trump imaginava precisar: um defensor agressivo que poderia argumentar a seu favor na televisão.

Durante o jantar, Dershowitz pediu um adiantamento de 1 milhão de dólares.

Trump, sempre crente de que parte do jogo jurídico era não pagar seus advogados, disse a Dershowitz que voltaria a procurá-lo. Porém a conversa estava encerrada. Jamais na vida pagaria um adiantamento de 1 milhão de dólares a um advogado!

Rudy Giuliani, que já tinha sido apelidado de "o prefeito da América", estava fora do poder havia dezessete anos. Ele era um candidato à presidência fracassado, um orador peripatético, mestre de cerimônias, mandachuva, consultor e qualquer coisa que envolvesse um cachê de seis dígitos. Estava desesperado, segundo seu cliente e amigo de longa data Roger Ailes, o ex-chefe da Fox News, para voltar ao centro do palco.

Os dois primeiros casamentos de Giuliani tinham sido péssimos, mas o terceiro era muito pior. Para seus amigos aquele era um assunto que provocava incredulidade e gargalhadas constantes. Judy Giuliani alfinetava e diminuía o ex-prefeito incessantemente.

"Coitado do Rudy, nunca vi uma bagunça tão grande", disse seu amigo Donald Trump. Ele tinha grande antipatia por Judy Giuliani e pedia que ela mantivesse distância dele.

O desespero do casamento havia levado, segundo a perspectiva surpreendente de Ailes, à disposição de Giuliani a se rebaixar em horas de participações televisivas após a revelação do infame vídeo do "Agarrar elas pela boceta" de Trump.

"Ele faz qualquer coisa para sair de casa", comentou Ailes.

Mas a lealdade a Trump era genuína. Giuliani acreditava — com uma sinceridade que talvez não fosse sentida por ninguém além de Trump — ter uma dívida de gratidão para com o presidente. Após o segundo casamento de Giuliani implodir em 2000, em uma ruptura horrível e pública, os filhos o rejeitaram. A briga com seu filho Andrew em particular parecia inexorável. Mas Andrew era um adolescente apaixonado por golfe, e esperava virar profissional um dia. Trump, nem um pouco conhecido pela empatia mas ainda assim retribuindo os muitos favores que Giuliani lhe fizera quando era prefeito da cidade onde ele próprio era um empreiteiro ativo, fazia um esforço especial para convidar Andrew para jogar com ele. Trump defendeu o pai para o filho com alguns resultados positivos. Muito depois, levou Andrew à Casa Branca com o título de subdiretor do Gabinete de Relações Públicas, garantindo a ele, e a mais uma dezena de pessoas, acesso sem escolta ao Salão Oval.

A lealdade de Giuliani e sua disposição para afrontar a ingenuidade e a lógica em defesa de Trump causaram uma dívida que levou o presidente a lhe dar um cargo no alto escalão do novo governo. Durante a transição, a tendência se tornou um grave problema para todos que rodeavam Trump. Rudy estava, na avaliação de quase todos — inclusive, às vezes, de Trump —, esquisito. "Demência", afirmou Bannon. "Além do mais, ele bebe muito", disse Trump, que algumas vezes durante a campanha disse na cara de Giuliani que ele estava "perdendo a cabeça".

Essa noção de que Giuliani estava esquisito era curiosamente irônica, já que tinha uma similaridade quase assustadora com a histeria do próprio Trump, sua grandiloquência e sua tendência a dizer basicamente tudo o que lhe passava pela cabeça.

Para muitos dos antigos assessores que trabalharam na equipe de transição, excluir Giuliani, com seus 74 anos, de um cargo importante no governo foi uma grande façanha. "Teve pelo menos uma bala de que desviamos", disse o primeiro chefe de gabinete de Trump, Reince Priebus.

O próprio Giuliani — ao que consta, sob a insistência da esposa, que já tinha se imaginado a primeira-dama do país — contribuiu para ter um papel no governo negado ao teimar que o único cargo que poderia aceitar seria o de secretário de Estado. Até Trump percebia que talvez Giuliani não fosse diplomático o bastante para o posto, e preferiu exortá-lo a assumir o posto de procurador-geral. "Estou velho demais para voltar a praticar direito", um decepcionado Giuliani disse a Bannon, que lhe deu a notícia de que a função de secretário de Estado estava fora de cogitação.

Porém, agora havia surgido uma nova oportunidade. Em 19 de abril, Giuliani, longe de ser a primeira opção, se tornou, para o horror e o espanto de quase todo mundo ao redor de Trump, uma versão estrábica do advogado excepcional que o presidente vinha procurando. Tratava-se de uma indicação digna de manchetes nos anais do "seria impossível inventar isso": Giuliani, o antigo chefe de James Comey, enfrentaria tanto ele como Mueller.

E o preço estava adequado: claro que ele trabalharia de graça, Giuliani disse a Trump.

Em uma série de telefonemas incoerentes, o presidente — Giuliani dizia que Trump "chorava ao telefone", já Trump dizia que Giuliani "suplicava trabalho" — tentava convencer o amigo de que ele precisava "fazer frente ao Avenatti".

Depois que chegasse à Casa Branca, o plano era de que Giuliani reunisse um grupo de sócios de sua firma, Greenberg Traurig, que, com seu parceiro de litígios Marc Mukasey (filho do procurador-geral de Bush, Michael Mukasey), atuaria como a equipe jurídica do presidente. Giuliani seria o rosto público da defesa do presidente, enquanto o grupo da Greenberg Traurig ficaria no escritório trabalhando duro nas ações jurídicas do presidente.

A Greenberg Traurig, onde Giuliani era menos um advogado atuante do que um agente de oportunidades empresariais, pensava de outra forma. Assim como acontecera em outras firmas de advocacia, o comitê gestor da Greenberg Traurig acreditava que defender Trump seria uma atitude extremamente impopular, e os sócios ainda duvidavam de que a conta um dia seria paga.

Giuliani — decidido a assumir o cargo, se não desesperado para fazê-lo — resolveu se afastar da Greenberg Traurig e defender o presidente por conta própria.

4. Sozinho

Um Trump furioso e vingativo pode até parecer uma presença constante na Casa Branca, mas na verdade ele não raro é eclipsado por um Trump preguiçoso, desinteressado e até presunçoso — um sujeito de 71 anos resenhando com carinho seu desempenho e suas conquistas extraordinárias.

"Pode até parecer ruim, péssimo, mas ele fica feliz que nem pinto no lixo", declarou Ivanka Trump, descrevendo a disposição do pai na Casa Branca a um amigo.

Essa era a bolha de Trump. Ele era incapaz de assumir vulnerabilidades — quaisquer que fossem. Não podia admitir que sua Casa Branca talvez fosse confusa ou que ele mesmo poderia estar em risco. Ninguém de seu círculo vasto de conhecidos e colegas nunca o viu exprimir arrependimento, dúvidas ou o desejo de ter agido de forma diferente. Quando a bolha de Trump se abria e algo que não era adulação adentrava, alguém precisava levar a culpa — e possivelmente ser despedido.

Mas de modo geral a bolha continuava fechada. Uma consequência das dificuldades jurídicas crescentes de Trump era que cada vez mais gente, temerosa de ser exposta àquelas questões, evitava falar com o presidente sobre os problemas dele. Muitos de seus amigos da madrugada que trabalhavam no setor imobiliário — Richard LeFrak, Steven Roth e Tom Barrack eram a voz de certo grau de realidade e praticidade — tinham medo de ser convocados por Mueller. A bolha de Trump estava menor e mais impenetrável: ele acabava, de noite, na cama, comendo seu chocolate predileto — Three Musketters — enquanto conversava com um subserviente e tranquilizador Sean Hannity.

Trump só podia fazer parte de uma organização que lhe dedicasse uma devoção genuína; não conseguia imaginar outro tipo. Ele insistia que a Casa Branca funcionasse mais como as Organizações Trump, uma empresa feita para sua satisfação e comprometida em saciar e servir a seus interesses peripatéticos e impulsivos. Os hábitos empresariais de Trump eram inteiramente autocentrados, e não voltados para o cumprimento de tarefas ou baseados em sistemas organizacionais. Ter um foco externo, ou qualquer tipo de foco, não era sua preocupação ou método.

Apesar da mágoa que às vezes o tomava de noite, Trump chegava tarde no gabinete e na maioria dos dias fazia uma série de encontros encenados com uma pessoa ou um grupo no Salão Oval ou na Sala Roosevelt, sempre com o objetivo de elogiá-lo, parabenizá-lo e distraí-lo. Como a equipe já sabia muito bem àquela altura, Trump distraído era Trump feliz.

Quando o presidente estava distraído, a Casa Branca e o poder executivo em geral ficavam felizes também. Nesse ambiente favorável, os políticos e burocratas profissionais conseguiam progredir no trabalho no qual Trump não se interessava — e ele não se interessava pela enorme maioria do trabalho que faziam.

Se Trump tendia a ficar mais alegre quando distraído, também era propenso a ficar bem-humorado quando estava no meio de uma das paixonites pessoais que volta e meia desenvolvia. Embora sempre passassem, eram fortes por um momento. Michael Flynn foi uma paixonite. Bannon também. Rob Porter e até Paul Ryan foram seus dias ao sol.

Foi o caso também do contra-almirante Ronny Jackson, médico da Casa Branca. Jackson ficava nada menos que delirante ao derramar seus louvores sobre o presidente. Ao fazer uma revisão da saúde do presidente, em janeiro de 2018, deu sua opinião profissional: "Certas pessoas têm genes bons. Eu disse ao presidente que, se ele tivesse seguido uma dieta mais saudável nos últimos vinte anos, talvez vivesse até os duzentos".

No fim de março, Trump já havia demitido David Shulkin, chefe dos Assuntos de Veteranos, e indicado Jackson como substituto. Era uma escolha esquisita — Jackson não tinha experiência administrativa nem envolvimento profissional com questões relativas a veteranos —, mas totalmente condizente com o desejo de Trump de recompensar amigos e apoiadores. Nas semanas seguintes, o presidente mal teve conhecimento de que um núcleo dentro da Casa Branca havia iniciado uma campanha sofisticada para minar o nomeado, originada no gabinete do vice-presidente.

Trump nunca tomara gosto pelo vice — Mike Pence o irritara desde as primeiras semanas de governo. (Pence foi governador de Indiana de 2013 a 2017; antes disso, foi membro do Congresso por doze anos.) Trump exigia subserviência, mas ao recebê-la desconfiava de quem a oferecia. Quanto mais Pence se curvava, mais Trump tentava entender suas intenções.

"Por que ele me olha desse jeito?", o presidente perguntou, referindo-se à forma quase beatífica como Pence o encarava. "Ele é um maluco religioso", Trump concluiu. "Era governador e ia perder as eleições quando dei o cargo a ele. Então acho que tem uma boa razão para me adorar. Mas dizem que era o cara mais burro do Congresso."

Em junho de 2017, Bannon ajudou a empossar Nick Ayers — um estrategista republicano jovem e disciplinado que ganhava reputação — como chefe de gabinete do vice. Pence, "nosso último recurso", nas palavras de Bannon, "que em metade do tempo não sabe nem onde está", claramente precisava de ajuda. O resultado foi que o gabinete do vice, chefiado por Ayers, se tornou a operação mais eficiente da Ala Oeste.

Isso não queria dizer muita coisa. Já na primavera de 2018, muitos dos feudos individuais de Trump estavam num estado de colapso relativo. O escritório do chefe de gabinete, dada a persistente animosidade de Trump para com Kelly, sem dúvida era um dos mais fracos da história. As várias iniciativas e os vários centros de poder de Kushner na Casa Branca — com destaque para o Gabinete de Inovação Americana da Casa Branca — tinham sido um fracasso retumbante. O assessor de Segurança Nacional, H. R. McMaster, que finalmente se demitira em março, nos últimos seis meses se tornara persona non grata na Ala Oeste, com Trump não raro fazendo imitações de McMaster (com uma voz sussurrante e ofegante). Marc Short e o Gabinete de Assuntos Legislativos eram marginalizados pelo presidente desde o contratempo da lei orçamentária.

O departamento de comunicação era uma desordem ridícula. As três figuras principais — Mercedes Schlapp, diretora de comunicação estratégica, Sarah Huckabee Sanders, porta-voz da Casa Branca (para Trump, a "garota

Huckabee"), e Kellyanne Conway, com responsabilidades desconhecidas de todos — tentavam solapar umas às outras de hora em hora, com Hope Hicks, uma voz "em segundo plano" diante da mídia, sempre insultando os ex-colegas de fora da Casa Branca. "Uma briga de unhadas", Trump pronunciava com aparente satisfação, enquanto lidava com boa parte da imprensa pelo celular.

A era de Reince Priebus, chefe de gabinete nos primeiros sete meses de governo, sob cujo reinado a Casa Branca de Trump parecia uma comédia de desgoverno, agora parecia a IBM da década de 1950 se comparada à disfunção atual. Em meio ao colapso, podia-se depender do gabinete de Pence para realizar os negócios da Casa Branca por causa de duas pessoas: Nick Ayres e a esposa de Pence, Karen.

No começo do governo, uma matéria na *Rolling Stone* citou Pence se referindo à esposa como "Mãe". O apelido pegou. Desde então, a sra. Pence era conhecida na Ala Oeste como Mãe, e não de forma afetuosa. Ela era vista como a força por trás do trono vice-presidencial — a estrategista astuta, infatigável, com uma determinação de ferro, que escorava o marido desafortunado.

"Ela me deixa todo arrepiado", dizia Trump, que a evitava.

Junto com George Conway, marido de Kellyanne Conway, um grande advogado de Wall Street que fazia tuítes sarcásticos a respeito do presidente, a esposa de John Kelly, Karen Hernest, que acossava estranhos declarando o quanto o marido detestava o presidente e a esposa de Steve Mnuchin, a ex-atriz Louise Linton, que volta e meia fazia o gesto de que ia vomitar, a Mãe era mais um cônjuge que via o presidente com incredulidade.

Enquanto Pence executava atos diários de obediência a Trump e demonstrava uma lealdade abjeta e quase excruciante, Ayers e a Mãe previam o pior para a presidência de Trump e garantiam a Pence um pouso suave para o caso de haver impeachment e expulsão ou renúncia, uma possibilidade que ela avaliava a amigos como de 60% a 40% para um lado ou para o outro. Em abril de 2018, tanto Ayers como a Mãe acreditavam que a Casa já teria afundado em novembro e que até a maioria no Senado estava ameaçada, ensejando uma ambição nova e jactante no círculo de Pence.

Trump, no entanto, parecia continuar alheio à deslealdade de Pence — ou da família dele. Não fazia ideia de que a nomeação do almirante Jackson estava para se tornar um teste da força Mãe/Ayers (e portanto Pence) e da fraqueza da presidência.

Jackson — médico do presidente no governo Obama e agora na Casa Branca de Trump — era o profissional de confiança de Trump, de membros do gabinete e de funcionários do alto escalão, e supervisionava a equipe médica interna da Casa Branca. Ele era uma figura popular, principalmente por sua forma casual de receitar remédios. Não deixava o presidente sem um estoque de Stavigile, um estimulante que fazia tempos que o médico de Trump em Nova York lhe receitava. Para outros, Jackson era considerado uma fonte especialmente tranquila de Zolpidem. Ele se dava muito bem com homens — era um "tipo que bebia à moda antiga", segundo uma descrição. Não se dava tão bem com mulheres, provocando diversas reclamações.

Uma mulher que irritou foi a Mãe.

No primeiro ano da presidência de Trump, ela consultara Jackson a respeito de um problema ginecológico. Ele, que participava do escárnio geral à esposa do vice-presidente, foi indiscreto sobre a questão. A Mãe logo descobriu a quebra de sigilo e sua mortificação e raiva motivaram a resolução de se vingar.

Muitos dos vazamentos acerca das bebedeiras de Jackson, da mão aberta com os comprimidos e das alegações de abuso contra ele — que Trump começou a botar na conta dos democratas e de outros inimigos, e que, em meados de abril, já faziam parte do ciclo diário de notícias sobre Trump — vinham da Mãe e de Ayers. Pouco depois, a nomeação foi abafada. Jackson retirou seu nome de consideração em 26 de abril.

"Foi das coisas mais impressionantes que já vi a Ala Oeste fazer, o golpe no almirante", declarou Bannon. "Derrubaram aquele filho da puta."

O caso Jackson podia ser visto como um exemplo não tanto da oposição a Trump, ou da deslealdade a ele, mas de que os negócios eram levados adiante apesar dele. Volta e meia parecia que Trump, afastado das operações técnicas de governar, colado à televisão e obcecado por seus desafios e ofensas minuto a minuto, não se dava com sua própria Casa Branca. A Mãe e Ayers fizeram uma vingança política porque podiam. E embora Ronny Jackson fosse a opção de Trump, era uma opção preguiçosa. Jackson sem dúvida não era parte de um grande plano de Trump e havia ofendido a Mãe, então por que não derrubá-lo?

Porém, apesar da desatenção de Trump, o desastre Jackson inflamou sua convicção de que ele deveria poder nomear quem bem entendesse. Nomeações sempre pegavam fogo: a oposição às suas escolhas pessoais era uma provocação direta. Confuso ao perceber que o poder da presidência tinha seus limites, passou a ver as limitações como um problema dele — um sinal de sua fraqueza. A chefia de Assuntos de Veteranos era um cargo menor, irrelevante, então por que não podia nomear quem quisesse? A Casa Branca estava no caminho dele. Washington estava no caminho dele. Havia uma burocracia colossal inteira que não o apoiava.

Apesar desses sentimentos, muitos dos que rodeavam Trump se surpreenderam ao perceber uma característica inesperada: ele não era paranoico. Gostava de autocomiseração e melodrama, mas não ficava na defensiva. Negatividade e traição sempre o assustavam. Narcisismo, na verdade, é o oposto da paranoia: Trump achava que as pessoas o protegiam e deviam protegê-lo. Estava surpreso, e ainda mais ferido, em perceber que tinha que cuidar de si mesmo.

De novo, assim como acontecera com a lei orçamentária, era um momento que servia de lição amarga. Nem mesmo Mike Pence, o adulador, estava do seu lado. Quando Ivanka tentou explicar a ele aquela questão — o desrespeito de Jackson à sra. Pence —, Trump optou por evitar o assunto desconfortável. Preferiu remoer o tema de seu poder limitado. Ele era o presidente dos Estados Unidos. Por que não podia fazer o que quisesse?

O problema estava na própria Casa Branca. Suas diversas personalidades e seus diversos centros de poder exigiam jogo de cintura, cortesia, diplomacia e destreza — em suma, a disposição para colaborar com outras pessoas — que ele não criaria logo agora. Os muitos cargos vagos na Casa Branca em parte se deviam à falta de candidatos; ao mesmo tempo, no entanto, Trump não se prestava a contratar ninguém.

A história dos últimos quinze meses não tinha sido do presidente reforçando sua equipe na Casa Branca, mas do atrito da equipe relativamente fraca que Trump foi obrigado a aceitar às pressas. Quase toda a elite da gestão da Casa Branca havia se esgotado em pouco mais de um ano. Flynn, Priebus, Bannon, Cohn, Hicks, McMaster — todos eles e muitos outros foram embora. Em certo sentido, o presidente não tinha chefe de gabinete, departamento de comunicação, Conselho de Segurança Nacional, operações políticas, gabinete de assuntos legislativos e apenas um gabinete pulverizado de assessoria jurídica.

Quem permanecia na equipe ou tinha entrado nela parecia entender melhor as regras: trabalhavam para Donald Trump, não para o presidente dos Estados Unidos. Se quisessem sobreviver, teriam que considerar a relação não institucional, aceitar que estavam ao bel-prazer de um patrão totalmente idiossincrático que levava tudo para o lado pessoal. Mike Pompeo se saía bem até ali porque parecia ter apostado alto que seu futuro dependia da subserviência a Trump. Ele achava que o estoicismo e a capacidade de segurar a língua um dia iam torná-lo presidente. Enquanto isso, Larry Kudlow, substituindo Gary Cohn no Conselho Econômico Nacional, e John Bolton, que substituía H. R. McMaster, eram perfeitos porque estavam desesperados pelo cargo — Kudlow tinha perdido seu programa na CNBC e Bolton havia muito estava relegado à loucura da política externa sem muita esperança de escapar.

Afora as substituições, mais de um ano após iniciado o governo Trump, muitos cargos na Casa Branca continuavam vagos. Os riscos de despesas legais eram altos demais, a dor de trabalhar para Donald Trump era muita, e a mácula na carreira era evidente demais.

Às vezes a Ala Oeste ficava quase deserta. Trump estava mais sozinho do que nunca.

Mas que importância tinha? O único tipo de espetáculo que funcionava para Donald Trump era o monólogo.

O jantar dos correspondentes da Casa Branca, um evento anual com celebridades em que a tradição é que os presidentes critiquem um amplo leque de políticos e pessoas da mídia, e por sua vez são criticados por um comediante popular, foi marcado para o dia 28 de abril. O jantar foi, para Trump, talvez o grande exemplo não só do empenho inesgotável da imprensa em atacá-lo em bando, mas, na visão dele, da demanda insistente dos profissionais da mídia de que fosse reverente a eles.

"Não sou bajulador. Trump não bajula. Eu não seria Trump se eu bajulasse", ele disse a um amigo que argumentou que seria bom para ele comparecer ao jantar e fazer umas piadas sobre si mesmo. Trump se negou a ir, declarando: "Ninguém comparece mais. Morreu".

À medida que a data do evento ia chegando, ele ia procurando jeitos de tentar eclipsá-lo com um comício, ou de pelo menos tentar competir com ele, como fez em 2017. Resolveu planejar uma viagem a Washington, Michigan. Depois que o evento foi marcado, os assessores do presidente logo notaram que o comício ia se tornar um grande acontecimento político: serviria de pontapé inicial da campanha das eleições intercalares de 2018. Até ali bem desatento às eleições iminentes, agora Trump se exibia como figura central da corrida.

Na noite do dia 28 de abril, a comediante Michelle Wolf foi despejando escárnios, bílis e crueldades ad hominem sobre o presidente diante de uma plateia ampla e de modo geral simpática no Washington Hilton Hotel. Enquanto isso, em Michigan, Trump falou por mais de uma hora no comício estridente no estádio Total Sports Park, na cidade de Washington. O objetivo mais específico era apoiar Bill Schuette, o procurador-geral do Michigan, que competia contra o vice-governador Brian Calley, que havia cometido o pecado imperdoável de retirar seu apoio a Trump pouco antes das eleições de 2016. O presidente fez uma menção vazia no começo do discurso, depois entrou em um longo relato, tão vívido quanto demente, de tudo o que enfrentava sozinho.

Depois de se alongar sobre vários de seus assuntos preferidos — a bandeira americana, o muro, a China, o mercado de ações, a Coreia do Norte —, Trump mirou em Jon Tester, o senador de Montana que ele acreditava ser o culpado por sabotar a nomeação de Ronny Jackson à chefia dos Assuntos de Veteranos.

Vou contar uma coisa, o que Jon Tester fez com o sujeito foi uma desgraça. O almirante Jackson começou a estudar, e estava trabalhando muito. Eu sugeri isso a ele. O cara é um herói de guerra, um líder, um notável, é um... um almirante, um sujeito ótimo, ótimo, tem cinquenta anos, e começou a estudar, e então foi atingido por boatos odiosos, odiosos, e o Serviço Secreto me disse: "Acabou de chegar, senhor. Nós verificamos todas essas coisas, senhor, e elas não são verdadeiras". Elas não são verdadeiras, então tentam destruir o sujeito.

Bom, eles estão fazendo isso contra nós, estão dando o máximo, mas isso, mas um pouco — eu quero agradecer, aliás, à Comissão de Inteligência da Câmara. Eles fazem isso com a gente também. Conluio com a Rússia. Sabe, eu garanto a vocês, sou o mais duro com a Rússia, como ninguém nunca imaginou. Na verdade, vocês acham, vocês ouvem falar da advogada há um ano, uma mulher, ela disse tipo: "Ah, não sei de nada". Agora, do nada, dizem que está envolvida no governo. Sabem por quê? Se ela fizesse isso, porque Putin e o grupo disseram: "Sabe de uma coisa, esse tal de Trump está matando a gente. Por que você não diz que está envolvida no governo para a gente poder tornar a vida dos Estados Unidos ainda mais caótica?". Olha só o que aconteceu! Olha como esses políticos caíram na vala. Conluio com a Rússia. Fala sério!

Vou dizer a vocês que o único conluio é o que os democratas fizeram com os russos, e o que os democratas fizeram com um monte de gente. Olhem só para as agências de inteligência, e o que dizer, ei, e que tal o Comey? Vocês já viram o cara em entrevistas? "Humm, humm, humm..." Que tal o Comey? Que tal o Comey? Que tal? Então o Comey, o que dizer desse tal de Comey? Ele disse uma noite dessas — o dossiê fajuto, imundo —, ele disse uma noite dessas, na Fox, ele disse com muita ênfase: "Não, eu não sabia que quem estava pagando eram os democratas e a Hillary Clinton". Ele não sabia, ele não sabia. Que tal isso? Eles começam uma coisa com base em um documento que foi pago pelo Partido Democrata e a Hillary Clinton. Sinceramente, pessoal, preciso dizer, preciso dizer, é uma desgraça. A gente tem que voltar ao assunto. É uma desgraça o que está acontecendo no nosso país, e foram eles que fizeram isso, foram eles que fizeram aquilo com o almirante Jackson. Estão fazendo isso com um monte de gente.

Insinuação. Sabe, antigamente, quando os jornais escreviam, eles botavam os nomes. Hoje, eles dizem: "Fontes contam que o presidente Trump...". Fontes! Nunca dizem quem são as fontes, eles não têm fontes. As fontes não existem, em muitos casos. Eles não têm fontes e em muitos casos as fontes não existem. São pessoas muito desonestas, muitas delas. *Fake news*, muita desonestidade. Mas você olha o Comey, e você olha como ele mente, e então o cara capta a mensagem. Eu queria saber quando foi que ele escreveu a mensagem. Então ele capta a mensagem e mostra pra todo mundo. Notem como ele mente, é uma coisa incrível...

Aliás, aliás, aliás, isto aqui não é melhor do que aquela bobagem do jantar dos correspondentes da Casa Branca em Washington? Não é mais divertido? Eu poderia estar lá no palco, sorrindo, como se eu amasse os golpes que estão me dando, tirada atrás de tirada. Essa gente, eles odeiam vocês, e então eu deveria... [Ele sorri]. E, sabe, você tem que sorrir. Se não sorri, eles dizem: "Ele é terrível, ele não aguentou". Se você sorri, eles dizem: "Por que ele está sorrindo?". Sabe, é um jogo perdido...

Trump, solto e à vontade, prosseguiu nesse estilo durante oitenta minutos.

5. Robert Mueller

Trump volta e meia ficava à beira de demitir Mueller, mas volta e meia recuava. Não era bem um controle, mas um jogo de gato e rato: ameaçar demitir e não demitir era a estratégia jurídica de Trump. "Ou você é intimidado ou você intimida", essa era a tese jurídica dele. Várias rodadas de matérias sobre a iminente demissão de Mueller vinham de vazamentos diretos de Trump. "Você tem que confundir esses caras", ele explicou.

À medida que a investigação à prova de vazamentos continuava — seu silêncio sendo uma das maiores aberrações na Washington aberrante de Trump —, o procurador especial passou a ser uma espécie de holograma da Ala Oeste, sempre presente, mas nunca presente. Embora a presença constante da investigação de Mueller não raro aborrecesse Donald Trump, seu jeito fantasmagórico, amorfo, também parecia incentivá-lo. Ele acreditava que, caso tivessem alguma coisa, bem, é claro que iam vazar a informação.

"É coisa pouca, o que eles têm", Trump disse a um amigo por telefone pouco depois do fim de seu primeiro ano de mandato. "Coisa pouca, coisa pouca, coisa pouca. Quando falo em caça às bruxas" — o epíteto que aplicava, praticamente diariamente, à investigação de Mueller — "estou falando de coisa pouca."

Trump acreditava saber o que estava fazendo. Afinal, ao longo de toda a sua vida profissional vivera litígios basicamente de forma ininterrupta. Sua carreira era de conflitos legais. Ele se acreditava capaz de amedrontar o outro lado. Mueller era o tipo de oponente pelo qual sempre sentia desdém — um cara que jogava sempre no centro — e sabia como lidar com ele. Todo mundo consideraria a retidão de Mueller um ponto forte, mas Trump achava que era seu ponto fraco.

"Lembre", ele disse a McGahn, "Mueller não quer ser demitido. O que foi que aconteceu com aquele cara que o Nixon despediu? O Massacre de Sábado à Noite, claro. Mas você se lembra do cara que foi despedido? Não."

Mueller era "um impostor", disse Trump, "uma piada", um cara que "se acha esperto, mas não é". Ele se referia à esperteza das ruas, não à disposição de fazer o que fosse preciso. "Conheço o tipo: ele se faz de durão, mas não é."

Curiosamente, as biografias de Trump e Mueller eram paralelas. Ao mesmo tempo, uma era reflexo da outra.

Trump tinha nascido em Nova York em 1946; Mueller nascera em Nova York em 1944. Ambos descendiam de imigrantes alemães que haviam chegado em Nova York no século XIX. Ambos cresceram nos anos do pós-guerra, os pais membros da exclusiva e salutar classe média altíssima.

Mas as similaridades terminavam ali. Trump era filho de um tipo de arquétipo americano: seu pai, Fred, tinha instintos animais e via o mundo como brutal e de soma zero, acreditando que deveria ganhar a qualquer custo. Trump, desde cedo, devia superá-lo. Mueller era filho de outro tipo de homem: o pai, um executivo de colarinho-branco conservador da DuPont, com a sublimação dos anos 1950 vivia em um mundo em que o sucesso era inextrincavelmente associado a não perturbar o equilíbrio. E Mueller, desde cedo, devia seguir seu exemplo.

Robert S. Mueller III, da turma de Princeton de 1966, era membro da última geração de republicanos da Ivy League — republicanos moderados, do establishment, de classe alta. Desde a década de 1960, a Ivy League havia se transformado inexoravelmente em um clube cultural de esquerda, mas dentro de sua memória moderna sua verdadeira personalidade era melhor representada pela família Bush e outros frequentadores de clube de campo. Sua versão superior era a família Mueller: branca, anglo-saxã, protestante, da classe privilegiada e nada emotiva, abstendo-se de vaidade pessoal e sem nenhuma petulância. Bob Mueller era um atleta — seguindo o ideal antiquado da combinação de cérebro e músculo — na St. Paul's School em Concord, New Hampshire, e a cada temporada capitaneava uma equipe esportiva diferente. Era uma figura saída de certos romances e contos dos anos 1940, 50 e 60. Como *A Separate Peace*, de John Knowles, publicado em 1959, quando o senso de classe e correção estava ficando para trás; os romances de Louis Auchincloss, sobre as dores e frustrações do aristocrata americano; e os contos da *New Yorker* daquela época que retratavam um estoicismo de aluno de escola preparatória e uma vida emocional limitada. Tais figuras foram zombadas categoricamente na ficção mais tardia.

Assim como John Kerry — futuro senador, candidato à presidência e secretário de Estado —, seu colega de classe em St. Paul's, Mueller foi ao Vietnã depois da faculdade, em 1968. O movimento antiguerra em breve romperia com qualquer tradição de soldados da Ivy League, e Kerry se alçou à proeminência política como porta-voz antiguerra e construiu sua carreira na política liberal. Mas Mueller, com uma carreira paralela no governo, conseguiu de algum modo se manter distante dos quarenta anos seguintes de tumulto cultural e político. "Ele estava ou acima ou longe disso, não dava para dizer qual era o caso", declarou um colega do Departamento de Justiça.

Com apenas um círculo fechado de amigos íntimos, poucos saberiam o que ele sentia, no que acreditava ou o que realmente gostaria de expressar, se é que gostaria de expressar alguma coisa. Enquanto alguns o consideravam enigmático de uma maneira que podia ser interpretada como sábia ou brilhante, outros viviam desconfiados de que simplesmente não tinha o que dizer. É quase indiscutível que tenha sido o diretor do FBI mais importante da modernidade: tendo assumido o cargo dias antes do Onze de Setembro, ele converteu o FBI de órgão focado em processar crimes americanos em um órgão focado na luta contra o terrorismo mundial. E, no entanto, Garrett Graff, cujo livro *The Threat Matrix* faz uma crônica da Guerra contra o Terror e a criação de um novo FBI, acha o perfil público de Mueller tão modesto que ele parece não ser muito mais que "um personagem secundário".

A intensa desconfiança da personalidade de Mueller se tornou sua personalidade. Ele era um promotor no velho sentido de representar a burocracia; seguia as normas e nunca promovia a própria independência, uma espécie de anti-Giuliani. Não tinha aptidão para lidar com a imprensa ou interesse nisso e achava quase incompreensível e moralmente incômodo que alguém tivesse. Era, na nomenclatura antiga, um homem de família, casado com a namorada da escola, pai de dois filhos. Em suma, era um careta incorrigível, e continuou assim mesmo enquanto a cultura americana mandava os caretas para o lixo da história — o que, curiosamente, agora o transformava em herói da América anti-Trump, culturalmente moderna e de esquerda.

Em uma mudança de hábito digna de nota, seu mandato de dez anos como diretor do FBI foi renovado em 2011 para mais dois anos sob Barack Obama. Assessores de Obama relatam que os dois criaram um elo harmonioso, similares na ética de serviço público e virtude pessoal, na abordagem analítica à solução de todos os problemas e na antipatia pelo drama pessoal e profissional.

É difícil imaginar alguém mais diferente de Robert Mueller do que Donald Trump. É possível que não existam dois homens da mesma idade e do mesmo ambiente mais distintos em mentalidade, temperamento, conduta pessoal e entendimento moral. É possível que não existam dois homens que ilustrem melhor a diferença entre pesos e medidas institucionais e astúcia individual, disposição para se arriscar e presunção. Mas talvez tenha sido menos um choque cultural do que uma simples incompatibilidade: simetria contra assimetria, seriedade versus rebeldia, contenção contra mergulho de cabeça.

"Ele não tem jogo de cintura", Trump caracterizou Mueller para um amigo.

Quando Steve Bannon ficou diante do procurador especial, em janeiro de 2018 — com quinze agentes do FBI e oito promotores se apinhando numa sala para ver Darth Vader —, Mueller entrou logo antes de o depoimento começar. Foi direto ao encontro de Bannon, cumprimentou-o com cavalheirismo e disse, pegando-o totalmente desprevenido: "Acho que Maureen vai adorar West Point".

A filha de Bannon, Maureen, capitã do Exército, sem que nem seus amigos mais próximos soubessem, tinha acabado de aceitar um posto lá. Bannon relembrou: "Fiquei pensando: 'Caramba, que porra é essa?'".

No intervalo, Bannon questionou seu advogado Bill Burck: "O que acha que ele quis com isso?".

"Eu sei o que ele quis com isso", declarou Burck. "Está dizendo: nunca se esqueça que a sua filha é um dos nossos. Ele está dizendo que *você* é um dos nossos."

Quase imediatamente após sua nomeação, em maio de 2017, Bob Mueller recrutou Andrew Weissmann, o chefe da divisão de fraudes criminosas do

Departamento de Justiça e seu promotor de colarinho-branco mais experiente. Muitos acreditavam que Weissmann era o promotor de colarinho-branco mais agressivo do país.

Donald Trump pensava conhecer Weissmann muito bem. Ele era incompetente e um fracassado, declarou o presidente. Weissmann havia processado Arthur Andersen, uma das cinco maiores firmas de contabilidade do país, no caso Enron. Ele conseguiu a condenação e tirou do mercado uma das maiores empresas do mundo, com 85 mil funcionários. E então a condenação foi anulada. Aquilo, Trump declarava, era uma tragédia empresarial, e a licença de Weissmann devia ter sido cassada. O presidente o chamava de "Arthur Weissmann".

Na mesma medida em que o caso Andersen pode ter maculado Weissmann, também reforçou sua reputação de abrir guerra total. Para Weissmann, ir longe demais era quase uma crença filosófica: na visão dele, criminosos de colarinho-branco desafiavam o sistema, portanto o sistema tinha que desafiá--los. E Donald Trump passou a vida e a carreira inteiras desafiando o sistema.

Em março de 2018, a equipe de Mueller já contemplava uma jogada audaciosa. Em uma iniciativa encabeçada por Weissmann, o gabinete do procurador especial esquematizou o indiciamento do presidente. A proposta era basicamente um mapa do primeiro ano de Trump na presidência.

Havia três alegações em "ESTADOS UNIDOS DA AMÉRICA — contra — DONALD J. TRUMP, réu". A primeira, sob o artigo 18, Código dos Estados Unidos, seção 1505, acusava o presidente de influenciar corruptamente — ou por meio de ameaças de força ou comunicação ameaçadora —, obstruir ou impedir uma ação judicial pendente ante um departamento ou agência dos Estados Unidos. A segunda alegação, sob a seção 1512, acusava o presidente de manipular testemunha, vítima ou informante. A terceira acusação, sob a seção 1513, acusava o presidente de retaliar testemunha, vítima ou informante.

De acordo com o indiciamento rascunhado, o plano de Donald Trump de obstrução de justiça começou no seu sétimo dia de governo. Ele traçava a linha da obstrução das mentiras de Michael Flynn, assessor de Segurança Nacional, ao FBI sobre seus contatos com um representante russo, o empenho do presidente para que James Comey protegesse Flynn, a demissão de Comey, as tentativas do presidente de interferir na investigação do procurador especial, à sua tentativa de acobertar o encontro do filho e do genro com agentes do governo russo, a seus atos para interferir no depoimento do diretor adjunto do FBI Andrew McCabe e também para retaliá-lo. O indiciamento também deixava claro o que o procurador especial considerava o tema principal da presidência: desde o início do mandato, Trump não media esforços para se proteger do escrutínio e da responsabilidade legais, e para minar o grupo de oficiais que investigava seus atos.

Desde Watergate, que agora completa 45 anos, a questão da possibilidade de os promotores arrastarem um presidente em exercício até o tribunal e processá-lo por transgredir a lei assim como um cidadão comum pairava às margens das teorias constitucionais e dos escândalos da Casa Branca. O Gabinete de Assessoria Jurídica, auxiliar pouco conhecido do Departamento de Justiça que dá aconselhamento jurídico ao procurador-geral, havia, durante o Watergate e após o escândalo Clinton-Lewinsky, opinado que um presidente em exercício não poderia ser indiciado. Embora não fosse de jeito nenhum uma proibição legal ou uma decisão judicial contra o indiciamento de um presidente, havia se tornado uma postura-padrão, sobretudo porque ninguém nunca tinha tentado indiciar um presidente.

Em alguns círculos constitucionalistas, a questão da possibilidade de indiciamento de um presidente provocava um debate acalorado. Contra as objeções de muitos liberais, Ken Starr, o procurador independente que investigava Bill Clinton, argumentou que a Constituição não tornava um presidente em exercício imune a um indiciamento e que, assim como qualquer outro cidadão ou autoridade federal, ele estava sujeito a indiciamentos e processos criminais. Alguns disseram que a posição de Starr passava da medida.

No final de março, a equipe de Mueller tinha não só os detalhes do indiciamento proposto como o rascunho de um memorando legislativo se opondo ao já esperado pedido de anulação da parte do "réu" — isto é, de Donald Trump.

O memorando contradizia explicitamente a opinião estabelecida emitida pelo Gabinete de Assessoria Jurídica. Em nenhum ponto, argumentava, a legislação diz que o presidente não pode ser indiciado; em nenhum ponto era conferido ao presidente um status diferente perante a lei daquele concedido a outras autoridades federais, e todos podiam ser indiciados e condenados, bem como sofrer impeachment. A Constituição é precisa na imunidade que outorga — e não há nenhuma concedida ao presidente.

"A Cláusula de Julgamento de Impeachment, que se aplica igualmente a todos os servidores civis, inclusive o presidente", argumentava o informe:

estabelece que um servidor civil pode ser impedido e removido do cargo, mas que a parte condenada deve não obstante ser responsabilizada e submetida a indiciamento, inquérito, julgamento e punição de acordo com a lei.

A Cláusula de Julgamento de Impeachment toma como certo [...] que um servidor possa ser submetido a indiciamento e julgamento antes do impeachment. Caso isso não tenha ocorrido, a cláusula estaria criando, para servidores civis, precisamente a imunidade que os autores rejeitaram.

O raciocínio era claro e básico. Não havia exceção legal para o presidente; era o exato oposto, na verdade, já que o modelo constitucional deixava claro que o presidente não estava acima da lei sob nenhum aspecto. O impeachment era um remédio que poderia ser usado contra todos os servidores civis dos Estados Unidos, mas não os protegia do indiciamento; portanto, a cláusula de impeachment não devia proteger o presidente do indiciamento. O suposto argumento do equilíbrio — de que o fardo de um processo criminal contra o presidente interferiria na sua capacidade de desempenhar seus deveres eletivos — era enganoso, porque o peso não seria maior do que o fardo significativo envolvido no processo de impeachment.

Porém, Bob Mueller não havia chegado ao alto escalão do governo federal interpretando erroneamente os limites do poder burocrático. Aliás, ele era um dos jogadores mais bem-sucedidos do governo.

Quase diariamente, Mueller e sua equipe pesavam reiteradamente as chances de que o presidente os demitisse. A própria existência da investigação por parte do procurador especial havia, em certo sentido, virado a questão essencial da investigação em si. Encerrá-la, protelá-la ou prejudicá-la era, numa ironia subestimada, o próximo passo mais natural do presidente ou do representante escolhido por ele, dado o caso de obstrução que a equipe de Mueller elaborava contra ele.

No decorrer do inverno e da primavera de 2018, enquanto montava o caso de obstrução contra o presidente, o gabinete do procurador especial tentava se manter atualizado quanto ao possível ato supremo de obstrução. O que descobriu não foi reconfortante.

"O presidente Trump pode ordenar que Sessions retire as normas ao procurador especial (e demiti-lo caso ele não obedeça)?", indagava um dos memorandos que circulava internamente.

"A resposta mais curta é sim", a equipe concluiu após pesquisar. Embora tivesse se negado a participar da investigação, o procurador-geral Sessions podia revogar as normativas ao procurador especial e abrir caminho para que Trump despedisse Mueller sem rodeios.

A única coisa que parecia impedi-lo de tomar uma medida tão drástica era o medo de repetir o Massacre de Sábado à Noite de Nixon; demitir o procurador especial talvez gerasse um efeito dominó dramático de renúncias e demissões que poderia sair pela culatra apesar do Congresso republicano, e, por sua vez, prejudicar as chances dos republicanos nas eleições intercalares. De fato, Mitch McConnell, disposto a fazer praticamente qualquer coisa para proteger sua maioria no Senado, mandava avisos sombrios à Casa Branca de que não seria possível contar que o Senado ficaria ao lado do presidente se ele agisse de modo temerário em relação a Mueller.

Mas o medo da tragédia, de consequências imprevistas ou do nervosismo de McConnell obviamente podia não ser visto como uma das muitas preocupações do presidente. Além do mais, a tragédia poderia ser limitada se Trump conseguisse evitar os temores e a confusão alheios e despedir Mueller por conta própria. Seria uma possibilidade?

Seria, concluía a pesquisa de Mueller. "O presidente poderia demitir o procurador especial diretamente e justificar seu ato argumentando que as normativas do procurador especial são inconstitucionais na medida em que restringem sua capacidade de demitir o procurador especial." Isso, declarava a pesquisa, provavelmente seria uma suplantação da autoridade presidencial. Mas "existe ao menos uma possibilidade de que os atos do presidente possam ser confirmados se revistos no tribunal — principalmente porque as regulamentações relevantes [regentes do gabinete do procurador especial] nunca foram aprovadas pelo Congresso e incorporadas ao Código dos Estados Unidos".

A procuradoria especial, ao que constava, era um conceito estranhamente frágil e incerto.

Perguntava outro dos memorandos existenciais da equipe de Mueller: "O que acontece com o gabinete do procurador especial, sua equipe, a documentação, as investigações pendentes e os júris que examinam os indícios apresentados se o procurador especial for demitido ou se a investigação for descontinuada?".

A resposta concisa foi: "A questão não enseja uma resposta conclusiva baseada em estatuto ou jurisprudência". E então a pesquisa martelava seu argumento: "Para o bem ou para o mal, não existe estatuto ou jurisprudência abalizada que delineie o efeito que [...] a terminação teria sobre este gabinete, esta equipe, as investigações pendentes e os materiais de investigação". Da noite para o dia, a operação inteira poderia ser desmantelada e sua obra, rasgada.

Porém, poderia haver uma janela de tempo em que o procurador especial seria capaz de "compartilhar materiais a ser apresentados ao júri com outros procuradores com o objetivo de impor a lei criminal federal". Na verdade, esse processo — transferir parte da investigação, tal como o caso de Michael Cohen, para o Distrito Sul de Nova York — já tinha começado, tanto para proteger o caso se Mueller fosse despedido como para evitar qualquer crítica de excesso da parte do procurador especial.

E havia também o prazo iminente, marcado para 1º de julho, data em que a solicitação orçamentária de Mueller era aguardada — noventa dias antes do início do ano fiscal de 2019. O procurador-geral — ou, com sua recusa, o vice-procurador-geral — tinha o direito unilateral de negar essa solicitação de verbas e encerrar as investigações do procurador especial a partir de 30 de setembro de 2018.

É verdade que o vice-procurador-geral Rod Rosenstein, que dissera ao Congresso que não levaria a cabo a ordem presidencial de afastar o procurador especial Mueller sem "justa causa", de acordo com sua perspectiva esperançosa, "ficaria preocupado com o efeito político que acompanharia" a decisão de tirar os recursos financeiros do gabinete. Por outro lado, o presidente vivia ameaçando demitir Rosenstein.

Mas e se o pedido de verba *fosse* negado e a investigação, encerrada? "Se o gabinete do procurador especial for fechado, é possível, e talvez provável, que o mandato de qualquer júri especial arrolado pelo procurador especial Mueller caduque e induza o tribunal a extingui-lo." Era igualmente possível que o produto do trabalho fosse encaminhado, via picotadeira, à lata de lixo.

Entretanto, a pesquisa prosseguiu descrevendo um enredo mais esperançoso: "Também é possível que outro 'procurador autorizado do governo', muito provavelmente o gabinete de um procurador dos Estados Unidos, desse seguimento à investigação de júri, e nesse caso o tribunal não necessariamente dispensaria o júri".

E se o pior acontecesse? E se o presidente demitisse o procurador especial? Ou se houvesse um massacre sistemático da cadeia de comando responsável pela investigação? Alguém conseguiria revidar? Infelizmente, nem o procurador-geral nem o vice-procurador geral poderiam lutar contra o próprio afastamento, porque ambos eram nomeados pelo presidente, concluía a pesquisa do procurador especial.

As questões não paravam de surgir. Será que o procurador especial, por não ser indicado pelo presidente, poderia desafiar a própria demissão? Era quase certo que não, pois não existe "direito privado de ação" sob as normativas da procuradoria especial. Exagerando, ele poderia alegar uma violação constitucional — de que sua demissão era em si um exemplo de obstrução de justiça. Além do mais, membros do Congresso poderiam estar na situação de abrir um processo, a pesquisa do procurador especial teorizava. Talvez até membros individuais da equipe do procurador especial pudessem processar. Ou talvez existisse "uma posição de terceiro" — como a Associação de Advogados Americanos ou o Observatório Jurídico —, isto é, base para que se abra uma exceção à regra de que o querelante não pode fazer denúncias para garantir os direitos alheios. Mas àquela altura havia uma série minguante de possibilidades, a pesquisa sugeria, e de modo geral apenas situações doloridas.

Páginas e páginas de pesquisas exploravam as muitas possibilidades diferentes contidas em qualquer tentativa de encerrar a procuradoria especial e suas operações. Mas a verdade era objetiva: contanto que o presidente tivesse o apoio contínuo do partido majoritário no Congresso, ele tinha uma mão bem forte e provavelmente vencedora.

Em 2 de maio, depois de tomar uns drinques em um restaurante em Midtown, Rudy Giuliani foi ao *The Sean Hannity Show* para uma das participações televisivas mais peculiares da política moderna, combinando, em uma entrevista de dezoito minutos, absurdo e incoerência. Ali estava um advogado em uma cadeira de bar comentando a estratégia jurídica do presidente.

"Conheço James Comey. Conheço o presidente. Me desculpa, Jim, mas você é um mentiroso. Um mentiroso deplorável", Giuliani disse a Hannity. "Seria bom pra Deus se Ele tivesse te impedido de chefiar o FBI."

Ele continuou divagando: "Olha só o que está acontecendo na Coreia do Norte. Eu falei pro presidente: você vai ganhar o Prêmio Nobel da Paz".

E: "Eu acredito, eu acredito que o procurador-geral Sessions, um bom amigo meu, e o Rosenstein, que eu não conheço, eu acredito que eles devem se unir em prol da justiça e encerrar essa investigação".

E: "Não vou pedir ao meu cliente, meu presidente, meu amigo, e um presidente que conseguiu mais em um ano e meio, superando mais expectativas do que alguém tinha o direito de nutrir, eu não vou deixar que ele seja tratado pior que o Bill Clinton, que mentiu sob juramento... Quer dizer, ele está recebendo um tratamento muito pior que a Hillary Clinton... Não vou deixar que ele seja tratado muito pior do que a Hillary Clinton".

E: "Me desculpa, Hillary, eu sei que você está muito frustrada por não ter ganhado, mas você é criminosa".

Bannon ficou horrorizado com o desempenho de Giuliani. "Cara, você não pode fazer isso", Bannon disse a Hannity depois. "Não pode deixar que ele saia por aí desse jeito."

"Não sou babá", retrucou Hannity.

"É o Rudy. Você tem que ser."

Mas Giuliani não tinha encerrado o assunto. Poucos dias depois da participação no *Hannity*, ele foi entrevistado por George Stephanopoulos, da ABC. Giuliani negou a relação de Trump com Stormy Daniels e, ao mesmo tempo, reconheceu que Trump tinha feito um pagamento a ela.

"O que interessa pra mim são duas coisas", Giuliani disse a Stephanopoulos. "Há duas coisas jurídicas relevantes, e é com isso que trabalho. Número um: não foi uma contribuição de campanha, porque seria feita de qualquer forma. Esse é o tipo de coisa que se arruma para celebridades e gente famosa. Todo advogado com esse tipo de trabalho já fez isso. E número dois: mesmo se fosse considerado contribuição de campanha, o dinheiro foi totalmente reembolsado com fundos particulares, o que eu não acho que devemos abordar, porque o número um já basta. Então... caso encerrado. Caso encerrado para Donald Trump."

Vendo o programa, Bannon comentou que Stephanopoulos foi quase gentil com Giuliani. "Stephanopoulos podia ter destruído o cara, mas dá pra perceber que Giuliani não está normal. Como chutar o cara?"

Bannon balançou a cabeça, admirado. "Deixando de lado a bebida, o pessoal diz que o Rudy não consegue entabular uma conversa de verdade. Dá pra ver pelos tiques, os olhos arregalados e as tangentes. É como se ele estivesse falando sozinho enquanto te dá uma informação explosiva. Vamos lá: a esposa do Rudy, futura primeira-dama ou pelo menos rainha de Washington, como ela imaginava, não vai dar as costas para tudo a não ser que ela saiba que não tem como tirar mais suco desse limão. É de cair o queixo."

Até mesmo Trump ficou perplexo com Rudy.

Ele ficou contente em ver que Giuliani tinha adotado as teses jurídicas nulificantes com que Alan Dershowitz o havia impressionado em suas inúmeras entrevistas na TV a cabo: *Não pode haver responsabilização criminal de um presidente no exercício de seus poderes constitucionais, independentemente da razão que tenha para exercê-los. Se o presidente opta por demitir alguém, a Constituição lhe confere a autoridade para demitir e ponto-final. Mesmo se o presidente estiver demitindo a pessoa como parte de, digamos, um esquema para ocultar a verdade, não existe problema. Os poderes presidenciais absolutos são absolutos.*

Mas a teoria de Dershowitz sobre a impunidade presidencial parecia uma peculiaridade na boca de Giuliani. Como procurador do Distrito Sul de Nova York, conquistara a reputação — e mais tarde a carreira política — com casos criminais rígidos e processos que derrubaram poderosos. Famoso pela postura agressiva, era o oposto de um advogado de defesa ardiloso, intelectualmente habilidoso, moralmente relativista. De repente, parecia estar desesperado para ficar com o papel.

Trump, sempre obcecado por detalhes físicos, não parava de rever as participações televisivas de Giuliani e destacar seu "olhar de maluco, de maluco". Também comentava seu peso, que estava chegando aos 140 quilos, e os passos vacilantes. "Ele parece ter saído do hospício", declarou Trump.

Para quase todo mundo na Casa Branca — e principalmente para Don McGahn —, a defesa que Giuliani fazia do presidente era tão excêntrica quanto alarmante. Trump se viu na situação improvável de tentar acalmá-lo e também fazer com que parasse de beber tanto.

No entanto, sabe-se lá como, quanto mais Giuliani parecia enlouquecer, mais ele se afastava da estratégia jurídica convencional, mais parecia estar fazendo a diferença contra o procurador especial e a favor de Trump. A mera força de suas afirmações, junto com a confusão quase doida criada pelas declarações improvisadas, abriram uma nova frente. Não era uma frente judiciária, mas televisiva. De um lado estava o procurador especial — calado, trabalhador, convencional, prosaico, establishment total. Do outro estavam Rudy e Trump — improvisando, imprevisíveis, audaciosos, sempre um espetáculo. Como prever o que malucos fariam?

De repente corria pela Casa Branca a ideia da genialidade inexplicável de Giuliani. Rudy era louco, mas a loucura estava funcionando. Ele levava a cabo um Trump em tom perfeito. Como um maníaco, oferecia uma defesa que era absurda, bizarra, pretensiosa e hiperbólica. Mas, em termos de teatralidade pura, levava a melhor e deixava no chão as tecnicalidades banais da lei. Na longa carreira de Trump como litigante, bravata e confusão sempre haviam rendido dividendos substanciais. Agora Rudy se alegrava em botar em prática aquela estratégia.

O promotor silencioso, labutando no anonimato, estava na defensiva. Talvez o procurador especial fosse despedido, e a qualquer instante. Como Trump gostava de dizer, sempre criando suspense: "Vai saber o que pode acontecer!". Na nova interpretação que Giuliani tinha sobre a legislação, o que aconteceria seria exatamente o que o presidente desejasse. O presidente, segundo um Giuliani descarado, desdenhoso, tagarela, tinha todas as cartas na mão, e ele decidiria quando e como jogá-las.

Por ironia do destino, Mueller encarava a situação basicamente da mesma forma.

Em um mundo em que ninguém conhecia as regras — ou quem teria o poder, depois das eleições intercalares, para estabelecê-las —, praticamente qualquer alegação é potencialmente válida.

Marc Mukasey, ex-sócio e aliado de Giuliani, ouviu boatos sobre um plano para indiciar o presidente. Caberia a Rod Rosenstein, em seu papel de supervisor da investigação, aprová-lo. Para tanto, o vice-procurador-geral teria que indeferir a opinião do Gabinete de Assessoria Jurídica do Departamento de Justiça de que o presidente não poderia ser indiciado.

Entretanto, seria impossível exagerar o quanto Rosenstein abominava Trump. O presidente era um vigarista, o promotor dizia a amigos. Era mentiroso. Era incapaz.

Porém, em 16 de maio, fiando-se em um raciocínio que ninguém conseguia imaginar, ou em uma linha direta com Deus que ninguém sabia que ele tinha, Giuliani declarou que não haveria indiciamento do presidente. E foi além, afirmando que o gabinete do procurador especial — sem dar atenção à documentação de indiciamento que já tinha rascunhado — havia lhe dito que concordava com a opinião do Departamento de Justiça de que um presidente não poderia ser indiciado.

Era um Giuliani despreparado, talvez embriagado, quem falava. Ou astuto, assimétrico. Ou ambos.

A artimanha de Giuliani — de anunciar publicamente uma postura legal defendida pelo procurador especial — serviu como uma espécie de provocação. Agora Mueller precisava escolher. Podia discordar publicamente do advogado do presidente e, assim, abrir a porta e entrar no debate político. Ou podia ficar quieto, mantendo sua opinião, e deixar que todo mundo tacitamente presumisse que aquilo que Giuliani dissera era verdade. De fato, nos meses seguintes quase todos os especialistas e veículos de imprensa aceitaram passivamente que o presidente não corria risco de indiciamento.

Por mais que Andrew Weissmann quisesse indiciar o presidente, Bob Mueller queria continuar trabalhando no ramo. E por mais que os advogados de Trump quisessem acreditar que um presidente não poderia ser indiciado, eles calculavam que seu cliente poderia ser a exceção.

A protelação se tornou uma ferramenta para ambos os lados.

Do ponto de vista de Trump, se o governo chegasse às eleições do meio de mandato — que Trump ainda presumia com displicência que ele e os republicanos venceriam — sem Mueller ter se mexido contra o presidente, ele poderia demitir o procurador especial sem que aquilo fosse um problema. A equipe de Mueller acreditava que, caso chegassem às eleições sem ser despedidos e os democratas ganhassem a Câmara, a investigação estaria garantida.

Em uma teleconferência com os advogados de Trump no final de abril, membros da equipe de Mueller tinham resumido as áreas de interesse sobre as quais gostariam de questionar o presidente. Jay Sekulow transformou os pontos levantados pelo procurador especial em uma lista de perguntas específicas — e então as vazou como se fossem realmente as perguntas do procurador especial.

Embora parecesse indicar que um confronto estava por vir, em certo sentido o plano, tanto da parte dos procuradores quanto dos advogados de Trump, era de que provocasse o efeito contrário, advertindo Trump e o impedindo de ir adiante. Para ambos os lados, criar a perspectiva de que o presidente deporia — e a absoluta certeza da parte de todos menos o presidente de que um depoimento sem restrições ia afundá-lo — era uma tática de protelação.

Se a lista de perguntas não dissuadiu Trump por completo, pelo menos o fez pensar. Ainda assim, o presidente, determinado, loquaz, sempre confiante, acreditava não haver nada que sua presença e seus poderes de persuasão não abalassem. Tampouco, sem sombra de dúvida, ele assumiria ter algum medo. Os advogados podiam até ter, mas ele nunca. Em sua cabeça, Trump era um vendedor incrível, um sedutor engenhoso, o homem mais charmoso da Terra. Quando necessário, não hesitaria em lamber botas alheias para atingir seus fins. Convenceria qualquer um de qualquer coisa.

A abordagem podia até funcionar bem para Trump em Nova York, onde a moeda era a arte de vender. Mas em Washington, das milhares de vezes que Trump tentara empregar seu charme irresistível, nos cálculos de Bannon, ele nunca tinha sido bem-sucedido.

Os termos da trégua de fato eram: contanto que o procurador especial e sua equipe não o apertassem demais, o presidente não os enfrentaria por hora. E contanto que Trump ainda tivesse o poder de pôr em prática suas ameaças de aniquilar a equipe de Mueller, eles não o enfrentariam por hora. O limbo seguia — por hora.

6. Michael Cohen

Bannon volta e meia narrava, sempre com assombro, as inúmeras vezes que o presidente "olhou nos meus olhos e mentiu", e como invariavelmente ele fazia aquilo com total sangue-frio e desenvoltura.

O episódio do vídeo foi uma lição.

Os chefes da inteligência americana, em 6 de janeiro de 2017, duas semanas antes da posse, foram à Trump Tower para informar ao presidente eleito alguns dos principais segredos da nação. James Comey, o diretor do FBI, ficou mais tempo que os outros e contou a Trump sobre a existência do dossiê Steele, um relatório preparado por Christopher Steele, um agente da inteligência britânica, e em grande medida financiado pelos democratas. O relatório — um arquivo rudimentar com rumores e especulações que já circulavam em vários veículos da imprensa americana, e pelo menos um provavelmente ia publicá-lo em breve — dizia que os russos tinham informações que poderiam comprometer Trump. Supunha-se que possuíam gravações de vídeo e de áudio de cenas ocorridas na suíte em que Trump se hospedara, no hotel Ritz-Carlton de Moscou, em 2013, durante o concurso de Miss Universo — sobretudo imagens de prostitutas urinando na cama king-size, a mesma cama em que Barack e Michelle Obama tinham dormido quando visitaram Moscou.

Não muito tempo depois da reunião, um Trump zangado e determinado se sentou com Bannon. Com convicção, sem rodeios e contato olho no olho, Trump declarou que era um absurdo — e impossível. A razão era simples: ele não havia pernoitado no hotel. Depois que seu avião pousara naquele dia, Trump e Keith Schiller, seu assessor de segurança, tinham ido do aeroporto ao Ritz-Carlton para trocar de roupa, depois para o concurso e para o jantar, depois voltado para o avião.

"A história me foi contada dezenas de vezes, talvez até mais, literalmente, e os detalhes nunca mudavam", recordou Bannon. "Foi só depois que eu descobri que a história estava certa, a não ser por uma pequena diferença: eles chegaram um dia antes. Tinham aterrissado na manhã de sexta-feira, não na manhã de sábado, então ficaram lá um dia inteiro. Foi nesse momento que as garotas foram enviadas para lá e foi Keith, no relato revisto, quem as mandou embora."

Na lista de mentiras grosseiras que Trump contara a Bannon também estava a afirmação de que ele nunca tinha passado a noite com a estrela da indústria pornô Stormy Daniels. "Nunca aconteceu", Trump disse a Bannon. Ele ainda mentira sobre o cheque para comprar o silêncio de Daniels, alegando que não fazia ideia do que se tratava. As duas negações, em pouco tempo, implodiriam.

As mentiras dele, Bannon compreendeu, eram compulsivas, persistentes e não tinham nenhuma base na realidade. Uma vez, negando imperturbavelmente o inegável, Trump disse a Tucker Carlson, âncora da Fox News, que não era ele no vídeo do "Agarrar elas pela boceta" — era só um ardil para que parecesse uma má pessoa.

Entender que o presidente mentia de cara lavada deixava seus assessores com uma sensação quase contínua de alarme e agouro. Mas a característica também ajudava a definir a força de Trump: mentir era uma ferramenta potente no arsenal dele. Políticos e empresários fingem, deturpam, reviram, prevaricam e mascaram a verdade, mas preferem evitar a mentira total. Têm certo grau de vergonha, ou pelo menos medo de ser pegos. Mas mentir de propósito, com convicção, sem angústia ou arrependimento, com absoluto descaso pelas consequências, pode ser uma proteção, se não uma defesa infalível. Alguém sempre acredita em você. Enganar algumas pessoas o tempo inteiro definia a base empedernida de Trump.

As mentiras constantes de Trump forçavam as pessoas ao redor a se tornar cúmplices de suas mentiras, ou, no mínimo, espectadores reticentes. Sarah Huckabee Sanders, a secretária de imprensa da Casa Branca, havia desenvolvido uma expressão especialmente impassível e de desconforto quando lhe pediam que repetisse e defendesse as mentiras do presidente.

De sua parte, Kellyanne Conway assumiu uma postura literal, quase moralista. Se o presidente dizia algo, o mero fato de ter dito já significava que a declaração era digna de ser defendida. Como uma advogada (e ela era uma), podia defender a declaração porque o cliente não tinha lhe dito que era uma inverdade.

Conway, no fundo, havia aperfeiçoado a arte de satisfazer Trump fugindo dele. Ela tinha entrado na Casa Branca professando seu desejo de "estar na sala", mas havia sobrevivido não estando nunca na sala, entendendo que a sala é onde Stálin mata pessoas.

A defesa que Kellyanne Conway fazia das mentiras do presidente, além de tudo, parecia tê-la jogado em um confronto público com o marido, George Conway, sócio da Wachtell, Lipton, Rosen & Katz, uma das firmas de Wall Street mais opulentas e prestigiosas do país. Conway se viu sob enorme pressão da firma para se distanciar de Trump e suas mentiras; ele conseguiu isso, aparentemente às custas da esposa, por meio do Twitter, tecendo comentários constantes sobre as falsidades e deturpações do presidente a respeito de sua postura jurídica. A torrente de tuítes de Conway gerou um novo gênero político: o comentário de cônjuge.

De fato, alguns conhecidos e colegas acreditavam que a discordância pública dos Conway era uma farsa, uma conspiração do casal para se distanciar das mentiras de Trump. "Eles têm a mesma opinião sobre Trump", disse um amigo do casal. "Os dois o odeiam." O marido assumia uma postura moral, protegendo a própria reputação e a sociedade na firma de advocacia, enquanto a esposa, que em particular professava estar horrorizada com Trump, continuava defendendo seu cliente. Os Conway tinham uma casa do tamanho de um hotel no valor de 8 milhões de dólares perto do bairro de Kalorama, em Washington, não muito longe da casa de Jared e Ivanka, um presbitério que o casal adorava. A vizinhança, totalmente anti-Trump, mostrava-se indiferente a Jared e Ivanka. As objeções públicas de George Conway ao presidente asseguravam a felicidade dos vizinhos.

Porém, embora as mentiras deslavadas de Trump enervassem seus assessores, também os tranquilizavam. Nem provas nem a lógica podiam forçar o presidente a confessar. Ele se mantinha inabalável em suas mentiras.

Da parte de muitas pessoas da Casa Branca, havia um medo constante, se não a conjetura, de que alguma prova irrefutável acabasse vindo à tona e provocasse danos severos, talvez fatais. E se, por exemplo, alguém de fato apresentasse uma cópia do vídeo do xixi? Não se preocupem, diziam aqueles que o conheciam bem: mesmo nesse caso, Trump não apenas negaria, mas convenceria boa parte do seu eleitorado a abraçar sua negação. Seria a palavra dele contra um vídeo falso.

Não conseguiriam arrancar a verdade dele à força. Dava para contar com Trump: independentemente das circunstâncias, jamais ia se submeter. Era a palavra dele contra, às vezes, a de todos os outros, mas era a palavra dele, e Trump nunca abriria mão dela.

É possível argumentar que o ofício de Trump — aliás, sua principal estratégia de negócios — era mentir. Trump Tower, Trump Shuttle, Trump Soho, Trump University, Trump Casinos, Mar-a-Lago — todos os empreendimentos foram seguidos de uma série de ações e litígios que formavam um histórico consistente de quase fraudes e não raro fraudes cabais. Falido na década de 1990, ele conseguiu retomar alguns anos depois o status de bilionário — um bilionário dez vezes mais bilionário! —, pelo menos segundo ele mesmo. Trump *era* um vigarista, mas não era isso o que surpreendia. O que surpreendia era que ele, diante do óbvio, pudesse negar com tamanha firmeza os pormenores de seus negócios e irregularidades questionáveis. Poucas coisas nele eram genuínas, e no entanto Trump conseguiu que pessoas suficientes acreditassem pelo menos até certo ponto, o que lhe permitiu continuar sendo um vigarista.

Era ali que ele brilhava: nunca saía do personagem. Quando uma pessoa que é alvo de inúmeras investigações permanece aparentemente imperturbável, o efeito é extraordinário. A aparente frieza sob fogo cruzado exprime a um grau quase inimaginável o conceito de "inocente até que se prove o contrário". Trump acreditava que jamais provariam que ele era culpado; portanto, era inocente. E tinha a confiança total e até a serenidade dos inocentes — ou pelo menos de quem sabe como é difícil comprovar a culpa de alguém que nunca confessa, que jamais se abala. O fato de não ter ido parar na cadeia demonstrava, para muitos de forma impressionante, como era fácil manipular o sistema. Desse ponto de vista, ele devia realmente ser um gênio.

Em meio a tudo isso, Trump era invencível. Podia reclamar que as acusações contra ele eram ultrajantes, mas nunca parecia menos que confiante quanto à possível conclusão.

"Sempre venço", ele declarava com frequência. "Sei como lidar com a situação." Outra de suas frases prediletas era: "Nunca pisco".

Não há dúvida de que Trump administrava os negócios como uma empresa criminosa. Nas Organizações Trump, a verdade precisava ficar restrita a um círculo pequeno — esse era o ingrediente secreto. Trump calculava a lealdade, essa moeda importante em seus negócios e estilo de vida extravagante, pensando em quem era tão dependente dele, e estava tão claramente exposto quanto ele, a ponto de ser capaz de mentir por ele.

O modelo era a vida dos mafiosos. Trump não só conhecia alguns e fazia negócios com eles como os romantizava. Mafiosos se divertiam mais. Ele não obedecia ao comportamento que a respeitabilidade exigia; fazia questão de *não* ser respeitável. Ele era como John Gotti, vivia dizendo. Sua Nova York, sua época de vida noturna e promotor de lutas de boxe — com Roy Cohn, modelo de excelência em termos de advogados da máfia, a seu lado — foi o apogeu da máfia.

Por isso a natureza especial de seu círculo mais íntimo nas Organizações Trump. Eram todos realmente *dele*: sua assistente executiva, a vice-presidente sênior Rhona Graff; o contador, o diretor financeiro das Organizações Trump Allen Weisselberg; os advogados, Michael Cohen e Marc Kasowitz; o chefe de segurança, Keith Schiller; o guarda-costas, Matt Calamari, às vezes alçado a diretor de operações das Organizações Trump; e os filhos. Mais tarde, na Casa Branca, Hope Hicks ia se unir a seu círculo íntimo, assim como Corey Lewandowski.

Era uma codependência extrema. A pessoa virava uma extensão de Trump, uma parte do estranho organismo que demonstrava diariamente uma assombrosa capacidade de sobreviver a todas as ameaças.

Uma pessoa que se tornou parte desse organismo cerca de doze anos antes de Trump virar presidente foi Erik Whitestone, um jovem engenheiro de som de Nova York. Whitestone trabalhava para Mark Burnett, o produtor de TV que em 2004 lançou *The Apprentice*, o reality show que apresentava um Trump basicamente falido como um empresário extremamente bem-sucedido

— e o tornou famoso no mundo inteiro. Na primeira semana de produção, Whitestone foi encarregado de pôr o microfone na camisa de Trump. Dada a proximidade física que a tarefa exigia — era preciso enfiar o braço debaixo do paletó e da camisa —, todo mundo da equipe de produção resistia a executá-la. Trump, com seu tamanho, sua altura e seu olhar furioso, não era apenas repulsivo; sem motivo claro, ele abria o zíper da calça e a abaixava um pouco, expondo a cueca branca. "Era como enfiar a cabeça na boca do leão", declarou Whitestone, que se viu preso ao trabalho.

Não muito depois que a produção do programa começou, Whitestone, agora fixo na função de pôr o microfone em Trump, tirou um dia de folga. Outra pessoa, um técnico de som negro, recebeu a tarefa. Trump ficou fora de si.

Um frenético Burnett achou Whitestone em casa. Trump havia se escondido no banheiro. "Donald não vai aparecer enquanto você não vier", explicou Burnett. "Então vem logo!"

Uma hora depois, Whitestone chegou correndo e deparou com Trump berrando atrás da porta do banheiro. "Erik, que porra é essa? Eles tentaram ferrar comigo... Puseram digitais sujas no meu colarinho, tentaram ferrar com a minha gravata."

Quando o dia de filmagem terminou, Burnett puxou Whitestone de lado. "Cara, a partir de agora, você só vai lidar com o Donald", disse Burnett, tornando Whitestone o encantador de Trump oficial dentro do programa.

A partir de então, todas as manhãs da temporada de gravações, ao longo dos catorze anos seguintes, Whitestone aparecia no apartamento de Trump e se encontrava com Keith Schiller, tornando-se uma presença constante à sombra de Trump — foram "horas incontáveis sentado no seu apartamento", nas palavras dele.

Ao refletir sobre a experiência, Whitestone disse: "Eu ficava com ele de forma tão íntima e por tanto tempo que o cara ficava meio emotivo. 'Erik, você é como um filho pra mim e eu tenho um filho chamado Eric, não é esquisito?'".

Era uma intimidade sem intimidade. Trump presenteava Whitestone com coisas que ganhara, como produtos da Art of Shaving, uma linha cafona de cosméticos masculinos. Trump transformava todo mundo em membro da família ao mesmo tempo que fazia comentários recorrentes sobre os defeitos dos parentes. "Ele não parava de falar que gostaria de nunca ter dado seu nome a Don Jr. e que gostaria de poder tomá-lo de volta", recordou Whitestone.

Uma vez, na limusine, Trump teve uma súbita inspiração. "'Erik, vou escrever uma carta para seu pai dizendo que cara incrível você é.' Uma semana depois, Rhona ligou e pediu o endereço dos meus pais. Duas semanas depois, meu pai me liga e diz: 'Recebi uma carta ótima do sr. Trump dizendo que você é um cara incrível. Acho que vou responder.' As gravações do programa foram encerradas e passei quatro meses sem ver Trump. E então entro no escritório e ele diz: 'Erik, recebi uma carta do seu pai'. Ele recitou palavra por palavra uma carta que tinha recebido quatro meses antes. 'Seu pai concordou que você é um cara incrível'".

Trump fazia favores a Whitestone — ou pelo menos mandava outros fazerem. Michael Cohen, por exemplo, conseguiu uma vaga para o filho de Whitestone em uma escola particular de Nova York.

Whitestone se tornou o que todo mundo ao redor de Trump se tornava — um resignado —, porque Trump estava sempre pronto para ter um ataque de raiva. "A culpa não é sua", disse Whitestone. "É só a sua vez, era como Trump explicava."

"Como está o tempo?" era o código para saber o humor do patrão.

Mas Trump era uma máquina simples. Whitestone entendeu seus interesses peculiares — esportes e garotas — e aprendeu a usá-los como distrações seguras.

"Se ele estava de mau humor e precisávamos ir do escritório para a sala de reuniões — tínhamos que atravessar o saguão da Trump Tower, cheia de turistas do Leste Europeu olhando a cascata, ou 'o mictório de Deus', como ele chamava —, eu procurava alguma mulher atraente. 'Ei', eu dizia, 'às seis horas'".

As garotas eram uma constante. "'Erik, vá atrás dela e leve ela lá pra cima.' E então, eu ia. 'O sr. Trump gostaria de saber se não quer subir para conhecer a sala de reuniões.' Ele as abraçava, apalpava e as mandava embora."

Um dia, andando de limusine, "ele simplesmente baixou a janela e disse 'Como vai?' para as mulheres. 'Olá, moças', para duas moças atraentes. 'Que divertido', ele disse, 'não me deixa esquecer de fazer isso de novo'".

Uma vez, voltando de Chicago, uma jovem e bonita decoradora de interiores que estava apresentando um projeto a Trump pegou carona no avião dele. "Trump a levou até o quarto com teto espelhado... Ela sai, meia hora depois, com o vestido rasgado, cambaleando, se senta na cadeira... e depois ele aparece sem gravata, com a camisa para fora da calça, e diz: 'Colegas... acabei de trepar'".

Uma ou outra assistente de Trump sempre o acompanhava no carro. "Todas as assistentes executivas dele eram muito atraentes. 'Vem com a gente', ele ordenava a uma delas a caminho da limusine. Os dois ficavam sentados lado a lado enquanto ele tentava apalpá-la, e ela o impedia como já fizera centenas de outras vezes."

Em certo sentido, todo mundo que rodeava Trump, todo mundo do círculo íntimo dele, se tornava seu assistente pessoal. "Íamos viajar para Chicago e o avião do Trump não estava funcionando, então tivemos que usar um avião menor e eu precisei ficar sentado de frente pra ele, os joelhos quase se encostando. Trump estava chateadíssimo porque o avião dele tinha quebrado. Peguei um livro para evitar a troca de olhares, *Disney War*. Mas não dá pra ignorar o sujeito. Ele precisa falar. 'Que livro é esse? Fala do quê? Eu apareço? Lê pra mim.' Eu disse a ele que Mark Burnett aparecia tentando vender *The Apprentice*. 'Que impressão passa de mim?'"

Era preciso se adaptar a uma criatura idiossincrática e bastante aterradora, observou Whitestone. "Ele não consegue descer uma escada... Não consegue descer uma ladeira. [Tem] bloqueios mentais... Não sabe lidar com números... não fazem sentido pra ele."

Sua transparência era tão espantosa quanto fascinante. "Uma vez, estávamos com um bando de gente e Don Jr. sugeriu que Trump tinha estado presente em duas partidas seguidas em que os Yankees perderam, então talvez fosse pé-frio. Ele saiu do sério. 'Por que você diz essas porras na frente das pessoas? Essa gente de merda vai sair falando isso pra todo mundo: "Trump é pé-frio". Don Jr. estava quase chorando. 'Pai, me desculpe, perdão, pai.'

"No hospital, quando o neto nasceu, o filho do Don Jr., [Trump disse]: 'Por que tenho que ir ver essa criança? Don Jr. tem filho demais.'"

Todo mundo que rodeava Trump era recrutado para seus esquemas. Nos primeiros dias da campanha presidencial, Whitestone, também por não ser caro, se tornou parte de sua equipe de mídia. "Ele tem um plano. Vou fazer os comerciais de campanha. 'Quero que use nossa sala de reuniões e arrume um bando de árabes e todo o aparato árabe, então vamos botar uma placa na mesa que diga OPEP e eles vão ficar dizendo "Hoooluuuuluuuhooo, hoooluuulyyhoood", e nós vamos botar a legenda "Morte aos americanos" ou "Vamos ferrar com os americanos", e aí eu entro e digo um bando de merda presidencial... e a gente faz o vídeo viralizar. Liga para o Corey Lewandowski, toma aqui o número, e organiza tudo.'"

Como Whitestone já sabia, o Trump sem freios, ao qual os membros mais íntimos da produção de *The Apprentice* eram expostos regularmente, foi gravado durante milhares de horas em cenas que depois foram cortadas. Esses vídeos lendários ainda existem, mas agora estão sob o domínio de Burnett e da MGM. "Assim como a Arca da Aliança em *Caçadores da arca perdida*, estão em um catre, embrulhadas em fita, em um deserto perto de Los Angeles. As cenas que dezoito câmeras gravavam quase 24 horas por dia estão salvas em DVDs... A gente não tinha discos rígidos."

É provavelmente o documento histórico mais rico já feito sobre um homem em sua função profissional pré-presidencial — catorze anos de *The Apprentice* preservados. Whitestone se lembrava de certos momentos com uma clareza especial.

"Alguém disse 'boceta' e outra pessoa disse: 'Você não pode falar "boceta" na TV'. Então Donald disse: 'Por que não se pode falar em boceta?'. E repetiu: 'Boceta, boceta, boceta, boceta. Pronto, falei na TV. Agora você pode falar.'"

E: "'Você é muito linda, levante, venha cá, dê uma viradinha'. [Havia] um diálogo constante sobre quem tinha os melhores peitos e depois havia brigas horríveis com os produtores por não usarem as cenas. 'Por que não pode?', ele questionava. 'É ótimo. É televisão da boa'".

Falando de Trump de modo mais geral, Whitestone disse: "Um menino de doze anos no corpo de um homem, a única coisa que ele faz é humilhar as pessoas com base na aparência física: baixinho, gordo, careca, seja o que for. Não havia produtores que pudessem dizer: Não fala isso... A gente simplesmente mandava ele entrar na sala e ligava a câmera... É como estar no banco de trás de um carro dirigido por um motorista que encheu a cara... caramba. Naquela época ele era tão incoerente... nem mais nem menos que hoje, repetia ideias e expressões esquisitas... Aquela coisa estranha de ficar fungando ('Tenho alergia a pólen')... [Ele estava] sempre comendo mortadela da Oscar Mayer... [Uma vez] tirou uma fatia de mortadela do nada e enfiou na boca".

Michael Cohen entrou no círculo de Trump em 2006. Cohen era um menino judeu de Long Island, de classe média alta, filho de um cirurgião. Impressionado com um tio dono de um restaurante no Brooklyn ligado à máfia e que servia como ponto de encontro popular de mafiosos, Cohen se reinventou como um aspirante a durão. Casou-se com uma garota da Ucrânia cuja família havia imigrado para o Brooklyn, depois se formou na Western

Michigan University Thomas M. Cooley Law School (a escola de Direito menos conceituada do país, segundo o website jurídico Above the Law), tornou-se advogado e acumulou uma frota de táxis. O sogro ajudou a apresentar Cohen a Trump, e para Cohen, Trump se destacava: ele era um modelo deslumbrante de práticas empresariais rápidas e flexíveis, e glamour ao estilo ricos e famosos.

Uma carreira bem-sucedida nas Organizações Trump dependia de obter a atenção e as boas graças de Trump. Cohen, assim como Trump, brincou de ser um gângster até se tornar um de verdade. Quanto mais ríspido, grosseiro e objetivo a pessoa conseguisse ser, melhor; tal postura fortalecia seu status com o chefe. O uso frequente que Trump fazia de comandos como "Não me venha com problemas, eu quero é soluções" era encarado tanto como uma autorização quanto uma instrução para fazer o que fosse necessário para promover sua causa.

Sam Nunberg, ao depor diante do júri de Mueller, declarou que, quando trabalhava na Trump Tower, anos antes da campanha, viu Cohen com sacos de dinheiro vivo. Cohen era, para Trump, quem lidava com mulheres e outras questões extraoficiais.

No universo das Organizações Trump, os auxiliares de Trump recebiam boa parte das recompensas em negócios por baixo dos panos. Michael Cohen se via falando em nome de Trump mundo afora: ele tentava negociar acordos lucrativos e aproveitar "oportunidades de gestão de marca". As iniciativas logo lhe conquistaram a hostilidade de Ivanka e seus irmãos, já que era justamente isso o que eles deviam fazer. Aos olhos deles, o advogado era mais um concorrente pela atenção de Trump.

Durante a campanha de 2016, Cohen não parava de tentar se impor na operação, sempre indo e voltando dos escritórios das Organizações Trump na Trump Tower para o andar que abrigava a campanha. Por fim, em agosto de 2016, Bannon o baniu dos centros políticos. A certa altura, Cohen tentou "arranjar" a eleição sozinho, conduzindo suas próprias negociações com inúmeras pessoas que alegavam ter os 33 mil e-mails desaparecidos de Hillary Clinton. Ele ficou chocado por não ter recebido um telefonema para substituir Corey Lewandowski como diretor de campanha; Cohen imaginou ter preparado a jogada com Don Jr., mas foi Paul Manafort quem ganhou o cargo. E ficou de novo em choque por não ter sido sondado para substituir Manafort — função que coube a Bannon.

Para a imprensa, Cohen era um vazador confiável sobre Trump e a campanha. Entre os assessores de campanha veteranos, foi considerado uma voz fundamental no livro da correspondente da NBC Katy Tur sobre a campanha, apesar da antipatia de Trump por ela.

Após a vitória inesperada de Trump, Cohen continuava mirando alto: ele esperava ser chefe de gabinete. Manter Cohen fora da Casa Branca exigia um esforço especial da parte do círculo presidencial de Trump. Sua exclusão acabou sendo uma amarga decepção.

Cohen de fato não tinha ninguém ao seu lado além de Trump, cujo apoio a ele, assim como a praticamente todo mundo, era superficial e passageiro. "Era para ele arrumar as coisas", Trump disse sobre Cohen, "mas quebra a maior parte."

Todo o pessoal de Trump via Cohen como um perigo latente. Na visão de Bannon, era preciso ter cautela em relação às desconfianças sobre "que tipo de merda louca ele fez com Trump ao longo dos anos. Você não faz ideia de que tipo de coisa. Nenhuma ideia".

Depois da batida do FBI no escritório de Cohen, Trump continuou despreocupado a respeito da lealdade do advogado. Muitos membros do seu grupo tinham outra opinião: sabiam que Cohen não só se sentia menosprezado por Trump como frequentemente traído por ele. Às escondidas, Cohen gravou algumas de suas reuniões com Trump, pelo menos em certa medida para ter um registro do sistema financeiro frouxo existente entre os dois. Mas Cohen era tão propenso a trair Trump quanto a tentar agradá-lo. De qualquer forma, os dois estavam juntos naquilo.

O pagamento a Stormy Daniels foi uma operação típica de Cohen, feita tanto para agradar Trump quanto para resolver um problema específico. Marc Kasowitz, o advogado externo de Trump, tinha rechaçado a ideia do pagamento. Afinal, a história de Daniels já estava na rua: o *Wall Street Journal*, citando relatos de outro caso em 2006 e 2007 com Karen McDougal, também mencionava aquele. Bannon deu de ombros, declarando que, após o vídeo do "Agarrar elas pela boceta", uma matéria sobre outro caso de Trump não mudaria votos. Mas Trump, como de hábito, ignorou os conselhos dos assessores e incentivou seu solucionador de problemas mais leal a agir.

Trump ficou pessoalmente ofendido com o comportamento do FBI durante a batida na casa e no escritório de Cohen, citando as "táticas da Gestapo" usadas contra o advogado, nas quais via a mão pesada do Departamento de Justiça. Mas também estava estranhamente otimista. "Tenho negação plausível", repetia, sem tranquilizar ninguém.

A verdade é que ninguém sabia do que Michael Cohen sabia. As Organizações Trump eram um negócio onde todos agiam de acordo com o que dava na telha de Donald Trump, em nome de Donald Trump ou tentando saciar os possíveis anseios de Donald Trump.

De qualquer forma, acreditava Trump, Cohen não diria o que sabia, pois sempre existia a possibilidade de Trump perdoá-lo — isso, para Trump e para Cohen, era dinheiro no banco. Aliás, Trump se sentia peculiarmente protegido pela sua capacidade de indulto, e se achava peculiarmente poderoso por conta disso. Mas, em um avanço no pensamento de Trump, ele deixou de ver sua capacidade de indulto como uma ferramenta que podia usar para sua própria proteção e passou a vê-la como uma dádiva que poderia conceder a alguém. Ou, com a mesma força, que poderia ameaçar não usar.

Para o desagrado crescente de Trump, não muito depois da batida do FBI, Cohen começou a frequentar um café ao ar livre na esquina do Regency, na rua 61 com a Park Avenue, em Manhattan. De novo, parecia ávido para se exibir como um mafioso, usando o café do Upper East Side como sua versão de um clube social do Brooklyn. Fumava charutos para os paparazzi e parecia não ter nenhuma preocupação no mundo.

A visibilidade de Cohen era seu jeito de mandar um recado incisivo e ameaçador ao presidente: estou aqui para todo mundo ver. E tão importante quanto o indulto que esperava que viesse era a expectativa de que Trump bancasse seus advogados. Porque se não bancasse...

Mas o recado recebido por Trump não era tanto de ameaça, algo que talvez ele entendesse. Na verdade, via um homem roubando os holofotes. O factótum, o bajulador, tentava chamar a atenção para si. E queria a grana de Trump!

Ivanka estava focada e se sentia pessoalmente ofendida pelo exibicionismo de Cohen, o que a levou a mostrar o Instagram de Cohen ao pai. Trump adquiriu um interesse exacerbado em seguir Samantha Cohen, cujas postagens formavam uma narrativa de constantes viagens caras desde que as aflições do pai tinham começado. A jovem de dezenove anos parecia gostar sobretudo de posar com um conjunto inesgotável de biquínis e roupas de praia.

À medida que abril passava, Trump criava uma obsessão pelo que Cohen poderia conseguir com toda aquela atenção. Estava tentando ser a estrela, afirmou o presidente. "Ele tem uma estratégia de mídia", Trump declarou com evidente surpresa. Começou a tecer comparações desfavoráveis de Cohen com Manafort, que estava "de cabeça baixa".

Era uma ruptura esquisita e possivelmente perigosa na ética mafiosa. Uma abordagem mais convencional teria tido a sensatez de se concentrar na assistência e na satisfação de Michael Cohen, entendendo a interseção dos interesses de Trump e dele. Mas o presidente, como em muitas outras situações, parecia não ter a capacidade de juntar causa e efeito. Na verdade, parecia se esforçar para hostilizar seu ex-advogado, humilhando e ofendendo o sujeito publicamente.

Ele também se voltou contra a filha de Cohen e seus relatos de viagem no Instagram. "Ela balança os peitos por aí", Trump disse a um amigo. "Não tem respeito nenhum pela situação."

Trump, ao insistir na total falta de relevância de Cohen, criou uma situação diametralmente oposta: depois de anos bajulando e resolvendo problemas para as Organizações Trump, depois de cuidar incessantemente de Donald Trump e se preocupar com ele, depois de cultuar um homem que não tinha nenhuma consideração em troca, Michael Cohen surgiu. De repente, ele e Trump estavam unidos com peso e poder igual, seus nomes aparecendo quase todos os dias nos mesmos parágrafos das notícias. Seus destinos estavam entrelaçados — como Michael Cohen sempre havia sonhado.

7. As mulheres

Em 7 de maio, o presidente caminhou pesadamente até o Jardim das Rosas. Após cumprimentar seu vice, já sentado na primeira fila de um conjunto de cadeiras no gramado, Trump se acomodou em uma cadeira dobrável.

Um enorme monitor externo começou a exibir um vídeo. A voz da esposa do presidente, ao fundo, apresentava, com pronúncia cuidadosa e forte sotaque, os tópicos que ela trataria na condição de primeira-dama. Durante dezessete meses, a Casa Branca não soubera qual devia ser a mensagem ou o propósito de Melania Trump. Então lá estava: ela promoveria os interesses das crianças, alertaria o povo quanto aos perigos das redes sociais e ajudaria a chamar atenção para a epidemia de opiáceos. A iniciativa da primeira-dama foi batizada de "Be Best" [Ser Melhor], o que dava ênfase ao inglês limitado dela.

Uma semana depois, Melania deu entrada no Centro Médico Militar Nacional Walter Reed. O despreparo da Casa Branca para a situação era quase absoluto. Aparentemente, ninguém tinha plano algum para anunciar ou caracterizar a internação dela; ninguém sabia como lidar com as perguntas que naturalmente seriam feitas a respeito do que foi descrito como "uma condição renal benigna", expressão que não satisfez ninguém.

Primeiras-damas geram pauta. A internação de uma primeira-dama atrai um batalhão de repórteres. O manual de conduta da Casa Branca é simples: ter resposta para todas as perguntas. Mistério ou sigilo leva a especulação, o que, inevitavelmente, é um inimigo para o governo. Mas, em meio à escassez de respostas fidedignas, a especulação sobre a saúde de Melania logo alcançou níveis frenéticos. Por que a primeira-dama passou quase uma semana hospitalizada — e no Walter Reed, onde ninguém fazia questão de ficar muito tempo — em consequência de uma enfermidade que, tal como fora descrita, não teria exigido mais do que um pernoite, talvez nem mesmo a internação? Logo se disseminaram centenas de teorias, que iam do conspiratório ao macabro.

No fim das contas, a culpa da comunicação fracassada teria que recair, logicamente, na disfunção absoluta da equipe de comunicação da Casa Branca ou na disfunção absoluta do casamento do presidente. O presidente escolheu o primeiro. Era uma queixa frequente dele: os idiotas da equipe de comunicação. Mas quase todo o resto da Casa Branca preferiu pôr a culpa no casamento.

Todo casamento presidencial é um mistério. Como se justifica e se compensa a perda da vida privada, que é o principal propósito de um casamento? Porém, nesse caso — pelo menos na opinião de praticamente todo mundo que podia ver de perto o relacionamento dos dois —, a situação era mais bem definida. Havia um acordo em vigor. O consenso era de que se tratava de "um acordo tipo Katie Holmes e Tom Cruise". O mistério era se o acordo ia se sustentar.

Conforme a campanha de Trump ganhava fôlego em 2016, as perguntas em torno do casamento dele foram ficando mais sérias. Ivanka, nada fã da madrasta, levantava lebre atrás de lebre. O passado de Melania como modelo no Leste Europeu e as dúvidas quanto à maneira como o casal havia se conhecido despertavam grande preocupação. Quem era Melania Knavs (ou, como o presidente preferia, com a variação alemã, Knauss)? Mais problemático, pelo menos em termos de política tradicional, era o fato de que parecia que, por bastante tempo, os Trump haviam levado vidas abertamente paralelas.

Outras pessoas do círculo íntimo, com receio das perguntas que certamente seriam feitas e da falta de respostas preparadas, tentaram levantar o assunto com Trump. Uma delas foi Keith Schiller, homem da segurança de Trump, e Tom Barrack, amigo empresário mais próximo do presidente. A reação de Trump foi desdenhosa: ele não era diferente de Kennedy. A advertência de que, na época atual, JFK não era uma boa desculpa para uma vida pessoal conturbada foi rebatida com uma expressão particularmente emburrada de Trump: *Deixe de frescura.*

Quando, em agosto de 2016, o *Daily Mail* insinuou que, em algumas ocasiões, a carreira de modelo de Melania chegara se confundir com a de garota de programa, a solução de Trump foi contratar um advogado. Charles Harder, que havia ganhado o processo de Hulk Hogan contra o site de fofocas Gawker pela publicação de um vídeo íntimo e depois se tornara o advogado de referência para casos de crime contra a honra de celebridades, processou o *Mail* em nome de Melania. A ação foi ajuizada no Reino Unido. Harder moveu o processo sob a legislação britânica, mais favorável em casos de crime contra a honra, na esperança de conseguir um resultado que quase certamente seria impossível nos Estados Unidos, onde um presidente e sua família, na condição de figuras públicas, enfrentavam obstáculos insuperáveis contra queixas de difamação ou invasão de privacidade. As partes acabaram chegando a um acordo que envolvia retratação, pedido de desculpas e uma indenização por danos morais de valor não especificado. A inclinação de Trump a mover processos e a procurar foros estrangeiros com leis que o favorecessem em casos de crimes contra a honra, além da reputação de Harder, ajudaram a limitar a cobertura do passado de Melania e do casamento de Trump durante a campanha.

Melania só se tornou de fato uma esposa política quando, em 8 de novembro de 2016, aproximadamente às 20h45 no horário de Washington, ficou nítido que, quase por milagre, seu marido — ou, segundo a interpretação de algumas pessoas, seu marido só no papel — seria o presidente dos Estados Unidos. Com o tempo, esposas políticas desenvolvem hábitos, racionalizações e uma blindagem pessoal para lidar com a perda de privacidade e identidade, assim como a face pública preocupante do cônjuge; Melania não tinha nenhuma dessas defesas.

Considerando-se que os Trump haviam levado uma vida de "melhor não perguntar" — auxiliada pela distância considerável entre os dois graças à vastidão das propriedades do casal, incluindo pelo menos uma casa perto do clube de golfe de Trump nos arredores de Nova York que ele mantinha cuidadosamente oculta da esposa —, agora isso seria impossível. Qualquer que fosse o acordo discreto que tinham antes da campanha, tudo veio abaixo em outubro com a gravação do "Agarrar elas pela boceta". Não foi só a terrível demonstração pública de vulgaridade, mas também as declarações subsequentes de diversas mulheres de que tinham sofrido assédio nas mãos de Trump. Mas agora, com a eleição do marido, Melania estava exposta a mais do que poderia imaginar.

* * *

"Acontecimentos exógenos" foi a expressão que Steve Bannon usou para as perturbações inesperadas que pareciam constantemente seguir Trump. No topo de uma lista bem longa de acontecimentos exógenos que Bannon acreditava que poderiam interromper a presidência de Trump estavam: alguém apresentar provas de que ele havia pagado por um aborto ou se a esposa o deixasse publicamente.

Talvez a negação à moda Trump fosse capaz de lidar até com um aborto. Mas, por mais que ele conseguisse mentir descaradamente, jamais teria como negar um colapso público com uma esposa rancorosa e sem dó. E Bannon acreditava que a derrocada ia se dever não tanto ao escândalo da ruptura em público, mas à dor do próprio constrangimento público.

Em uma noite de 1996, Marla Maples, a segunda esposa de Trump, foi flagrada com um guarda-costas dele na praia perto de Mar-a-Lago, debaixo da barraca do salva-vidas. Bannon sabia que havia sido um forte golpe para Trump.

"Quase tudo que ele faz é para tentar evitar humilhação", disse Bannon. "Ela está sempre por vir. Ela o atrai. Se alguém o pega com a mão na massa, ele mete medo na pessoa. Ele é psicologicamente talentoso. O pai o humilhava. Essa humilhação acabou com o irmão. Mas Trump aprendeu a resistir. Mas é como uma roleta-russa, e ele está só esperando a humilhação derradeira."

Trump parecia completamente incapaz de reconhecer sequer que tinha uma vida pessoal, que dirá que ela precisava de qualquer espécie de ajuda emocional ou de compreensão. De fato, sua vida pessoal apenas cobrava o mesmo tipo de "jeitinho" que sua vida de empresário. Quando Marla Maples engravidou no início dos anos 1990, antes do casamento, ele conversou com um amigo sobre as possibilidades de evitar tanto o casamento quanto a criança. As hipóteses incluíam empurrar Maples escada abaixo para provocar um aborto espontâneo.

Para Trump, o casamento era, na melhor das hipóteses, uma ocasional complicação. Para seus conselheiros, a questão se tornou um desafio político sério, porque ele, em mais um exemplo de despreparo para o cargo, não queria — ou não conseguia — permitir que se discutisse como sua vida pessoal devia se inserir na comunicação básica do governo ou no aspecto geral da Casa Branca. "Nunca vi nenhum sinal de casamento", disse Bannon sobre a época em que passou na Casa Branca. A maioria das menções ao nome de Melania produzia um olhar confuso em Trump, como se ele dissesse: "Qual é a relevância dela?".

Trump tinha um filho de dez anos quando chegou à Casa Branca. Geralmente, filhos pequenos são um elemento da biografia presidencial que humaniza e inspira, mas o presidente mal se relacionava com Barron.

No começo do mandato, um assistente novo no círculo Trump sugeriu que ele fosse fotografado jogando golfe com o filho. O assistente seguiu falando alegremente do vínculo especial que pais golfistas formavam com os filhos, até se dar conta de que estava levando o gelo Trump — uma capacidade de fingir que a pessoa não existia ao mesmo tempo que insinuava que, se existisse, ele poderia matá-la.

Em contraste, Melania se ocupava exclusivamente do filho. Juntos, ela e Barron ocupavam uma bolha dentro da Casa Branca. Ela o protegia continuamente do distanciamento do pai. Ignorados até pelos filhos adultos de Trump, Melania e Barron eram a família não Trump dentro da família Trump.

Melania às vezes falava em esloveno com Barron, especialmente quando os pais dela os visitavam — o que faziam com frequência. Aquilo enfurecia Trump e o fazia sair do cômodo batendo o pé. Mas a área residencial da Casa Branca era muito menor do que a casa deles na Trump Tower, então era mais difícil para os dois se ignorar.

"Nosso lugar não é aqui", Melania repetia constantemente para amigos.

De fato, depois de constantes promessas por parte do marido durante a campanha de que ele jamais venceria a eleição, Melania, angustiada, se recusara a se mudar para Washington.

E, realmente, a primeira-dama não foi para a Casa Branca. Levou quase seis meses para se mudar oficialmente de Nova York para Washington, e, em grande parte, fez isso só no papel. Além do fato de os dois ocuparem quartos individuais na Casa Branca — foi o primeiro casal desde JFK e Jackie a dormirem separados —, Melania passava bastante tempo em uma casa em Maryland, onde havia instalado seus pais e estabelecido uma vida à parte.

Esse era o acordo. Para Trump, funcionava; para Melania, nem tanto. Maryland era razoável — ela havia ficado bem envolvida com a escola de Barron, a St. Andrews Episcopal School de Potomac —, mas suas obrigações na Casa

Branca foram se tornando mais e mais desgastantes à medida que o relacionamento de Trump com o filho ficava cada vez mais difícil.

Ao longo do ano anterior, Barron, que fez doze anos em março de 2018, se distanciara do pai. Talvez não fosse um comportamento atípico de meninos dessa idade, mas Trump reagiu com hostilidade. Ele passou a ignorar o filho quando precisavam estar juntos; também se esforçava para evitar qualquer situação em que pudesse encontrá-lo. E, quando aparecia com Barron em público, falava do menino na terceira pessoa — raramente falava com ele, mas falava sobre ele de maneira casual.

Trump tinha um fetiche quanto a ser a pessoa mais alta no cômodo; em 2018, Barron deu uma estirada e já estava com quase 1,80 metro. "Como eu impeço o crescimento dele?" se tornou uma constante piada de mau gosto sobre a altura do filho.

Amigos de Trump, incluindo Keith Schiller, explicavam a Melania que o presidente sempre havia tratado os filhos daquele jeito, sobretudo os homens. Ele raramente dava atenção a Eric quando os dois se encontravam. Parecia fazer questão de ridicularizar Don Jr. — e ao mesmo tempo elogiar Corey Lewandowski, rival de Don Jr. no círculo político Trump. Tiffany, a filha dele com a segunda mulher, Marla Maples, mal era citada, enquanto a filha preferida oficial, Ivanka, era tratada com uma solicitude potencializada e quase obsessiva. "Oi, minha linda", dizia ele ao cumprimentá-la.

Trump enxergava o mundo pelo filtro das deficiências dos outros. Para ele, as pessoas eram suas fraquezas físicas e intelectuais, ou seus modos peculiares de falar ou se vestir. Trump se defendia ridicularizando terceiros. Às vezes, parecia que a única alternativa para ele, além do desdém explícito, era fingir que Barron era invisível.

Enquanto isso, Melania parecia fazer de tudo para levar uma vida à parte e proteger o filho da influência negativa do pai.

No outono de 2017, enquanto o *New York Times* e a *New Yorker* se concentravam no efeito devastador da longa história de Harvey Weinstein como predador sexual, Trump o defendia insistentemente. "Gente boa", dizia de Weinstein, "gente boa." Também dizia que conhecia Harvey, e que Harvey conseguiria sair impune. Harvey era assim, disse Trump, sempre saía impune.

Era o teste do sofá, o teste do sofá! Trump afirmava que, para cada menina que dava um ataque histérico, tinha outras cinquenta, outras cem interessadas. Na Trumplândia, não havia muitas respostas boas para esse tipo de comentário, talvez nenhuma no momento, então a maioria das pessoas simplesmente fingia que não tinha escutado o que ele dissera.

O #MeToo, como um fenômeno cultural e uma variável política, ocupava uma posição de negação nervosa na Casa Branca de Trump. Evidentemente, isso nunca era citado no contexto da conduta de Donald Trump com mulheres. O fato de que Trump talvez fosse a causa direta para esse levante midiático, cultural, jurídico e empresarial, que acabaria por derrubar diversos homens poderosos e proeminentes, definitivamente não era abordado.

O próprio Trump não tinha sequer uma vaga noção da nova sensibilidade relativa a mulheres e sexo. "Não preciso de Viagra", declarou ele, para constrangimento geral, em um jantar em Nova York durante a campanha. "Preciso tomar um comprimido para diminuir minha ereção."

Como o assunto era proibido, ninguém na Casa Branca podia tratar das especulações políticas do escândalo.

Contudo: e se o levante *finalmente* o alcançasse? Bannon — que desempenhara papel político central durante o escândalo do vídeo do "agarrá-las pela boceta" e ainda não acreditava que eles haviam sobrevivido — comparava o #MeToo a um episódio da antiga série de detetive *Columbo*, em que o detetive incansável, metódico e persistente sempre acabava chegando à porta do culpado. Na opinião de Bannon, o #MeToo só ia se dar por satisfeito quando chegasse à Casa Branca.

Ninguém sabia quantas mulheres poderiam ter motivo para apresentar acusações de assédio ou abuso contra Trump. Bannon às vezes falava em cem, e às vezes em mil. Marc Kasowitz, advogado de Trump, era o encarregado do tema, mas às vezes Trump desviava problemas relacionados a mulheres para Michael Cohen. Ou talvez fosse o contrário, e Cohen fosse o verdadeiro responsável por lidar com os casos de Trump e com o que seria considerado agressão sexual, enquanto Kasowitz cuidava do excedente.

Um ano antes de Weinstein, quando o vídeo do "Agarrar elas pela boceta" viera a público, Trump se viu diante de várias mulheres que apareceram com acusações diversas — segundo Bannon, eram "25 mulheres prontas para atirar". Na época, todos os casos haviam se amalgamado de alguma forma em uma única alegação confusa e quase indistinta. Mas, desde então, a própria natureza das acusações de assédio e agressão sexual mudou. Cada uma possuía sua própria narrativa emocional, cada uma representava um ataque, uma sequela individual. Cada acusadora tinha nome e rosto. Além do mais, as próprias negações de Trump relativas a Stormy Daniels e Karen McDougal haviam sido contestadas completamente, detalhe por detalhe. Ele havia questionado e rejeitado tudo, e tudo acabara se revelando verdade. Trump se tornara não apenas o arquétipo máximo de predador sexual, mas também o negador típico — a maior comprovação de que é preciso acreditar nas mulheres.

Depois que o #MeToo irrompeu, a Casa Branca foi tomada por uma pergunta preocupante: o que aconteceu com aquelas mulheres de 2016 cujas acusações Trump havia questionado e rejeitado? Quando elas voltariam? E não só elas, mas outras também.

"Comprimimos aquelas mulheres todas", disse Bannon, sobre as acusadoras durante a campanha. "As pessoas não tinham como distinguir. A gente negava tudo e pronto. Juntava tudo num bolo e negava de uma vez. Sempre pergunto para todo mundo sobre as mulheres, mas ninguém lembra. Mas eu lembro — acompanho todas. Elas vivem nos meus sonhos. Lembra a garota do China Club? Eu lembro. Kristin Anderson. Ela disse que ele enfiou dois dedos na vagina dela no bar. Agora está com 43, 44 anos, e um dia desses vai olhar para a câmera do *Good Morning America* e dizer: 'Ele foi para os fundos do bar quando eu tinha dezoito anos e enfiou dois dedos na minha vagina... minha vagina... minha vagina'. E você vai escutar isso às 8h03, e ela vai começar a chorar. E aí, dois dias depois, vai aparecer mais uma garota... e mais uma. Vai ser um cerco. Esta hoje, o estrago é feito, aí aparece outra. Tem 25, trinta, cem. Ou mil. Vão surgir uma de cada vez, e toda mulher no país vai falar: 'Ei, o que ele fez, por que ela está chorando?'."

Diante do júri, os advogados da procuradoria especial reforçaram os detalhes da conduta sexual de Trump — onde, com que frequência, com quem, de que natureza. A intenção, segundo especulou uma testemunha que descreveu em seu depoimento as "atividades nefastas" de Trump, era tanto convencer o júri do caráter sórdido de Trump quanto ajudar a catalogar os relacionamentos — como o de Daniels e de McDougal — que resultaram em pagamentos de propina e em uma análise mais aprofundada das alegações do dossiê Steele. Da mesma forma, a Comissão de Inteligência do Senado, tentando corroborar o dossiê Steele e determinar o nível de influência que os russos tinham sobre Trump, havia colhido, em condição de sigilo, o depoimento de uma pessoa que acompanhou Trump em uma viagem a Moscou em 1996. Essa pessoa também apresentou, como provas, fotos de Trump com garotas de programa na ocasião.

Se aparecessem acusações novas ou renovadas, ninguém tinha como prever até que ponto as negações genéricas de Trump resistiriam, especialmente junto à sua base. Mas, por piores que fossem essas situações em potencial, a hipótese mais desastrosa de todas era que as novas acusações fizessem com que Melania o deixasse.

Não colaborou o fato de que, pelos esforços de Michael Avenatti, o relacionamento de Trump com a atriz pornô Stormy Daniels se tornou uma saga diária na primavera de 2018. Isso já era ruim, e a primeira-dama fazia o possível para proteger o filho das constantes reportagens. Contudo, o crime incomensurável cometido contra Melania foi o sexo sem proteção. E Michael Avenatti repetia isso quase como uma provocação pessoal. Pela descrição de Avenatti, sua cliente e Trump não haviam feito sexo simplesmente; eles haviam se envolvido com uma categoria muito específica de sexo, o "sexo sem proteção".

A equipe de Trump havia adquirido um respeito profundo por Melania: ela escondia bem as cartas e jogava com habilidade. Talvez fosse até a melhor negociadora da família Trump. Deixava bem clara a vantagem que tinha e se contentava com o que conseguia obter. Mas os constantes remendos e novos acordos mascaravam a volatilidade de ambos os lados. Ninguém descartava a possibilidade, segundo todo um gênero de histórias e teorias, de que talvez existisse mesmo o suposto vídeo de Trump batendo em Melania dentro de um elevador. Na Casa Branca, a opinião era de que, se de fato o vídeo existia, o incidente havia acontecido em Los Angeles, provavelmente em 2014, após uma reunião com advogados marcada justamente para negociar uma revisão do contrato de casamento.

A ideia sempre tinha a ver com deixar Donald Trump ser Donald Trump. "Eu só como garotas bonitas. Você sabe disso", disse ele a um amigo de Hollywood que visitou a Casa Branca. (Certa vez, Trump deixara uma mensagem na secretária eletrônica de Tucker Carlson, que havia criticado o cabelo dele: "É verdade que seu cabelo é melhor que o meu, mas eu como mais boceta que você".) Ser Donald Trump — o Donald Trump, sem amarras — era mais importante do que tudo para ele. E Trump compensaria Melania generosamente.

Mas as consequências, e a vantagem de Melania, haviam aumentado para níveis astronômicos desde que Trump entrara na Casa Branca.

Ninguém na Ala Oeste acreditou na explicação dada para a hospitalização da primeira-dama. Melania deu entrada no Walter Reed na segunda-feira, 14 de maio, e durante 24 horas não houve praticamente esforço de fornecer qualquer relato coerente. Eram só evasivas. *Não vejo nada. Não sei de nada.* E, então, com a credulidade no limite, as especulações dentro da Casa Branca refletiram, ou talvez impulsionaram, as especulações do lado de fora. Cirurgia plástica? Uma briga física? Overdose? Colapso nervoso? Impasse em uma negociação financeira?

Era a Ala Leste — onde Stephanie Grisham, a assessora de Melania que era considerada especialmente protetora em relação à primeira-dama — contra a Ala Oeste, que, seguindo o presidente, se comportava como se Melania fosse um assunto de menor importância. Com o passar da semana, ninguém sabia dizer quando exatamente Melania voltaria.

Tão notável quanto a ausência dela era o ar imperturbável de Trump. À medida que as perguntas se acumulavam, John Kelly pediu uma explicação mais detalhada. *Qual é o problema dela exatamente?*, perguntou. O presidente rebateu: "Ninguém se importa, só a mídia. Ela é primeira-dama, não o presidente". Assim como em todas as crises existenciais dele, que talvez estivessem acontecendo na sucessão mais rápida de toda a história política, Trump inverteu tudo. Ele estava bem. Melania estava bem. O casamento estava bem. Tudo bem. O mundo em volta de Trump que era tóxico, cruel, maligno, obcecado, cheio de mentiras.

Realmente, o consenso era de que Trump não reconhecia que houvesse qualquer coisa fora do normal, fosse com seu casamento ou em sua vida pessoal em termos mais gerais. Seu casamento talvez fosse de fachada, mas era para ser isso mesmo. Era o combinado!

A lógica era perversa. Não *havia* casamento — pelo menos ninguém o havia visto. Então como podia haver algum problema no casamento?

Ali, para vários observadores, jazia a distinção da qual dependiam tantas carreiras, tantos futuros. Donald Trump era o cínico despreocupado que tinha a faca e o queijo na mão? Ou era apenas alguém alheio à pavorosa fragilidade de seu mundo, totalmente ignorante da possibilidade muito real de que, a qualquer momento, tudo caísse por terra?

Em 19 de maio, sábado, a primeira-dama voltou à Casa Branca — e logo voltou para a casa em que morava com os pais, em Maryland. Nove dias depois, ela faltou à cerimônia do Memorial Day no Cemitério Nacional Arlington. Em 1º de junho, Trump fez uma rara viagem a Camp David com a família toda — incluindo Tiffany —, mas sem Melania e Barron. Em 4 de junho, ela finalmente voltou a aparecer, em um evento anual da Casa Branca em homenagem a famílias de militares que haviam morrido em combate. Fazia 24 dias que ela não era vista em público, desde sua aparição em 10 de maio, logo após a apresentação do Be Best.

Em 21 de junho, durante uma viagem surpresa a um abrigo para crianças migrantes no Texas, ela foi fotografada com uma jaqueta da Zara que trazia nas costas o dizer: NÃO ME IMPORTO. E VC?

O presidente insistiu que a primeira-dama estava se referindo à mídia mentirosa.

8. Michael Flynn

No começo de junho, a equipe de Mueller se preparou para fazer resistência ao que se acreditava que seria iminente: o indulto presidencial de Michael Flynn, o impertinente e inconstante ex-conselheiro de Segurança Nacional que havia sido denunciado por mentir para o FBI.

Eram frequentes os comentários de Trump sobre quem ele podia agraciar com indultos. A lista incluía figuras contemporâneas e históricas. Assessores eram incentivados a oferecer ideias de nomes para acrescentar ao rol. Jared tentou obter indulto para o pai, Charlie Kushner; seus esforços não deram em nada (Trump não gostava de Charlie Kushner). Mas o xerife Joe Arpaio, anti-imigrante e partidário de Trump, conseguiu. E Scooter Libby, informante a quem o presidente Bush, alvo constante de escárnio por parte de Trump, não concedera indulto, assim como Dinesh D'Souza, escritor de direita. Martha Stewart era uma opção. E Rod Blagojevich, o corrupto ex-governador de Illinois que era descarado e arrogante de forma bastante trumpiana. Os indultos de Trump não eram exatamente correções judiciais ou atos de clemência e generosidade, mas declarações de afronta.

Trump precisava de garantias constantes do alcance desse poder. Ele queria saber exatamente quão absoluto era "absoluto". Seus advogados se esforçavam para prometer que o poder era, de fato, absoluto, acalmando-o com a consciência de que ele teria a última palavra quanto a seu próprio destino: se a situação apertasse, poderia conceder indulto até a si mesmo.

Ao mesmo tempo, recomendavam-lhe que poupasse munição, pelo menos por hora. Segundo diziam, todo mundo já havia entendido que o presidente tinha o poder de conceder indultos e a intenção de fazê-lo, o que bastava para passar o recado.

"É realmente uma carta de saída livre da cadeia", gabou-se Trump, admirado, para um interlocutor habitual. "Pelo que me falaram, se eu der indulto para alguém, ninguém pode fazer nada. Fico totalmente protegido. E posso proteger qualquer pessoa por qualquer motivo. Com certeza posso conceder indulto a mim mesmo. Sério." Trump, segundo o interlocutor, tocava no assunto com frequência.

Para o presidente, os indultos tinham se tornado algo parecido com as gravações de Nixon. Ali estava um tema no qual ele tinha forte convicção: se Nixon tivesse queimado as fitas, nenhum problema. Da mesma forma, se Trump desse indulto a todo mundo, nenhum problema.

Ao escutar esse tipo de suposição, Don McGahn ficou preocupado com a linha tênue que ele estava percorrendo. McGahn estaria apenas explicando os poderes de indulto de que o presidente dispunha ou estaria realmente aconselhando Trump a usá-los para obstruir a justiça? Os indultos se tornaram mais um tópico espinhoso na Casa Branca — todo mundo sabia que eles não queriam ter que repetir uma conversa sobre indultos diante de um júri ou uma comissão do Congresso.

Trump continuou se convencendo de que Mueller era um insulto, mas não uma ameaça. O alto escalão da Casa Branca, por sua vez, nutria um medo especial de Mueller. Circulavam diversas especulações internas quanto a se a melhor opção para Mueller seria apresentar um caso de obstrução, conluio, perjúrio, fraude eleitoral ou crimes financeiros relacionados às ambições de Trump na Rússia. Os assessores do alto escalão eram os que mais temiam Mueller, porque temiam Trump: ninguém podia ter certeza de que ele não havia infringido leis em várias ocasiões nem motivo para crer que quaisquer rastros tivessem sido apagados. Era, mais uma vez, aquele aspecto central do governo de Trump: ninguém que trabalhava para ele alimentava qualquer ilusão. "É Donald Trump" era a explicação geral para aquela existência além da imaginação e para a ameaça existencial que encaravam todos os dias.

Igualmente preocupante era o fato de que ainda não havia qualquer protocolo formal que permitisse que a Casa Branca lidasse com tudo que uma investigação do presidente acarretava. A equipe de Mueller começou os trabalhos em maio de 2017; já havia se passado um ano e, na prática, o presidente não tinha nenhum advogado de fato. Não havia qualquer equipe jurídica dedicada, qualquer divisão contenciosa especializada para lidar com o caso — ou os casos — em que ele estava envolvido. Ty Cobb — que, depois da saída de John Dowd, levou toda a culpa, segundo o presidente, pelo prosseguimento da investigação — saiu no começo de maio. Agora, Trump tinha apenas Jay Sekulow, um advogado de direita que não era vinculado a firma alguma, e Rudy Giuliani, seu defensor oficial na televisão. E, aparentemente, até Trump entendia que qualquer vantagem que a audácia de Giuliani pudesse proporcionar em termos de relações públicas podia ser anulada quase imediatamente por ele próprio, inebriado pelo afã de ser o centro das atenções, ou só pelo álcool mesmo. Trump definitivamente não ia contar com seus dois advogados. Na realidade, ele continuava pedindo conselhos de todo mundo — e, assim, potencialmente envolvendo todo mundo.

Todo dia era um campo minado. Trump pensava alto com frequência. Era possível que não tivesse nenhum pensamento íntimo, e certamente nenhum mecanismo de edição, sempre expressando o que quer que lhe passasse pela cabeça. Todo mundo, portanto, estava sujeito a ser incluído em uma ampla conspiração. Todo mundo conhecia os detalhes de qualquer acobertamento.

Os assessores temiam que seus próprios esforços para se distanciar de acobertamentos — "Não fiquei sabendo disso" ou "Você definitivamente não deve participar dessa reunião" — fossem interpretados como acobertamentos. Portanto, desenvolveu-se uma rede secundária de advogados compartilhados. Bill Burck, por exemplo, representava Don McGahn, Steve Bannon e Reince Priebus. Consequentemente, eles podiam se comunicar sob a proteção do sigilo profissional do advogado dos três.

Era cada um por si. Na primavera de 2018, o gabinete vivia o tipo de pânico que só se imaginaria que acontecesse depois de esgotadas todas as alternativas, quando o fim estivesse nitidamente próximo. Todo mundo precisava admitir a possibilidade concreta de que o governo Trump fosse derrubado e levasse muita gente junto. Será que havia mesmo 50% de chance? Essa era a estimativa que John Kelly às vezes mencionava para amigos; a mulher dele murmurava que era maior ainda. O estado de espírito quase apocalíptico levou praticamente todos os principais membros da Ala Oeste a considerar planos de contingência: quando era razoável sair? Don McGahn, profundamente deprimido, acabou se vendo em um beco sem saída, porque se sentia obrigado a só entregar o cargo quando outra pessoa estivesse disposta a ficar com ele — e seria difícil achar alguém que quisesse.

Uma sucessão de advogados recebeu convites para o departamento jurídico da Casa Branca especificamente em preparo para um processo de impeachment. Emmet Flood, um dos advogados de maior experiência na esparsa área de defesa de políticos em crimes de colarinho-branco, já havia recusado a proposta naquele ano depois de exigir um grau de autonomia que Trump não tinha interesse ou capacidade de dar. Após uma série de rejeições — combinadas com mais uma ameaça de pedido de demissão —, finalmente McGahn teve condições de insistir que Trump atendesse à exigência de Flood. Em maio, Flood substituiu Cobb, com a garantia de que, no que dizia respeito à responsabilidade de proteger os interesses da presidência, ele teria a autonomia necessária.

No final de 2017, sem conhecimento do presidente, McGahn havia começado a colaborar com a investigação de Mueller. Bannon, ciente das ações de McGahn, deliciou-se com essa ironia. Trump tinha obsessão por John Dean, o funcionário do governo que havia derrubado Nixon; todavia, não parecia compreender que Dean, assim como McGahn, era o advogado da Casa Branca. E Trump agora parecia bastante alheio à intensidade do ódio que McGahn passara a sentir dele — "um ódio tenebroso", comentou um amigo de McGahn.

Graças a McGahn, a equipe de Mueller começou a desconfiar que Trump, apesar dos conselhos para não fazer nada, trataria de conceder indulto a Flynn, privando assim a investigação de uma testemunha importante.

Na realidade, Bannon acreditava que a posição de Mueller era muito mais frágil do que o resto da Casa Branca supunha. Ele achava que o instinto de Trump, que até então era praticamente inoperante, estava certo: Mueller tinha mais medo de Trump do que Trump devia ter dele. Donald Trump talvez fosse alvo da procuradoria especial — um alvo rico —, mas era também uma ameaça mortal.

Trump estava em vantagem, ou pelo menos pelo momento. O presidente ainda tinha controle sobre o Congresso — e, portanto, sua impunidade. Com a maioria republicana na Câmara, Mueller só podia ladrar. Podia haver uma pistola apontada para o presidente, mas não tinha gatilho. Ele contava com a vantagem moral, mas nenhuma capacidade de defendê-la.

Além do mais, Bannon, após seu depoimento daquele ano diante do procurador especial, começara a duvidar que Mueller tivesse provas. Exceto pela constatação de que ali, no reduto de Trump, se encontravam algumas das pessoas mais desleixadas, provincianas e idiotas do planeta — que, no mínimo, eram quase ou totalmente desprovidas de sensibilidade "quanto a, digamos, aceitar auxílio estrangeiro", nas palavras de Bannon, o que os investigadores tinham? Ou, em outras palavras, *quem* eles tinham? Roger Stone, Carter Page, George Papadopoulos, Julian Assange?

Bannon não se impressionou: "De jeito nenhum que o presidente sofre um impeachment por causa desses broncos". Eles eram dejetos inúteis.

Obstrução? "Faça-me o favor."

Com um Congresso republicano, o que Mueller precisava era achar algo que comprometesse Trump diante do eleitorado de pouco menos de 35% de pessoas que haviam se tornado seguidores fanáticos. Enquanto o apoio se mantivesse, Bannon acreditava que o Congresso republicano também se manteria.

O que Mueller precisava era chocar. Tinha que apresentar aos "deploráveis" — Bannon havia adotado o insulto de Hillary Clinton como um rótulo afirmativo e carinhoso — um motivo convincente para reavaliar Trump. Ou seja, precisava apresentar uma prova contundente muito pior do que qualquer coisa que se pensasse que Trump pudesse ter feito, e aquilo era difícil. Não adiantaria nada o procurador especial apenas confirmar o que as pessoas já sabiam que Trump era. Tinha que ser uma novidade!

Bannon continuava pedindo a demissão de Rosenstein, o que atrapalharia Mueller. Ele regia o coro: Lewandowski, Bossie, Hannity e Mark Meadows, o deputado republicano e líder da frente parlamentar Freedom Caucus. E insistia que a defesa de Trump devia seguir o modelo do governo Clinton, de medidas iguais de popularidade e virtude. É verdade que o índice de aprovação de Bill Clinton sempre se mantivera acima de 50% e o de Trump estava mais próximo de 40%, mas a base de Trump era de uma lealdade extraordinária. Para Bannon, Trump era o presidente mais amado de sua época — ainda que também o mais odiado. Mueller, um aliado das pessoas que odiavam Trump, estava determinado a contestar a vontade das pessoas que amavam o presidente. Bannon acreditava que o argumento para o confronto devia ser aquele.

Mas a Casa Branca — especialmente Rudy Giuliani — parecia incapaz de fazer uma defesa íntegra. A defesa de Giuliani era, na melhor das hipóteses, furada. Na prática, o argumento que ele oferecia era de que, sim, o presidente podia ter culpa no cartório, mas, como era o presidente, *podia* ter culpa. (Era uma variação do bordão que o próprio Trump usava sobre sua carreira: sim, ele podia ser um canalha desgraçado, mas era um canalha desgraçado bem-sucedido.) Em vez de desacreditar a investigação, a Casa Branca, com sua postura ambivalente, parecia jogar as mãos para o alto e reconhecer de novo que Donald Trump era, para o bem ou para o mal, Donald Trump. Segundo Bannon, era preciso admitir que havia uma dose considerável de realismo na Casa Branca de Trump, ainda que não houvesse no próprio presidente.

Até mesmo os trumpistas mais fiéis reconheciam que a história com a Rússia era um buraco sem fundo. Aquelas pessoas acreditavam que Trump nutria forte afeição por Putin, um sentimento semelhante ao que ele tinha por todos os homens cujo sucesso admirava e cuja fortuna era maior que a sua. Elas admitiam que Trump queria ser respeitado por Putin e talvez se esforçasse para agradá-lo. Também compreendiam que Trump, um mutuário de ações de segunda linha na grande era da saída de capitais da Rússia, certamente teria sido obrigado a pelo menos fechar os olhos para detalhes legais a fim de participar do oba-oba financeiro. E definitivamente sabiam que Trump não tinha inclinação nem capacidade de traçar uma linha meticulosa entre as esferas do privado e do público.

O que seus partidários ainda não conseguiam acreditar era que houvesse um plano, um complô, um esquema geral. Donald Trump podia ter feito diversas coisas que, considerando o bom senso e a lei, não devia ter feito. Mas, com sua falta crônica de concentração, sua incapacidade de lidar com mais de uma variável ao mesmo tempo, a atenção exclusiva a suas próprias necessidades imediatas e uma desconsideração generalizada por qualquer resultado futuro, a noção de que podia ser responsabilizado por uma conspiração de grandes proporções parecia exagerada.

Não, rebatiam os trumpistas, eram só os liberais e Mueller tirando proveito do fato de que Trump era Trump, um homem que sempre era seu próprio pior inimigo. E era possível defender Trump por ser Trump, porque ele era o sujeito — mesmo com as companhias escusas, os exageros fantásticos, a falta de compromisso com a verdade literal, a esquiva constante das leis — que tinha sido eleito, com todos os seus defeitos à mostra.

Portanto, não era Trump o conspirador, era... Obama.

Na primavera de 2018, a exótica teoria do "Estado profundo", havia muito adotada pelo presidente, finalmente ganhou uma forma parcialmente coesa. Os democratas acreditavam que Trump tinha conspirado com a Rússia para fraudar a eleição. Bom, os trumpistas acreditavam que o governo Obama havia conspirado com a comunidade de inteligência para criar a *aparência* de que Trump e os seus haviam conspirado com os russos para fraudar a eleição. Não tinham sido Trump e os russos que haviam conseguido roubar na eleição; Obama e seus comparsas é que tinham tentado roubá-la, sem sucesso.

A conspiração contra Donald Trump, tal qual era descrita pelos trumpistas mais radicais, tinha começado em 2014, quando o general reformado Michael Flynn, diretor da Agência de Inteligência de Defesa (DIA, na sigla em inglês) durante o governo Obama, compareceu a uma reunião com espiões em Cambridge. (Trumpistas acrescentariam, com um tom sinistro, que fora em Cambridge que Christopher Steele, do dossiê Steele, fora recrutado para espionar contra a Rússia.) Muitos dos espiões que haviam participado do jantar em um salão da universidade eram veteranos da Guerra Fria e desconfiavam da disposição de Flynn a tolerar, quando não acolher, os russos devido à sua crença pessoal de que, na verdade, o diabo geopolítico era o Irã. A partir daquele momento, na opinião dos trumpistas, Flynn teria começado a ser vigiado. Realmente, ele seria o responsável por ajudar Trump a encarar com outros olhos a disposição da Rússia a contribuir para a oposição contra o flagelo do radicalismo islâmico. Aquela era a base do caso de conluio formado contra Trump e companhia: era a tradicional comunidade de inteligência, obcecada pela Rússia e contrária a pessoas como Flynn e Trump, que reconheciam os novos inimigos — a cabala do terrorismo internacional. No estilo da contra-espionagem, o mundo dos espiões se aproveitara da disposição trumpiana mais favorável em relação à Rússia e empurrara os trumpistas naquela direção reveladora.

Ora, em um esforço para desacreditar Mueller, os republicanos do Congresso insistiram, no final de maio, que o Departamento de Justiça revelasse como exatamente a campanha de Trump havia se transformado em alvo. O nome Stefan Halper veio à tona, provavelmente vazado pela Casa Branca.

Segundo teorias republicanas, Halper, um residente americano de Cambridge, na Inglaterra, com contatos no MI6, o serviço de inteligência internacional do Reino Unido, havia recrutado, seguindo ordens do governo Obama por intermédio do MI6, dois desafortunados seguidores de Trump — Carter Page e George Papadopoulos — para formular um plano de aproximação com os russos. Essa era a nova narrativa do lado de Trump: o lado de Obama havia criado uma armadilha.

Com olhos encobertos e um sobretudo que precisava ser aposentado, Halper, de 74 anos, era mais um personagem no jogo de espiões de Cambridge, para onde, na enigmática síntese de Bannon, "todos os mundos levam". (Bannon conhecia bem Cambridge: ele e Halper frequentavam os mesmos círculos como membros dos bastidores da Cambridge Analytica, a suspeita empresa de tecnologia ligada a Bannon que havia adquirido, de forma mais ou menos inescrupulosa, uma enorme quantidade de metadados das eleições.) De fato, Stefan Halper *era* um espião, um peso-pesado no mundo da espionagem anglo-americana que fora casado com a filha de um personagem lendário da CIA chamado Ray Cline, que por sua vez havia atuado na Crise dos Mísseis em Cuba. Halper também era um recrutador profissional — um aliciador em Cambridge. E agora havia surgido do *Estado profundo*, convenientemente, para recrutar uns paspalhos trumpistas.

Bannon tinha certeza de que o governo Obama e a comunidade de inteligência haviam prestado muita atenção em Trump durante a campanha. Trump tinha sido uma figura suspeita por anos; como qualquer agente responsável *não* ficaria alarmado com a presença súbita dele no palco mundial? Além do mais, ele definitivamente não seria eleito — o que todas as pesquisas indicavam, e Obama, confiante, garantira em particular a doadores do Partido Democrata ao longo do outono de 2016 —, então, mesmo sendo o representante de um partido grande, não precisava ser levado a sério como candidato. Mas, considerando que era candidato, certamente parecia suspeito, um vigarista de quinta categoria que ganhara uma estranha notoriedade. De modo que é claro que estava sendo monitorado discretamente.

Ali estava, quase explícito: o governo Obama conduzia uma investigação de inteligência contra um candidato à presidência, mesmo que a candidatura não fosse séria.

Mas, embora possa parecer sensato que se realize uma pequena operação de inteligência a fim de monitorar um vigarista com ligações duvidosas com a Rússia — alguém que, por um acaso ridículo, era o candidato presidencial de um partido grande —, seria muito mais difícil defender a operação se o alvo acabasse conquistando a presidência. Em retrospecto, o que antes parecera prudente e responsável durante a campanha adquiria um aspecto insidioso e antidemocrático.

"A gente imaginava que o vice-procurador-geral dos Estados Unidos seria capaz de pegar a caneta e rabiscar um bilhete dizendo: 'É claro que não existem documentos relativos ao monitoramento de uma campanha presidencial ou à transição do presidente democraticamente eleito dos Estados Unidos. Assinado: Rod Rosenstein'", disse Bannon, resumindo o caso. "Mas" — Bannon bateu as palmas das mãos de repente — "ele não podia, por motivos óbvios. Ahá!"

Era, mais uma vez, o paradoxo do governo Trump: ele era tão inadequado, para não dizer inepto, ao cargo, uma afronta tão grave à ordem vigente, que todos os defensores dessa ordem vigente obviamente eram obrigados a protegê--la dele. Então Trump venceu a eleição, o que lhe conferiu a legitimidade da ordem vigente — ou pelo menos era o que ele acreditava.

Contudo, Trump não era astuto o bastante, ponderado ou paciente para demonstrar e garantir essa legitimidade. Ele se limitava a insistir que a tinha. A mesma pessoa que antes da eleição era vista como ilegítima por talvez uma maioria de eleitores agora batia o pé e exigia ser considerada legítima. O argumento era uma inversão simples: o sistema — o Estado profundo — me considera ilegítimo e violou princípios democráticos para me impedir de chegar à Casa Branca. Mas eu *venci*; portanto, eles, não eu, são os ilegítimos.

Devin Nunes, que então presidia a Comissão de Inteligência da Câmara, se tornou o dom Quixote republicano da iniciativa de denúncia do Estado profundo, exigindo que o Departamento de Justiça ignorasse protocolos e revelasse os detalhes da investigação inicial de Trump. A esperança, ou a intenção desesperada, era demonstrar que as ações do Departamento de Justiça, sob a influência do governo Obama, faziam parte da conspiração para fraudar as eleições, ou pelo menos eram alguma tramoia feita para criar confusão — cujos detalhes Sean Hannity anunciava obsessivamente. Além de Halper, estariam envolvidos Peter Strzok e Lisa Page (um casal de agentes do FBI que havia deixado um rastro revelador de mensagens de texto desdenhosas em relação a Trump); James Comey, ex-diretor do FBI; John Brennan, ex-diretor da CIA; e James Clapper, ex-diretor da Inteligência Nacional. E a conspiração teria contado com a contribuição de supostas infrações do Tribunal de Monitoramento e Inteligência Estrangeira (Fisa, na sigla em inglês) e o dossiê Steele, que os republicanos consideravam uma artimanha conspiratória dos democratas e a base corrupta para grande parte das acusações contra o presidente.

Em parte, os trumpistas tinham razão. As autoridades haviam ficado tão chocadas com a pessoa de Trump, e com o caráter peculiar e perturbador da campanha, e tiveram uma reação tão visceral a ele que agiram de maneiras que jamais teriam agido com um candidato respeitável — ou com qualquer pessoa que achassem que tivesse chance de vencer. Mas isso não mudava o fato de que Trump continuava sendo Trump, e praticamente tudo nele implorava por investigação.

O círculo íntimo de trumpistas devotos — Bannon, Lewandowski, Bossie, Hannity — seguia insistindo que McGahn e a Casa Branca se juntassem a Devin Nunes e fizessem pressão para que Rod Rosenstein entregasse todos os arquivos relacionados às ações de investigação do governo Obama referentes à ligação entre Trump e a Rússia. Rosenstein podia passar quase a eternidade protelando e ignorando solicitações do Congresso, mas não podia ignorar seu chefe, o presidente. Os trumpistas insistiam: dê a ordem e, se ele não obedecer, demita-o.

McGahn, já atuando como testemunha secreta de Mueller, resistiu. Ele estava preocupado com a divulgação global de documentos confidenciais de inteligência e com os efeitos posteriores de um confronto entre a Casa Branca e o Departamento de Justiça.

Mais ou menos nessa época, no auge contraconspiratório, Lewandowski e Bossie estavam correndo para terminar seu segundo livro sobre o governo Trump, uma obra que tratava dos esforços do Estado profundo para prejudicar o presidente. Lewandowski e Bossie contrataram como redatora Sara Carter, uma colaboradora da Fox News e colega próxima de Hannity, e a enviaram à Embaixada para obter mais informações sobre a conspiração. Decerto um dos mais hábeis provocadores conspiracionistas da era Trump, Bannon ofereceu a narrativa do momento com riqueza de detalhes.

Ainda assim, Bannon se sentiu na obrigação de alertar Carter sobre a história que logo se tornaria a base do livro de Lewandowski e Bossie, *Trump's Enemies: How the Deep State Is Undermining the Presidency* [Os inimigos de Trump: Como o Estado profundo está prejudicando a presidência]. "Você sabe", disse Bannon, "que nada disso é verdade."

O valor de Michael Flynn para a investigação de Mueller consistia no fato de que, apesar de ter passado meros 25 dias no cargo, ele era uma raposa — isso num mundo em que Trump não permitia que ninguém além dele fosse uma. É possível que ninguém tenha sido tão próximo de Trump durante a campanha quanto Flynn. Na realidade, já no início da transição, ele foi uma das primeiras indicações oficiais para a futura Casa Branca de Trump.

Mas, agora, Flynn parecia cada vez mais uma prova comprometedora. Por ordem direta de Trump ou Kushner — ou, o que também era provável, de ambos —, Flynn entrara em contato com o embaixador russo durante a transição e negociara um acordo independente para contornar as sanções do governo Obama, ou foi o que a equipe de Mueller pareceu indicar com sua proposta de denunciar Trump por obstrução. Muitos democratas nutrem um antigo ressentimento histórico pelo fato de Nixon ter conseguido sair impune por ter prometido um acordo melhor aos norte-vietnamitas envolvidos com as negociações de paz em Paris se esperassem o governo dele assumir. Parecia que Trump e Flynn estavam usando artimanhas igualmente escusas.

Além do mais, a aparente tentativa de obstrução da justiça por parte de Trump começava com Flynn. A fim de afastar dele a investigação do FBI, Trump acabara por demitir Comey, o que serviria de estopim para a investigação de Mueller.

Em caso de indulto, a procuradoria especial estava pronta para entrar com um pedido de liminar na instância federal que impedisse Trump de conceder o indulto a Flynn. Porém, o problema era que, como fora prometido a Trump, o poder de indulto do presidente era, em termos práticos, robusto.

A conclusão das pesquisas da procuradoria especial sobre o tema foi: "Parece provável que o presidente possa conceder indulto a parentes ou conhecidos mesmo se for com o propósito de impedir uma investigação". Os tribunais, em outras ocasiões, já atestaram que o poder de indulto do presidente "é pleno e absoluto, com poucas exceções". E parecia que, realmente, o presidente talvez pudesse conceder indulto a si mesmo. Podia ser "inadequado", por qualquer noção razoável de padrões básicos de lógica e ética, mas "a Constituição não proíbe expressamente um autoindulto [...]. A interpretação *expressio unius textualist* entende que, se o presidente não tivesse o poder de conceder um indulto a si mesmo, os autores da Carta Magna teriam acrescentado estipulações que restringissem especificamente o poder de autoindulto do presidente".

Mas, tendo concluído que o poder de indulto era praticamente irrefutável, a equipe jurídica de Mueller acreditava que Trump ainda poderia apresentar exceções peculiares a esse poder.

Em primeiro lugar, pelo viés jurídico: o artigo 2º, seção 2, cláusula 1ª da Constituição, que confere o poder de indulto, oferece duas limitações específicas. Uma é que o poder de indulto se aplica apenas à legislação federal, o que significa que não cobre quaisquer acusações na esfera estadual. A outra é que o poder não alcança nada relacionado a impeachment. O presidente não pode anular um impeachment, seja dele próprio ou de qualquer outra pessoa, e não pode impedir que alguma autoridade federal alvo de impeachment seja condenada pelo Senado como consequência da perda do mandato. Fora isso, o poder de indulto era vasto.

Em segundo lugar, a pesquisa da procuradoria especial se agarrou a um caso de 1974 da Suprema Corte. Embora desse sustentação ao amplo poder de indulto, Schick contra Reed acrescentava uma restrição: o exercício do poder é legítimo se "não representa ofensa à Constituição". E, no caso Burdick contra os Estados Unidos, de 1915, a Corte invalidou um indulto porque o presidente Woodrow Wilson — que havia concedido indulto a um editor de jornal por quaisquer crimes federais que tivesse cometido — usara esse poder expressamente para anular o direito do editor de invocar a Quinta Emenda e, assim, obrigá-lo a depor. A Corte, na ocasião, entendeu que o indulto era uma infração dos direitos constitucionais do editor. No entanto, a pesquisa apontou que o caso de Burdick foi a *única* ocasião em que a Corte anulou um indulto.

Em terceiro lugar, o presidente poderia conceder um indulto, mas o ato, na opinião da procuradoria especial, poderia constituir um crime. A fundamentação desse argumento foi um artigo de opinião publicado em 21 de julho de 2017 no *New York Times*. Os autores, Daniel Hemel e Eric Posner, afirmavam: "Se um presidente vendesse indultos em troca de dinheiro [...], seria uma violação da lei federal de subornos. E, se um presidente pode ser processado por suborno, por consequência a natureza ampla e irrevogável do poder de indulto não impede o presidente de ser acusado criminalmente por uso indevido do poder".

E, por último, a procuradoria especial, em seu planejamento jurídico, examinou o que poderia ser considerado o exemplo máximo de indulto infame: o que Bill Clinton concedeu, horas antes de entregar o cargo em 2001, ao financista Marc Rich, que tinha fugido para a Suíça a fim de evitar um processo de fraude financeira, formação de quadrilha e sonegação fiscal, e que, não por coincidência, oferecera copiosas contribuições à campanha de Clinton. Com o indulto a Rich, Clinton também se livrara de possíveis acusações que incluíam obstrução, suborno e lavagem de dinheiro. A questão aqui, por mais forçada que possa parecer, é que, depois do indulto de Clinton a Rich, a procuradoria quase chegou à conclusão de que Clinton podia ser denunciado por uso indevido do poder de indulto. O Departamento de Justiça acabou optando por não perseguir o caso. (O indulto a Rich também parecia associado às relações diplomáticas com Israel, pois era provável que ele estivesse trabalhando para o Mossad.) Mas o fato de que o caso estava sendo considerado a sério sugeria que a contestação de um autoindulto do presidente não era algo fora do campo das possibilidades.

Ainda assim, um indulto a Flynn — e, aliás, a qualquer outro indivíduo cujos apuros jurídicos poderiam induzi-lo a depor contra o presidente — seria um exemplo nítido de uso da autoridade do cargo para blindar o presidente contra a lei. Esse indulto seria, nos termos do caso Schick contra Reed, uma "ofensa à Constituição". Em outras palavras, o poder absoluto de indulto do presidente contrariava outra garantia constitucional: a de que ninguém está acima da lei.

Era este o argumento — ofensa contra a Constituição — que alguns poucos (se tanto) dos constitucionalistas e advogados do Departamento de Justiça que estavam cientes desse método acreditavam que tinha alguma mínima chance de vingar. Mas a procuradoria especial entrou com uma petição para proibir o indulto presidencial previsto para Michael Flynn em que o argumento era apresentado sem qualquer ressalva ou restrição.

"A tentativa do presidente Trump de conceder indulto é inusitada e inédita", dizia a minuta da petição.

Nunca na história um presidente buscou de maneira tão explícita obstruir uma investigação em andamento ao conceder indulto para um réu que estivesse colaborando ativamente com os investigadores. O que ressalta ainda mais o caráter inusitado desse indulto, e o afasta mais do que seria uma conduta permitida pela Constituição, é que o próprio presidente é alvo da investigação que ele pretende interromper ao conceder indulto à principal testemunha.

O poder de indulto do presidente, ainda que amplo, não é absoluto. Ele é limitado tanto pela redação da Cláusula de Indulto, que proíbe o exercício do poder de indulto em casos de impeachment, quanto pela Constituição como um todo, que proíbe qualquer ato que viole ou ofenda de qualquer modo a Constituição, incluindo mediante a usurpação indevida de outros poderes coordenados do governo ou o comprometimento do interesse público de modo deliberado ou efetivo. A tentativa de indulto do presidente Trump é uma franca violação de ambas as proibições constitucionais.

Era, na melhor das hipóteses, uma estratégia arriscada, mas era o que dava para fazer.

9. Eleições de meio de mandato

Em maio, a seis meses das eleições de meio de mandato, em novembro, 25 corridas eleitorais para a Câmara foram destacadas para Trump ao longo de três reuniões. Para cada corrida, havia um relatório. Todas aconteceriam em distritos-chave, e todas — pelo menos na opinião de alguns conselheiros — deviam contar com uma visita do presidente. Outra opinião, bastante defendida por Jared Kushner, com apoio considerável da liderança do Partido Republicano, era de que o presidente devia se manter o mais longe possível da campanha.

De certo modo, tanto fazia. Trump, em cada uma das três reuniões, ficou impaciente e se distraiu em questão de minutos. Seu comportamento era semelhante ao de apresentações militares. Praticamente incapaz de compreender cálculos, ele ficava entediado com números e logística — ou, pior, sofria uma espécie de bloqueio mental. Não absorvia nada.

A Câmara tinha uma quantidade grande demais de membros. Trump não conseguia se lembrar do nome de ninguém. Revirava os olhos de forma dramática quando alguém lhe dizia de onde as pessoas eram. "Caipiras", dizia. "Vendedores de sapato."

O fato de que seus conselheiros lhe passavam duas mensagens contraditórias tampouco ajudava. A primeira era de que as corridas eleitorais podiam representar o apocalipse para o governo Trump. A segunda era que as eleições de meio de mandato eram só isso, e o que acontecesse em novembro seria mais ou menos o mesmo de sempre.

O "mesmo de sempre" era porque as eleições invariavelmente contrariavam o partido que ocupava a Casa Branca. O que prejudicava ainda mais a perspectiva do Partido Republicano era o fato de que uma quantidade excepcional de republicanos deixava seu posto voluntariamente — muitos dos quais desistindo de Trump e da política trumpiana. Junte a isso os resultados dolorosos de alguns pleitos fora de época em que a participação de democratas, tipicamente inexpressiva, havia atropelado a dos republicanos. Agora, à medida que as primárias se encerravam e a temporada de campanhas se preparava para começar, eram poucas as opções que permitiriam que os republicanos mantivessem o controle da Câmara. Ainda assim, tanto Obama quanto Clinton haviam perdido a maioria na primeira eleição para o Legislativo de seus mandatos, e ambos tinham conseguido ser reeleitos.

Na visão apocalíptica, os cálculos sugeriam que o mandato de Trump talvez se limitasse a dois anos. Os republicanos, que tinham 23 assentos de vantagem, perderiam trinta, quarenta, cinquenta ou até sessenta vagas em 6 de novembro. Em um momento de polarização política, o país provavelmente elegeria um Congresso de impeachment. E, se o Senado fosse para os democratas, o país provavelmente elegeria um Congresso de condenação.

Na verdade, os republicanos provavelmente conseguiriam manter o controle do Senado. Mas Bannon era um que havia se convencido de que o resultado das corridas para a Câmara era binário. Se os republicanos preservassem a Câmara, o mandato e as políticas de Trump continuariam viáveis; o presidente poderia conter as determinadas forças que atuavam contra ele. Mas, se o Partido Republicano perdesse a Câmara, Trump não teria condições de resistir a um Congresso hostil, que adoraria mergulhar fundo em *todas* as atividades dele. E o pior era que a reação inevitável de Trump — Bannon garantia que seria "psicótica" — abalaria até mesmo o apoio que ele tinha dos republicanos no Senado.

E, se a Câmara caísse, o Partido Republicano ficaria furioso. Cinco mil de seus funcionários poderiam acabar na rua. As empresas lobistas republicanas poderiam passar, sem nenhuma dificuldade, de orçamentos anuais de 10 milhões de dólares para de 1,5 milhão. Seria uma catástrofe — provocada por Trump — no aparato político da capital.

Na visão do "mesmo de sempre", o cálculo era mais ou menos igual. Mas, naquela estimativa, a perda de trinta a sessenta vagas seria, a partir de certa interpretação crítica, um presente para Trump — pelo menos considerando que os republicanos conseguissem manter o Senado. Ele poderia repetir em 2020 a façanha de ter enfrentado e vencido Washington em 2016. Trump funcionava melhor quando tinha um inimigo: ele precisava da oposição raivosa e histérica dos democratas. E nenhum inimigo seria melhor que Nancy Pelosi como presidente da Câmara.

Os ataques a Pelosi enchiam Trump de energia. Ele sentia um prazer especial ao debochar dela — e o fato de que se tratava de uma mulher era um bônus. Impeachment? Pode vir. Como ele tinha segurança no Senado, seria tudo um grande espetáculo — o espetáculo *dele*.

Trump gostava de brigar. Aquilo o ajudava a despertar do estado constante de distração. Kushner acreditava que o combate com o Congresso seria uma causa nobre; e acreditava também que, de modo geral, era melhor manter Trump longe da confusão de escaramuças eleitorais. Aquilo fazia parte dos cálculos típicos do "mesmo de sempre": se o presidente tem pouca popularidade — e os índices de Trump eram praticamente os menores da história em relação aos de outros presidentes naquela altura do mandato —, ele não devia sair para discursar em disputas indefinidas.

Mas havia também a visão do próprio Trump: ele tinha muita dificuldade para sentir qualquer nível de preocupação por problemas políticos alheios. A noção de partido, de um presidente que no fim das contas fosse só parte de um esforço maior, jamais faria sentido para ele. Até mesmo a ideia de discursar sobre outra pessoa — de *elogiar* outra pessoa — era difícil de engolir.

As particularidades dos distritos da Câmara ofereciam mais um problema. Ainda que toda política seja local, Trump via com desgosto e indiferença tudo o que era local. E para ele era especialmente desagradável a dança bizarra de candidatos que ao mesmo tempo queriam seu apoio e preservar sua própria independência. Trump precisava e fazia questão do máximo possível de deferência e atenção. Mas o que ele mais temia era a derrota. Todas as conversas sobre as eleições de meio de mandato tinham se concentrado em disputas indefinidas, o que significava que cada um dos candidatos era um derrotado em potencial — e alguém cujo status poderia grudar nele.

Mitch McConnell não estava só dizendo que a Câmara já era. Estava tirando proveito daquilo, usando o fracasso na Câmara como argumento para levantar fundos para o Senado. Ele tinha certeza de que a maioria republicana do Senado seria preservada — havia 26 vagas democratas entrando em disputa contra apenas nove republicanas. Além de renovar as suas, ele acreditava que os republicanos conseguiriam ganhar duas ou três democratas. McConnell prometia que Trump estaria bem no Senado. Era para lá que ele poderia recuar para resistir. Consolidando cada vez mais sua reputação de sobrevivente máximo, McConnell, a única raposa política genuína de sua geração, já estava de olho em 2020, quando talvez fosse consideravelmente mais difícil defender o Senado.

Bannon acreditava que a disposição de McConnell de abrir mão da Câmara — uma decisão estratégica que ele tomou em conjunto com um grupo de importantes doadores do partido — beirava a conspiração. Se os democratas estavam em guerra aberta e mortífera contra Trump, a liderança dos republicanos, ou pelo menos McConnell e Ryan, estava em uma guerra mortífera secreta contra o presidente. Eles travavam uma batalha pelo controle do partido.

O desdém de McConnell por Trump era infinito. Aquele não era apenas o presidente mais burro com que já tivera que lidar: era a pessoa mais burra que ele já havia visto no mundo da política — o que não era pouca coisa. McConnel e Elaine Chao, secretária dos Transportes e sua esposa, ridicularizavam e imitavam Trump regularmente diante de amigos.

Caso os republicanos conseguissem, de alguma forma, manter o controle da Câmara em 2018, seria, na segunda chance de Bannon, uma nova vitória para Trump. A eleição anômala e imprevisível de 2016 ia se tornar irrefutável. A derrota na Câmara produziria um efeito nuclear no Partido Democrata, mas uma defesa bem-sucedida por parte da maioria republicana produziria um efeito quase idêntico nos republicanos. Mais ainda do que a vitória de Trump em 2016, seria a morte do establishment republicano.

Mas, se ocorresse a calamidade na Câmara, se os democratas assumissem o controle, Mitch McConnell ficaria com praticamente todas as cartas na mão. Sem a maioria republicana na Câmara, Trump, que ridicularizava e menosprezava McConnell com regularidade, ficaria totalmente sujeito ao líder da maioria no Senado.

Para McConnell, aquele era o caminho para recuperar o partido das mãos de Trump. Com uma Câmara de maioria democrata, McConnell ia se tornar a única linha de defesa de Trump contra o impeachment. O presidente seria refém dele.

Bannon acreditava que McConnell havia usado aquele plano maquiavélico para arregimentar muitos dos principais doadores do partido. McConnell *queria* que os republicanos perdessem a Câmara. Estava trabalhando por aquilo.

Trump, para dizer o mínimo, não tinha talento para táticas políticas. Seu senso de organização era limitado. Ele era praticamente incapaz de reconhecer talento ou propósito nas outras pessoas. Seus instintos políticos eram grosseiros. E ele vivia quase que exclusivamente de reações viscerais.

Em 2016, na indefinida Flórida, uma estrategista chamada Susie Wiles havia ajudado Trump a sair de um déficit profundo. Mas, durante a campanha, quando conheceu Wiles — a quem ele descreveu como "uma geladeira de peruca" —, Trump exigiu que ela fosse demitida. (Ela não foi, e Trump venceu na Flórida.)

Agora, na primavera de 2018, com uma Casa Branca sem praticamente ninguém que pudesse dizer a Trump algo que ele não quisesse escutar — entre os vários tipos de gente que ele evitava estavam os analistas políticos —, o presidente podia ignorar à vontade as indefinições das eleições de meio de mandato.

Kushner, interessado em desviar a atenção do sogro das eleições, adotou o método trumpiano de "fazer coisas grandes". A Câmara podia ser um caso perdido, mas a nova aproximação da Coreia do Norte seria grande. Na perspectiva de Kushner, quanto mais Trump se concentrasse naquele país, menos poderia piorar a situação das eleições.

Quando a Casa Branca devia estar se preparando para as eleições, os três conselheiros políticos mais próximos de Trump estavam todos fora do governo: David Bossie, Corey Lewandowski e Sean Hannity. Cada um deles tinha uma boa noção do que um novembro decepcionante representaria para Trump. Mas todos os três compreendiam que o relacionamento deles com o presidente dependia de reforçarem tudo o que ele já achava. "O importante é deixar Trump ser Trump", explicou Hannity. "Deixá-lo ir aonde está indo e incentivá-lo a chegar lá."

Além do mais, os três encaravam o mundo como se estivessem dentro de um bunker. Eram guerreiros. Mártires. Se o Partido Republicano perdesse a

Câmara em novembro, estariam em um lugar conhecido, defendendo Trump da devastação. Não eram agentes, eram fiéis, e era aquilo que Trump queria que fossem.

Quanto à noção razoável de que a equipe de comunicação do governo devia promover um tema político que unisse a Casa Branca e o partido em uma mesma batalha até novembro, era impensável. Além da carência de talento e liderança na comunicação — e da disputa de território que vinha se desenrolando entre Sanders, Conway e Mercedes Schlapp —, o trabalho da equipe não era olhar para fora: era olhar para dentro e agradar Trump, defendendo-o de um modo que ele aprovasse. Aquilo, evidentemente, era impossível: a equipe *nunca* o agradava. Logo, o estabelecimento de um raciocínio coerente e ponderado sobre qualquer tópico além da necessidade do patrão de ser aplacado — por mais irreal que fosse a expectativa — nunca aconteceria.

Do lado de fora da Casa Branca, o partido já havia adotado sua própria estratégia, que não tinha nada a ver com as supostas virtudes de Donald Trump. O Comitê Nacional Republicano, os agentes eleitoreiros das corridas para a Câmara e o Senado e até a maior parte de todo o establishment do partido, com o apoio de Ryan e McConnell, decidiram promover a campanha em torno das virtudes da lei de reforma tributária que havia sido aprovada no final de 2017. "É reforma tributária, idiota", vinha dizendo McConnell, a fim de deixar bem claro que a reforma tributária era uma conquista do Congresso realizada com parcas contribuições da Casa Branca de Trump.

À medida que as campanhas eleitorais se intensificavam, era difícil definir se a missão principal de Bannon era frustrar McConnell ou salvar Trump. Ele também tentava se posicionar, claro. Estava convencido de que havia um movimento para além de Trump — no qual ele podia criar monarcas ou ser o próprio rei — e de que para tanto seria fundamental dominar o establishment republicano. Portanto, se a opinião de Bannon a respeito de Trump era, para dizer o mínimo, ambígua, ele acreditava que, numa embarcação que estava naufragando, precisava ser, aos olhos dos deploráveis, o último homem a abandonar o navio.

O establishment republicano, assim como muitas pessoas na Casa Branca, detestava Bannon tanto quanto ele os detestava. "De onde vem o dinheiro de Steve Bannon?" foi uma pergunta que circulou bastante em 2018. Os

Mercer — Bob, o bilionário dos fundos de hedge, e a filha, Rebekah — haviam bancado Bannon e o Breitbart News por muito tempo. Mas aquilo acabou, ou pelo menos o apoio público, no começo de 2018, por causa de sérios danos à imagem dos Mercer e de ameaças pessoais que a família acreditava serem resultado da relação com Trump, Bannon e o Breitbart.

Depois de sair da Casa Branca em agosto de 2017, Bannon, assim como diversos outros operadores políticos ao longo de todo o espectro ideológico, lançou sua própria organização sem fins lucrativos, que podia levantar fundos de forma anônima. Nos meses após sua saída do governo, Bannon havia dedicado muita disciplina e atenção para cortejar todos os maiores doadores de Trump.

A campanha discreta se revelou um tremendo sucesso, provocando a irritação da Casa Branca diante do fato de que alguns dos doadores do presidente estariam apoiando Bannon, inclusive à custa de Trump. Era um compromisso fácil: muitos dos financiadores ricos de Trump admiravam a maioria das políticas de Trump, mas quase nenhum gostava do presidente em si. Bannon se tornou o divulgador das ambivalências de Trump. Ele afirmava que a questão não era o presidente. A questão era aonde ele levaria — o que importava era o destino, não o homem que chegaria lá. A proposta de Bannon alcançou ouvidos favoráveis. Havia afinidade entre as pessoas que achavam Trump ridículo, mas que precisava ser apoiado.

Porém, Bannon ainda precisava de um princípio condutor, um senso de urgência. A urgência agora era salvar Trump de si mesmo. Então a organização de Bannon, com recursos aparentemente ilimitados, financiaria uma operação eleitoral que rivalizaria com a da Casa Branca, ou a ignoraria — e ao mesmo tempo desbancaria o esforço do Partido Republicano de monopolizar a campanha.

Em maio, Bannon já havia formado uma equipe e começado a coordenar suas atividades com teleconferências matinais diárias. Trabalhando a partir da Embaixada, ele logo elaborou uma mensagem consistente, um sistema de representantes que agendava entrevistas em programas de rádio e canais de TV por assinatura, e um processo de pesquisas de opinião para fazer a triagem das sessenta e poucas disputas indefinidas.

Não era reforma tributária, idiota. Era Trump.

Bannon estava convencido de que Trump precisava estar nas cédulas de todas as disputas eleitorais. Muitas vezes se acusam políticos e assessores de sempre usar a última campanha vencida, e para Bannon era 2016 acontecendo de novo. Somente Trump seria capaz de despertar a base com vigor suficiente para atrair os deploráveis para disputas eleitorais com candidatos desconhecidos. As pessoas tinham que votar *nele*.

A turma estava reunida de novo.

Lá estavam Sam Nunberg, David Bossie, Corey Lewandowski, Jason Miller e outros — todo mundo que Bannon tinha acolhido durante a campanha.

O detalhe da turma de Bannon era que, na verdade, a turma *era* dele, com lealdade apenas secundária, e muitas vezes problemática, a Trump. Tal qual para Bannon, também para eles Trump era imprevisível, incompreensível, extremamente irritante, mas a figura central e de suprema importância de suas vidas. Trump era sua obsessão. Ele os consumia.

Uma parte considerável da narrativa diária de Trump — e não a positiva — emergia desse grupo, começando com Bannon, mas incrementada constantemente, à meia-voz ou não, pelos demais. Trump, o palhaço; Trump, o idiota; Trump, o maluco. Trump "Não dou a mínima", Trump "Não esquento", Trump "Não sei vestir a calça". A ópera cômica de Trump vinha daquela turma.

Embora trabalhassem para promover Trump, os colegas de Bannon conferiam para a campanha sentimentos de incerteza, quando não de angústia. Aquilo em parte tinha a ver com a proximidade deles de Trump: todos haviam sido acolhidos por Trump e depois queimados por ele. Mas também tinha a ver com a própria natureza das pessoas que Trump atraía. Cada um deles tinha um pouco do absurdo e da confusão emocional do mundo Trump; o presidente era só uma parte da montanha-russa pessoal em que já viviam.

Jason Miller, inveterado estrategista e executivo de relações públicas, havia sido levado para a campanha de Trump por Ken Kurson, editor do *New York Observer*, o jornal de Kushner. Miller tinha se tornado um competente encantador de Trump — sua perseverança estoica ajudava — e parecia destinado a ser indicado para o cargo de diretor de comunicação da Casa Branca. (Durante a campanha, Miller era o primeiro no telefone de manhã. Era função dele atenuar as repercussões negativas que a imprensa havia veiculado durante a noite e a madrugada.) E então veio à tona o relacionamento de Miller com outra funcionária da campanha de Trump, um caso que resultou em gravidez ao mesmo tempo que a esposa também engravidava. Foi o fim do sonho da vaga como diretor de comunicação, o que já era ruim por si só. Mas o pior ainda estava por vir, pois A. J. Delgado, a amante de Miller na campanha — que foi morar com a mãe na Flórida e viria a ter o bebê e criá-lo —, começou uma guerra jurídica e midiática que pretendia levá-lo à falência e acabar com sua reputação. Enquanto isso, Miller se tornou um defensor remunerado de Trump na CNN, o que levou Trump a comentar: "Eu fico com as pessoas que ninguém mais quer".

Corey Lewandowski, até então um estrategista das fileiras mais baixas, ficou com o cargo de gerente da campanha porque ninguém mais queria. Quando Trump estava avaliando gente em 2015, suas ligações eram jogadas feito batata quente até mesmo entre pessoas que certamente precisavam do emprego. David Bossie, que recusou na última hora uma reunião com o próprio Trump, passou a vaga para Lewandowski. Lewandowski era conhecido por seu temperamento volátil, déficit de atenção e por estar desesperado por trabalho. Em pouco tempo, ele se tornou completamente dedicado a Trump. Bannon disse, não necessariamente como elogio, que Corey preferiria enfiar a mão no fogo e esperar os dedos virarem cinzas a enganar Trump.

Para Trump, Lewandowski passou a ser "como meu filho legítimo" (o que, no entanto, não o impedia de debochar dele chamando-o de "puxa-saco"). Aquilo causou problemas sísmicos com os filhos propriamente ditos de Trump, iniciando uma rixa entre Lewandowski e a família que acabaria resultando no afastamento do primeiro em junho de 2016 por Don Jr. e Kushner. Lewandowski tentou, muitas vezes com sucesso, dar um jeito de voltar à família política de Trump.

Bannon, que no passado havia trabalhado com David Bossie em alguns filmes de propaganda direitista, levou-o para a campanha em setembro de 2016. (Na verdade, fora Bossie quem apresentara Bannon a Trump em 2011, e depois da reunião Bannon tivera certeza de que Trump não poderia ser levado a sério como candidato político naquele momento ou no futuro.) Bossie era a única pessoa na equipe que possuía talento para organização política. Ele se concentrou em desenvolver uma operação robusta de porta a porta, um conceito novo para a campanha. Mas Trump não confiava plenamente nele: Bossie parecia "suspeito... não consegue me olhar nos olhos". Bossie, assim como Chris Christie, tendia a ficar perto demais de Trump, cercando-o fisicamente.

Para Kushner, as ações direitistas de Bossie no passado — investigando Clinton nos anos do caso Whitewater e como um dos principais organizadores da ação Citizens United, que liberou a possibilidade de contribuições ilimitadas por parte de empresas a campanhas eleitorais — eram "um monte de coisa de conspiração de direita". Durante a transição, Bossie foi barrado para qualquer cargo na Casa Branca.

Sam Nunberg, talvez mais do que ninguém, era a personificação do perigo e absurdo de se relacionar com Trump. Um homem de 36 anos com cara de criança, era filho de advogados proeminentes que havia se tornado um advogado medíocre. Com pouca perspectiva de deslanchar na carreira jurídica, Nunberg se envolveu com voluntariado político e conseguiu trabalhar com Roger Stone, amigo e conselheiro de Trump. Stone era um estrategista ultrapassado da era Reagan; apesar de uma reputação arruinada, era um marqueteiro pessoal infatigável e um nome ridículo para praticamente qualquer um além de Trump — e até mesmo Trump o tratava mais como um cachorro que vivia dando um jeito de entrar em casa. Por intermédio de Stone, Nunberg passou a trabalhar em tempo integral para Trump.

A partir de 2011, Nunberg foi seu assessor e conselheiro político intermitente, leal e obstinado durante os anos em que Trump era, na melhor das hipóteses, um circo político. "Não existe presidente Trump sem Sam Nunberg", declarou Bannon. "Quem inventou Trump, em termos de narrativa política semilegítima, foi Nunberg."

Então é claro que Trump o demitiu. "Ele mora na casa dos pais", reclamou.

Lewandowski substituiu Nunberg. Durante a campanha, Trump e Nunberg entraram em uma briga feia, como se ninguém mais estivesse vendo.

Mesmo depois de ser demitido, Nunberg nunca se afastou muito do círculo de Trump. Isso se deve, em parte, ao fato de que, depois de Trump, não conseguiu mais trabalho, e porque — na condição de ótimo depósito de memória institucional e a única pessoa que conhecia bem Trump — Nunberg era levado com frequência de volta ao mundo do presidente.

Nunberg era também uma importante fonte, geralmente astuta e sempre disponível, para quase todos os repórteres que cobriam Trump. Sempre se podia contar com ele para confirmar qualquer história negativa sobre Trump. Quando Trump criticava a mídia, em muitas situações quem ele criticava era Sam Nunberg.

Ele era o elo frequente entre os boatos sobre Trump e as notícias sobre Trump. Ao escutar um boato, repassava-o na mesma hora para um ou mais contatos como se fosse um fato estarrecedor, incrementando constantemente sua própria utilidade, ainda que não a credibilidade. "Maggie Haberman" — a repórter do *New York Times* responsável pela cobertura de Trump — "é como se fosse minha avó", disse Nunberg. "Sempre vou correndo para ela."

Contudo, como outras pessoas, ele estava casado com Trump, por pior que fosse o relacionamento.

No final de fevereiro, Nunberg foi intimado a depor diante de Mueller. Pouco antes da data marcada, ficou sabendo de algum comentário venenoso que Trump tinha feito sobre ele. Profundamente ofendido — de novo —, consolou-se com um fim de semana de cocaína e prostitutas. Na manhã de segunda-feira, sem ter dormido e ainda alterado, decidiu não comparecer ao depoimento. Anunciou e reafirmou sua decisão — que ele reverteria mais tarde no mesmo dia — em não menos que onze programas de televisão e rádio, um atrás do outro, num melodrama trumpiano em tempo real e num festival trágico de dor, recriminação e abuso de substâncias. Foi também um tour de force midiático.

Em 1998, William H. Ginsburg, o advogado de Monica Lewinsky, apareceu em todos os cinco talk shows matinais no mesmo domingo. O ato ficou conhecido como "Ginsburg completo". O "Nunberg completo" superou de longe o feito de Ginsburg, e depois de um fim de semana de farra.

"Todo mundo falava: 'Não dá para contratar esse cara, ele apareceu todo chapado em onze programas'", disse Bannon. "Mas como é que eu *não* contrataria? Ele passou o fim de semana fazendo carreiras em cima da bunda de um monte de mulheres e depois se levantou e apareceu em onze programas. O importante era a qualidade do que se foda, e aquilo foi um que se foda de primeira."

Era impossível ignorar o clima de codependência. Os principais partidários de Trump trabalhavam para ele porque não seriam contratados por mais ninguém.

Para Bannon, que nutria vários ressentimentos, mas, aos 64 anos, estava se divertindo muito, a eleição de Trump foi o ápice do "que se foda". Parte da missão dele foi eleger Trump justamente para causar choque e revolta em todas as pessoas que faziam tanta questão de que ele não fosse eleito. "De que adianta a democracia se não for para incomodar?", perguntaria ele. O fato de que Trump era Trump representava uma questão à parte; sim, ele era uma arma imperfeita, mas era a que estava disponível.

Bannon encarava a campanha e a presidência de Trump em parte como um desafio. Tentem me impedir, se forem capazes — e, se não forem, então merecem Trump. O desprezo que sentia pelos democratas não era direcionado, a seu próprio modo, exatamente ao partido, mas sim ao que ele considerava as mediocridades que os democratas produziam, um conjunto de figuras vazias que careciam dos dotes políticos necessários. Ele listava os nomes sem hesitar: Hillary Clinton, Elizabeth Warren, Cory Booker, Kamala Harris, Kirsten Gillibrand. "É isso que eles têm? É isso que eles têm? Chega! Assim eu morro."

Ainda assim, o Congresso só seria preservado à revelia de Trump. A grande verdade era: Trump não tinha como administrar ou concretizar sua própria eleição. Ele não conseguia executar, para dizer o mínimo. Era mero símbolo, ainda que, por acaso, fosse um excepcionalmente poderoso. Daí a necessidade de Steve Bannon.

Na campanha presidencial, o objetivo não havia sido vencer, e sim reduzir os dezessete a vinte pontos de diferença para uma distância mais respeitável de seis. Para Bannon, isso já teria servido como prova; teria demonstrado o poder da causa populista. Mas Trump acabou ganhando, o que produziu outra dinâmica por si só problemática.

Agora, nas eleições de meio de mandato, uma derrota apertada poderia ser melhor para Bannon. Com uma perda de 25 vagas — duas além da maioria —, Trump precisaria de todos os amigos que tivesse, incluindo Bannon. Talvez principalmente ele.

"Acho até possível conseguirmos manter o controle da Câmara", disse Nunberg. "É possível... sério. Mas, se não der, vai ser divertido ver Trump rebolar. Eu pagaria para ver."

10. Kushner

Enquanto Trump bradava sua ameaça de "fogo e fúria" contra a Coreia do Norte em declarações desembestadas após um almoço no clube de golfe em Bedminster, Nova Jersey, no verão de 2017, seu genro começava uma conversa muito diferente.

Os chineses — com o auxílio de Henry Kissinger e intensamente preocupados com a fixação de Trump na Coreia do Norte, além de cientes da vantagem que a situação com a Coreia do Norte poderia lhes dar — entraram em contato com Jared Kushner. O jovem, que carecia de qualquer experiência relevante, havia se estabelecido discretamente junto de muitos líderes mundiais e de seu sogro como o grande mentor, se é que se pode dizer assim, da política externa de Trump.

O presidente fizera várias ameaças de "esquecer" Rex Tillerson, seu secretário de Estado, de quem ele logo pegara ranço, e dar o cargo para Kushner. Kushner disse para amigos que era cedo demais; Kissinger havia recomendado que ele esperasse, sugerindo que antes seu nome fosse associado a alguma iniciativa de peso.

Naquele verão, os chineses puseram Kushner em contato com Gabriel Schulze, um investidor americano. Schulze fazia parte de uma nova classe de caçadores internacionais de fortunas que atuava no ponto de interseção entre mercados financeiros internacionais e regimes problemáticos, incluindo a Coreia do Norte. Relacionamentos pessoais, especialmente em regiões dominadas por governantes autocráticos, eram a moeda mais valiosa. Desde que chegara à Casa Branca, Kushner havia se esforçado para desenvolver seu próprio relacionamento com líderes que eram capazes de transformar o cenário global com uma só palavra. Esse tipo de homem conseguia fazer e acontecer em muito pouco tempo, e tanto Kushner quanto Trump queriam passar por cima do ritmo vagaroso e prudente da ordem mundial.

Schulze era o representante de uma abertura de bastidores do líder norte-coreano Kim Jong-un, com incentivo da China. Trump havia declarado praticamente um combate mortal contra o jovem déspota. Mas os chineses enxergaram uma oportunidade: durante a cúpula de abril de 2017 entre Trump e o presidente Xi em Mar-a-Lago — um encontro orquestrado por Kissinger e Kushner —, eles haviam se impressionado com a transparência, o voluntarismo e o desconhecimento de informações básicas por parte de Trump.

Os chineses acreditavam que as opiniões expressadas por Trump não deviam ser levadas tão a sério. De fato, a iniciativa de Schulze representava uma compreensão apurada da nova realidade diplomática sob Trump. Na Washington do presidente, era possível passar por cima do Departamento de Estado, das referências tradicionais para a política externa, da comunidade de inteligência e de praticamente quaisquer outros processos ou limites diplomáticos normais. O principal caminho para contornar a diplomacia institucional era Kushner, o autodeclarado especialista em política externa. A piada da Casa Branca, contada de forma espantosamente insultuosa, era que Kushner era um Metternich moderno.

Durante o outono e o início do inverno de 2017, Kushner insistiu discretamente que o sogro adotasse uma posição diferente em relação à questão da Coreia do Norte. Ele disse que, se Trump fizesse as pazes com o país, poderia ganhar o Nobel da Paz, como Obama.

Portanto, em 10 de junho de 2018, pouco menos de um ano após o contato entre Schulze e Kushner, o presidente desembarcou em Cingapura para se reunir com Kim Jong-un. No verão anterior, quase totalmente ignorante dos fatores associados ao longo impasse com a Coreia do Norte, Trump havia ameaçado uma guerra iminente. Agora, não muito mais informado, dava ao líder norte--coreano um dos abraços mais bajulatórios e peculiares da história da diplomacia.

Pouco depois da eleição do sogro, Kushner — incentivado por Rupert Murdoch, com quem havia feito amizade na época em que os dois eram vizinhos em um edifício com o nome de Trump na Park Avenue — procurara Kissinger para pedir conselhos. Kushner decidira que assumiria uma posição oficial na Casa Branca de Trump e que, graças a seus vínculos familiares, poderia se estabelecer como uma linha direta para o presidente. Nesse sentido, ele imaginava que poderia abordar as questões mais urgentes do mundo com um novo tipo de clareza e eficiência — o toque pessoal. Aparentemente, não importava o fato de que ele entendia muito pouco dessas questões para além do que lia no *New York Times*.

Kushner acreditava que Kissinger era o segredo para que pudesse dar esse grande salto à frente. O homem mais velho — com 94 anos, na época — sentiu-se lisonjeado com a atenção do jovem. Kushner não era apenas respeitoso e solícito; adotava com entusiasmo a doutrina Kissinger: a crença de que o interesse mútuo devia estar na base de qualquer ato ponderado no tabuleiro internacional da disputa pela vantagem superior.

Desprovido de qualquer ilusão quanto ao desinteresse do sogro por questões de política externa, Kushner se considerava, tal como Kissinger no passado, um conselheiro mais sábio e atento de um presidente menos sofisticado. E, ainda que outras pessoas pudessem achar que Kissinger tinha se tornado um fanfarrão idoso — e que era, como sempre fora, um alpinista social descarado —, Kushner acreditava que Kissinger podia lhe proporcionar uma vantagem especial naquele novo mundo de Washington.

Kushner repetia o nome do novo amigo sem qualquer constrangimento: "Henry disse…", "Eu estava falando com Henry…", "Quero saber o que Henry acha disso…", "Vamos incluir Henry…".

Ivanka, que talvez não aprovasse plenamente a situação, cunhou o epíteto "tio Henry de Jared".

Para Kissinger — ainda viajando pelo mundo todo, ainda trabalhando quase todos os dias na Kissinger Associates, ainda um alpinista social —, a oportunidade surpreendente para sua idade avançada era se tornar o principal conselheiro de um dos atores mais importantes da política externa do governo americano, e talvez o ator mais importante da política externa. E o detalhe crucial era que, conforme Kissinger explicou a amigos, Kushner, um completo inexperiente em relações internacionais, era uma folha em branco.

Nas semanas após a eleição, Kissinger fez questão de elogiar amplamente o interesse de Jared em escutar e a rapidez com que ele aprendia. Kushner, por sua vez, elogiava a sólida lucidez de Kissinger e sua relevância renovada em um mundo complicado. Kushner chegou a aventar a hipótese de Kissinger virar secretário de Estado, levando a ideia a ele.

Trump dizia às pessoas que Kissinger apoiava totalmente sua esperança de estabelecer uma nova amizade com a Rússia, comentando que Kissinger via Vladimir Putin com "um respeito fantástico — ele o adora".

Ao longo de grande parte do primeiro ano do novo governo, Jared continuou recorrendo a Kissinger. Mesmo quando a política externa de Trump começou a seguir por rotas imprevistas — demonstrações casuais de poderio militar, ameaças diárias de taxação, idolatria a figuras despóticas —, Kissinger, apreciando o aumento de prestígio, continuava moderado e solícito, garantindo ao amplo e preocupado círculo de especialistas em política externa e empresários internacionais que o drama e os tuítes eram irrelevantes, que o Trump impulsivo era contido por um prudente Kushner.

Mas, no começo de 2017, Kissinger, instado por Kushner a escrever um encômio sobre o jovem para a lista anual de cem pessoas mais influentes da *Time*, pareceu obrigado a escolher entre seu próprio interesse por status social e a falta de credenciais em política externa de Kushner.

> Como parte da família Trump, Jared conhece os aspectos intangíveis do presidente. Como egresso de Harvard e da NYU, ele tem sólida formação; como empresário, tem experiência em administração. Tudo isso deve ajudá-lo a conquistar sua ousada função de voar perto do sol.

A ressalva sutil dele em relação a Kushner não passou despercebida pelos profissionais de política externa do novo governo Trump.

Aparentemente, durante grande parte do primeiro ano em Washington, Jared e Ivanka com frequência se arrependiam de ter assumido cargos no governo. O presidente também parecia estar repensando aquilo. Acreditava-se que um dos problemas de Kushner era o fato de que, aos olhos do sogro, era dele a culpa por uma infinidade de decisões infelizes, incluindo a demissão de Comey. Jared havia sido atropelado por Steve Bannon, de forma feroz em público e sanguinária em particular. Em pouco tempo, Kushner se tornara um dos personagens menos carismáticos da política moderna. (Don Jr. passara a ser bastante requisitado como representante do pai em círculos de direita, enquanto o esforço de alavancar a figura pública de Jared terminara muito rápido.) Para muita gente, o casal de ouro havia perdido definitivamente o prestígio. Até os vizinhos os ignoravam. "Não sei se algum dia as pessoas vão entender o que tivemos que suportar", disse Ivanka a amigos.

Mas, no segundo ano do mandato, começou a surgir uma nova percepção de algo que Rex Tillerson, então secretário de Estado, chamou de "curioso caso de Jared Kushner". Tillerson passara a detestar Kushner por causa das interferências, dos vazamentos e das segundas intenções. No entanto, assim como outras autoridades do governo e agentes da lei, também havia começado a perceber que o imaturo Jared, antes obviamente vítima da própria inépcia e arrogância, parecia estar seguindo um plano muito mais calculado.

A fortuna pessoal de Kushner dependia de um empreendimento obscuro cujas precárias fundações financeiras repousavam em empréstimos de crédito duvidoso. Eram empréstimos garantidos por meio de relacionamentos pessoais e, não raro, em troca de favores e influência. Geralmente eram obtidos em países com pouca regulamentação.

Charlie Kushner, o pai de Jared, cuja estupidez e má índole eram notórias, havia sido condenado à prisão federal por fraude fiscal e coação de testemunha; ele tentara chantagear o próprio cunhado com uma prostituta. Mas a opinião geral era de que os pecados do pai — que Trump menosprezava como um vigarista sem dinheiro — não exerciam qualquer influência na natureza infinitamente moderada e sóbria de Jared.

Contudo, o temperamento de Jared não mudava o fato de que os negócios da família estavam seriamente deficitários. É comum isso acontecer com empreendimentos imobiliários, mas o salto que a família Kushner dera de construtora de condomínios residenciais em Nova Jersey para proprietária de edifícios em Manhattan e administradora de aluguéis na cidade de Nova York havia sido particularmente temerário, e grande parte dele ocorreu sob a liderança de Jared enquanto o pai estava na cadeia. No começo do governo Trump, os Kushner corriam o risco de enfrentar o refinanciamento da principal propriedade da família, que ficava na Quinta Avenida, número 666, e um mercado desgastado para o plano de construir um centro de tecnologia no imenso terreno que tinham no Brooklyn.

Com a decisão de Jared de ir para a Casa Branca, os negócios da família Kushner ficaram ainda mais expostos e públicos. Também deixaram o sogro em uma posição ruim. É inevitável que a família seja a vulnerabilidade de homens poderosos. Trump não tinha apenas seus próprios e inúmeros problemas; agora também tinha os dos Kushner.

Ainda assim, o que a princípio parecia ingenuidade e falta de bom senso começou a sugerir a atividade de um apostador arrojado. Talvez a aparente equanimidade e moderação de Kushner fosse apenas fachada. Até a primavera de 2018, qualquer que fosse a situação na Casa Branca de Trump, Jared havia conseguido transitar mais ou menos bem por ela — e fora a única pessoa além de sua esposa a consegui-lo. Nos bastidores de um mundo que ele esperava que exercesse um papel crucial na preservação de sua fortuna, Jared causara um impacto considerável.

Fora as democracias ocidentais, grande parte da política externa internacional possuía um caráter transacional. Só nos países e nas regiões mais estáveis a prioridade máxima não era o enriquecimento pessoal e a preservação do poder individual. Isso se tornava mais pronunciado conforme fortunas particulares disputavam ou colaboravam com governos. O mundo das oligarquias bilionárias — da China à Rússia, do sul da Ásia aos países do Golfo Pérsico — promovia suas próprias missões diplomáticas. As pessoas que tinham dinheiro para pagar propina, que acreditavam que todo mundo sempre tinha um preço e que exerciam uma influência desmedida nas estruturas legais que deveriam restringir a corrupção haviam se tornado importantes atores de política externa em regiões estratégicas.

Os Estados Unidos haviam passado décadas frustrando esforços diplomáticos de natureza transacional ou individualista. O governo americano era grande demais, suas instituições eram muito arraigadas, a burocracia era poderosa demais, o establishment de sua política externa era muito influente. O mundo internacional de agentes e operadores, referidos pelos eufemismos de "investidores" e "representantes", precisava batalhar muito para conseguir ser ouvido em Washington.

E então veio Jared Kushner.

Quase imediatamente após a eleição do sogro, ele se tornou o homem mais requisitado por qualquer governo estrangeiro que preferia lidar com uma família em vez de um punhado de instituições. Em vez de depender da arbitragem e atenção de uma burocracia imensa e tipicamente vagarosa, podia-se levar as questões diretamente para Kushner, que por sua vez podia levá-las ao presidente eleito. Após a posse de Trump, Kushner era praticamente uma linha direta com ele.

Acordos paralelos, apresentações pessoais, trocas de favores, agentes e subagentes — tudo isso logo gerou uma força diplomática paralela, uma legião de pessoas que se gabavam de ter um relacionamento direto com o presidente. Michael Cohen, o advogado pessoal de Trump, abriu as portas e começou a receber dinheiro de personagens e regimes questionáveis. Em maio de 2018, Chris Ruddy, que era um confidente de Trump em Palm Beach e administrava um site conservador de notícias que vendia suplementos vitamínicos, recebeu de repente uma oferta de 90 milhões de dólares em investimentos do Qatar. David Pecker, um amigo do presidente que administrava o tabloide sensacionalista *National Enquirer*, acompanhou um importante intermediário saudita à Casa Branca e em um instante já estava conversando com os sauditas sobre apoio para seu esforço quixotesco, quando não absurdo, de adquirir a revista *Time*.

Mas o ponto de contato mais eficiente era o genro de Trump. A estratégia diplomática da Rússia, da China e do Oriente Médio girava em torno de Kushner. Os esforços europeus, canadenses e britânicos, não, o que parecia pesar contra eles.

Em um acordo paralelo sem precedentes na história da diplomacia moderna, intermediários de Mohammed bin Salman (MBS), vice-príncipe herdeiro da Arábia Saudita, contataram com Kushner durante o período de transição, antes que o governo Trump entrasse na Casa Branca. A principal questão da Casa de Saud era financeira — especificamente, a queda dos preços do petróleo e uma família real cada vez maior e mais custosa que era sustentada pela produção de petróleo. A solução do vice-príncipe herdeiro de 31 anos era diversificação econômica. Aquilo seria financiado pela abertura de capital da petrolífera estatal saudita Aramco, com uma avaliação estimada em 2 trilhões de dólares.

Mas, antes, o plano teria que superar um obstáculo nada insignificante: a Lei de Justiça contra Patrocinadores do Terrorismo (Jasta, na sigla em inglês), formulada explicitamente para permitir que vítimas do Onze de Setembro processassem a Arábia Saudita. Se a Aramco fosse registrada no mercado cambial, a empresa ficaria especialmente vulnerável para quem quisesse tirar proveito da abertura proporcionada pela Jasta; na verdade, o passivo da Aramco seria praticamente ilimitado. Portanto, quem investiria?

Nada a temer: Kushner estava cuidando do caso. Se MBS pudesse ajudar Jared com uma série de tópicos, incluindo pressão sobre os palestinos, Jared poderia ajudar MBS. Na realidade, para constrangimento do Departamento de Estado — que apoiava o primo dele, o príncipe herdeiro Muhammed bin Nayef (MBN) —, MBS seria uma das primeiras visitas de Estado à Casa Branca. Três meses depois, sem qualquer objeção por parte do governo americano, MBS destituiu o primo e assumiu seu título, tornando-se o herdeiro do trono e, na prática, o líder saudita.

Foi o primeiro golpe de Estado do governo Trump.

Para conquistar a simpatia de Kushner, os países ricos do Golfo — Qatar, Emirados Árabes Unidos e Arábia Saudita — competiam ou formavam alianças entre si. Nesse cenário, Kushner se tornou, por acaso ou intencionalmente, um dos atores essenciais em um dos maiores círculos de dinheiro desregulamentado do mundo.

A Casa Branca de Trump havia determinado, quase formalmente, que a China era o maior inimigo do país, substituindo a Rússia e a antiga União Soviética. Trump nutria uma antipatia pessoal pelos chineses — eles não eram apenas o "perigo amarelo"; eram concorrentes injustos. Isso complementava a teoria do campo unificado de Bannon para o século XXI: a China era ao mesmo tempo a potência em ascensão que atolaria os Estados Unidos e a bolha econômica que estouraria e lançaria o mundo em um turbilhão assustador.

A opinião de Kushner era muito menos nítida.

Um contato essencial dele era Stephen Schwarzman, CEO do Blackstone Group, um dos maiores fundos de private equity do mundo, e sua opinião como empresário era determinada consideravelmente pelo crescimento constante do mercado de consumo da China. Kushner levou Schwarzman para a Casa Branca para liderar um dos grupos consultivos de negócios; consequentemente, Schwarzman se tornou o contato empresarial mais importante de Trump.

Kushner e Schwarzman, e outros nomes de Wall Street no governo, compunham a oposição a Bannon e aos idealizadores da política comercial de Trump: Peter Navarro e Robert Lighthizer. O grupo contrário à China propunha uma guerra comercial total com o país. O grupo de Kushner, com seus vínculos profundos e cada vez maiores com a China, pretendia estabelecer um acordo mais brando.

No começo de 2017, membros dos serviços de inteligência dos Estados Unidos se reuniram em segredo com Kushner para informá-lo a respeito de Wendi Deng, ex-mulher de Rupert Murdoch. Uma década antes, Deng havia facilitado o relacionamento de Kushner com Murdoch e com Ivanka, amiga íntima de Deng. Os relacionamentos Murdoch-Deng e Kushner-Trump seguiram se fortalecendo quando eles eram vizinhos no prédio de Trump na Park Avenue. Agora, na Casa Branca, Kushner era avisado de que havia razão para acreditar que Deng era uma espiã do governo chinês. Foi dito a Kushner que ela fornecia regularmente a autoridades e empresários da China informações obtidas com seus contatos sociais e políticos.

Por acaso, era exatamente o que o ex-marido dela falava para praticamente qualquer um que quisesse escutar: Wendi estava trabalhando para os chineses, e provavelmente sempre tinha trabalhado. ("Eu sabia", declarou Trump.) Kushner descartou a conclusão e disse, cheio de confiança, que Murdoch estava ficando um pouco senil.

Oito dias depois da eleição, Kushner, em um encontro facilitado por Deng, jantara com Wu Xiaohui, presidente do conglomerado financeiro chinês Anbang Insurance Group. Wu, que formara parceria com Schwarzman em diversas negociações, era bastante próximo da liderança chinesa — a esposa de Wu era neta do ex-líder chinês Deng Xiaoping. Um dos magnatas globais de maior sucesso no cenário financeiro atual, Wu havia transformado a Anbang, uma empresa com faturamento anual de alguns milhões de dólares, em uma gigante com patrimônio de 300 bilhões de dólares em apenas dez anos.

Nos primeiros meses do governo, a família Kushner negociou com Wu um auxílio financeiro para o edifício na Quinta Avenida, número 666. Em março de 2017, após a repercussão negativa do acordo, os dois lados recuaram. Em junho, o governo chinês afastou Wu da empresa e depois o condenou à cadeia por crimes de corrupção financeira.

Na Casa Branca, Kushner e Bannon representavam polos opostos do globalismo liberal e do nacionalismo de direita. Bannon, pelo menos, acreditava que Kushner exibia a verdadeira face extremamente egocêntrica do globalismo liberal. A necessidade premente dos Kushner por dinheiro transformava a política externa americana em um esquema de investimentos dedicado a refinanciar a dívida deles. A participação em governos costumava pavimentar o caminho rumo a futuras carreiras e fortunas pessoais, mas, para Bannon, Kushner estava atingindo patamares extraordinários de interesse próprio.

A rixa pessoal e ideológica entre Bannon e Kushner continuara mesmo depois que o primeiro saíra da Casa Branca. De fato, muitos acreditavam que Bannon só estava esperando Kushner ser desmascarado e exilado, abrindo a porta para que ele pudesse voltar. Mas Bannon passara a acreditar que era impossível separar Jared do presidente, e que Jared era agora mais um ponto de vulnerabilidade letal de Trump. "Eles adorariam passar a perna um no outro", disse Bannon, "mas estão tão envolvidos nas atividades um do outro que acabariam caindo juntos."

A novela familiar Kushner-Trump alcançava vários níveis de vulnerabilidade, indo além da atenção constante a oportunidades de negócios. Chris Christie, ex-governador de Nova Jersey, processara Charlie Kushner. Jared e Ivanka, por incentivo de Charlie Kushner, haviam barrado a nomeação de Christie para um cargo importante no governo Trump. Christie, bastante versado em práticas empresariais da família Kushner, vinha tendo, ansiosa e impiedosamente — ou pelo menos era o que acreditavam as forças pró e contra Jared —, conversas com antigos colegas do Departamento de Justiça sobre que pontos de pressão poderiam ser usados com a família e o jovem herdeiro. Christie também estava fornecendo a jornalistas detalhes de sua investigação sobre a família Kushner na época em que atuara como procurador.

Jared se considerava um solucionador de problemas. Era perspicaz e metódico. O sucesso era simplesmente a superação de desafios. *Saiba com clareza o que você quer. Saiba com clareza o que pode conseguir. Concentre-se em onde pode fazer a diferença.* "O jeito de Jared falar, feito um livro de autoajuda de negócios e liderança, era uma das coisas que Ivanka gostava nele", disse um amigo do casal.

Contudo, na primavera de 2018, Jared Kushner já havia se tornado mais um aspecto dos problemas jurídicos do presidente. Era alvo da investigação da procuradoria especial; estava na mira da procuradoria dos Distritos do Sul e do Leste do estado de Nova York (a Distrito do Leste reivindicava primazia sobre "tudo que dizia respeito a Kushner"); e a promotoria em Manhattan estava tentando entrar no jogo também.

Um aspecto curioso da investigação em torno de Kushner tinha a ver com Ken Kurson, parceiro e fiel seguidor dele que, em 2013, assumira a edição do *New York Observer*, o jornal de Kushner, após uma sucessão de conflitos com editores em função do desejo do proprietário de usar a publicação para promover os interesses financeiros da família. Em uma ocasião mais recente, Kushner havia ajudado Kurson a garantir a nomeação para uma vaga no conselho da agência americana de fomento às ciências humanas, o National Endowment for the Humanities. A verificação de antecedentes que o FBI realizou com Kurson na primavera de 2018 havia se concentrado em uma série de alegações feitas após a dissolução de seu casamento em 2013 e 2014, incluindo violência doméstica e perseguição, além de intimidação da melhor amiga da esposa, uma médica do hospital Mt. Sinai. A médica possuía e-mails e outras informações em formato eletrônico que poderiam ser comprometedores para Kurson, relativos não apenas ao casamento, mas talvez também ao *New York Observer* e a Kushner em si.

Assim, os problemas de Kurson se tornaram um entrave para a verificação de antecedentes da autorização de segurança do próprio Kushner. O distrito do Leste e o FBI estavam investigando indícios de que Kushner teria adotado medidas extremas para ajudar o amigo. A médica do Mt. Sinai tinha um apartamento no mesmo edifício onde Kushner morava — um prédio de Trump. (A presença da médica no edifício havia sido facilitada, em dias melhores, pela esposa de Kurson por intermédio de Kushner.) A procuradoria e o FBI haviam sido informados de que Kushner tinha usado uma chave-mestra do edifício para entrar no apartamento da médica a fim de furtar o computador dela.

A missão para desmascarar Kushner se tornara quase tão intensa quanto a de desmascarar Trump. Além de analisar o acordo com a Anbang, a procuradoria estava examinando também um empréstimo de 285 milhões de dólares que Jared e o pai haviam obtido junto ao Deutsche Bank em 2016 e um pedido direto de auxílio financeiro feito ao ministro das Finanças do Qatar em 2017.

Àquela altura, o assunto constante de debates e maquinações entre muitos integrantes da mídia e do Partido Democrata, e de praticamente todo mundo exceto os seguidores mais fiéis de Trump, era uma possível denúncia contra o genro do presidente. E, se ele fosse denunciado, seria antes ou depois da denúncia do filho do presidente, Don Jr.?

Abbe Lowell, advogado de Kushner e notório fofoqueiro, especulava junto a amigos sobre o que viria a se tornar um dilema excepcionalmente difícil: a necessidade de escolher entre o pai e o sogro, que por acaso era o presidente. Lowell parecia estar se deleitando com a escolha diabólica. Ao mesmo tempo, parecia estar em todo canto, dizendo que Kushner não corria perigo — e reivindicando o crédito por aquilo. Lowell se tornara um dos principais consultores não só para os problemas judiciais de Kushner, mas também para a estratégia política mais ampla de Jared e Ivanka.

Para Kushner, a meta era a campanha de 2020. Ele tinha certeza de que os republicanos perderiam a Câmara em novembro de 2018; paciência. Mas, qualquer que fosse o candidato democrata em 2020, provavelmente a corrida eleitoral seria muito disputada. A previsão talvez se revelasse vantajosa durante a campanha: índices apertados manteriam o partido sob controle. Desde que o Partido Republicano resistisse, seria possível barrar o veneno democrata. E, com a maioria no Senado, o impeachment era uma ameaça vazia.

O modelo de Kushner, segundo ele dizia para amigos, era "Bibi" Netanyahu, primeiro-ministro de Israel e amigo da família. Quaisquer que fossem as acusações, Bibi, constantemente atento à sua base eleitoral, conseguia rechaçá-las porque sempre garantia a eleição seguinte. No começo de 2018, Kushner havia instalado seu aliado Brad Parscale — que coordenara o esforço de coleta de dados para a campanha presidencial de 2016 — como chefe da campanha de 2020. De olho no futuro, Kushner pretendia assumir as rédeas da campanha no momento certo.

O que separava o agora do futuro era a volatilidade do sogro. Era só na família Kushner, especialmente em conversas com o pai e o irmão, que Jared comentava os desafios extraordinários de se trabalhar e tentar lidar com Trump.

A análise dele era a mesma de quase todo mundo que passava uma quantidade considerável de tempo com o presidente. Trump parecia uma criança — e hiperativa. Não havia nenhum motivo nítido que explicasse por que ele se interessava por algo, nem qualquer maneira de prever qual seria sua reação ou de modular a forma como agiria. Trump era incapaz de distinguir o importante do menos importante. Parecia não existir o conceito de realidade objetiva.

Josh, irmão de Jared e fervorosamente contrário a Trump, vivia tentando explicar para amigos o envolvimento do irmão com o governo. *Ele tem a mesma impressão de todo mundo*, destacava Josh. *Percebe claramente.*

Mas o futuro de Kushner dependia de lidar com Trump. Ele teria que realizar o quase impossível — algo que, na verdade, acreditava que conseguiria. Os riscos eram imensos, mas os benefícios também eram. Ele e a esposa vislumbravam um futuro em que poderiam usar seu lugar ao sol internacional para adquirir algo de valor estupendo.

Esse era o principal atributo da Casa Branca de Trump. Para compreender plenamente o desejo do casal de se promover, era preciso levar em conta a crença deles de que estavam diante de uma rota livre para *sua própria* Casa Branca. A Casa Branca de Trump era apenas um degrau.

Embora Kushner tenha sido a força motora para a saída de Comey — a força que precipitou quase todas as crises subsequentes —, ele passara a ser um forte opositor da demissão de Mueller ou Rosenstein. Sob a tutela de Abbe Lowell — segundo um amigo, "Jared adora tutores" —, ele aprendera a encarar o processo judicial como um processo de contenção e gerenciamento.

O que não se podia fazer era dar clareza à situação, e naquele quesito as distrações constantes de Trump ajudavam bastante. Mas tampouco se podia aumentar o nível do conflito, o que era a reação natural de Trump diante de qualquer problema. Na cabeça de Kushner, a batalha do pai, Charlie, para atrapalhar a investigação dos procuradores se tornou um modelo de como *não* agir.

"Vamos tentar não quebrar nada" se tornou o conselho constante de Kushner para o elefante em uma loja de cristais que era o sogro.

Enquanto Bannon acreditava, cada vez mais, que a longevidade do governo Trump dependeria do resultado das eleições de meio de mandato, Kushner era da opinião de que o futuro do sogro — e o dele próprio — dependia dos preparativos e da participação na campanha de 2020. Eles só precisavam chegar lá, manter Trump andando para a frente.

Para lidar com Trump, o mais importante — como todo mundo sabia, nas Organizações Trump, no programa *The Apprentice*, e agora na Casa Branca — era usar distração. Por exemplo, quanto mais Kushner conseguisse convencer o sogro a se envolver com política externa, menos obcecado ele ficaria por seus próprios problemas políticos e legais imediatos. Isso também se tornou um aspecto irrefutável da crença de Kushner de que ele era capaz de gerir o sogro, de que, mais que qualquer outra pessoa na Casa Branca, conseguia compreender e aproveitar os verdadeiros desejos e interesses de Trump. Ou, com mais astúcia ainda, que podia fazer com que *seus* interesses fossem os de Trump.

No início de 2018, conforme Kushner refinava sua estratégia para desviar a atenção de Trump para longe dos problemas do momento, seu raciocínio era indicativo dos conselhos que ele havia recebido de Kissinger, que servira no governo Nixon como conselheiro de Segurança Nacional e secretário de Estado. Nixon fora distraído de seus problemas judiciais pelas excursões de política externa, e Kissinger observou que isso também havia distraído a mídia.

Durante um almoço em Bedminster pouco após o Ano-Novo, Kushner disse ao sogro que ele devia repensar totalmente a abordagem para a Coreia do Norte. Kushner relacionou as consequências favoráveis: ele conseguiria não só mudar a opinião do mundo a respeito de sua presidência como também poderia esfregar a conquista na cara de inúmeros críticos. Encarar uma das situações mais voláteis do mundo e revertê-la era perfeito do ponto de vista das relações públicas.

Kushner disse ao presidente que seria como quando Nixon fora à China, um acontecimento histórico marcante. *Vai entrar para a história* — um bordão e princípio que Trump adorava.

Jared garantiu ao sogro que ele poderia declarar vitória na campanha contra a Coreia do Norte e proclamar a paz. Kushner havia sido informado — ou pelo menos foi o que disse ao sogro — de que Kim não apenas estava disposto a conversar como era um admirador pessoal de Trump. A bajulação corria solta pelos bastidores.

Durante o almoço — foram servidos hambúrgueres —, a campanha de Trump para confrontar, demonizar e provocar a Coreia do Norte, um esforço pessoal que já durava um ano e não contava com o apoio de ninguém na Casa Branca, foi descartada completamente.

Bannon acreditava que Kushner e Trump estavam sendo enganados pelos chineses. De olho nas viagens de trem de Kim entre Pyongyang e Beijing, ele concluiu que o Estado cliente chinês proporcionaria uma excelente oportunidade de relações públicas para Trump, mas também ganharia influência. Depois de negociar um fraco acordo informal com Kim, Trump ficaria comprometido com os chineses, de quem ele precisava para fazer os norte-coreanos cumprirem quaisquer promessas.

A notícia da proposta de cúpula com Kim veio à tona no começo de março. A equipe de política externa de Trump — Tillerson, Mattis, McMaster e até o absolutamente fiel Pompeo — ficou aliviada de ver que o presidente tinha parado de proferir ameaças impensadas, mas também confusa e chocada porque, em vez das provocações, ele agora parecia disposto a entregar o jogo. Sem qualquer revisão de política, sem mudar nada além do estado de espírito, Trump aceitara alterar radicalmente a postura do país em relação à Coreia do Norte.

Supostamente foi Mattis quem identificou a teoria da Mera Coincidência reversa. Em 1998, o governo Clinton lançou ataques aéreos contra supostos campos de treinamento de Osama bin Laden, uma ação praticamente inútil que os críticos acusaram de servir apenas para desviar a atenção do escândalo com Monica Lewinsky, e um acontecimento que parecia uma réplica perturbadora da trama de um filme recente chamado *Mera coincidência*. A manobra com a Coreia do Norte talvez funcionasse também: produziria uma paz fajuta que serviria de distração para a mídia e a oposição. Mas não era só isso. A equipe da política externa de Trump também concluiu que, embora não fosse haver qualquer alteração de fato no potencial de ameaça da Coreia do Norte, ainda assim um regime hostil ia se converter em um aparentemente muito menos hostil. Mesmo que às avessas, seria um triunfo diplomático importante.

Na Casa Branca, começou a se formar uma nova teoria, que aparentemente era a que Kushner estava adotando. O medo de que Trump entrasse em guerra — o medo de que, em um chilique ou ataque de megalomania, ele resolvesse despejar o vasto poderio militar dos Estados Unidos — era infundado. A guerra moderna era embasada em dados; o ato de entrar em guerra exigia uma hierarquia de decisões que envolvia indicativos cada vez mais complexos, o que significava não muitas horas, mas muitos meses de reuniões e apresentações de PowerPoint. Mas Trump não tinha paciência para aquele tipo de reunião. Desde que começara a esbravejar contra a Coreia do Norte, ninguém conseguira fazê-lo passar mais do que alguns minutos na matriz amplamente estudada de causa e efeito sobre o que poderia acontecer em caso de ações militares contra o país.

O problema não era que ele poderia agir de forma precipitada e impensada por não compreender as consequências. O problema era que ele não conseguia assimilar as decisões concretas necessárias para poder agir; na verdade, não conseguia sequer ficar na sala por tempo suficiente para decidir que ação tomar. Trump seria cercado pelas brumas da guerra antes de conseguir dar a primeira ordem.

Nas semanas anteriores à importante viagem para Cingapura, receios a respeito da dificuldade de apresentar informações ao presidente se tornaram tanto uma preocupação grave quanto um tema de enorme comicidade. Ele parecia incapaz de assimilar praticamente qualquer detalhe específico — fosse geográfico, econômico, militar ou histórico. Será que ele conseguia localizar a península coreana em um atlas?

Mas, conforme a data da viagem se aproximava, Trump foi se enchendo de confiança e brio. Comportava-se feito um comandante. Tinha assumido o papel. Parecia não sentir nem um grama de hesitação quanto à maneira como se portar, ainda que, como aparentemente toda a Casa Branca sabia, não soubesse absolutamente nada sobre o caso em questão.

Mattis estava dividido entre incredulidade e desgosto. Começou a falar que duvidava que fosse capaz de oferecer qualquer contribuição para o processo, em termos de conter o presidente ou de fazê-lo se mexer.

Trump prometia a "desnuclearização", enquanto a Casa Branca e a equipe de política externa corria atrás dele e tentava esclarecer um processo inexistente para atingir essa meta, assim como as condições para o status de desnuclearização em algum momento no futuro. E então, contrariando as normas e pressuposições mais elementares sobre as Coreias — ou talvez só para sacanear o pessoal de política externa e, especialmente, Mattis, com quem ele parecia cada vez mais irritado —, Trump começou a falar de retirar as tropas americanas da península coreana. Ou seja, talvez sem contrapartida alguma, ele poderia dar à China e à Coreia do Norte aquilo que os dois países mais queriam: a mudança transformadora que removeria os Estados Unidos da equação de poder na região. Impedir o desastre logo se tornou o principal objetivo da equipe de política externa. Uma cúpula que não permitisse a vitória completa da China e da Coreia do Norte já seria bem-sucedida.

Nos anais da política externa dos Estados Unidos, esse momento talvez tenha sido um dos mais peculiares da história. O beligerante presidente americano começara, do nada, a parecer um pacifista moderno; ele logo abraçaria o inimigo mortal e talvez falasse de oferecer a outra face. A mídia, depois de fazer severas críticas à postura belicosa de Trump, ficou confusa e, aparentemente, decidiu que precisava elogiar a nova e súbita retórica de tolerância, paciência, tranquilidade e até mesmo afeição.

O presidente chegou a Cingapura no dia 10 de junho. Estava acompanhado de Mike Pompeo, John Bolton, John Kelly, Stephen Miller, Sarah Huckabee Sanders e Matt Pottinger, assessor do Conselho de Segurança Nacional. Trump também havia convidado Hannity, que seria uma espécie de comunicador oficial da cúpula. Quase imediatamente, o clima da viagem era de celebração — abalado apenas pelas queixas de Trump quanto a ter que se reunir com Lee Hsien Loong, o primeiro-ministro de Cingapura, no dia seguinte.

"Como você sabe, temos uma reunião muito interessante amanhã", disse Trump em sua declaração pública para o primeiro-ministro Lee. "Temos uma reunião particular muito interessante amanhã, e acho mesmo que vai ser boa."

"O presidente está preparado para o encontro de amanhã com o presidente Kim", disse Pompeo aos repórteres, ainda que em particular revelasse a amigos que Trump tinha evitado se aprofundar minimamente.

Em 12 de junho, Trump e o presidente Kim se reuniram pouco depois das nove da manhã.

"Estou muito animado", disse o presidente americano em uma sessão de fotos com Kim antes da reunião. "Vamos ter uma conversa ótima e acho que vai ser um sucesso tremendo. Vai ser um sucesso tremendo. É uma honra para mim. E vamos ter um relacionamento maravilhoso, com certeza."

"Bom, não foi fácil chegar aqui", disse Kim por meio do intérprete. "O passado se punha como grilhões em nossos membros, e as velhas pressuposições e práticas se punham como obstáculos no caminho à frente. Mas superamos tudo e aqui estamos hoje."

A reunião durou 38 minutos.

Não foi uma cúpula em que o relacionamento entre duas nações forneceria os detalhes de algum futuro acordo. O que aquela reunião marcava era o início da nova relação invertida de dois homens que não falavam a língua um do outro. Antes da cúpula, os dois eram inimigos mortais; depois, passariam a ser amigos genuinamente respeitosos. Qualquer debate concreto sobre política, mesmo entre assessores, foi praticamente ignorado. Os dois presidentes queriam apenas ratificar o novo relacionamento e o status de ambos como líderes máximos.

"Genial", disse Bannon, admirando o momento de Trump. "Ele consegue exibir uma plena presença de comando. É um assunto do qual não sabe nada. É impossível lhe fornecer informações, porque ele não consegue entender nada. Então eles desistiram de tentar. Só falaram que nuclear é a pior coisa do mundo e torceram para o presidente entender. Mas ele tem presença de comando. Parece um líder."

Foi também o momento em que qualquer noção de política externa ordenada, estruturada, embasada em processos, causa e efeito e análises de especialistas foi para o espaço. E foi também o momento em que, aparentemente, Trump perdeu Jim Mattis, a última ponte que ainda ligava o governo ao raciocínio convencional.

Mattis havia começado a encarar Trump como seu próprio capitão Queeg, personagem de *A nave da revolta*.

11. Hannity

Na segunda semana de junho, agentes da Imigração e Alfândega (ICE, na sigla em inglês) tiravam bebês dos braços das mães. Imagens das separações realizadas pela ICE logo se tornaram a face cotidiana do trumpismo.

"Quando o corpo daquele garotinho apareceu na praia da Grécia" — Alan Kurdi, um menino sírio de três anos cuja fotografia alcançou repercussão internacional em 2015 —, "não foi nesse momento que a repulsa da geração floco de neve despertou a sensibilidade moral do mundo", disse Bannon, tentando explicar as virtudes da nova política de Trump de separar pais e filhos quando as famílias cruzavam a fronteira sul dos Estados Unidos. "Esse foi o momento em que o resto do mundo disse que essa coisa de imigração é doideira e precisa parar. Se você votou em Trump, cada foto de imigrantes mexicanos, pais ou filhos, juntos ou separados, reconfirma seu voto."

Assim como imigração havia sido a principal bandeira de 2016, Bannon esperava que fosse o tema vencedor das eleições de meio de mandato de 2018. Imigração não era apenas um assunto básico do trumpismo; era o pilar intelectual que qualquer tolo conseguiria entender. "O mundo tem 7 bilhões de pessoas, e 6 bilhões querem vir para os Estados Unidos ou ir para a Europa", disse Bannon. "Faça as contas."

Pesquisas internas indicaram que imigração também havia se tornado o assunto de maior interesse no horário nobre na Fox News. As chamadas de reportagens sobre imigração — reportagens assustadoras — garantiam a atenção dos telespectadores inquietos. O zapeamento de canais reduzia drasticamente durante matérias sobre imigração. Sean Hannity havia batido recordes de audiência com sua guerra santa contra a imigração.

No íntimo, ou nem tanto, Bannon acreditava que, se o primeiro mandato fosse até o fim, Trump já não teria mais disposição para a presidência em 2020. "Olha a cara dele", disse Bannon, que tampouco parecia bem. Caso Trump não concorresse em 2020, Bannon — sempre revigorado pelos constantes tropeços, desastres e desperdícios de oportunidades de seu governo — se considerava o candidato do movimento populista-nacionalista, com uma plataforma radical anti-imigração. E via Sean Hannity como seu parceiro de chapa.

Um Hannity cheio de desdém, com suas próprias e grandiosas ambições, insistia que a hipótese era ridícula. *Ele* chefiaria a chapa, e Bannon, "se tiver sorte", viria em segundo plano.

Hannity era agora um dos homens mais ricos do telejornalismo. Em 2017, Roger Ailes, seu antigo chefe e responsável por tirá-lo de um emprego na TV que pagava 40 mil dólares ao ano, estimava o patrimônio pessoal de Hannity entre 300 milhões e 400 milhões de dólares. Desde que surgira como um nome bem remunerado na rede, Hannity havia investido em propriedades para alugar em várias regiões do país. "É capaz de ele ser dono de todas as pocilgas dos Estados Unidos", disse Ailes, com afeição. Bannon, que jamais perderia uma piada óbvia, indagou: "Quantos ilegais estão pagando aluguel para Hannity?".

Durante vinte anos, Hannity, assim como a maioria das pessoas na Fox News, tratou Ailes não apenas com lealdade e gratidão, mas com a inequívoca certeza de que ele era a grande mente por trás de tudo, o árbitro inconteste do Zeitgeist político conservador. No funeral de Ailes em Palm Beach, em maio de 2017, Hannity, que levara em seu jatinho um grupo de colegas e amigos do falecido, acabou não conseguindo voltar a tempo de ir ao jogo de um de seus filhos devido aos atrasos provocados pela grande quantidade de encômios na cerimônia. Quando saiu para falar ao telefone com o garoto decepcionado, disse: "Desculpe, desculpe. Mas, ei, espere aí. Você gosta da sua vida? Bom, devemos tudo ao sr. Ailes. Então vou ficar aqui até o funeral acabar".

Após a expulsão de Ailes da Fox em julho de 2016 em virtude de acusações de assédio sexual, a rede precisava se manter unida sob uma nova missão e razão de ser. Durante duas décadas, Ailes havia criado as mensagens, o tom e muitas das personalidades que o Partido Republicado acolhia. A Fox se tornou uma marca republicana, dramatizando e capitalizando a política de modo até então nunca imaginado. Com 1,5 bilhão de dólares em lucros, a Fox News era a parte mais valiosa do império de Rupert Murdoch. Mas, sem Ailes para criar a narrativa e desenvolver o talento, um realinhamento considerável ocorreu. Durante muito tempo, Ailes alertara para os perigos de a rede se tornar porta-voz da Casa Branca: o valor e a excelência da Fox eram resultado de uma filosofia de liderança, não de seguimento. E, de fato, o Partido Republicano, assim como os governos republicanos, antes se subordinavam à Fox. Mas era a Fox quem se subordinava a Trump, o novo mentor do Zeitgeist.

Com a saída de Ailes, a liderança na rede foi assumida pela família Murdoch, eternamente consumida por picuinhas diárias quanto a se quem exercia de fato o controle era o pai ou um dos dois filhos. O próprio Rupert, depois de 65 anos de atividade como o empresário jornalístico mais agressivo e bem-sucedido do planeta, tinha pouco interesse em telejornalismo; seus filhos, Lachlan e James, eram politicamente moderados e pretensos membros da sociedade liberal que se viam regularmente constrangidos pela Fox. Contudo, a família inteira gozava dos ricos frutos da rede — por isso todos precisavam, pelo menos pelo momento, engolir os pontos de vista da empresa. O vácuo de liderança e a indefinição da marca foram agravados, meses após a expulsão de Ailes, pela saída de Megyn Kelly e Bill O'Reilly, os dois âncoras mais proeminentes e populares da rede. Kelly vinha sendo hostilizada por muitos astros e superiores da rede por ter denunciado Ailes; O'Reilly tinha sido obrigado a sair logo após seu próprio escândalo de assédio sexual.

A gestão cotidiana da rede recaiu sobre os seguidores leais, porém pouco notórios, de Ailes, todos acostumados a executar as orientações dele e dotados de pouca visão própria. A vaga bilionária no horário nobre da Fox acabou ficando com Hannity, um nome fraco, que vinha atrás de O'Reilly e Kelly; Tucker Carlson, âncora substituto; e, depois de uma tentativa fracassada de game show, Laura Ingraham, uma locutora de rádio conservadora que nunca fizera sucesso na televisão.

Hannity desdenhava de Murdoch e dos filhos, especialmente porque tinha certeza de que eles o achavam desprezível. Imaginava que não demoraria até ser demitido. Mas era confiante: acreditava que seu futuro estava ligado a Trump, e pouco depois da posse começou a declarar que só estava na Fox para "lutar por Donald J. Trump". Essa foi a linha de programação — fidelidade canina a Donald Trump — que, reforçada por advertências obsessivas sobre os males da imigração ilegal, de repente transformou Hannity em ouro televisivo.

Carlson, ex-redator de revista, havia ido para a Fox depois de passagens pela CNN e MSNBC, onde tinha atuado penosamente na função de conservador jovem e antiquado com gravata-borboleta. Conforme os canais liberais eliminavam até mesmo suas vozes conservadoras simbólicas, encontrou seu fim previsível. Na Fox, onde Ailes considerava Carlson o tipo de conservador que os liberais apreciavam — ou seja, útil para a rede, mas não essencial —, ele ficou no banco de reservas, atrás de astros mais importantes que os conservadores radicais apreciavam, fazendo viagens semanais de Washington a Nova York para apresentar os programas de menor audiência dos fins de semana.

Por trás das câmeras, Carlson era engraçado, moderado e se definia como libertário. Frequentava as panelinhas de Washington e almoçava todos os dias no Metropolitan Club, que, a apenas duas quadras da Casa Branca, era um dos clubes mais insossos e elitistas da cidade. Com os anos, Carlson passara a conhecer bem Trump e, em conversas particulares, servia como um guia espirituoso para aquele mundo de absurdos e loucuras. Ao herdar, de forma quase automática, a vaga de Kelly no horário nobre, Carlson — com problemas fiscais, em dificuldades financeiras e já chegando perto dos cinquenta anos — reconheceu sua última chance genuína de sucesso no horário nobre. Compreendia que a luta em nome de Donald J. Trump e a defesa da "América em Primeiro Lugar" proporcionavam um milagre narrativo e uma via direta para elevados índices de audiência. Com tenacidade renovada e um conjunto de expressões faciais típicas do homem comum — incredulidade diante da insensatez e das hipocrisias da esquerda —, finalmente se tornou um conservador que os liberais adoravam odiar.

Ingraham, uma das oradoras convidadas do Comitê Nacional Republicano de 2016, talvez fosse a mais desesperada dos três. O próprio Trump não estava satisfeito com ela: "Nunca teve nenhum sucesso na televisão. E eu pergunto: por quê? É o seguinte: as pessoas não gostam dela. Eu até gosto. Mas não adoro". Ele reclamou tanto para Murdoch quanto para Hannity — "você tem que arranjar alguém melhor para mim". Em muitos sentidos, a permanência dela na rede dependia de uma plateia de uma pessoa só.

A Fox, como rede coerente — a empresa de Ailes adotava uma filosofia notória de cima para baixo, coordenando suas temáticas e mensagens em toda a programação —, havia regredido internamente a um caos de mensagens conflitantes. Mas os três âncoras noturnos não estavam nem um pouco confusos: eles se concentravam na mensagem de Trump.

A Fox já não era mais a marca; Trump era.

E a narrativa com a marca Trump era genial para a televisão. Os quadros do establishment — as elites, a mídia, o Estado profundo, a grande conspiração liberal — estavam tentando derrubar Donald Trump. Na Fox, a mensagem que inflava a audiência era: ele tem que ser defendido. E seus instintos mais trumpianos, especialmente os que diziam respeito à imigração, precisavam ser promovidos para que Trump não vacilasse.

Cada um dos âncoras do horário nobre na Fox reconhecia, no fundo, que provavelmente cairiam junto com Trump. Cada um reconhecia que, se a Fox mudasse de curso, como imaginavam que aconteceria, iriam todos para a rua. Estavam ligados a Donald Trump, não à rede.

Os três — junto com Jeanine Pirro e Lou Dobbs — constituíam uma espécie de núcleo intelectual de conselheiros e animadores presidenciais que, até então, havia existido praticamente só nos bastidores. Isso era novidade: o grupo da Fox servia como canal público entre a base de Trump (os telespectadores do canal) e a Casa Branca de Trump. Da mesma forma, muitas das mensagens do lado Bannon do grupo de Trump eram apresentadas e defendidas pela programação do horário nobre da Fox — e a mais consistente e sucinta era a mensagem sobre imigração. Tudo isso fornecido e reforçado constantemente pelas ligações incessantes de Hannity para Trump.

Stephen Miller e Julie Hahn, dois dos acólitos de Bannon na Casa Branca, eram o núcleo intelectual anti-imigração de Trump e faziam lobby frequente com o presidente por meio de Hannity. Na verdade, o trabalho de Hahn agora se dividia entre formação de política e comunicação. Ela era o contato direto com Hannity, e lhe fornecia não apenas a posição da Casa Branca, mas também a posição do trio Bannon-Miller-Hahn, que o apresentador então reciclava para Trump.

Hannity e o presidente se falavam até seis ou sete vezes por dia. As ligações às vezes duravam mais de meia hora. John Kelly, chocado com o fato de que, em alguns dias, as conversas duravam até três horas, havia tentado limitar esses telefonemas. Mas Hannity era uma influência tranquilizante para Trump: servia ao mesmo tempo como distração e como plateia cativa para suas queixas intermináveis contra quase todo mundo. Além do mais, Hannity abastecia Trump com relatórios constantes sobre índices de audiência, uma das poucas coisas capazes de prender a atenção de Trump. O presidente era especialmente sensível a quaisquer palavras e ações que pudessem aumentar seu público.

Hannity encarava as conversas diárias como uma bela oportunidade profissional; também as considerava um dever patriótico. Ele aceitava a volatilidade de Trump e sua participação no esforço para preservar a sanidade do sujeito.

"Eu o acalmo", explicou Hannity, com solene modéstia, para um grupo da Fox, sobre suas conversas com o presidente.

Bannon discordava. "As teorias de Hannity são mais malucas até do que as de Trump", disse ele, "então Trump vira a voz da razão."

O apresentador conseguia convencer o presidente a fazer e dizer coisas que, ao aparecer no noticiário, impulsionariam a audiência do próprio Hannity — e a de quase todo mundo. Um retorno dos tuítes de Trump ao tema do muro geralmente era obra de Hannity. Era a velha política, claro, um político se portando de modo a agradar seu eleitorado. Mas essa outra dinâmica — um apresentador de televisão que orientava o presidente a fazer tudo o que poderia fazer os índices de audiência subirem — levava o jogo a outro patamar.

Em parte, era a fórmula de Ailes: políticos fazendo o que a televisão, especificamente uma audiência muito cobiçada, demandava. Mas Hannity administrava Trump como nenhum presidente jamais havia sido administrado antes. "Trump é o astro", dizia Hannity. Ele, que era o adepto máximo do "deixar Trump ser Trump", acreditava que seu trabalho, tanto na TV quanto na política, era inspirar o desempenho de Trump — incentivá-lo ao máximo do trumpianismo. Grande parte das conversas deles tratava de como determinado comentário ou tuíte de Trump, ou então algum insulto ou brado em público, tinha funcionado na televisão. O presidente, raramente estudioso em relação a qualquer coisa, era um aluno paciente quando se tratava de aprender o que funcionava bem.

Ele prestava atenção em Hannity em parte porque acreditava que seu próprio departamento de comunicação era especialmente incapaz de oferecer recomendações úteis. Eram "toupeiras". E ainda por cima eram horrorosos.

Hannity não tinha o menor problema em respaldar o desdém de Trump pela própria equipe. O departamento de comunicação devia fazer papel de intermediário entre Hannity e o presidente; mas o que acontecia era que Hannity estava entre o presidente e a equipe de comunicação. Junto com Hannity, nisso, estava Bannon, que se considerava um diretor de comunicação paralelo (além de ser paralelo em tudo o mais). Os dois sentiam enorme satisfação com o perrengue que a equipe de comunicação era obrigada a passar com Trump. Se o presidente maltratava a imprensa, maltratava sua assessoria mais ainda, fazendo críticas constantes sobre postura, vestimenta, cabelo e o entusiasmo dedicado à defesa dele. "Você deixaria que sua vida dependesse de Kellyanne Conway, Mercedes Schlapp ou da garota Huckabee?", perguntou Bannon, retoricamente. "Belo núcleo intelectual."

Em junho, Hannity aproveitou a oportunidade para colocar seu próprio aliado no cargo máximo de comunicação. Bill Shine, que ele vinha insistindo fazia quase um ano para que Trump contratasse, fora o braço direito de Ailes e produtor de Hannity. Com 54 anos, Shine havia passado a maior parte da carreira na Fox, sobretudo cumprindo as ordens de Ailes. Ele também foi obrigado a sair da rede por causa dos escândalos de assédio sexual de 2017. O argumento de Hannity para o presidente era de que Shine, que entrou oficialmente para a Casa Branca em 5 de julho, podia atuar como um bom produtor tanto para Trump quanto para Hannity — "Luz, luz, preciso de mais luz" —, mas também poderia fazer basicamente a Fox funcionar de dentro da Casa Branca. Ele seria uma linha direta para a cabine de controle. Quando Shine começou a trabalhar na Ala Oeste, foi, e Hannity deixou isso explícito, a concretização do que na prática era o novo modelo de negócios da rede: a Fox era a rede de Trump.

Agora só faltava... o muro.

O muro era o principal elemento da marca. Trump havia teorizado sobre alternativas em momentos diversos: uma cerca sofisticada, torres de tiro, guaritas desmilitarizadas, talvez até um muro invisível, um campo de força que causasse um choque elétrico, como para cachorros. Mas, para Hannity, o muro era literal, e ele acreditava que o resto da base de Trump pensava o mesmo. Precisava ser feito de cimento — "nenhuma palhaçada virtual", diria Hannity. Tinha que ser a manifestação física do Make America Great Again [Tornar a América Grande de Novo].

O mantra era simples: sem muro, sem Trump. Impedir a imigração era a narrativa dele. Era sua motivação. Não havia limite de rigor no que se referia a imigração. E, quanto maior o rigor, maior a chance de vitória em novembro.

Sean Hannity tinha razão: Rupert Murdoch e os filhos não o suportavam. Mas, de certo modo, Hannity era só parte do efeito maior que Trump exercia naquela família. Trump ajudara a transformar o final da vida de Murdoch em uma fase amargurada: ele, que aos 87 anos era uma figura imponente na política conservadora, agora precisava se submeter a um homem que considerava um charlatão e um idiota, enquanto seus filhos o responsabilizavam por sua participação involuntária na ascensão do próprio.

Para Murdoch, tanto Trump quanto Hannity eram figuras caricatas. Eram o tipo de personagem que ilustrava seus jornais (ele ainda pensava em termos de jornais, em vez de televisão); eram entretenimento de massa. Mas, no mundo de Murdoch, não era aquele o tipo de gente que detinha o poder. O poder estava nas mãos dos homens que compreendiam seus próprios interesses maiores e os interesses maiores de outros homens no poder, e que não arriscavam o próprio poder com regularidade. As pessoas de elite que Trump espezinhava, pelo menos as conservadoras, eram exatamente as que Murdoch respeitava.

A volatilidade era inimiga do poder. Murdoch encarava Trump e Hannity como artistas circenses — palhaços, os dois. Hannity tinha utilidade para ele; Trump, antes da eleição, era pouco mais que bucha de canhão para seu *New York Post*.

Homens poderosos muitas vezes se divertem com as conquistas inferiores de homens inferiores que cobiçam o poder. Para Murdoch e Ailes, Trump e Hannity tinham sido objeto de incredulidade, uma medida de até onde era possível chegar com muita ambição e poucos neurônios.

Em 2016, Murdoch se negara a considerar a possibilidade de uma presidência Trump e orientara Ailes a dirigir a cobertura da rede para Hillary Clinton, a provável presidente. Mas, após a eleição de Trump, Murdoch, sempre pragmático, foi obrigado a estabelecer um relacionamento com o novo presidente, que, por sua vez, mal conseguia acreditar que finalmente estava sendo levado a sério pelo outro.

"O babaca não me deixa desligar", disse Murdoch para um conhecido depois que Trump foi para a Casa Branca, segurando o aparelho enquanto a voz do presidente tagarelando soava.

Ao mesmo tempo, como resultado tanto do acesso fácil a Trump quanto do aumento da audiência na Fox, Murdoch, que em tese estava dirigindo a rede pessoalmente, permitiu que seus âncoras do horário nobre se dedicassem ao presidente. A decisão enfrentou forte oposição do filho James, que ficava revoltado com Trump e com o elenco do horário nobre. Ele bebia muito e se tornou cada vez mais combativo em relação ao pai. ("O filho dele é um beberrão", diria Trump, raramente perdendo a oportunidade de chamar a atenção para esse detalhe.) Kathryn, esposa de James, era particularmente expressiva sobre seu desprezo pela Fox News e, inclusive, por grande parte da política da empresa de Murdoch. Pai e filho discutiam aos berros por causa de Hannity e Trump. O filho declarou que os Murdoch haviam se tornado colaboradores. O mundo ia se lembrar. O futuro da empresa estava em jogo.

Mas Murdoch, em agonia, estava amarrado à lucratividade da rede, dependente de Trump e cada vez maior. Algumas pessoas próximas a ele achavam que, pela primeira vez na carreira, talvez as demandas profissionais e o pragmatismo político o estivessem fazendo viver uma espécie de crise de consciência. Murdoch não conseguia abrir mão de Trump, mas tampouco conseguia tolerá-lo. Culpava Trump pelo crescente distanciamento entre ele e o filho James. Era mais uma consequência shakespeariana: o presidente, resultado máximo da Fox, agora estava desintegrando a família dona da rede.

Sem reconhecer alguma maneira de lidar com as desavenças internas à família — àquela altura, Murdoch mal falava com James, que muito antes havia sido apontado como seu herdeiro —, com seis meses de governo Trump, o pai começou a planejar a venda da empresa. Seu acordo com a Disney, anunciado em dezembro de 2017, incluía a maior parte dos ativos da Fox, exceto a Fox News, que a Disney não queria, e a Fox Network e as emissoras locais, que teriam provocado a objeção dos reguladores. James sairia da empresa e os ativos que restassem seriam administrados por Lachlan, filho mais velho de Murdoch, até que também pudessem ser vendidos.

Mas havia poucas empresas interessadas em adquirir a Fox, e a família acreditava que talvez nenhuma toparia se Sean Hannity continuasse sendo uma parte crucial do pacote. O terrorismo conspiracionista dele era não apenas absurdo, mas intolerável: em seu explícito apoio político a Trump, Hannity flertava regularmente com infrações da Comissão Federal de Comunicações (FCC, na sigla em inglês). E, na provável eventualidade de que Trump caísse, o valor de Hannity e o da rede também cairiam.

Em maio de 2018, a Fox estava tentando uma ação contra a personalidade televisiva Kimberly Guilfoyle, que tinha uma relação amorosa com Donald Trump Jr. e, antes, tivera com Anthony Scaramucci, efêmero diretor de comunicação da Casa Branca de Trump. (Guilfoyle sempre falava da frequência com que ela achava que o próprio Trump dera em cima dela.) Ela, que logo seria expulsa da empresa, estava sendo investigada, entre outras atitudes, pelo envio de fotografias íntimas de homens a colegas de trabalho. Lachlan Murdoch viu aí uma possível oportunidade: ele desconfiava que Sean Hannity poderia estar envolvido em imagens comprometedoras do celular de Guilfoyle, o que lhe proporcionaria a vantagem de que precisava para convencer o pai a dispensar o funcionário.

Mas Hannity continuou firme. Funcionários da Fox acreditavam que Trump havia intercedido por Hannity junto a Murdoch. Além do mais, talvez os Murdoch se constrangessem com a mera menção do nome de Hannity, mas ele ainda era o líder de audiência da rede.

Hannity e Bannon receavam que a Fox acabasse insistindo em reduzir o destaque dado à imigração, por mais que ela alimentasse a audiência; os dois tinham ouvido boatos de que a paciência de Murdoch tinha acabado. O australiano Murdoch era aferrado à crença nos benefícios econômicos proporcionados por um mercado de trabalho global. Ele era, conforme Bannon debochava com frequência para Trump, um globalista típico. O conservador dono de jornal, que havia feito fortuna promovendo xenofobia operária em diversos países, era na realidade um homem de Davos.

Mais sério era o fato de que Hannity e Bannon duvidavam da persistência de Trump em relação ao muro, ou pelo menos conseguiam imaginar facilmente que ele acabaria relaxando nos detalhes. Ia acabar sendo um muro invisível, ou postergado para um futuro tão distante que seria eternamente teórico. Eles não questionavam a opinião de Trump sobre o tema — o presidente aparentemente tinha ojeriza e desconfiança viscerais em relação a imigrantes, ilegais ou não —, nem acreditavam que ele estivesse tentando encontrar um meio-termo que pudesse satisfazer todas as partes. Mas, como em tudo, Trump se entediava com os detalhes. Portanto, ele se tornava extremamente suscetível à última pessoa que lhe oferecesse uma seleção diferente de detalhes. Em especial, o presidente era alvo de um esforço conjunto da filha e do genro, e da liderança no Congresso, para alterar e atenuar os detalhes de sua política de imigração.

Esse se tornou um esforço constante de Hannity, uma espécie de catecismo das conversas telefônicas diárias com Trump. O apresentador reafirmava e reforçava continuamente o tema da política de tolerância zero. Isso, claro, era apresentado na forma de elogios efusivos ao presidente. Só ele tinha colhões para impedir o fluxo ininterrupto de imigrantes pelas fronteiras. Só ele tinha coragem de construir o muro.

Trump, motivado, de repente começava a exigir uma nova ordem executiva que financiasse o muro e cessasse a migração em série e os processos de cidadania por nascimento — "Façam tudo", disse ele. Quando lhe disseram que o decreto não seria aprovado pela Advocacia-Geral, Trump argumentou: "Se eu assinar, as pessoas vão saber o que eu acho. Não vou levar a culpa pelas leis".

Contudo, em meados de junho, a bajulação de Hannity já estava ficando desgastada, e Trump começou a se voltar contra ele. A imensa desorganização do processo de separação das famílias sob a política de tolerância zero — crianças perdidas, instalações gigantescas improvisadas e a perspectiva de um futuro cheio de bebês, crianças e adolescentes abrigados em depósitos — devia ter sido atribuída à falta de planejamento de uma Casa Branca inepta, mas Trump culpou Hannity.

Mais uma vez, Ivanka persuadira o pai de que sua brutalidade instintiva precisava ser revertida. Ele havia sido convencido, com a mesma facilidade — e seria de novo —, de que o rigor draconiano contra a imigração o elegera e o manteria no cargo. Mas agora, especialmente ao ouvir a filha, Trump acreditava que fizera um acordo ruim com Hannity.

Apesar de toda a adulação do apresentador, apesar de toda a dedicação fiel ao presidente, Trump passara a desprezá-lo quase na mesma proporção. Aquilo era, em parte, rotina. Mais cedo ou mais tarde, Trump sentia desdém por qualquer pessoa que lhe demonstrasse devoção demais. "Por se odiar, é claro que ele sempre passa a odiar qualquer pessoa que pareça amá-lo", analisou Bannon. "Se você demonstra respeito, ele acha que conseguiu enganá-lo de alguma forma; portanto, você é um idiota." Outras pessoas acreditavam que esse era o princípio de poder de Trump. Ele exigia subserviência de todos à sua volta e então os humilhava por serem fracos.

E havia a questão do dinheiro. Trump invariavelmente odiava qualquer um que conseguisse lucrar à sua custa sem que ele partilhasse dos benefícios financeiros. Para o presidente, a boa audiência de Hannity na verdade era dele; portanto, estava sendo enganado.

No círculo de Trump, Hannity era brincalhão, divertido e generoso — seu jatinho estava sempre disponível —, e ele injetava uma dose de energia e otimismo nas fileiras quase sempre oprimidas de Trump. Ao mesmo tempo, quase todo mundo, incluindo a maioria dos personagens mais trumpianos no mundo de Trump, achava Hannity uma figura de rara estupidez e incoerência. Até mesmo o presidente gritava para a televisão: "Não tô acompanhando, Sean, não tô acompanhando".

Também Bannon, ainda que apreciasse Hannity e o jatinho, se impressionava continuamente com a direção bizarra dos monólogos do apresentador, que ecoavam alguns dos fóruns de teoria da conspiração mais extremos da internet. "Cara, não pira", murmurava Bannon ao assistir a um programa à noite.

A piada interna agora — remetendo a Karl Rove como cérebro de Bush e depois Steve Bannon como cérebro de Trump — era que Sean Hannity havia se tornado o gênio por trás de Trump. O presidente acabara arranjando alguém mais imbecil que ele próprio. Contudo, era uma combinação adequada, porque Trump se ofendia profundamente com a insinuação de que precisava contar com o tino ou a inteligência de outra pessoa — ou que podia existir alguém mais esperto que ele. Mas, com o parceiro Hannity, Trump podia ter plena certeza de que ninguém acharia que ele estava se apoiando em alguém mais esperto. (Na verdade, era um debate interno frequente: quem era mais burro, Trump ou Hannity?)

Porém, após assinar uma ordem executiva em 20 de junho para reverter a política de separação familiar, Trump ficou deprimido de novo e culpou todo mundo — exceto, curiosamente, a filha — por fazê-lo parecer fraco.

Mas, em 26 de junho, o jogo virou de novo quando a Suprema Corte reverteu decisões anteriores e manteve o veto a viagens do presidente — o mesmo que tinha causado tanta polêmica e parecera tão despropositado nos primeiros dias do mandato. Agora Trump estava furioso porque, se não tivesse assinado o decreto das separações familiares, teria obtido uma vitória dupla. "Eu teria o toque mágico", disse ele a um assessor. "Meu toque."

Na verdade, embora se soubesse que o caso do veto a viagens seria uma das últimas decisões do Supremo antes do recesso de verão, ninguém na Casa Branca estava preparado. Mesmo diante de uma vitória, houve um dia de atraso até a publicação de um comunicado oficial, precedida por uma confusão de e-mails entre os funcionários do departamento de comunicação com um bate-boca sobre quem devia redigi-lo.

Trump, cansado da imigração, de repente se animou, em 27 de junho, com a aposentadoria do ministro Anthony Kennedy da Suprema Corte, liberando assim a vaga para um novo ministro conservador. Da noite para o dia, o assunto da imigração caiu no esquecimento, e Hannity se tornou um estorvo. "Chicanos, chicanos, chicanos. O mundo não é só isso", disse o presidente, queixando-se durante um telefonema noturno. "Alguém devia avisar Sean."

12. Trump no exterior

Com atabalhoamento já típico, a Casa Branca, por insistência súbita de Trump, acrescentou duas paradas à viagem que já estava agendada havia muito tempo para a reunião da Otan em Bruxelas nos dias 11 e 12 de julho: uma parada na Inglaterra para ver a rainha, depois uma cúpula rápida em Helsinki com o presidente Putin.

Na manhã de 10 de julho, ele falou por um instante com a imprensa antes de embarcar no avião para Bruxelas. "Então eu tenho a Otan, tenho o Reino Unido... é uma situação complicada. E tenho Putin. Para ser sincero, Putin talvez seja o mais fácil de todos."

Era a visita ao Reino Unido que mais preocupava Bannon. Ele havia recorrido a todos os contatos possíveis para mandar o recado de que a visita tinha todo o potencial de virar um desastre. Talvez 1 milhão de pessoas fossem às ruas para protestar contra Trump. Antes mesmo da viagem, o presidente foi incentivado a evitar Londres devido à expectativa de manifestações. E a audiência com a rainha, que Trump estava louco para conhecer, era nitidamente mais uma demonstração de repúdio: o resto da família real estaria "fora". Jared e Ivanka, mais sensíveis às sutilezas do que o presidente, souberam reconhecer um insulto real e decidiram não ir junto.

Porém, Trump queria jogar golfe e conhecer a rainha. E queria dar uma força publicitária ao Trump Aberdeen, seu campo de golfe na Escócia. Além do mais, a Casa Branca vivia incentivando o presidente a viajar, de preferência para o exterior. "Longe e ocupado", disse um enfático John Kelly.

Mas Bannon achava que ele poderia se dar mal. Trump podia "desmoronar". "Não é bom ele se sujeitar a humilhação." Bannon, que havia passado alguns anos da década de 1990 viajando a Londres como banqueiro de investimentos, conhecia um pouco do desdém da classe alta britânica, que muito possivelmente encontraria expressão máxima em sua indiferença a Donald Trump. E havia também a fúria da esquerda britânica, para quem Trump era um alvo perfeito.

Bannon tinha seus próprios motivos para não querer que Trump surtasse na Europa. Nos últimos meses, havia expandido muito o alcance de suas ambições populistas, promovendo o presidente como o novo representante da direita europeia. Se Bruxelas era o símbolo, ainda que não muito vibrante, de uma Europa globalista unida, Trump era o símbolo de uma nova Europa direitista e coerente. Pelo menos era essa a mensagem, ou o golpe, de Bannon. O que ele fizera por Trump poderia ser feito pelos vagarosos partidos europeus de direita.

Um Trump "descontrolado" durante uma visita à Europa talvez não fosse a melhor coisa para o empreendimento de Bannon. E, até então, o empreendimento de Bannon — exportar o milagre de Trump, prova cabal de que partidos periféricos de direita podiam, com a ajuda da consciência populista de Bannon, tomar o poder — era fantástico.

Bannon talvez — ou talvez só na cabeça dele — fosse o tempero secreto por trás do Brexit. No início de 2016, tentando ajudar o amigo Nigel Farage e seu partido, Ukip, ele havia lançado um Breitbart britânico. O Ukip e o Brexit precisavam de uma plataforma, e "Farage vai dizer", declarou Bannon, "que o Breitbart foi a diferença".

Na primavera de 2018, Bannon agiu como um manipulador de marionetes na Itália. A certeza fundamental no país era de que o eleitorado constantemente sectário garantiria que sempre prevaleceria um meio-termo em forma de coalizão centrista ineficaz. Mas Bannon havia se aproximado de Matteo Salvini, o líder do partido nacionalista de direita Liga (que pouco antes se chamava Liga Norte). Depois de um previsível resultado dividido nas eleições italianas em março, Bannon caiu de paraquedas e ajudou a negociar uma coalizão entre a Liga e o Movimento Cinco Estrelas (um partido populista de esquerda com fortes inclinações direitistas). Pela formulação de Bannon, nem Salvini nem Luigi Di Maio, do Cinco Estrelas, conseguiriam se tornar primeiro-ministro, mas eles poderiam entrar em acordo quanto a uma marionete para o posto.

Essa, segundo Bannon, era a união perfeita da extrema direita com a extrema esquerda.

Agora, com a aproximação da viagem da Otan, Bannon precisava que Trump bancasse o homem forte americano — sem fazer escarcéu como um bebê, para não afugentar os clientes europeus de Bannon.

O presidente e a primeira-dama chegaram ao frio de Bruxelas na noite de 10 de julho. Na manhã seguinte, Trump era só reclamação: não tinha conseguido dormir; alguém tinha perdido uma camisa sua; a comida estava errada. Ele e a esposa aparentemente nem estavam se falando.

Naquele dia, ele tomou café da manhã com Jens Stoltenberg, secretário-geral da Otan. Cercado por seu alto escalão — o secretário de Estado Mike Pompeo, o secretário de Defesa James Mattis, o chefe de gabinete John Kelly, a embaixadora americana na Otan Kay Bailey Hutchison —, fez seus primeiros comentários estranhos, acusando a Alemanha de conspirar com a Rússia. "Acho muito triste quando a Alemanha fecha um acordo enorme de petróleo e gás com a Rússia. [...] A gente devia estar se resguardando contra a Rússia, e a Alemanha vai lá e paga bilhões e bilhões de dólares por ano para a Rússia. [...] Se você devia se proteger da Rússia, mas eles pagam bilhões de dólares para a Rússia, acho que é muito inadequado. [...] A Alemanha está sob total controle da Rússia."

A Otan, conforme Trump repetia incessantemente para várias pessoas que o acompanhavam, "me mata de tédio". Realmente, tratava-se de uma instituição imensa, complicada e burocrática, um equilíbrio de interesses meticuloso e irregular. A ânsia de Trump de desestruturá-la talvez se devesse tanto à resistência dele a detalhes — papelada, tabelas com dados, politicagem interminável de coalizões — quanto a questões operacionais e de política. Ele precisava desviar a discussão do pequeno para o grande. O método do pequeno, do calibrado, do item a item, o deixava furioso. Trump chegava até a encarar isso como uma manobra contra ele, e desconfiava que as pessoas sabiam que não conseguia absorver detalhes.

"Estão tentando me fazer dormir com a cara na sopa", reclamou ele. "Querem essa imagem."

O outro aspecto das cúpulas da Otan que ele achava irritante era o fato de serem reuniões em grupo. Trump quase sempre se entusiasmava com reuniões individuais com outros líderes — qualquer que fosse o assunto, qualquer que fosse o líder — e se agitava com reuniões coletivas. Tinha medo de ser cercado; desconfiava que havia complôs para enganá-lo.

Seu carisma — ou, melhor, a bajulação melosa — não funcionou com Angela Merkel, que era sua rival mais próxima em termos de liderança. (Ele não achava, mas outras pessoas, sim.) Em outras ocasiões, Trump havia tentado puxar o saco dela, mas não adiantara nada e só resultara em antipatia evidente da outra parte. Então ele inverteu o método básico: se bajulação extrema não funciona, se não dava para chegar a um acordo daquele jeito, então era melhor "cagar para ela". Trump treinou a pronúncia correta de "Angela Merkel", com som de "gue", mas, em sua versão, o "gue" tinha um tom de deboche e falsidade.

Trump não gostava de dividir o palco com um grupo de supostos iguais. Mas, se fosse obrigado, acreditava que esse tipo de situação exigia que superasse todos os demais. Seu método típico para se destacar era adotar um tom de negatividade na fala e na linguagem corporal. Como ele disse certa vez a um amigo, ao explicar sua estratégia durante os debates das primárias presidenciais do Partido Republicano, "o importante é passar a impressão de que todos os outros lá fedem".

O objetivo declarado dele na cúpula era convencer os países-membros da Otan a aumentar a contribuição financeira. Essa era uma antiga queixa de conservadores: alianças e auxílio estrangeiro não serviam para muita coisa além de garantir que os Estados Unidos fossem tapeados. Isso era puro Lou Dobbs, segundo Bannon. "Eloquência de ensino fundamental. Não é complicado: ele passou trinta anos vendo Lou Dobbs. É o único programa que vê do começo ao fim."

Outras pessoas identificavam algo mais esquisito e sombrio. Trump queria comprometer a Otan. Queria comprometer a Europa como um todo. Na cabeça dele, e talvez também na visão discreta de outros, Trump havia deslocado o eixo de poder da Europa para a Rússia e agora, seguindo os interesses, ou até ordens, da Rússia, estava tentando enfraquecer a Europa.

Embora Trump não beba, seu desempenho na cúpula da Otan teve um aspecto meio embriagado: ele cancelou reuniões com os líderes da Romênia, do Azerbaijão, da Ucrânia e da Geórgia; chegou atrasado, sem avisar, para uma das sessões cruciais; bradou desvarios em público e em particular, incluindo uma ameaça unilateral de sair da aliança que existia havia 69 anos. Em relação a políticas, era incapaz de ir além da única questão, do único elemento que superava todos os outros e grudara em sua cabeça: os europeus deviam pagar mais. Sua insatisfação diante da resistência deles a essa exigência pareceu se consolidar em uma antipatia profunda. Aparentemente, ele considerava que a Otan era território hostil: esperta demais para seu gosto, era sua inimiga.

Com isso, ele mais uma vez comprara briga com os próprios conselheiros de política externa, especialmente o secretário de Defesa. Mattis, que tentava agir como a única voz racional e tranquilizante dos Estados Unidos na cúpula, contou para seus pares europeus que estava no limite.

Enquanto Trump causava comoção — ou esperneava — na cúpula da Otan, Bannon se juntou a Hannity para ir a Londres, na esperança de aproveitar uma carona no jatinho dele. Bannon sabia que proximidade com Hannity era proximidade com Trump. O programa diário de Hannity no rádio, que durante a viagem seria transmitido da Europa, era quase o mesmo que falar diretamente com o presidente. De certa forma, era melhor, porque outra pessoa poderia falar, e Trump tinha que ouvir. A voz de Bannon, pelo programa de Hannity, ficaria na cabeça de Trump.

O nível de interação que Bannon tinha com o presidente era um de seus truques ativos. Quando alguém perguntava, ele não dizia que estava falando com o presidente, mas tampouco dizia que não estava. Se *dissesse* que não estava, seria possível interpretar, considerando os parâmetros da confidencialidade, que na verdade estava. Mas, mesmo que não estivesse falando diretamente com Trump, Bannon tinha certeza de que Trump escutava absolutamente tudo o que ele queria dizer. Nesse sentido, Bannon podia atestar para seus clientes, ou insinuar habilmente, que Trump lhe dava atenção.

Além do mais, Bannon, em modo de campanha, acreditava agora que a tendência para as eleições de meio de mandato em novembro estava melhorando. Ele andava com cinquenta ou sessenta disputas eleitorais na cabeça e tinha uma percepção quase em tempo real da movimentação nos distritos-chave. Se conseguisse fazer Trump se concentrar, prestar atenção — "Nem acredito que falei isso", debochou Bannon — e mandá-lo para cada distrito importante pelo menos uma vez em setembro e outubro, os republicanos conseguiriam manter a Câmara.

À revelia de seu próprio instinto, Bannon tinha começado a se imaginar na Casa Branca de novo. A ideia tinha um ar de... destino. Mas só um ar.

Bannon compreendia que, se os republicanos conseguissem segurar a Câmara em novembro, Trump jamais o aceitaria de volta como *recompensa* pela vitória. Isso significava que o presidente precisaria admitir que Bannon ganhara a Câmara para ele. E Trump não poderia trazer Bannon de volta em caso de derrota, pois seria admitir que precisava dele.

Além do mais, Trump ainda culpava Bannon por fazê-lo defender "o pedófilo" — Roy Moore, do Alabama, o candidato a senador derrotado que Bannon havia apoiado. (A expressão exata que Trump usou foi que Bannon o convencera a apoiar "o pedófilo fracassado".) A revelação de que Moore frequentava shoppings do Alabama em busca de meninas adolescentes fez sua candidatura naufragar.

Então, sim, não havia nenhuma circunstância em que Bannon e Trump poderiam se alinhar em condições de harmonia. Porém, Bannon seguia imaginando situações em que seria reconhecido como grande estrategista político, visionário da causa nacionalista-populista em todo o mundo, a pessoa que fizera Trump voltar de joelhos.

Em Londres, instalado em uma suíte no Brown's Hotel em Mayfair, com diária de 4500 dólares, Bannon fazia um jogo de gato e rato. Atravessando cuidadosamente a aglomeração de repórteres postados no hotel, ele calculava quem devia evitar e com quem precisava ser visto. Ciente de que Trump acompanhava constantemente suas atividades, ele não queria ser flagrado com ninguém que pudesse irritar o presidente.

A suíte de Bannon foi o núcleo das atividades de extrema direita na Europa durante aquela semana. Seu plano de longo prazo era tomar de assalto as eleições para o Parlamento Europeu em maio de 2019. A União Europeia, que enfrentava graus variados de resistência por todos os partidos europeus de direita, era controlada pelo Parlamento Europeu. Portanto, por que não assumir o controle da União Europeia e reformá-la — ou desintegrá-la — assim? Ali estava o estrategista Bannon. Ele sabia que as eleições para o Parlamento Europeu sempre tinham pouca participação: ninguém saía para votar. Assim, era fácil influenciar a votação. "As eleições mais manipuláveis do mundo", declarou ele, "com o custo mais baixo por voto."

Ainda assim, se Bannon classificava a Itália como seu maior sucesso e encarava o tenebroso húngaro Viktor Orbán, que dava atenção a seus conselhos, como um poder em ascensão, era só o começo. A Itália e a Hungria não eram exatamente os líderes históricos da Europa; ele precisava da França.

Bannon havia transformado outros apartamentos no Brown's em uma concentração para o partido francês Frente Nacional. Louis Aliot — "marido-parceiro" de Marine Le Pen, que havia herdado a Frente do pai, simpatizante do nazismo — levara uma delegação a Londres. Seguindo a linha dos banqueiros de investimentos, Bannon agora repassava cada detalhe das finanças da Frente, como se estivesse se preparando para abrir o capital do partido.

O problema era que os maiores investidores da Frente eram gângsteres russos que provavelmente atuavam como laranjas de Putin. Já fazia alguns anos que os russos vinham bancando os Le Pen e o partido deles. A imagem, sem falar da realidade política perturbadora, não era boa. Se a Frente ajudasse a assumir o controle do Parlamento Europeu em 2019, isso significaria que Putin, ou russos ainda piores, ia se tornar uma força significativa na política interna da Europa.

No mundo obscuro dos supostos esforços da Rússia para influenciar o Ocidente, havia um fato curiosamente claro: os russos estavam mesmo financiando partidos de oposição. Muitos partidos europeus de direita haviam aceitado ajuda deles. O apoio não era muito disfarçado, e, embora não houvesse nada de especificamente ilegal nele, o financiamento suscitava uma pergunta óbvia: se os russos estavam apoiando a Frente Nacional e quase todo partido de direita que pedia, por que não apoiar o Partido Trump, que, representado por Steve Bannon, também apoiava a Frente Nacional? Era um círculo virtuoso de inclinações russas.

A posição de Bannon em relação ao conluio com a Rússia era simples: o que quer que tenha acontecido não tinha nada a ver com ele. Bannon — e às vezes ele insinuava que *somente* ele — nunca tivera contato com os russos durante a campanha ou a transição. Mesmo assim, estava em perfeita sintonia com os objetivos russos de usar a direita europeia para comprometer a hegemonia da Europa. No entanto, até mesmo Bannon achava que o envolvimento explícito da Rússia não passava, para dizer o mínimo, "uma boa imagem".

O objetivo dele agora era devolver aos russos o empréstimo de 13 milhões de dólares que haviam feito à Frente Nacional (rebatizada em meados de 2018 como Reunião Nacional) e transferir o título da dívida do partido para um credor mais aceitável. (E, curiosamente, ele estava de olho em judeus de direita e partidários de Israel, tentando fazer com que adquirissem o que até então havia sido um partido neonazista.) Para isso, Bannon precisava entender as finanças confusas da Frente. A delegação do partido parecia ter, no máximo, uma vaga noção de suas próprias atividades, e de quem estava sendo pago para fazer o que e como.

"Tenho que saber todas as entradas e saídas", disse o banqueiro Bannon, diante de olhares praticamente inertes. "Sério, temos que conferir todos os pormenores disto aqui."

Bannon se esforçou para conter a frustração em relação aos clientes. E não é de admirar: enquanto falava, os pretensos ministros de uma futura França de extrema direita se encaravam com receio e incompreensão. Se aquele era o futuro da Europa, tinha um aspecto meio provinciano.

Aparentemente, Nigel Farage — que estava no Brown's para uma reunião com Bannon e, no momento, buscava um gim matinal — também desgastava a paciência do outro. Bannon acreditava que havia desempenhado um papel crucial na expansão da influência do Ukip e na promoção de Farage, mas, depois da vitória do Brexit, Farage praticamente lavara as mãos em relação ao partido, fazendo o índice de aprovação do Ukip regredir para menos de 10%. ("Como assim, 'já chega'?", esbravejara Bannon, incrédulo. "Isso é só o começo!") Para Bannon, a experiência confirmava a preguiça fundamental da direita europeia — resultado, ele supunha, da escassa recompensa material que a política proporcionava na Europa.

Bannon brincava que, na Rússia, a política pagava bem. De fato, pagava melhor até do que nos Estados Unidos, motivo pelo qual os russos estavam assumindo o controle.

Como Bannon havia previsto — e ele fazia questão de lembrar todo mundo disso —, a passagem de Trump pelo Reino Unido foi uma catástrofe.

A mídia deu grande destaque para um balão gigantesco de Trump caracterizado como um bebê laranja que flutuou brevemente sobre Londres. Apontar que ele se comportava feito criança era uma provocação fácil, e um bordão de Trump. "Não sou criança! Acha que sou criança? Você é que é, não eu!"

Trump tinha ido ao país para levar uma mensagem pró-Brexit sem qualquer noção, ou com muito pouca, de que a decisão havia colocado o Reino Unido no fio da navalha. Não que ele se importasse: para Trump, a polêmica do Brexit suscitava uma impaciência indiferente. Óbvio que era o certo. Óbvio que a Inglaterra — ele não fazia distinção entre a Inglaterra e o resto do Reino Unido — não queria fazer parte da Europa. Ele remetia a Churchill, à Segunda Guerra Mundial e ao "relacionamento especial" com os Estados Unidos. A Inglaterra, anunciou ele, não necessariamente brincando, devia se tornar o 51º estado americano.

Em 12 de julho, pouco antes das duas da tarde, Trump aterrissou em Londres e foi recebido por Woody Johnson, velho amigo e companheiro de Nova York. Embaixador de Trump no Reino Unido, ele era o herdeiro da Johnson & Johnson, dono do New York Jets, e um socialite e playboy amplamente ridicularizado. ("Nem me pergunte", disse Bannon. "Em uma lista enorme de despreparados, ele é o mais despreparado.") Quando Trump chegou com Johnson a Winfield, a residência do embaixador à frente do Regent's Park, estava tocando a música "We Can Work It Out", dos Beatles, em meio às vaias e palavras de ordem de manifestantes.

Trump seguiu direto para uma entrevista com o tabloide *The Sun*, de Murdoch. A pedido de Murdoch, Jared e Ivanka tinham marcado a conversa. O *Sun* tinha prometido uma entrevista com viés positivo, que evitasse o Brexit e se baseasse bastante no relacionamento especial. Mas o estado de espírito do presidente, ao sair de Bruxelas, era uma mistura trumpiana de beligerância, autossatisfação e insônia.

Talvez mais do que nunca — e a concorrência era grande —, a entrevista com o *Sun* não teve qualquer moderação ou autocontrole. Ele parecia genuinamente feliz de colocar tudo na mesa. Era o chefe temerário que se sentia perfeitamente à vontade com sua autoridade inconteste, o virtuoso grosseiro que raramente se atinha ao assunto. Ele não devia satisfação a ninguém.

Ao longo da entrevista, Trump adentrou alegremente pela situação mais volátil de toda a história recente da política britânica. Cada comentário dele era uma pérola trumpiana quintessencial, ainda que chocante:

Se o Reino Unido colocasse em prática o Brexit que o governo de Theresa May defendia, bom, nah… — Aqui ele pareceu dar de ombros. — Nada de acordo comercial. Isso encerraria uma importante parceria comercial com os Estados Unidos.

Trump teria negociado com a União Europeia de um jeito muito diferente do que May fizera. Ele avisou, mas ela não quisera escutar. Ele estaria disposto a abandonar a mesa. "Eu expus para ela minhas opiniões sobre o que devia fazer e como devia negociar. Mas ela não seguiu essas opiniões. Tudo bem... mas é uma pena o que está acontecendo."

A proposta de Brexit que a primeira-ministra apresentava agora "era um acordo muito diferente do que o povo escolheu. Não é o acordo que estava no referendo". (Na realidade, não havia acordo no referendo, que só envolvia a saída da União Europeia, sem maiores detalhes.) O acordo que estava sendo proposto agora "afetaria definitivamente o comércio com os Estados Unidos. Infelizmente, de forma negativa".

Trump então cobriu de elogios um dos principais adversários de May entre os tóris: Boris Johnson, que havia acabado de renunciar como ministro das Relações Exteriores devido ao plano mais cauteloso do governo dela. A respeito da especulação de que Johnson logo começaria uma disputa de liderança com May, Trump disse: "Acho que ele seria um ótimo primeiro-ministro. Acho que dá conta".

Sobre os gastos britânicos com Defesa: devia ser o dobro.

A imigração na Europa era "uma tristeza, mudou a essência da Europa". E "nunca vai voltar a ser o que era, e não estou falando num sentido positivo... Acho que vocês estão perdendo sua cultura".

Sobre Sadiq Khan, o prefeito de Londres e muçulmano em cargo mais elevado no Reino Unido: "Ele fez um péssimo trabalho. Dê uma boa olhada no que está acontecendo em Londres. Acho que ele fez um péssimo trabalho... Toda a imigração... todos os crimes que estão começando a acontecer". E "ele não foi muito hospitaleiro com um governo muito importante". Então Trump disse: "Quando alguém faz você não se sentir bem-vindo, por que ficar?".

E: "Não se escuta o nome da Inglaterra tanto quanto se devia. Sinto falta do nome da Inglaterra".

Trump não estava apenas desprovido de qualquer filtro diplomático. Era como se estivesse falando sozinho, enumerando todas as reclamações que, em uma longa e sentida lista, poderiam ajudá-lo a dormir à noite.

Para Trump, o desabafo — uma bomba que ele jogou no relacionamento entre o Reino Unido e os Estados Unidos, e uma complicação para a própria política interna britânica — aparentemente não tinha qualquer relação com o evento ao qual ele compareceria em breve: um jantar formal em sua homenagem seria oferecido pela primeira-ministra Theresa May.

O presidente e a primeira-dama, dentro da "Fera", a limusine presidencial que fora transportada para Londres junto com a comitiva, chegaram rápido ao palácio Blenheim, a residência ancestral da família Churchill e local onde o próprio Winston nascera. O casal foi recebido no tapete vermelho pela sra. May — com salto alto e vestido de gala vermelhos — e o marido, enquanto a Guarda da Rainha, uma banda marcial com casaca vermelha e chapéu felpudo, tocava em gaitas de fole um pot-pourri que incluía "Amazing Grace".

Tinha sido difícil para May e Downing Street encher o salão com políticos e empresários britânicos importantes, muitos dos quais não tinham muita certeza das vantagens proporcionadas pela proximidade com Trump. A entrevista no *Sun* saiu durante as três horas do jantar, e ao longo do evento a noção de sua existência se espalhou por entre os convidados. O próprio Trump parecia despreocupado ou alheio; com um ânimo afável, foi perfeitamente simpático com a primeira-ministra.

Informado da entrevista depois do jantar, pareceu incrédulo e até chocado. Além de cético: a entrevista publicada não tinha nada a ver com o que ele dissera. Era tudo mentira, disse ele a assessores. "Fake news", declarou.

Murdoch, em Nova York, ouviu esse comentário e bufou. "Ele está louco."

Quando o *Sun*, por instrução de Murdoch, publicou um vídeo da entrevista confirmando o conteúdo, Trump nem hesitou.

Mentira. Falso. Tudo errado. Tudo inventado.

Por qualquer perspectiva, aquilo era ruim. Pela perspectiva do estadismo, era uma calamidade. Tão grande, aliás — tão inexplicável e surreal —, que a entrevista já estava sendo ignorada. Era preciso sorrir e tolerar Trump, depois supor que as palavras dele só guardavam uma vaga relação com políticas e atos.

Bannon definitivamente acreditava nisso. Já fazia muito tempo que ignorava Trump de modo considerável — o sujeito era uma tempestade de chiliques que sempre acabava passando. Embora o resultado da viagem à Europa até então pudesse ter posto em questão a competência e as faculdades mentais de qualquer outro líder no mundo, Bannon continuava tentando explicar a utilidade dela.

O poder, em termos de competência, havia passado para um grupo seleto — a turma de Davos. Para Bannon, esse grupo beneficiara a si mesmo a ponto de chegar a um nível inédito de acumulação de riqueza. Ele controlava o establishment intelectual, econômico e diplomático. Trump, ciente ou não desse fato, representava a desordem intelectual, econômica e diplomática, o oposto de competência e de poder do establishment — e, portanto, era inspiração para a causa populista.

Ainda assim, Bannon reconhecia que aquele era Donald Trump. Loucura é um inimigo potente contra o establishment, mas como prever as ações de um louco?

Na manhã de 13 de julho, Trump foi a Sandhurst, a academia militar real, para observar com a primeira-ministra um exercício conjunto das forças especiais britânicas e americanas. Depois, eles foram para Chequers, o retiro dos primeiros-ministros britânicos no interior do país, para o almoço, a reunião oficial e uma coletiva de imprensa. Trump e May viajaram de helicóptero, e assessores comentaram que, felizmente, o barulho seria alto demais para os dois conversarem.

Muitos se perguntavam como Trump lidaria com as consequências de uma das entrevistas mais extraordinariamente antidiplomáticas da história da diplomacia. Mas ele parecia perfeitamente animado, se não alheio a seus comentários anteriores. "Vamos falar de comércio, vamos falar de Forças Armadas, acabamos de discutir umas coisas incríveis sobre antiterrorismo", declarou Trump aos repórteres ao chegar em Chequers. "O relacionamento é muito, muito forte… muito, muito bom."

Durante uma coletiva de imprensa com May após o almoço e a reunião, Trump atacou a mídia, voltando a negar quase tudo o que dissera na entrevista para o *Sun*:

Não critiquei a primeira-ministra. Tenho muito respeito por ela. Infelizmente, foi feita uma reportagem, e de modo geral estava razoável, mas não incluiu nada do que eu falei da primeira-ministra. E eu disse coisas ótimas. Felizmente, agora gravamos as entrevistas, então temos esse material para vocês aproveitarem, se quiserem. Mas gravamos quando lidamos com repórteres. O nome disso é fake news. Sabem como é que é, a gente resolve muitos problemas com o bom e velho sistema de gravação.

Ele então descartou qualquer insinuação de que pudesse ter prejudicado as relações entre os Estados Unidos e o Reino Unido. A primeira-ministra ficou olhando com extrema paciência. A cena do filme *Simplesmente amor* em que o primeiro-ministro — interpretado por Hugh Grant — critica e humilha um presidente americano grosseiro se tornou imediatamente um meme no Reino Unido.

A parada seguinte foi o castelo de Windsor, onde ocorreria a reunião com a rainha.

Chamou a atenção o fato de que Elizabeth II, de 92 anos, recebeu Trump sozinha. O príncipe Philip, seu marido, geralmente a acompanhava em reuniões com chefes de Estado, mas, na ocasião, não se encontrava, tampouco os outros membros da família real.

O palácio havia se esquivado habilmente da visita oficial do presidente americano. O príncipe Charles, em cuidadosa campanha para constituir a persona de futuro rei, não queria ser associado de forma duradoura à imagem com Donald Trump. Seus filhos, os príncipes, estavam mais estarrecidos ainda com a perspectiva de encontrar o presidente. Não, a rainha que cuidasse daquilo. Nem mesmo Donald Trump seria capaz de diminuí-la.

O presidente e a rainha fizeram uma rápida e constrangida inspeção do terreno, avaliaram a Guarda de Honra — praticamente sem conversas, enquanto Trump, avesso à noção de receber instruções, era incapaz de acertar o lugar onde devia ficar — e depois entraram no castelo para um chá rápido.

Tudo sem maiores problemas, como devia ser. Mas, durante o chá, aparentemente como advertência ao presidente americano e afronta deliberada ao presidente russo que Trump logo viajaria para encontrar, Robert Mueller denunciou doze russos por ciberataques contra os democratas em 2016.

13. Trump e Putin

Um dos objetos da investigação de Mueller foi o esforço coordenado da campanha de Trump para adquirir 33 mil e-mails desaparecidos de Hillary Clinton. Fazendo compras em um bazar da dark web, a campanha de Trump tivera contato com hackers do governo russo.

Para Bannon, fechava-se um círculo irônico. Em 2015, o Breitbart havia financiado a pesquisa para *Clinton Cash*, um livro de Peter Schweizer (e depois um documentário) que tentou identificar a origem dos recursos consideráveis que haviam abastecido as atividades de Hillary e Bill Clinton. Foi a série quase incessante de requerimentos de Schweizer e outros grupos de direita, com base na Lei de Livre Acesso à Informação, para obter e-mails de Hillary de quando ela era secretária de Estado que ajudou a lançar luz sobre suas práticas de e-mails.

O escândalo que se seguiu gerou uma investigação do FBI que, especialmente ao ser retomada semanas antes da eleição de 2016, talvez tenha sido o maior golpe de todos contra a campanha dela. Mas, mesmo depois de Hillary apresentar a maioria dos e-mails armazenados em servidores particulares, 33 mil mensagens que ela considerou "pessoais" continuavam desaparecidas. Bannon, assim como muitos outros republicanos, desconfiava que esse conjunto de e-mails pintasse um mapa bem definido de como Bill e Hillary financiavam a Clinton Foundation, usando a posição dela no governo Obama para obter contribuições financeiras. Em julho de 2016, Trump conclamou hackers russos a encontrar esses e-mails.

A essa altura, Bannon e o Breitbart já estavam caçando os e-mails desaparecidos havia mais de um ano. Mergulhando a fundo pelo submundo da comunidade hacker internacional, eles conheceram incontáveis "achadores" e ansiosos vendedores. O único problema era que parecia haver muitas coleções e muitas versões diferentes dos e-mails. Bannon disse: "Era que nem comprar tijolos do Texas School Book Depository" — o edifício de onde Lee Harvey Oswald atirou em JFK. "Não fale para o cara da olaria que o prédio ainda existe."

Quando Bannon entrou para a campanha de Trump, em agosto de 2016, ele já sabia que não existia nenhum santo graal de e-mails de Hillary — ou pelo menos nenhum que fosse confiável. Mas diversos funcionários e perdigueiros da campanha, incluindo membros da família do candidato, ainda estavam tentando obter as mensagens para cair nas graças de Trump, pois ele acreditava que elas seriam prejudiciais a Hillary.

Para Bannon, esses esforços confirmavam tanto a qualidade desafortunada da campanha de Trump quanto, depois, a fragilidade do caso de conluio de Mueller. O máximo que Mueller conseguiria era alegar toupeirice, acusando trumpistas de tentar em vão encontrar algo que não existia. A investigação comprovaria apenas a idiotice da campanha — e do candidato.

A denúncia apresentada pela procuradoria especial contra os doze agentes de inteligência russos, anunciada durante a visita do presidente à rainha, aconteceu três dias antes da data prevista para que Trump deixasse a Escócia, onde estava de folga jogando golfe, e fosse para Helsinki se reunir com Vladimir Putin, presidente da Rússia.

O documento deixava claro que, em 27 de julho de 2016, hackers russos tentaram invadir o servidor privado de e-mails de Hillary — o mesmo dia em que Trump pedira em público para que os russos fizessem exatamente isso. (Trump depois insistiria que fora uma brincadeira, e funcionários da campanha alegaram que ele lia um texto preparado e mal sabia o que estava dizendo.) Os hackers então se infiltraram na campanha de Hillary — com a invasão do e-mail pessoal de John Podesta, o diretor da campanha — e na Convenção Nacional Democrata; em seguida, vazaram o material roubado, causando profundo constrangimento à campanha e ao Partido Democrata.

A denúncia descrevia uma operação de ciberespionagem contra ciberespionagem. Realmente, uma insinuação era que a comunidade de inteligência americana sabia o que os russos estavam fazendo durante todo o processo, mas decidiram não os impedir — porque aí, de acordo com a teoria da espionagem convencional, os russos saberiam que tinham sido descobertos.

Conforme o documento da denúncia, os hackers tinham contato com alguém ligado ao alto escalão da campanha. Inferia-se, nitidamente, que se tratava de Roger Stone. Se havia alguém capaz de representar perfeitamente a natureza irregular da campanha de Trump, era Stone, uma combinação vívida, ainda que instável, de chamador de atenção, artista performático, aventureiro sexual e teórico da conspiração que ninguém levava a sério, provavelmente nem sequer Donald Trump.

"Se Mueller só tem Stone, não é muita coisa", disse Bannon, sempre tentando definir o que exatamente ele tinha.

Mas a denúncia do procurador especial também parecia um gancho para provocar suspense, pois ele estava prestes a se calar. Já estavam no meio do verão; sempre inclinado ao rigor das normas, Mueller provavelmente não faria muito mais que pudesse causar qualquer impacto nas eleições de novembro. Além disso, sua pequena equipe tinha que se preparar para sua primeira apresentação e prestação de contas significativa ao público: os dois julgamentos de Paul Manafort, que ocorreriam em agosto e setembro.

O fato de que o final de temporada aconteceu horas antes de Trump se encontrar com Putin... bom, segundo Bannon, é isso que a polícia faz. Ela aumenta a pressão e espera para ver como o suspeito reage.

Seriam apenas Trump e Putin, com seus intérpretes a tiracolo. Uma conversa direta entre dois homens. Dois presidentes, sentados em volta de uma mesa em Helsinki, um lugar muito utilizado para cúpulas russo-americanas.

Trump estava irredutível quanto a não haver mais ninguém presente. Mike Pompeo, uma das poucas pessoas a quem o presidente tratava minimamente com respeito, disse que ele não podia fazer aquilo, que pelo menos o secretário de Estado devia acompanhá-lo na reunião. Mas Trump o descartou: "Tenho medo de vazamentos, de vazadores". O que, por associação, parecia achar que Pompeo era.

Todo o alto escalão da política externa — incluindo Pompeo, Bolton (chefe do Conselho de Segurança Nacional) e Kushner, com seu vasto portfólio em política externa — estava à beira de um colapso profissional. O presidente americano e o russo se encontrando sozinhos? Era algo inédito e, especialmente no contexto da investigação sobre a Rússia, quase loucura. No entanto, com uma espécie de solavanco burocrático, o pessoal da política externa se adaptou. Era Trump — o que eles podiam fazer?

Mike Pompeo e John Bolton concluíram que o presidente tinha um plano: "troca de gentilezas".

Trump gostava de se gabar de seus poderes de persuasão. "Ninguém é melhor que eu para amaciar uma pessoa", declarava ele. No círculo de Trump, aquilo era considerado a estratégia da loja-âncora. Jared e Ivanka eram grandes defensores de tal explicação para a postura de Trump. No mercado imobiliário, faz-se de tudo para conseguir trazer uma marca grande para ocupar a posição de loja-âncora em um espaço de varejo. Trump perseguia suas lojas-âncoras com notória obstinação. Se um varejista cobiçado dizia que estava tendo um caso com a mulher de Trump, ele dizia: "Ei, vamos abrir uma garrafa de champanhe". Até conseguir um contrato assinado e um depósito, não havia limite para a humilhação que Trump tolerava. Depois, no inverno, ele cortava o aquecimento.

Veja como deu certo em Cingapura, com Kim Jong-un! Trump o havia amaciado e, em troca, Kim o amaciara. Mesmo que nada mais tenha mudado, mudou o clima. A hostilidade pública se tornou aceitação pública, ou até ternura — apesar das bombas atômicas ainda em jogo. Era uma vitória, não? E tudo graças à troca de gentilezas.

Se Trump saísse daquela reunião de mãos dadas com o urso siberiano, seria mais uma vitória. Ele teria usado carisma e diplomacia pessoal para domar a fera — sozinho. Para Trump, parecia fazer todo o sentido. Seria o exemplo máximo de mais um de seus aforismos preferidos para os negócios: "Escolha o alvo mais fácil". Se Trump e Putin se cobrissem de elogios, era muito menos provável que trocassem ameaças ou exigências. Por enquanto, Trump só precisava de um aperto de mão. Depois podia cortar o aquecimento.

No fim da sexta-feira do dia 13 de julho, três dias antes da cúpula em Helsinki, o presidente e sua comitiva chegaram ao resort de golfe Trump Turnberry, na Escócia. No caminho do aeroporto, passaram por vacas pastando e cidadãos comemorando — mas nenhum protesto.

Mike Pompeo e John Bolton carregavam pastas grossas com relatórios. A ideia era que o fim de semana se alternasse entre preparação e partidas de golfe. John Kelly, Sarah Huckabee Sanders, Bill Shine e outros assessores também faziam parte da comitiva.

Sábado foi um dia de sol e calor, sem nada na agenda além de golfe. Mas, agora, alguns manifestantes tinham chegado a Turnberry. "Fora Trump, fora KKK, fora Estados Unidos racista", gritava um pequeno grupo de pessoas à tarde durante o jogo de golfe do presidente.

Trump, revigorado pelas reuniões da Otan e com o Reino Unido — "a gente deu uma enquadrada neles" —, não estava interessado em se preparar para a reunião com Putin. Não ia ter sequer sua típica preparação extremamente superficial — fofoca disfarçada de análise. Pompeo e Bolton reduziram o volume dos relatórios a uma única folha. O presidente se recusou a prestar atenção.

Ele estava bem. E por que não estaria? Tinha entrado na reunião com Kim sem saber encontrar a Coreia do Norte em um atlas, e não importava. Ele estava no comando, era um homem forte que conquistaria a paz.

Não me prendam, dizia ele a seus conselheiros. *Preciso estar livre*, repetia constantemente, como se fosse um processo terapêutico. Pompeo e Bolton insistiam em tratar com ele dos tópicos básicos para a reunião, que aconteceria dali a algumas horas — mas nada feito.

Na manhã seguinte, Trump jogou golfe, e aí começou a chover.

A comitiva presidencial chegou a Helsinki às nove da noite, ainda uma hora e meia antes do pôr do sol, e seguiu para o Hilton Hotel. Durante o voo, a França havia derrotado a Croácia na final da Copa do Mundo sediada pela Rússia, e o presidente Putin comparecera à partida no estádio Luzhniki.

A manhã de segunda-feira, 16 de julho, foi ocupada por reuniões e cumprimentos cerimoniais com o presidente finlandês, mas Trump conseguiu arrumar tempo para tuitar sobre as denúncias de Mueller e a "caça às bruxas mentirosa" que o perseguia.

Putin chegou mais tarde do que o esperado a Helsinki — ele sempre se atrasava —, obrigando Trump a esperar por quase uma hora. Trump e comitiva chegaram ao Palácio Presidencial da Finlândia por volta das duas da tarde. Trump e Putin se sentaram juntos, posaram para fotos e fizeram declarações públicas por alguns minutos, incluindo uma felicitação por parte de Trump pela bem-sucedida Copa do Mundo. Então as portas se fecharam e começou a conversa em particular.

A reunião durou pouco mais de duas horas. Depois, conselheiros e diplomatas russos e americanos se juntaram aos líderes e ficaram reunidos por aproximadamente mais uma hora. Por fim, Trump e Putin foram conduzidos ao salão para uma coletiva de imprensa pós-cúpula — na qual o mundo, e em especial a própria equipe de Trump, viu uma figura absolutamente estranha.

A caracterização que Bannon fez de Trump logo se tornou quase universal no círculo de Trump: "Ele parecia um cachorro surrado". Foi repetida até mesmo por Jared, que provavelmente não sabia que aquilo tinha partido de Bannon.

No mundo Trump, a única pergunta que todos se faziam era: o que teria acontecido lá dentro?

Trump e Putin entraram em pé de igualdade e saíram como vítima e vitorioso. Como o projeto de "troca de gentilezas" de Trump se transformara em uma humilhação tão evidente? Putin deve ter encurralado o presidente com algo terrível — talvez até com algo ameaçador! Mas que pressão fizera, exatamente? O que o russo tinha? Quase todo mundo na Casa Branca alimentou o debate.

"O que poderia ser?", perguntavam funcionários ansiosos.

Bannon foi listando as opções.

O vídeo do xixi? "Garanto", disse Bannon, "que, se isso existir, e se vier à tona, ele falaria apenas, descarada e definitivamente, que a figura idêntica a Donald J. Trump na imagem não era ele. Mentira. Mentira. Ele nem se abalaria."

Don Jr. tentando comprar os e-mails? "Ele não dá a mínima para Don Jr. Por favor!"

Prova de que os oligarcas haviam favorecido Trump, de que bilionários russos tinham comprado propriedades dele a valores inflados? "Estão cagando. Trump sabe disso. Não ficaria perturbado."

Talvez tivesse sido algo mais devastador do que uma tentativa de chantagem. Talvez Putin tivesse realizado um ataque coordenado contra a inteligência de Trump.

"Dane-se a declaração do imposto de renda; e se conseguirem o histórico escolar universitário dele?" Isso era uma preocupação frequente na Casa

Branca. Muitos amigos de Trump acreditavam que a vergonha e a insegurança intelectual dele remontavam aos sucessivos semestres de notas baixas.

E se Putin tivesse transformado a reunião de troca de gentilezas em uma prova de geopolítica? Ele poderia ser tão cruel assim? Pediria para Trump mostrar em um atlas onde ficava a Crimeia? "Meu Deus, não a relação da Crimeia com a Ucrânia", disse Bannon. "Não pergunte isso para ele, por favor!"

Bannon acreditava que se tratava de dois presidentes narcisistas que se portavam feito líderes de seitas no palco do mundo. Ambos tinham dons populistas, mas em última instância só agiam em benefício próprio. Dos dois, Putin era o mais esperto, de longe.

Donald Trump havia passado anos afagando Vladimir Putin à distância, fazendo alusões constantes a ele, o equivalente a mensagens de texto insistentes. Putin se mantinha indiferente, deixando claro que havia uma hierarquia. Quando Trump foi a Moscou para o concurso de beleza dele, em 2013 — quando teria sido gravado o vídeo do xixi —, Putin deu a entender que eles iam se encontrar, que ele faria uma visita ao concurso de Trump. Mas Putin não foi. Mas não o fez de forma grosseira — ele sabia ser sutil. O recado foi de que "Sim, um dia talvez nos encontremos, mas não agora". A hipótese de Bannon era que talvez Trump não estivesse interessado na ajuda dos russos durante a campanha; ele só queria atenção, interesse da parte deles — queria o reconhecimento de Putin.

Agora, em Helsinki, depois de duas horas a sós dentro da sala, em tese Trump finalmente havia conseguido o que queria. Estava em pé de igualdade com Putin.

Mas então por que parecia um cachorro surrado?

A coletiva de imprensa definitivamente foi uma das apresentações mais devastadoras e danosas jamais feitas por um presidente.

Não foi nem uma tentativa fracassada de fazer frente ao líder russo, algo na linha do famoso primeiro encontro frustrado entre Kennedy e Khruschov. Muito pelo contrário. Trump não fez nenhum esforço para exibir firmeza. Ele se portou de modo deferente, obsequioso, servil. Realmente parecia uma cena do filme *Sob o domínio do mal*, com um Trump subjugado pelo mestre.

Na coletiva, Putin teve a audácia de discutir as denúncias dos doze russos por Mueller. Ele permitiria que fossem interrogados se, em troca, os Estados

Unidos deixassem que a Rússia interrogasse cidadãos americanos que o país considerava inimigos. Putin indicou que aquilo tivera uma recepção positiva por parte do presidente americano, que estava ao seu lado — diminuído ou alienado.

Tentando se reanimar, Trump, com característica incoerência, fez uma defesa casual de Putin:

Meu pessoal veio falar comigo, disseram que acham que é a Rússia. Estou com o presidente Putin; ele acabou de dizer que não foi a Rússia. Vou dizer o seguinte: não vejo nenhum motivo para ter sido, mas quero mesmo ver o servidor. Mas tenho… tenho confiança nas duas partes. Acredito mesmo que isso provavelmente vai demorar um pouco, mas não acho que possamos continuar sem descobrir o que aconteceu com o servidor. O que aconteceu com os servidores do senhor paquistanês que trabalhou na Convenção Nacional Democrata? Cadê esses servidores? Sumiram. Cadê eles? O que aconteceu com os e-mails de Hillary Clinton? Trinta e três mil e-mails. Sumiram, simplesmente sumiram. Acho que, na Rússia, eles não teriam sumido com tanta facilidade. Acho que é uma desgraça a gente não conseguir os 33 mil e-mails de Hillary Clinton.

Putin, por sua vez, ignorou Trump sem cerimônias. O vídeo do xixi? Vigilância? Por quê? Trump não era ninguém quando foi à Rússia em 2013. Era um executivo de empreiteira. Não era uma grande celebridade da televisão que administrava um resort e um cassino de luxo, só um empresário normal que não tinha nada de mais. Putin disse tudo aquilo enquanto Trump definhava ao seu lado. Que motivo ele teria para se interessar por Donald Trump?

Por que Shine não interrompeu? Como é possível que a coletiva de imprensa tenha durado tanto? Como foi que deixaram Trump continuar ali, fazendo um comentário pior que o outro, atrapalhando-se cada vez mais? E, ao mesmo tempo, Putin estava lá, observando, o gato mais tranquilo do mundo depois de ter devorado um canário.

"Sofremos um revés", disse Bannon. "Foi um massacre."

Mas Bannon também reconhecia que Trump tinha sido superado por um mestre. "Meu Deus", disse ele, "Putin é *foda*."

Quando a humilhação pública de Trump finalmente acabou, ele parecia não saber o que tinha acontecido. Acompanhado por Melania, Shine e John Kelly, saiu da coletiva e foi direto para uma saleta no palácio que havia sido transformada em estúdio de TV.

Trump havia aceitado fazer uma entrevista pós-reunião com Tucker Carlson, da Fox. Carlson, que também fora a Helsinki para cobrir a reunião, conseguira a entrevista ligando diretamente no celular de Trump. Mas Sean Hannity, que era colega dele e também acompanhava Trump pela Europa, dera um chilique. Por incentivo de Bannon — "Você é Sean Hannity! Você entrevista Donald Trump!" —, Hannity também ligou para o presidente e implorou por uma entrevista. Então Trump, sempre disposto a aproveitar qualquer ato de servilismo, sem falar na chance de ter publicidade favorável, de repente resolveu dar duas entrevistas consecutivas para o mesmo canal no mesmo estúdio improvisado, onde todos tiveram que se espremer.

Praticamente não tinha espaço para mais ninguém: além de Trump, Melania, Shine e Kelly, estavam lá Carlson, Hannity, uma equipe de cinegrafistas e dois produtores executivos. O presidente parecia inabalado pela coletiva desastrosa. Kelly, rosnando, mal conseguia conter a fúria e a perplexidade, afastando fisicamente outras pessoas, inclusive Carlson. Melania — raramente abordada e, sem dúvida, jamais abraçada por ninguém da equipe ou da comitiva de Trump — se retraiu visivelmente diante do abraço próximo demais de Hannity.

Hannity, como Trump, parecia ter perdido a essência da coletiva de imprensa. A entrevista deles teve um clima de paquera — Trump se fazia de difícil e indiferente enquanto Hannity agia de forma extremamente bajuladora.

Ao ver o desempenho de Hannity, o produtor executivo de Carlson disse: "Eu sou gay e nunca dei em cima de um homem de forma tão descarada".

Trump começou a entrevista alfinetando Hannity por ele ter errado a quantidade de países da Otan na primeira pergunta (e todo mundo ficou surpreso por Trump realmente parecer saber a quantidade certa). "Tucker não teria errado nisso", disse Trump para Hannity, que ficou chocado. "Ele sabe quantos países tem na Otan. Você já viu o programa dele? Eu vejo todo dia. Vou deixar você repetir a pergunta, vamos lá."

Depois, na entrevista com Carlson — ainda alheio ao fato de que ele havia escandalizado e estarrecido o mundo com sua subserviência em relação a Putin —, Trump voltou a atacar a Otan. Ele disse que, de modo geral, ficaria bastante na dúvida quanto a sair em defesa de aliados da organização, o que na prática era um abandono justamente da própria razão de ser da Otan e das fundações da ordem pós-guerra.

Carlson pareceu confuso. "Os membros da Otan são obrigados a defender qualquer outro membro que tenha sido atacado", destacou ele.

Trump, ressaltando que Montenegro é um país-membro da Otan, disse que definitivamente não gostaria de lutar por Montenegro.

Na viagem de volta, a situação só piorou.

A princípio, Trump estava ansioso para receber aprovação, mas logo começou a cair a ficha da cobertura desastrosa da coletiva de imprensa. A percepção dele a respeito do que tinha acontecido era praticamente oposta à do resto do mundo. Trump — que quase nunca ficava sozinho por vontade própria, e jamais ficava sozinho e acordado sem uma televisão ligada — se retirou para seu quarto no avião em silêncio.

Na viagem do Força Aérea Um para o oeste, ele resistiu a todos os esforços de seus conselheiros para relatar o que havia sido tratado com Putin. Trump e o presidente russo tinham conversado em particular por duas horas, mas ninguém do governo americano sabia o que os dois haviam falado. Era possível que o governo russo soubesse de tudo.

A comitiva presidencial chegou aos Estados Unidos pouco depois das nove da noite, na segunda-feira. Trump desembarcou com Bill Shine e John Bolton. Ele ainda se recusava a falar.

No dia seguinte, o presidente se reuniu com membros do Congresso para discutir a reforma tributária, ignorando tentativas de iniciar conversas sobre a cúpula de Helsinki.

Pompeo, Bolton, Mattis, toda a liderança americana envolvida com política externa — todo mundo continuava sem saber o que havia sido tratado. Ninguém foi informado. O presidente não escutou o que foi dito, não entendeu, não lembrava? Enquanto isso, os russos começaram a vazar detalhes do que parecia ser uma série de acordos fechados durante a cúpula. Entre eles estavam incluídos — por mais incrível e bizarro que pareça — apoio a um plebiscito no leste da Ucrânia e a promessa de que autoridades americanas prestariam depoimento em um inquérito judicial na Rússia.

Muitos dentro da Casa Branca expressaram espanto diante da desfaçatez de Putin: ele realmente havia feito aquelas propostas absurdas e ainda por cima conseguido que o presidente aceitasse? Em certo sentido surreal, foi um momento em que praticamente todo o governo americano se deu conta de que seu líder não era apenas tragicamente — ou comicamente — despreparado, e sim um trouxa vergonhoso. Era quase impossível exagerar o grau de absoluta perplexidade do governo ou o pânico crescente do Partido Republicano.

Em 17 de julho, terça-feira, o vice-presidente Pence foi incumbido da responsabilidade de entrar no Salão Oval e dizer ao presidente que ele precisava voltar atrás nas declarações dadas em Helsinki. Pence ressaltou que não era só pelos democratas; os republicanos no Capitólio estavam muito nervosos. E estava prestes a acontecer uma série de pedidos de demissão na Casa Branca.

Lewandowski e Hannity chegaram a achar que a Câmara ia abrir um processo de impeachment.

Derek Harvey, do gabinete da maioria na Comissão de Inteligência da Câmara, ligou desesperado para a Casa Branca para avisar que seis republicanos talvez votassem a favor de intimar a intérprete que havia trabalhado para o lado americano durante a reunião entre Trump e Putin.

Finalmente, depois de mais uma reunião com membros do Congresso naquela tarde, Trump respondeu a perguntas da imprensa e voltou atrás nas declarações. John Kelly, Ivanka Trump, Bill Shine, John Bolton, Mike Pence e Steve Mnuchin estavam bem perto.

"Vou começar afirmando que tenho completa fé e confiança nas grandes agências de inteligência dos Estados Unidos", disse o presidente, com rispidez. "Aceito a conclusão de nossa comunidade de inteligência de que houve interferência da Rússia na eleição de 2016." Ah, insistiu ele, e "não houve conluio".

Mais cedo, Trump tinha se juntado com Ivanka — nem ele conseguia pensar em um jeito de se livrar daquela situação. Ivanka chamou Anthony Scaramucci — "Mooch" —, o executivo de fundos de hedge de Nova York que, em julho de 2017, numa ópera cômica de embriaguez e gritaria contra a imprensa, servira por apenas onze dias como diretor de comunicação da Casa Branca. Ivanka e Scaramucci sugeriram que Trump simplesmente negasse o que ele tinha dito e explicasse que havia sido um erro de pronúncia. Ivanka lembrou que o pai embolava palavras e enrolava a língua com alguma frequência, então essa seria uma explicação minimamente plausível.

Trump havia concordado com o plano e, então, acrescentou: "Devia ter sido óbvio, achei que seria óbvio, mas eu gostaria de esclarecer só para o caso de não ter sido. Em um momento importante da minha declaração, eu falei 'ter sido'. A frase certa era 'Não vejo nenhum motivo para não ter sido a Rússia', então, só para repetir, eu falei 'ter sido' em vez de 'não ter sido'". Continuando a explicação, ele disse que foi "um tipo de dupla negativa".

Enquanto Trump estava no meio de suas explicações, transmitidas ao vivo em cadeia nacional, as luzes se apagaram. Trump, confuso, continuou falando, com o rosto no escuro por um instante. Mais tarde, Ivanka acusaria John Kelly de apagar as luzes de propósito. Ela insistiu que não foi nenhum acaso, nenhum sinal divino; era John Kelly mandando-o calar a boca.

Bannon, mais uma vez, estava estupefato. "Quando Ivanka e Mooch conseguem convencer o comandante em chefe dos Estados Unidos a achar que as pessoas vão acreditar que foi um problema de dupla negativa, o universo deixa de ser cartesiano."

Foi agendada uma reunião ministerial às pressas para o dia seguinte, quarta-feira. Para demonstrar que tudo seguia normalmente na Casa Branca, a reunião foi aberta à imprensa. Ivanka Trump fez a apresentação principal e ofereceu uma série de ideias para novos programas de emprego. "Uau", comentou o presidente depois. "Se o nome dela fosse Ivanka 'Smith', a imprensa diria que foi totalmente genial!"

Em resposta a uma pergunta no final da reunião, Trump disse que não, ele não acreditava que os russos pretendiam mais influenciar as eleições americanas. Pouco depois, foi divulgado um esclarecimento: quando o presidente disse "não", ele estava dizendo que não, não responderia a perguntas.

Jim Mattis, notoriamente presente na cidade, abertamente incrédulo e profundamente preocupado — e, depois de Helsinki, mais indeciso do que nunca quanto a se devia continuar no cargo —, foi uma ausência notável na reunião ministerial. Por todos os lados correram boatos, muitos aparentemente originados de pessoas bastante próximas do secretário de Defesa, de que ele pediria demissão em questão de horas.

Contudo, por pior que estivesse, a situação se agravou mais ainda quando Trump anunciou, de repente, que ia convidar Putin para uma visita à Casa Branca.

O furor se alastrou. Reagindo com mágoa e raiva explosiva, ele começou a procurar alguém para levar a culpa. Mattis, com suas insinuações apocalípticas de que pediria demissão, parecia um alvo perfeito. Trump começou de repente a gritar com assessores sobre Mattis e a tolerância dele com transgêneros. "Ele quer dar cirurgias para os travecos. 'Aprenda a atirar que eu te dou uma cirurgia'", arremedou Trump, com uma voz afetada.

A Casa Branca logo tentou avaliar qual seria a reação caso Mattis — que, na opinião de ambos os partidos, era o adulto responsável da Casa Branca — fosse obrigado a sair. Integrantes da liderança no Congresso afirmaram que a demissão do secretário de Defesa poderia fazer o Massacre de Sábado à Noite parecer uma noite plácida.

"Se perder Mattis", disse Bannon, mais preocupado do que nunca quanto ao estado mental de Trump, "ele perde a presidência." Mattis era o elo da Casa Branca com o que existia de establishment bipartidário. Sem ele, era bem possível que o centro não se sustentasse.

Convencido a tirar Mattis da mira, o presidente virou os canhões na direção de Kelly, que depois de Helsinki também havia insinuado que pediria demissão. Mas Dan Coats, diretor de Inteligência Nacional, entrou na linha de tiro.

Coats estava fora, participando de um congresso sobre questões de segurança nacional em Aspen. Durante uma entrevista no auditório, ele foi informado de que Trump tinha acabado de convidar Putin para a Casa Branca. Seus olhos pareceram pular para fora da cabeça. Coats não conseguiu, nem tentou, conter o espanto. "Como é que é?", perguntou ele. Quando a plateia desatou a rir, Coats continuou: "Certo... isso vai ser interessante".

Em questão de minutos, quase todos os noticiários estavam reproduzindo a cena da reação espontânea de Coats. Trump ficou furioso: "Ele está acabando comigo!".

Para piorar a gafe de Coats, a notícia do incidente se antecedeu à distração que a Casa Branca já havia planejado: com Ivanka a seu lado, o presidente estava preparado para assinar um novo decreto para criar o Conselho do Trabalhador Americano, que faria parte do programa de treinamento profissional formulado pela filha. Enquanto isso, ele assinaria mais um decreto para nomear Jared Kushner como diretor de um novo conselho laboral. Mas não tinha nenhuma TV!

Trump jurou que demitiria Coats. Kelly se opôs imediatamente: se você o demitir, disse, outros dez vão pedir demissão. E, se você não sofrer um impeachment por causa disso no Congresso, com certeza vai ser censurado.

Trump começou a zapear freneticamente pelos canais da TV, procurando seus defensores, sem sucesso. Cadê Kellyanne?, indagou ele. Cadê Sarah? Cadê *todo mundo?*

Com receio de que Hannity cobrasse a demissão de Coats e selasse o destino dele, a Casa Branca entrou em pânico outra vez. Antes de uma entrevista com a CBS no Salão Roosevelt, Kelly, Shine, Sarah Huckabee Sanders e Mercedes Schlapp quase saíram no tapa para decidir quem diria ao presidente que ele precisava defender Coats. A missão coube a Kelly.

No ar, o presidente parecia estranhamente solícito. Sentado em uma cadeira com as mãos entre as pernas, feito um camarão gigante, ele se inclinou para Jeff Glor, o entrevistador. Talvez finalmente tivesse começado a perceber o perigo, pois parecia derrotado e ansioso para acertar as respostas.

GLOR: O senhor disse que concorda com a conclusão dos serviços de inteligência dos Estados Unidos de que a Rússia interferiu na eleição de 2016.

TRUMP: Sim, e já falei isso antes, Jeff. Já falei várias vezes, e acho que é verdade, sim.

GLOR: Mas o senhor não condenou Putin especificamente. O senhor o considera responsável?

TRUMP: Bom, eu diria que sim, porque ele está no comando do país. Assim como eu me considero responsável pelas coisas que acontecem neste país. Então, certamente, como líder de um país, é preciso responsabilizar o cara, sim.

GLOR: O que o senhor disse para ele?

TRUMP: Fui muito rigoroso no fato de que não dá para ter interferência, não dá para ter nada disso…

Quando o programa terminou, Kelly estava no fundo do poço. "Dessa vez ele não vai conseguir se safar", murmurou ele, falando sozinho. "Essa merda está descontrolada. Ninguém consegue levar isso adiante."

No entanto, ninguém pediu demissão — nem naquele dia, nem no seguinte, nem no seguinte. Ainda que Trump não tenha chegado a "se safar" propriamente, ninguém no círculo íntimo dele conseguia pensar em uma boa resposta para a pergunta crucial: o que vamos *fazer* com essa zona?

Bannon, em uma declaração pública, anunciou: "Ou você está com Trump, ou contra ele". O comentário não resolvia nada, mas, de alguma forma, também sintetizava tudo.

Na sexta-feira, 20 de julho, o presidente foi para Bedminster. No sábado, jogou golfe. No domingo, tuitou que a interferência da Rússia nas eleições de 2016 "era tudo uma grande mentira".

Pouco depois da cúpula com Putin, um grupo informal de republicanos começou a conversar. Entre os integrantes estavam representantes da liderança da maioria no Senado, do gabinete do presidente da Câmara, e alguns dos doadores mais importantes do partido, incluindo Paul Singer e Charles Koch. Embora ainda estivesse longe de ser uma ação organizada contra o presidente, era o início de um comitê exploratório. Os principais objetivos do grupo eram avaliar as forças e as fraquezas do presidente e pensar em 2020 e na possibilidade de lançar um novo candidato para as primárias.

14. Cem dias

Domingo, 29 de julho, marcava cem dias até as eleições de meio de mandato.

Reince Priebus, chefe de gabinete de Trump durante os primeiros seis meses do mandato, convidou Bannon para jantar em seu *country club* no interior da Virgínia. Havia se passado um ano desde que Priebus saíra do cargo na Casa Branca, demitido pelo presidente via tuíte quando estava na pista do aeroporto, logo depois de desembarcar do Força Aérea Um. Desde então, ao contrário do que costumava acontecer com ex-chefes de gabinete, ele não conseguira nenhuma posição de prestígio. Cogitado para entrar na campanha de Trump, Priebus estava hesitante, prevendo mais repercussões negativas contra qualquer um associado ao presidente.

Bannon o incentivava a aceitar o cargo. "Não sei", disse Priebus. "Mitch McConnell é um cara bem esperto, e ele está estimando uma perda de quarenta vagas na Câmara. Paul Ryan é um cara bem esperto e acha que quarenta é pouco."

Na política, cem dias costumam ser uma eternidade, mas, naquele momento, muitos republicanos estavam com a sensação de que o tempo tinha parado e era impossível andar para a frente. Às vezes parecia que a campanha toda se resumia a Don Jr. e Kimberly Guilfoyle, namorada dele e ex-apresentadora da Fox, viajando e promovendo Trump, enquanto a base finalmente dava a Don Jr. o reconhecimento pessoal que ele nunca recebera do pai. Era um partido majoritariamente cético, por mais que em tese estivesse sujeito à vontade de Trump.

Jason Miller, intermediário da Casa Branca com a CNN e um dos representantes mais infatigáveis de Trump, disse para Bannon: "Acabou".

No meio-tempo, havia o êxodo contínuo e inédito de funcionários da Casa Branca; os atritos diários no alto escalão eram incessantes. O último a sair fora Marc Short, o diretor legislativo. Seu cargo, em um partido que controla tanto a Câmara quanto o Senado, era um dos mais cobiçados na política. O diretor legislativo era quem levava adiante as promessas do partido. Era o cara da ação. Na prática, não tinha como dar errado, e uma futura carreira de sucesso estaria garantida. Mas Short mal podia esperar para sair.

Normalmente, a Casa Branca receberia uma torrente de candidatos. Mas a quantidade de currículos de pessoas ansiosas para assumir a vaga foi… zero. O cargo acabou sendo ocupado por Shahira Knight, uma lobista pouco conhecida que havia sido assessora de Gary Cohn.

Bill Shine, com poucas semanas na função, estava possesso, falando para todo mundo que não estava ali para aquilo. Não havia nenhuma organização. Nenhum plano. Não havia literalmente ninguém para fazer nada — ele precisava fazer tudo sozinho. Além do mais, já era um trabalho incessante ter que lidar com Trump, uma celebridade imensamente mais difícil que qualquer outra da Fox. Segundo Shine, Trump era pior que Bill O'Reilly, que, quase por unanimidade, era o homem mais difícil da televisão (da *história* da televisão, segundo Roger Ailes, antigo diretor da Fox). Mas Trump, para Shine, precisava de ainda mais afagos, palavras reconfortantes e cuidados com a aparência.

Trump estava no mínimo tão infeliz quanto Shine. "Hannity disse que Shine tinha talento", resmungou. "O talento dele é zero. Hannity disse que eu ia ganhar Ailes. Shine não é nenhum Ailes."

Com um ano e meio de governo Trump, muitas vezes parecia que não tinha mais ninguém trabalhando na Casa Branca. Faltavam cem dias para as eleições de meio de mandato mais importantes daquela geração, e ninguém estava comunicando a mensagem da Casa Branca; até Kellyanne Conway parecia ter sumido. ("Entrou no serviço de proteção à testemunha", disse Bannon.) O pior era que não *havia* mensagem. Jason Miller, o principal defensor do presidente na CNN, levava seus próprios tópicos quando aparecia no canal.

Já Bannon tinha voltado ao modo campanha eleitoral. Era guerra total o tempo todo: por pior que fosse o panorama, só se podia acreditar em um resultado positivo — era aquela a natureza de uma campanha. Com as operações na sala de situação dele na "Embaixada" correndo a pleno vapor, Bannon tentou retomar a mentalidade de agosto de 2016 na Trump Tower, quando chegara para assumir uma campanha em frangalhos. Mas, naquele momento crítico, ele tinha uma vantagem enorme: o inimigo estava dormindo, cheio de confiança de que Hillary Clinton tinha a presidência na mão. Agora ele enfrentava um inimigo totalmente alerta, de olho em qualquer oportunidade para despejar mais recursos. O que quer que acontecesse, daquela vez o outro lado não seria pego desprevenido; tal arrogância não existia. Bannon acreditava que os democratas não iam poupar esforços. Se perdessem, perderiam tudo.

Na Casa Branca, havia lassidão, fatalismo e, principalmente, aversão a assumir responsabilidade pelo resultado trágico que parecia inevitável. Os democratas talvez tivessem mudado radicalmente de mentalidade desde 2016, mas não os trumpistas: eles ainda acreditavam que iam perder, e até que *deviam* perder.

Ninguém deixou de perceber que Don Jr., que todo mundo avaliava ser um elo muito fraco na marcha adiante da família Trump, era o principal defensor do pai. (Era uma novidade que deixava até o presidente preocupado. "Ele é um garoto bem burro", disse Trump, realista.) Aproveitando a nova visibilidade, o filho agora estava falando para todo mundo que não tinha importância se perdessem, e que o pedido de impeachment seria bom. "Eles que tentem. Mandem ver. Fico feliz. Vai ser a melhor coisa que pode acontecer", disse Don Jr., esmurrando o próprio peito. "Os democratas vão se arrepender muito."

"Só espero que as pessoas não acreditem nessa merda", disse Bannon, para Priebus. "Quando os democratas pegarem o martelo e começarem a analisar tudo, se você acha que Trump é rei Lear agora, espere só até virar uma rotina diária de audiências, investigações, intimações. Ele vai surtar."

Bannon vinha passando cada vez mais tempo em Nova York, e alguns doadores e figuras da mídia com quem havia feito amizade desde que saíra da Casa Branca insistiam para que abandonasse Trump. Sua carreira reinventada, de figurante político a pessoa influente e celebridade política internacional, podia morrer junto com Trump. Bannon estava ciente. "Sou só um cara de um movimento que continua com Trump porque ele faz parte desse movimento", disse Bannon, longe de declarar entusiasmo caloroso pelo presidente.

Curiosamente, enquanto Bannon e o resto do partido iam ficando cada vez mais cansados de Trump — para muitos, era uma exaustão inclemente —, havia agora ampla dependência do gênio imprevisível do presidente. A imaginação, o instinto ou o descaramento dele transgredia de tal modo os limites da conduta política tradicional que nenhum político convencional — e a política continuava sendo domínio dos convencionais — havia descoberto um jeito de prever e rebater seu comportamento caótico. "É um trabalho hercúleo, mas, no fim das contas, temos Trump, e ninguém na política americana aprendeu a lidar com isso", disse Bannon.

Isso valia tanto para os republicanos quanto para os democratas. Em certo sentido, os republicanos — o Comitê Nacional Republicano e a liderança no Congresso — praticamente não promoveram uma campanha para as eleições de meio de mandato. Afinal, o pleito de novembro não tinha a ver com o Partido Republicano. Tinha a ver com Donald Trump. O partido só estava seguindo a corrente, esperando o presidente fazer milagre. De alguma forma.

Os republicanos tinham um orçamento de mais de 500 milhões de dólares para gastar nas disputas para a Câmara (acabariam gastando 690 milhões). Mas isso era independente da campanha do próprio Trump — ou, na opinião dele, a campanha de verdade —, que giraria em torno do que ele mais gostava de fazer e que concluíra ser o único motivo para sua vitória em 2016: comícios.

Talvez em algum aspecto inconsciente, mas não muito sutil, o propósito da presidência de Trump — o estilo e a ênfase, e o esforço diário para chamar atenção — não era tanto conquistar votos, e sim encher estádios. Nesse sentido, Trump era energizado pela insistência quase constante de Bannon de que a eleição precisava ter a ver *só* com ele. Faltando 102 dias, Bannon fizera uma aparição no programa de Hannity, na Fox, em que os dois falaram diretamente para o presidente: só você pode se salvar.

Bannon declarou que o destino de Trump dependia dos deploráveis, que precisavam ser levados ao tom emocional de medo que os faria ir às urnas. Só Trump era capaz de conseguir aquilo.

O sentimento de resignação nas fileiras republicanas era generalizado. A perspectiva da derrota era a única motivação para a vitória. "Se não ganharmos, nossa situação vai ser tão catastrófica que não consigo nem pensar", disse

Bannon. "A guerra mortífera entre Mitch McConnell, o establishment, os doadores, o derramamento de sangue... não vai sobrar ninguém."

No entanto, a motivação dos democratas era a mesma. O partido que perdesse as eleições de meio de mandato implodiria e seria consumido por conflitos internos. Bannon, como se operasse um fundo de hedge político, tinha esperança de se beneficiar com qualquer uma das guerras civis.

Se os republicanos perdessem a maioria na Câmara, Trump certamente seria o principal motivo da derrota. E certamente descarregaria a culpa, com o máximo de veneno e agressividade, na liderança do partido. O melhor desempenho de Trump era quando ele servia de marca de contraste para seus inimigos. Corry Bliss, o agente republicano que dirigia os esforços do partido para preservar a Câmara, disse que o maior medo dele não era perder a Câmara, e sim perder a Câmara e ainda ficar com Donald Trump na Casa Branca. Como definitivamente Trump não ia assumir a culpa nem dar crédito aos democratas, então o problema cairia no colo dos republicanos no Congresso e dos doadores.

Trump, como Bannon precisava lembrar regularmente a seus amigos republicanos, não era republicano. Sua afiliação ao partido era estritamente por conveniência e podia ser desfeita a qualquer momento. "Se você acha que Trump é perigoso agora", disse Bannon, "um Trump ferido não tem limites."

Para Bannon, perder a Câmara talvez até acabasse sendo o plano perfeito. Uma boa parte da briga feia dele com Trump — além do fato de que todo mundo brigava feio com Trump — tinha a ver com a disposição do presidente de deixar que a liderança republicana trocasse a própria plataforma pela dele. A revolução populista de Trump e Bannon havia recaído, muitas vezes, na velha política do Partido Republicano. Então, com a derrota, Bannon talvez conseguisse sua guerra total contra o partido. Os republicanos apenas no nome é que não haviam defendido Trump direito; portanto, se a Câmara fosse perdida, a responsabilidade pelo impeachment seria deles.

Se o controle da Câmara mudasse de lado e Trump enfrentasse a ameaça do impeachment, a ala deplorável do partido seria energizada e ia se erguer (embora até Bannon acreditasse que a natureza dessa energia tinha suas tendências preocupantes). Nada atiçaria tanto essa fera quanto a destruição do líder. Dependendo do estado de espírito de Bannon, ele estava preparado para encarar e conseguia imaginar como o martírio de Donald Trump poderia produzir um saldo positivo para si próprio e o movimento populista. Trump seria transformado em um símbolo poderoso, vítima e mártir, e no fim das contas talvez isso funcionasse melhor do que Trump como capitão frustrante e imprevisível do movimento.

Mas, se os democratas não conseguissem dominar a Câmara, a alternativa também proporcionava diversas vantagens a Bannon. Seria um registro momentoso. A repulsa universal contra Donald Trump em toda a faixa liberal havia unido os democratas depois da eleição de 2016. Eles acusaram Trump de roubar a eleição; não assumiram a culpa, mais lógica, por terem perdido. Mas, se não conseguissem derrotá-lo agora — com dinheiro, moralismo, contingente e sem o peso morto de Hillary Clinton —, definitivamente teriam que aceitar que o problema era a identidade do próprio Partido Democrata. Também nessa hipótese seria o establishment contra a ralé do próprio partido. Bannon acreditava que a esquerda, em busca de nova razão de ser e nova liderança, ia se voltar para sua própria versão militante de populismo.

Nesse contexto de polarização e realinhamento estaria a oportunidade — e o divertimento — de Bannon. Ele se sentia atraído tanto para a esquerda quanto para a direita. Sua constatação, ainda não adotada pela esquerda, era de que podia ser um de seus líderes naturais. A Itália era prova daquilo: Bannon havia ajudado a aproximar a Liga Norte, nacionalista, e o Movimento Cinco Estrelas, popular. Os dois partidos nutriam uma antipatia profunda pela influência das corporações, pelas elites que dominavam o poder, pelo status quo corrosivo e pelo controle que se retroalimentava — tal espírito os uniu. O resto era detalhe.

Desde que saiu da Casa Branca, em agosto de 2017, e depois do Breitbart, no começo de 2018, Bannon havia prestado cada vez mais atenção à mídia liberal, enquanto a mídia liberal o aviltava sem parar. Teve a entrevista dele no *60 Minutes*, muito comentada. Tinha a lista de repórteres e produtores liberais de referência dele: Costa, do *Washington Post*, Gabe Sherman, da *Vanity Fair*, Maggie Haberman, do *Times*, Ira Rosen, do *60 Minutes*, e, aparentemente, quase todo mundo que ligava para ele do *Daily Beast*.

Bannon ficara sabendo que Laurene Powell, a mulher de Steve Jobs — e que agora estava usando seus bilhões para construir uma empresa de mídia progressista —, tinha falado que era "muito fã" dele. Também ficara sabendo que um personagem no suspense de espionagem *22 milhas*, com Mark Wahlberg, era inspirado nele. E o documentário *Fahrenheit 11/9*, de Michael Moore, que seria lançado em breve... Bannon também aparecia nele. Além disso, enquanto viajava pelo mundo, estava sendo acompanhado por uma equipe de documentaristas em tempo integral.

Bannon estava especialmente ansioso para ver um documentário de Errol Morris, que pretendia ser literalmente só sobre ele — uma entrevista individual de 110 minutos. *Sob a névoa da guerra*, um dos documentários mais famosos de Morris, tratava exclusivamente de Robert McNamara, secretário de Defesa nos governos de Kennedy e Johnson, uma figura fundamental e trágica da Guerra do Vietnã. O filme novo de Morris, por associação, confirmaria que Bannon era igualmente fundamental. O filme — que a princípio recebeu o título *American Carnage* [Carnificina americana], em homenagem ao sombrio discurso de posse de Trump, que Bannon havia escrito — agora se chamava, para não ofender espectadores liberais antes mesmo de o terem visto, *American Dharma* [Darma americano]. Seria exibido nos festivais de cinema de Veneza, Toronto e Nova York durante o outono, cravando o ponto de vista de Bannon bem no meio do coração mole dos liberais.

Enquanto ele cortejava a grande mídia e a mídia de esquerda, também preparava uma obra de propaganda de direita — e *extrema* direita. Uma das atividades esporádicas de Bannon era como cineasta independente; ele havia produzido cerca de dezoito filmes, incluindo três longas hollywoodianos, mas a maioria documentários conservadores. *Trump @War* [Trump em guerra] era uma obra belicosa, violenta e, em vários momentos, surreal, uma saraivada de socos, gritos, chamas e confrontos implacáveis nas barricadas. Bannon acreditava que a esquerda teria adorado fazer aquele filme sobre os ataques impiedosos da direita contra os cidadãos de bem da esquerda; mas, no filme dele, era a esquerda impiedosa que atacava os cidadãos de bem da direita.

A ideia era que, depois da estreia em setembro, o filme viralizasse e fosse baixado por dezenas de milhões de pessoas. Mas também era de que a plateia fosse uma pessoa só. E, de fato, quando Trump assistiu ao filme de Bannon alguns meses depois, foi todo elogios: "O cara é muito talentoso. A gente tem que admitir, o cara é muito talentoso. Realmente consegue prender a atenção".

Em meados de julho, dias após o fiasco de Trump em Helsinki, Bannon viu mais uma oportunidade para se destacar: ele apareceria como convidado-surpresa em um evento de música e cultura no Central Park. Alexandra Preate, sua persistente assessora de relações públicas, estava com o pé bem atrás quanto aos benefícios da participação e tentava ativamente convencê-lo a não subir num palco em Manhattan.

Mas Bannon não queria saber. "Vou dizer que vocês são um bando de otários de merda. Vocês se entregam de corpo e alma à economia sob demanda e não têm nada. Um bando de servos... sem propriedade, sem benefícios, sem igualdade, com a poupança zerada."

Então ele acrescentou: "O problema desse discurso é que aqui é Nova York, e aquelas pessoas todas são ricas, ou com certeza *vão* ser. Elas querem ser proprietárias. Preate está rezando para chover e cancelarem".

E choveu.

Depois de Helsinki, Trump começou uma nova ladainha sobre o que precisava mudar no seu governo. Talvez fosse indicação de que seu progresso era menos aleatório do que parecia, de que pelo menos havia um desejo atávico de sobrevivência, ainda que sem qualquer estratégia definida.

O proibido tema Steve Bannon ressurgiu em sua conversa. Não que a reinserção fosse positiva: ele era um fracassado, vira-casaca, um péssimo ser humano. Mas, ao detonar o antigo estrategista e esperar que as pessoas concordassem com as críticas, podia então discordar delas. Bannon era um babaca vazador, mas pelo menos não era idiota que nem os outros babacas vazadores da Casa Branca.

A reavaliação de Bannon era voltada, em parte, para Jared, o procurador de Jared, Brad Parscale, e a intenção de Jared de dirigir a campanha de reeleição. Esse agora era o plano de Jared. Ele não pretendia mais voltar para Nova York depois das eleições de meio de mandato, algo que aparentemente Trump vinha fomentando entre pessoas que podiam fomentá-la para Jared. Em vez disso, ficaria na capital e assumiria a campanha de reeleição de 2020. Trump resistia porque não gostava de pensar no futuro — planejar demais dava azar. Mas outro motivo para a nova postura negativa dele em relação ao genro era a profusão repentina de boatos sobre uma possível denúncia de Jared. Por acaso, muitos dos boatos tinham sido espalhados por Bannon. E pelo próprio Trump, que conversava abertamente, e com muita gente, sobre a probabilidade de o genro ser denunciado, o que fazia com que os boatos chegassem até ele de novo. Mas não tinha importância: boatos eram boatos.

Então, com a permissão de Trump, intermediários na Casa Branca levantaram a questão: Bannon consideraria voltar?

Os intermediários de Bannon mandaram a resposta: "De jeito nenhum".

Mas Trump não conseguia deixar para lá. E se, pensou ele, Bannon assumisse a campanha? A especulação não se tratava tanto do que representaria para Bannon, e sim para Trump. Seria indicação de que ele não acreditava que pudesse vencer sem Bannon? Ou pareceria que estava tão confiante que podia ser magnânimo e chamar Bannon de volta?

Outra pergunta foi levantada: Se o presidente pedisse, Bannon faria uma visita?

Bannon faria... *se* a visita acontecesse na residência, não no Salão Oval. Especificamente, ele disse: "Chego aí de manhã e vou para a residência, e a gente conversa depois que você vir televisão".

Bannon sabia exatamente o que diria para Trump se o encontro acontecesse: "Se você tirar Parscale e a porra dos seus parentes daqui, eu cuido da campanha. Depois disso, não prometo nada".

Ao receber o assentimento condicional de Bannon para a sugestão de visitá-lo, Trump pareceu prestes a convidá-lo. "Vou ligar para ele", disse a um amigo em Nova York. Mas então acrescentou logo em seguida para o mesmo amigo: "Jared tem ouvido muita coisa ruim sobre ele". Depois, Trump discutiu a questão com Hannity. "Será que eu ligo?"

No fim das contas, a ligação não aconteceu. Bannon entendeu que Trump era incapaz de admitir publicamente que estava numa situação tão complicada que precisava de ajuda. "Conheço o cara", disse Bannon. "Psicologicamente, ele não tolera dependência. Na verdade, eu não teria conseguido salvá-lo, porque, se começasse a parecer que estava fazendo isso, ou se levasse o crédito por isso, ele surtaria na frente de todo mundo."

"Acontecimentos exógenos" eram as forças imprevisíveis, quase místicas, e o alinhamento de astros que Bannon acreditava que determinariam o resultado das eleições de meio de mandato. Conforme a lealdade do partido se desgastava, conforme aumentava a desconfiança em relação a toda a classe política, conforme os doadores dos dois lados juntavam dinheiro para saturar todos os mercados midiáticos, o que acontecesse nas últimas semanas da campanha provavelmente seria crucial. Em especial na era Trump, quando a notícia mais recente costumava atropelar tudo o que vinha antes — e com a temeridade e o exibicionismo de Trump para incrementar o drama —, vantagens ou carências anteriores talvez não tivessem a menor importância. Até mesmo o chocante sucesso da economia de Trump — o índice de desemprego era o mais baixo dos últimos anos — provavelmente faria muito pouca diferença. Cada vez mais, as eleições representavam um retrato do momento, não uma experiência cumulativa. A lição de 2016 foi: Trump provavelmente conquistou a Casa Branca porque, na última hora, James Comey retomou a questão dos e-mails de Hillary Clinton.

O que *poderia* acontecer — esse era o jogo, na opinião de Bannon. Então que cartas Donald Trump ou os deuses tinham na manga? Bannon imaginou a variedade de acontecimentos exógenos que poderiam ocorrer antes de 6 de novembro.

Os caras dos fundos de hedge talvez voltassem dos Hamptons em setembro e, já com os lucros garantidos para o resto do ano, começassem a se perguntar qual poderia ser a saída para o conflito crescente com a China. Ameaças eram uma coisa, mas guerra comercial absoluta era outra. Se as forças que movem o mercado caíssem para o negativo e passassem a desgastar os lucros, o mercado poderia oscilar. Uma correção forte talvez destruísse a confiança de Trump e o fizesse se comportar de maneira mais errática ainda.

Ou: se Trump não conseguisse o dinheiro para o muro no ano fiscal que começaria em 1º de outubro, talvez forçasse uma paralisação do governo. Daquela vez, a semanas da eleição, talvez aceitasse o caos, talvez até se deleitasse. Em fevereiro, depois de, muito a contragosto, aceitar sua última concessão humilhante, ele havia jurado nunca mais aprovar um orçamento que não previsse dinheiro para o muro. Agora, no final de julho, continuava a ameaçar: sem muro, sem orçamento. Se aceitasse qualquer coisa menos, a base lembraria.

Ou: a confirmação de Brett Kavanaugh para a Suprema Corte, que se desenrolaria em setembro, poderia oferecer à base a brutalidade de uma guerra cultural. O conservador Kavanaugh faria a Corte pender decididamente para a direita, e os republicanos tinham esperança de que os democratas promovessem uma campanha de oposição que estivesse espumando de raiva e acabasse se revelando fútil.

Ou: Bob Woodward, o algoz de Nixon e cronista dos bastidores de todas as presidências desde Watergate — a voz mais pura do establishment de

Washington —, poderia apresentar um veredito avassalador sobre o governo Trump. De fato, o livro, previsto para ser publicado em meados de setembro, tinha sido programado precisamente para abalar as eleições de meio de mandato e ajudar a comprometer seriamente o mandato de Trump.

Ou: Trump talvez ainda demitisse Sessions, ou Rosenstein, ou Mueller — ou todos os três. Talvez tentasse detonar "o negócio da Rússia", o que poderia acabar ajudando ou ferindo-o mortalmente.

"Acredite", disse Bannon, no final de julho, "isso aqui ainda vai ficar uma loucura."

15. Manafort

No dia 31 de julho, no Distrito do Leste da Virgínia, Robert Mueller levou Paul Manafort — antigo lobista internacional e consultor político e, mais recentemente, diretor da campanha presidencial de Donald Trump — a julgamento. Ele enfrentava dezoito acusações de sonegação fiscal e outras fraudes financeiras.

Mueller logo acrescentaria outras acusações ao processo de Manafort — formação de quadrilha, lavagem de dinheiro, coação de testemunha — no tribunal federal em Washington. A procuradoria havia tentado reunir todas as acusações na capital, mas o time jurídico de Manafort, achando que tinha vantagem, quando na verdade não tinha nenhuma, não aceitara. O governo então pôs em ação um plano de realizar julgamentos consecutivos, duplicando a chance de obter condenações, e, enquanto tentava forçar Manafort a depor contra Trump, praticamente garantiu que ele fosse à falência.

Para Bannon, já havia muito tempo que Manafort era uma presença cômica incompreensível, e o início do julgamento inspirou nele uma espécie de devaneio. Era uma narrativa do absurdo, e Manafort, um personagem quintessencialmente trumpiano, era útil e divertido para Trump, mas, ao mesmo tempo, também era uma ameaça mortal.

"Foi assim", rememorou Bannon, em volta da mesa de jantar na "Embaixada", num dia de verão, "que eu conheci Paul Manafort...

"Eu estava em Nova York, sentado no Bryant Park, lendo o jornal. Devia ser 11 ou 12 de agosto [de 2016], e vi a reportagem chocante de Maggie

Haberman no *Times* sobre o colapso total e absoluto da campanha de Trump. Liguei para Rebekah Mercer. 'Você sabia', eu digo, 'que esse negócio estava tão fodido assim?' Ela diz: 'Vou ligar para umas pessoas'. Cinco minutos depois, ela me liga de novo e fala: 'É pior ainda. Está indo para o buraco. McConnell e Ryan já estão falando que, até terça ou quarta, vão expulsar Trump do Comitê Nacional Republicano e concentrar todo o dinheiro na Câmara e no Senado. Eles estão dizendo para os doadores que essa história de Trump já era'. Aí Bob [Bob Mercer, pai de Rebekah] pega o telefone e diz: 'Sabe de uma coisa, nós vamos levar a culpa por isso. Vão dizer que o Breitbart, Bannon e os Mercers é que venderam esse cara para os republicanos. Que é por isso que eles não têm Rubio ou Jeb Bush, ou até Ted Cruz'. Então Bob falou: 'Steve, pior que está, não fica. Você podia administrar esse negócio e dar uma ajeitada para perder só por uns cinco ou seis pontos... não vinte!'. E eu disse: 'Ei, quer saber, ainda acho que dá para vencer... sério'.

"E aí eu liguei para Woody Johnson. Bob e Rebekah viajam para um evento de arrecadação de fundos marcado para sábado nos Hamptons, e eles sabem que Trump vai estar lá. Eles combinam de falar com Trump antes e propõem para ele que eu e Kellyanne assumamos a campanha. Mnuchin estava lá, mas deram um chute nele. Rebekah não tem delicadeza nenhuma, então foi tipo: 'Quem é você?'. 'Sou Steve Mnuchin, estou cuidando das contribuições de doadores de grande patrimônio'. Rebekah fala: 'Bom, você está sendo péssimo nisso, porque nenhum doador grande está colaborando'. Woody preparou uma tenda que acomoda mil pessoas. É claro que todo mundo nos Hamptons lê o *New York Times* e sabe que só sendo muito otário para aparecer lá. Só uns cinquenta caras foram, e trinta já estavam com os bolsos vazios. Trump sai e vê só um punhado de zés-ninguém e surta. Não aperta a mão de ninguém, só fica encarando e vai embora.

"Marcaram de eu conversar com Trump [de Nova York] mais tarde. Ficamos umas três horas no telefone. Virei o padre confessor. Ele me fala: 'A campanha está fodida. A culpa é do Manafort. A porra do Manafort... A porra do Manafort'. Ele fala: 'A porra do Manafort. A porra do Manafort. A porra do Manafort'. E eu falo: 'Preste atenção, a gente resolve. Sério. Sério'. Então combinamos de tomar café juntos na manhã seguinte. Ele me diz: 'Vou jogar golfe às oito, então vamos tomar café às sete'. Beleza. Fechado. Quinze para as sete, eu entro na Trump Tower. Tem um cara negro naquela guarita pequena.

O lugar está totalmente vazio. Ele me diz: 'Não estamos abertos para o público agora'. Eu respondo: 'Eu sei, mas vim para tomar café com o sr. Trump'. Ele fala: 'O senhor veio no endereço errado. Aqui é a Trump Tower. A residência é depois da esquina. Mas', ele completa, 'não sei se vai encontrar o sr. Trump lá, só para avisar'. E eu falo: 'Por que não?'. E ele responde: 'Bom, se o senhor vai tomar café com ele, devia saber onde ele está'. Ficou me olhando feito um maluco. Prestes a me expulsar.

"Então eu ligo para Trump e ele fala: 'Cadê você?'. E eu digo: 'Estou no saguão da Trump Tower'. E ele fala: 'Que é que você está fazendo aí, caralho? Você devia vir aqui para o café!'. 'Bom', eu falo, 'achei que você estava se referindo à Trump Tower.' E ele: 'Não. Estou aqui em Bedminster'. Bom, eu nunca tinha ouvido falar de Bedminster na minha vida. Então pergunto: 'O que é isso?'. 'Meu campo de golfe. É um campo ótimo. O melhor. Então venha para cá até meio-dia.' E aí ele começa a me explicar, cheio de detalhes, como chegar lá, porque, juro, ele não faz a menor ideia do que dá para fazer com um celular. Ele é literalmente que nem meu pai, que tem 96 anos. Ficou uns dez minutos de 'Você passa pela ponte, sai, lembra que a estrada se divide, vira para o lado tal...', e eu falando 'É melhor me dar o endereço', e ele '... sai da estrada Rattlesnake, passa da igreja, mas não entre à direita ali... continua... dobra à direita...'. E foi indo, como se ele fosse de um mundo esquecido pelo tempo. Juro que ele não sabe usar celular.

"Consigo um motorista para me levar lá, ele para na entrada, e diz: 'Sr. Bannon para o sr. Trump'. 'Ah, sim, vieram para o almoço. Sigam até a sede.' Eu lá, sentado e pensando: 'O almoço. O almoço'. Achei que eu tinha ido lá para almoçar, não para o almoço. E aí chegamos a uma construção colonial, e um cara aparece e diz: 'O senhor chegou cedo. O sr. Ailes e o prefeito ainda não chegaram'. E eu: 'Merda. Vim aqui para um *teste*'. Entro num tipo de gazebo, ainda estão preparando as coisas, a mesa tem uns seis lugares. Fiquei muito puto. Estão grelhando salsichas. Parece um piquenique em Jersey. Salsichas... que nem de boa qualidade são. Depois eu percebo que é isso que ele come. Cachorro-quente, hambúrguer. E eu, puto pra caralho. Ele me arrastou até lá para um teste. Não vou fazer teste nenhum; não preciso disso. Não vou ser nenhum mico de circo. Na frente de Ailes, imagina a vergonha?

"Aí Ailes chega e fala: 'Que é que você está fazendo aqui? Não vai me dizer que ele trouxe você aqui para ensaiar o debate!' [O debate estava marcado para

26 de setembro]. E aí eu me dou conta: ninguém faz a menor ideia de por que estou aqui. Então eu digo: 'Ei, ele não aguenta mais ouvir suas histórias de guerra. Quer que a porra do trabalho ande'. Eu sacaneio o Ailes. Aí Rudy dá as caras. E chega o balofo do Christie. Parece *Os três patetas*. Então Trump chega, e está todo paramentado: sapatos brancos de golfe, calça branca, cinto branco. E um boné vermelho. Devia estar fazendo uns trinta e poucos graus, 95% de umidade, ele acabou de jogar dezoito buracos. Está suando que é uma coisa. Mas engole dois cachorros-quentes logo de cara. Ainda é o sujeito do Queens. Acabou de jogar golfe e precisa de cachorros-quentes. Ele vai e fala: 'É o seguinte, pessoal, tenho que tomar uma ducha. Ah, a propósito, Steve faz parte do time'. Meia hora depois, ele volta, estamos todos lá.

"Aí, alguns minutos depois, chega Paul Manafort. Santo Cristo. Ele está usando uma calça branca larga meio transparente, dá para ver a cueca por baixo, além de um blazer com lenço e brasão. Parece Thurston Howell III da *Ilha dos birutas*. Antes disso, a única vez que eu tinha visto Manafort tinha sido num programa matinal de domingo, ao vivo de Southampton. Aquele negócio populista todo sendo transmitido ao vivo de *Southampton*. Enfim, estamos lá e Trump volta e imediatamente parte para cima de Manafort.

"Nunca vi ninguém ser trucidado na frente de outras pessoas que nem Trump fez com Paul Manafort. 'Você é terrível, não consegue me defender, é um pre-guiçoso de merda'. Foi brutal. Eu era o pacificador. Os outros caras só ficaram sentados, arregalando os olhos. 'Eu sou uma criança? Eu sou uma criança? Você acha que tem que falar comigo pela TV? Eu sou uma criança? Eu vejo você lá dizendo o que acha que eu devia fazer? Ei, quer saber, você é uma *merda* na TV'. E então ele ataca Manafort pela reportagem no *Times*. E eu falo: 'Ei, você sabe que eles inventam essas merdas'. E ele diz: 'Sério?'. E eu: 'Claro'. E ele fala 'É verdade' e depois começa a reclamar do pessoal das pesquisas. 'Eles pegam o dinheiro e depois inventam os números. É tudo inventado'. Está aos berros.

"Manafort sai mais cedo, de fininho. Não tem ensaio de debate nenhum. Rudy, Ailes e Christie estão aproveitando. E nada de ensaio. Uma zona. Ah, e Trump não falou para eles que eu cheguei para administrar a campanha. Só que faço parte do time. Fico para trás quando o pessoal se dispersa e digo para ele que a gente precisa anunciar, e que não vou demitir Manafort. Ele continua como diretor. Não precisamos de mais reportagens que falem como a gente está fodido.

"E aí eu volto imediatamente para a cidade e vou até o 14º andar da Trump Tower. Dessa vez o vigia me deixa subir. Entro. Já é domingo à tarde, umas cinco ou seis horas. Em primeiro lugar, eu nunca tinha entrado numa sede de campanha antes. Estava achando que ia entrar em uma cena de *O candidato*. Ou de *West Wing*. Que ia ver jovens incrivelmente talentosos. Gente andando de um lado para outro com tabelas impressas. Uma multidão. Atividade por todo canto. Eletricidade. Mas está vazio. E quando eu digo vazio, quero dizer que não tem ninguém. Está fechado. Trancado.

"Dou uma volta pelo 14º andar. Todas as salas estão vazias e escuras. Perambulo pelo labirinto e chego à sala de situação e reação rápida, e encontro um cara. Andy Surabian. Um cara. Eu falo: 'Cadê todo mundo?'. E ele: 'Como assim?'. E eu: 'Aqui é a sede? Ou a sede mesmo é em Washington?'. Ele me diz: 'Não, não, é aqui'. E eu falo: 'Tem certeza?'. E continuo: 'Então cadê todo mundo?'. Ele responde: 'A campanha de Trump não trabalha nos fins de semana. Todo mundo vai chegar amanhã lá pelas dez'. Eu falo: 'Mas faltam, tipo, 88 dias!'. E depois: 'Posso não saber muita coisa, mas sei que campanhas trabalham sete dias por semana. Não tem folga'. Ele olha para mim e fala: 'Isto aqui não é exatamente uma campanha. É o que é'.

"E aí eu percebo que o *New York Times* só viu a ponta do iceberg. Não tem nada acontecendo ali. Não é uma campanha desorganizada. Não é nem uma campanha. Mas o que eu penso é: 'Que merda'. Mas, por causa disso, não tem perigo para mim. Vou me proteger do perigo e falar para as pessoas que isso é uma piada. E fico pensando que nem sei se tem alguma chance de isso chegar a cinco ou seis pontos. E penso: 'Trump *disse* que está a fim'. Mas não dá para saber o que ele escuta, porque ele só fala.

"Aí meu telefone toca e é Manafort. Ele fala: 'Cadê você?'. Eu digo que estou na sede da campanha e pergunto: 'Então ninguém trabalha no fim de semana?'. E ele: 'Do que é que você está falando?'. E eu: 'Não tem ninguém aqui'. E ele: 'Sério?'. E eu: 'Está escuro'. E ele: 'Sei lá. Vou para os Hamptons quinta à noite. Achei que todo mundo estivesse aí'. E aí ele fala: 'Você pode vir aqui falar comigo?'. E eu: 'Como assim, ir aí falar com você? Estou na Trump Tower'. E ele: 'É, vem aqui falar comigo. Estou no 43º andar'. Então ele começa a descrever um caminho longo e cheio de voltas para sair da parte dos escritórios para a parte residencial, que nem Trump me explicando o caminho para Bedminster. Aí eu falo: 'Não posso só contornar o prédio?'. E ele: 'Isso, isso, pode sim'.

"Eu subo e entro, o apartamento é bonito, e vejo uma mulher de certa idade, de cafetã branco, deitada no sofá. Quando o celular da filha de Manafort foi hackeado em 2017, foi revelado que Paul gosta de ver outros homens treparem com a mulher dele... a filha pergunta para a irmã em um dos e-mails: 'A mamãe já fez teste de DST?'. Bom, aquela no sofá é a mamãe.

"Enfim, aí ele fala: 'Dizem que você é um cara bom de mídia, então talvez tenha uma boa ideia do que fazer aqui... dê uma olhada nisto'. A manchete do que ele me mostra, que vai sair no *Times*, é MANAFORT RECEBE 14 MI-LHÕES DE DÓLARES POR TRABALHO EM CAMPANHA NO EXTERIOR. E eu falo: 'Catorze milhões de dólares! Hein? Catorze milhões de dólares de onde? Como? Para quê?'. E ele diz: 'Da Ucrânia'. E eu: 'Que porra é essa? Da *Ucrânia*?'. Ele fala: 'Ei, ei, ei. Espere aí. Tive muitas despesas'. E eu: 'Paul, há quanto tempo você sabe disso?'. E ele: 'Sei lá, uns meses'. 'Uns *meses*?' Aí eu falo: 'Quando é que falaram que vai ser publicado?'. Ele responde: 'Não sei, não sei. Disseram que talvez vá para o site hoje à noite'. 'Hoje à noite!' Aí eu falo: 'Trump está sabendo?'. E ele: 'Talvez um pouco. Talvez não os detalhes'. E eu: 'Cara, você tem que ir falar com ele agora mesmo. É o que eu disse, você é o diretor, eu sou o CEO, você não tem autoridade, mas eu não vou te constranger. Você parece gente boa. Mas isto é... Ele vai pirar. Você está sabendo disso há meses? Por que não falou para ninguém?'. 'Bom, meu advogado disse para eu não contar a ninguém.' E eu falei: 'Você precisa de novos advogados, essa é a coisa mais imbecil que eu já ouvi na vida'. E ele diz: 'É, vou mudar de advogado'. E eu digo: 'Meu irmão, de jeito nenhum que você sobrevive a isso'.

"Ele subiu e foi falar com Trump, e a porra do Trump me liga e fala: 'Catorze milhões de dólares! Catorze milhões de dólares! Para *despesas*!'.

"E foi assim que eu conheci Paul Manafort."

Bannon contou essa história não para atacar Trump e Manafort, mas para servir de desculpa para eles. O que ele quis dizer foi que aquele era o tipo de gente que Mueller havia pegado, gente que não tinha a menor noção. Trump se cercou de pessoas disfuncionais e ineptas; na verdade, Trump precisava se cercar de pessoas disfuncionais e ineptas, porque *ele* é disfuncional e inepto. Só em terra de cegos poderia ser rei. E, se alguém pensava que Paul Manafort era uma espécie de arrimo, era o mesmo tipo de coisa que o próprio Paul Manafort parecia fantasiar sobre si mesmo.

Mas os procuradores não querem saber da classe e dos dotes intelectuais das pessoas que eles processam. Eles querem saber — e nesse sentido Manafort era um exemplo ideal — quando as fantasias sobre quem a pessoa é, ou quem ela acha que devia ser, viram realidade.

Manafort foi contratado para dirigir a campanha de Trump por sugestão de Tom Barrack, antigo amigo de Trump e seu parceiro ocasional nos negócios. Barrack era especializado em investimentos em dívidas de imóveis penhorados. Com interesses consideráveis na influência de Estados autocráticos em Washington, não era exatamente o tipo de pessoa que deveria servir como conselheiro no alto escalão de uma campanha presidencial. Depois da eleição, quando Trump o convidou para ser chefe de gabinete da Casa Branca, Barrack, ciente dos próprios conflitos e vulnerabilidades, recusou. Mas ele aceitou gerir a cerimônia de posse de Trump em 2017, arrecadando mais dinheiro — grande parte, Bannon desconfiava, oriunda de intermediários daqueles Estados autocráticos onde ele negociava — do que qualquer outra cerimônia de posse da história.

Tom Barrack tinha sugerido Manafort porque a campanha de Trump, na primavera de 2016, estava em absoluta desordem, principalmente porque não possuía ninguém com experiência em campanhas presidenciais. Barrack o conhecia em parte porque Manafort havia formado uma empresa de consultoria que operava em alguns dos países onde ele próprio também operava. Embora a experiência política de Manafort estivesse desatualizada em uma geração, ele estava interessado e disponível e — uma recomendação excepcional para Trump — disposto a trabalhar de graça. Mais um diferencial era o fato de que tinha um apartamento na Trump Tower.

Todos os contatos e acordos profissionais de Manafort pareciam tão suspeitos e duvidosos que era difícil imaginar como poderiam ser legítimos. Como Mueller afirmaria, das dezenas de milhões de dólares que haviam passado pelas mãos de Manafort nos últimos dez anos, quase tudo havia sido oriundo de roubo, lavagem de dinheiro ou fraude. E essa não era a pior parte: muitos de seus parceiros, ou quase *todos*, operavam em uma zona imoderada de corrupção internacional, saques e despotismo — sem falar em caos e assassinatos.

Além do mais, Manafort era preguiçoso, no sentido de nem aparecer. No entanto, ele estava ali, com um cargo de muita pressão, pouco apoio e trabalho incessante, que o obrigaria a atuar no olho do furacão e tomar decisões cruciais quase o tempo todo.

Na opinião da equipe de Trump, ninguém com más intenções ou projetos escusos (ou, aliás, ninguém que tivesse qualquer alternativa) teria contratado aquele homem. Mas, na opinião dos procuradores, ninguém teria contratado aquele homem se não para conduzir atividades criminosas.

Além de tudo isso, Manafort, numa situação que parecia saída do cinema, estava sendo perseguido por um dos oligarcas mais perigosos do mundo, um russo de quem ele havia roubado milhões.

A prestação de serviços a governos autocráticos corruptos e instáveis é um nicho extremamente lucrativo para consultores americanos — tanto os legítimos quanto os escusos. Para quem ajuda uma pessoa corrupta a se manter no poder, há poucos limites para quanto se pode faturar. Para Manafort, a oportunidade de margem alta e dinheiro fácil era a Ucrânia. Cada novo contato com autoridades do governo e seus análogos na indústria local — ou com os burocratas, agentes, banqueiros e criminosos de fato que faziam o meio de campo — se tornava uma oportunidade de renda.

Foi nesse contexto que Paul Manafort conheceu Oleg Deripaska, ou "sr. D". Deripaska estava no topo da hierarquia de oligarcas russos por sua fortuna, sua crueldade — ou pelo menos a lenda de sua crueldade — e sua proximidade a Putin. Até mesmo outros oligarcas e homens internacionais de reputação duvidosa ficavam em alerta ao ouvir o nome do sr. D. Seus próprios parceiros geralmente não negavam os boatos sobre ele, apenas justificavam suas ações e atitudes como circunstanciais. Assassinato? Talvez, diriam eles, mas isso foi durante as "guerras do alumínio" dos anos 1990.

Em meados da década de 2000, o sr. D contratou Manafort, um dos personagens importantes do lado da política ucraniana que tinha apoio da Rússia, e ele se tornou mais um ator nos esforços do próprio Deripaska para amealhar poder político na Ucrânia. Esse relacionamento durou seis ou sete anos, até que Manafort deu uma de *Onze homens e um segredo* e aparentemente enganou Deripaska com um golpe de investimento que permitiu que ele próprio escapasse com pelo menos 19 milhões de dólares, fazendo com que o sr. D entendesse que tinha uma espécie de dívida de sangue. Deripaska e seus homens haviam perseguido Manafort e os 19 milhões incessantemente nos tribunais, nas Ilhas Cayman e no estado de Nova York, e usavam perícia contábil para rastrear as extensas provas documentais das maquinações de Manafort — um trabalho que o pessoal do sr. D talvez tenha oferecido às autoridades americanas. (O sr. D, cujo pedido de visto foi negado pelos Estados Unidos devido às suas supostas atividades criminosas, vinha tentando conquistar a simpatia das autoridades do país.)

Enquanto isso, Manafort tentava dar um jeito de sanar a dívida. Em março de 2016, praticamente falido, ele aceitou atuar, de graça, como agente do alto escalão da campanha presidencial de Donald Trump. Na opinião de Trump, era um preço justo para ajudar a administrar uma disputa que ele tinha certeza de que não conseguiria vencer, quem quer que estivesse no comando. Mas, na opinião de Manafort, a inserção na campanha de Trump lhe dava uma oportunidade perfeita para tirar o sr. D da sua cola. E, de fato, quase imediatamente depois de Manafort aceitar o cargo, ele ofereceu ao sr. D acesso à campanha de Trump e informações privilegiadas para quitar a dívida.

Ou era uma coincidência surreal aleatória o fato de que havia uma linha direta que ligava Donald Trump, Paul Manafort, Oleg Deripaska e Vladimir Putin — ou não era coincidência alguma. Ou Manafort e Deripaska eram intermediários que ligavam Trump e Putin, ou Manafort e Deripaska, em uma relação inacreditável de proximidade casual, entraram com suas bizarrices por acaso no meio de uma bizarrice maior ainda.

Para a imaginação dos liberais, evidentemente, os pontos se uniam com tanta clareza que tinham certeza de que havia conspiração.

Jared Kushner era um que rejeitava a ideia. Desde que assumira ativamente a gestão da campanha presidencial do sogro, vinha dizendo para as pessoas não interpretarem muito literalmente o que Trump dizia. Na maior parte das vezes, nada era o que parecia. Conspiração? Sério?

Manafort, disse Kushner, era um idiota, mas não um conspirador. E, ainda que Oleg Deripaska pudesse parecer um vilão de James Bond, com imóveis em todo quarteirão suntuoso de toda cidade deslumbrante, com iates luxuosos sempre cheios de mulheres bonitas e simpáticas, promovendo todo ano a melhor festa em Davos, na verdade ele era só um empresário cauteloso. De hábitos meticulosos, personalidade reservada, avesso a riscos, era realmente a última pessoa a sair da linha extremamente bem definida da política de poder na Rússia e das necessidades da Rusal, a maior ou segunda maior empresa de alumínio do mundo.

Certa noite, em 2017, enquanto Deripaska jantava com conhecidos em Nova York na semana da ONU — a única vez no ano em que, seguido por agentes do FBI, ele tinha permissão para ir a Nova York —, perguntaram-lhe diretamente se Trump tinha um relacionamento de bastidores com Putin. "Não, não é assim que funciona na Mãe Rússia", declarou ele, sugerindo que as nuances de poder no círculo de Putin iam muito além da compreensão de políticos, procuradores e jornalistas americanos.

"A campanha de Trump recebeu algum auxílio do governo russo ou de pessoas ou entidades ligadas a ele?", perguntaram.

"Não. Mas eu não teria como saber disso."

"E Manafort?"

"Ele não é um homem bom."

"Ele tentou usar o cargo na campanha para resolver pendências que tinha com o senhor?"

"Ele não resolveu pendências comigo."

"Mas tentou?"

"Ele não conseguiu."

Na primavera de 2018, após a denúncia contra Manafort, o governo Trump acrescentou novas sanções rígidas a Deripaska e sua empresa. Algumas pessoas consideraram isso uma advertência da Casa Branca para que Deripaska ficasse longe do julgamento de Manafort, ou talvez fosse um esforço do Departamento de Justiça de convencer Deripaska a contribuir para o processo de Manafort, ou talvez fosse apenas um gesto aleatório para passar uma imagem de força contra a Rússia. Independentemente do motivo, foi uma ação que, provavelmente, ninguém tinha planejado direito, pois logo produziu uma alta mundial nos preços do alumínio.

Deripaska disse a um amigo que ele se tornara "um fardo para o Estado" e temia pela própria vida. Isso foi interpretado ou como uma confirmação de que ele realmente era um intermediário crucial entre Trump e Putin e precisava ser eliminado, ou como uma demonstração de que na verdade não era comparsa de Putin coisa nenhuma — muito pelo contrário. Ou talvez fosse apenas o melodrama russo precursor de uma negociação que ele esperava que pudesse remover as sanções. (De fato, elas acabaram sendo revogadas.)

De qualquer forma, a questão essencial permanecia. Tais associações entre alguns dos homens mais corruptos e perigosos do mundo eram aleatórias? Ou seria uma formação de quadrilha extraordinariamente descarada?

Conforme avançava o julgamento de Manafort, Trump — na Casa Branca e depois, de folga em Bedminster, um lugar onde com frequência ia extravasar sua fúria — se debatia com a ideia de que seus adversários estavam chegando perto. Em 1º de agosto, ele atacou o procurador-geral, exigindo mais uma vez que Jeff Sessions desse um fim à investigação de Mueller. Em 12 de agosto, Omarosa Manigault Newman, antiga participante do *The Apprentice* de Trump e coadjuvante recente na Casa Branca, acusou-o de ter usado um termo racista no estúdio do reality show, provocando um debate nacional sobre se ele era racista. Trump taxou Manigault Newman de "cadela" e "vagabunda chorona maluca". Em 13 de agosto, por insistência dele, o FBI demitiu Peter Strzok, o agente cujas mensagens de texto durante a investigação sobre a Rússia revelaram que se sentia pessoalmente horrorizado diante da perspectiva de Trump eleito. (Trump o acusara repetidas vezes de ser um conspirador do Estado profundo.) Em 15 de agosto, Trump revogou a autorização de segurança de John Brennan, diretor da CIA no governo Obama, que havia se tornado um dos críticos mais mordazes e horrorizados da atual presidência. E, em 16 de agosto, centenas de jornais se aliaram para protestar contra os constantes ataques de Trump à imprensa, que ele chamava de "inimigo do povo".

Então, o mês que já estava ruim para Trump ficou ainda pior. Em 21 de agosto, o tribunal federal na Virgínia condenou Manafort em oito acusações de fraudes financeiras diversas. (O júri não chegou a um veredito sobre outras dez acusações.) O julgamento não abordou nenhum crime de grandes proporções; foi a mais pura banalidade e pusilanimidade da ganância e dos golpes financeiros de Manafort que o derrubou. Não eram crimes políticos. Era sonegar impostos ao comprar uma jaqueta de couro de avestruz. O pessoal de Trump podia debochar da mediocridade das atividades criminosas de

Manafort, mas os procuradores, com brilho nos olhos, sabiam que, quanto mais básico o crime, mais inevitável o castigo.

Porém, para Trump, havia um lado positivo: Manafort não tinha feito acordo com os procuradores de Mueller.

Para muitos trumpistas, era fácil ignorar as contribuições de Manafort para a campanha, e pareciam acreditar genuinamente que ele não tinha nada para falar. Àquela altura, Manafort já havia sido rotulado como mais um em uma longa lista de piadas da campanha e da presidência de Trump. Quem era expulso do círculo de Trump se tornava irrelevante a ele — a história era revisada imediatamente de modo a fazer com que fosse como se a pessoa jamais tivesse sido parte do círculo. (Para alguns dentro da Casa Branca, isso era comparável à prática de Stálin de remover de fotografias o rosto de certas figuras de seu círculo interno.) Realmente, de certa forma, todo mundo associado a Trump tendia a acreditar que todos os outros associados a ele eram uma piada.

Os procuradores de Mueller pensavam diferente em relação a Manafort: acreditavam que ele estava esperando um indulto presidencial. Considerando a pena a que provavelmente seria sentenciado após sua condenação na Virgínia — assim como a possibilidade de mais tempo de prisão se o segundo julgamento também fosse ruim —, o indulto parecia a única explicação possível para o silêncio. Mas os procuradores também acreditavam que o indulto, se viesse, não sairia antes das eleições de meio de mandato. Se os republicanos de alguma forma conseguissem manter a maioria na Câmara, o custo político do indulto quase certamente seria mais tolerável para Trump.

Conforme a equipe da procuradoria especial se preparava para o segundo julgamento de Manafort, Andrew Weissmann pressionou ainda mais o ex-chefe da campanha de Trump. Apenas vagamente preocupado com as insinuações de dupla punição, Weissmann entrou em contato com Cyrus Vance Jr., o promotor de justiça de Manhattan, e sugeriu que, em caso de indulto presidencial, ele poderia denunciar Manafort pelas dez acusações em que o júri federal da Virgínia não chegara a uma decisão. Se Manafort fosse julgado por um tribunal estadual, o presidente não poderia anular a condenação com um indulto.

Às vésperas do segundo julgamento, Manafort cedeu e aceitou um acordo — ia colaborar em troca de uma pena total de no máximo dez anos nos dois julgamentos. Mas ele continuava fazendo o jogo ao seu estilo. Podia contar com a boa vontade de Mueller para conseguir uma redução de pena ou podia contar com a boa vontade de Trump para conseguir um indulto, mas não podia contar com as duas coisas. No entanto, foi exatamente o que Manafort começou a fazer. Testando a sorte — que logo acabaria quando os procuradores voltassem a acusá-lo de mentir e revogassem o acordo —, ele tentou satisfazer minimamente Mueller para o caso de o presidente não oferecer nenhum indulto, ao mesmo tempo que tentava evitar provocar Trump para o caso de o indulto ainda ser possível.

16. Pecker, Cohen, Weisselberg

"Ô editorzinho", disse Donald Trump durante um jantar na Casa Branca no verão de 2017. "Editorzinho", repetiu ele, contente com o apelido desdenhoso.

"Sim, sr. presidente?", respondeu Dylan Howard, um australiano dos arredores de Melbourne cuja carreira tivera uma ascensão meteórica no mundo dos tabloides até chegar ao principal cargo editorial do grupo midiático American Media, Inc. (AMI) — a empresa-mãe do *National Enquirer*, bastião do jornalismo sensacionalista de fofocas e escândalos — e um jantar com o presidente dos Estados Unidos. De fato, em mais uma inversão dos padrões cívicos, Trump havia recebido David Pecker, o executivo-chefe da AMI e rei do jornalismo mexeriqueiro e indiscreto, junto com Howard e outros membros da equipe, em um jantar na Casa Branca.

"Quanto você vende a mais quando quem está na capa sou eu em vez de uma celebridade qualquer?", Trump atormentou Howard, querendo dizer: em vez de pessoas como Jennifer Aniston, Brad Pitt e Angelina Jolie, ou os grandes astros e estrelas de reality shows campeões de audiência da televisão.

"De 15% a 20% a mais", respondeu Howard.

Poucos minutos depois, um satisfeito Trump quis confirmar: "Então eu vendo 50% mais do que qualquer estrela de cinema?".

"Como eu disse, de 15% a 20% a mais."

"Vamos arredondar para 40%", disse o presidente.

Qualquer que fosse o número, era cada vez menos relevante para o grupo.

À medida que o setor de jornais e revistas encolhia nos Estados Unidos — as vendas do tabloide *National Enquirer* caíram 90% desde a década de 1970 e, na década anterior, quase 60% dos pontos de venda de jornais e revistas haviam sido fechados ou tinham começado a vender outros produtos —, a AMI havia mudado aspectos importantes de suas operações, das vendas nas grandes redes de varejo para um enfoque "baseado no cliente". Agora, a empresa, em um esforço para impressionar com seu novo jargão corporativo, havia se associado a celebridades em um escopo mais amplo de comunicações e estratégias de gestão de marca.

A versão sofisticada de parceria mídia e celebridade era no momento algo parecido com o que a editora de revistas femininas Hearst tinha feito para Oprah Winfrey com sua revista *Oprah* — uma "extensão de marca". Em uma abordagem nitidamente menos polida, a AMI, empenhando-se para atrair investimentos do reino saudita, publicou uma revista de edição única sobre as virtudes laudatórias do reino e as deslumbrantes oportunidades de viagens e negócios que a Arábia Saudita propiciava.

Pecker, outrora um contador do setor de revistas, havia transformado o *Enquirer* de um tabloide popular, barato e de baixa qualidade em uma revista de fofocas e celebridades voltada a uma faixa intermediária do mercado, acrescentando vários outros títulos ao seu catálogo; de acordo com o que ele próprio e seus aliados argumentaram, sua mão firme no comando da empresa tinha sido responsável por evitar uma série de falências (outros alegam que também havia levado a companhia às falências). Mas Pecker e Howard não eram bons exemplos de tipos ligados ao marketing e à gestão de marca; eram ambos figuras à la Damon Runyon, caras durões, orgulhosos, antiquados e recalcitrantes, nem um pouco afeitos a sentimentalismos com relação à forma como ganhavam dinheiro.

Pecker percebeu, com Howard a reboque, que em vez de faturar uma fortuna revelando segredos e fofocas de gente famosa, poderiam, na nova era das parcerias com celebridades, ganhar dinheiro ajudando a proteger gente famosa. À medida que as fitas caseiras de sexo, uma ampla variedade de vazamentos de materiais picantes e obscenos e o crescente e próspero mercado confessional e de vingança se tornavam fatores decisivos nas carreiras de muitas celebridades, a AMI se adaptou. A equipe do *Enquirer* ainda acumulava sujeira, mas em troca do incentivo apropriado, e em nome de um relacionamento mutuamente benéfico, não a publicava — tática também conhecida como "*catch and kill*" [pegar e matar].

O *Enquirer*, por exemplo, havia trabalhado em estreita colaboração com o produtor de cinema Harvey Weinstein, que fechara um acordo de produção para a American Media em troca do pacto da não publicação de matérias sobre a enxurrada de acusações de assédio sexual, abusos e estupro que mais tarde acabaria por levá-lo à condenação e à ruína. A AMI também juntou forças com Arnold Schwarzenegger, ex-fisiculturista, ex-governador da Califórnia e contumaz assediador sexual, que, em troca de silêncio, usou sua influência para ajudar a empresa a comprar um grupo de revistas de musculação e condicionamento físico. Mas o parceiro-celebridade perfeito para a American Media talvez fosse Donald Trump.

Trump e Pecker definiram uma espécie de retrocesso malévolo. Trump, durante a maior parte de sua carreira, estava sempre tentando fazer amizade com grandes magnatas da mídia, a maioria dos quais, a exemplo de Rupert Murdoch, o desprezava. Pecker, da mesma forma, estava sempre tentando fazer amizade com supercelebridades de primeira grandeza, que o evitavam. Trump e Pecker acabaram chegando a um acordo mútuo, aferrando-se um ao outro em certa reciprocidade de descrédito e má reputação.

Os dois homens tinham uma visão semelhante acerca da mídia. Era uma ferramenta de riqueza, influência e poder — e apenas um idiota perturbado pensaria de outra forma. No início dos anos 1990, quando dirigia a empresa norte-americana de revistas de propriedade da editora francesa Hachette — com títulos como *Elle, Car & Driver* e *Woman's Day* —, Pecker respaldou a ideia de John F. Kennedy Jr. de publicar uma revista de cultura pop sobre política chamada *George*. Na opinião de Pecker, era um brilhante artefato comercial: uma revista de celebridades com um editor que era uma celebridade. Mas a relação naufragou porque Pecker passou a acreditar que Kennedy era um imbecil clássico, do tipo mimado e regalista, que via a *George* como uma revista que na verdade era sobre política.

Pecker, como Trump, se imaginava não apenas como um homem de negócios, mas também como uma figura midiática. Sempre que se publicava um perfil ou alguém escrevia um artigo sobre ele, invariavelmente chamava o principal executivo da publicação responsável a fim de fazer pressão tentando angariar uma imagem mais favorável de si mesmo na imprensa — como Trump também fazia.

Os dois tinham planos juntos. Pecker nutria um sonho ao estilo Walter Mitty de ser dono da revista *Time*; Trump disse que o ajudaria. Não muito antes de sua eleição para a presidência, Trump, esperando a derrota, vinha arquitetando a criação de um Canal Trump; ele disse a Pecker que o queria envolvido no esquema. Roger Ailes, o criador da Fox News, com quem Trump discutia ativamente seu futuro na mídia no outono de 2016, chamava Pecker de "o idiota da água de Trump". Ailes acrescentou: "Um idiota precisa de um idiota ainda maior para buscar a água dele".

Para Trump, enquanto isso, havia as mulheres — um problema constante e, até certo ponto, um esporte de risco que ele praticara ao longo de seus três casamentos. Administrar as mulheres que Trump havia decepcionado, maltratado ou humilhado era um processo reconhecido.

Era um motivo de orgulho para ele levar uma vida sexual do tipo "Agarrar elas pela boceta", no estilo de Sinatra e sua trupe de cafajestes — Trump se vangloriava igualmente do fato de que, quando uma mulher o ameaçava, ele era capaz de dar um jeito no problema. "Meu pessoal sabe como cuidar das coisas" era uma frase que Trump adorava pronunciar.

A maior ameaça dessas mulheres era vir a público. Elas podiam entrar com processos judiciais — mas os advogados de Trump sabiam como lidar com aquilo com acordos rápidos. Ou elas talvez resolvessem publicar suas histórias — e, em tais casos, Michael Cohen e Marc Kasowitz, advogados "pessoais" de Trump, poderiam recorrer a Pecker.

Antes da rápida ascensão do vale-tudo da internet, Pecker, que tinha adquirido a maior fatia dos tabloides baratos vendidos em supermercados (incluindo *Globe, In Touch, OK!, Star* e *Us Weekly*), efetivamente controlava o mercado de acusações sexuais contra celebridades. Não somente seus jornais e revistas estavam entre os poucos veículos que publicavam aquele tipo de história, mas Pecker era o único cliente que pagava de forma confiável e generosa pelas sujeiras e fofocas maliciosas. Contudo, ao longo da última década, numa era em que qualquer coisa podia ser publicada pela internet, o mercado começou a sofrer uma drástica mudança. Não havia mais guardiões eficazes; os escândalos e a maledicência fluíam a rédeas soltas. Um comércio regular de humilhação de celebridades rapidamente se desenvolveu.

O advogado Keith M. Davidson, de Los Angeles, era um especialista naquele novo mundo. Era um Ray Donovan da vida real, um solucionador de problemas de celebridades que se tornou um dos principais representantes das fitas caseiras de sexo à venda, incluindo dois dos mais famosos casos, os vídeos de Paris Hilton e de Hulk Hogan. Em outra negociata de compra e venda de confissões e segredos que turbinou a carreira de Davidson, uma série de clientes dele, cada um aparentemente tentando extorquir o outro, ajudou a limpar o caminho para provar que o ator Charlie Sheen era soropositivo. Howard e Davidson haviam se conhecido pessoalmente em 2010 em um caso envolvendo Lindsay Lohan, mas foi a investigação do *Enquirer* sobre Sheen que realmente criou um vínculo entre os dois. Na verdade, não apenas fornecendo escândalo e negociando pelas pessoas que estavam marcadas pelo escândalo, mas também negociando pelas pessoas que queriam evitar ser acusadas, Davidson se tornou uma fonte constante para Howard, um intermediário obrigatório e fornecedor abrangente do tabloide — do tipo que oferecia "serviço completo".

Na sórdida união havia, além de Howard e Davidson, o advogado de Trump, Michael Cohen, que era fonte, confidente e sócio dos dois homens e do chefão da AMI, Pecker. Em um mercado limitado, os protagonistas fundamentais tendiam a se conhecer, o que diminuía o atrito e facilitava a negociação. Todos os figurões mais importantes se entendiam, todos compreendiam o que era razoável, todos sabiam a quem telefonar. No período que antecedeu as eleições de 2016, Davidson passou a representar convenientemente tanto Karen McDougal, a Coelhinha da Playboy do ano de 1998, quanto a atriz pornô Stormy Daniels — ambas alegavam ter mantido um relacionamento sexual com Trump.

No final da primavera de 2015, Davidson ligou para Howard para falar sobre McDougal, dizendo que ela havia feito um relato plausível sobre um caso com Trump. Howard informou a Pecker e, de imediato, foi colocado a bordo de um avião rumo a Los Angeles, onde se reuniu com Davidson e McDougal. Até ali, era tudo procedimento-padrão nos negócios dos tabloides: Howard faria um interrogatório e avaliaria as provas diretas, incluindo e-mails, textos, fotos e vídeos. Porém, de maneira insólita, Pecker também ligou para Cohen para falar sobre as alegações de McDougal — e Howard foi instruído a manter Cohen informado de tudo.

Mas o problema era McDougal, que, embora mais do que ávida a compartilhar detalhes sobre o caso com Trump, não estava disposta a compartilhar provas. Seu celular, teoricamente contendo mensagens de Trump, estava guardado em um depósito. Os amigos a quem ela havia confidenciado o caso estavam indisponíveis. Os recibos tinham sido perdidos. Em outras palavras, não havia provas materiais suficientemente sólidas para uma matéria.

Mas, mesmo assim, McDougal foi paga pela história. No mundo do "*catch and kill*", o *Enquirer* havia chegado a algo que, em termos de publicação, não existia — portanto, não era necessário que o matassem. Estranhamente, pagaram a alguém que parecia não ter intenção alguma de vir a público... para que não fosse a público.

O arranjo básico era claro: Pecker e Trump haviam concordado que, no caso de um possível escândalo, o primeiro usaria os recursos do *Enquirer* para proteger seu amigo. Todavia, pelo menos para Howard, um especialista e tanto em escândalos, não pareciam existir elementos necessários para uma possível manobra capaz de levar Trump à lona.

Howard perguntou a amigos se aquilo era uma armação de Cohen e Pecker. Cohen e Pecker, cada um em um relacionamento perpetuamente subserviente e não correspondido com Trump, estavam em conluio para aumentar sua posição ou influência junto a ele?

Sim, McDougal tivera um caso com Trump. Mas não estava claro quem estava enganando quem e quem estava jogando contra quem — ou quem, naquele grupo particular de pilantras e patifes, detinha a vantagem e maior poder de fogo e barganha. Não eram apenas as mulheres que estavam atrás de Trump, mas, muito possivelmente, sua própria equipe. Seus acólitos poderiam estar muito bem ajudando a ameaçar as aspirações presidenciais de Trump de modo a se colocar em uma posição que permitiria a eles resolver o problema — e receber o crédito por aquilo.

Trump, em suma, estava sendo protegido por pessoas interesseiras que tinham seus próprios motivos para encontrar os problemas dos quais ele precisava ser protegido. Não é de surpreender que seus capangas mais leais também fossem potencialmente traidores e duas caras.

No acordo com McDougal, organizado por Davidson e sancionado por Cohen, Pecker e Trump, o *Enquirer* aceitou comprar a história dela por 150 mil dólares — o preço estabelecido por Kasowitz para calar uma queixa de assédio contra Trump —, mas sem publicá-la. Além disso, McDougal seria paga para escrever colunas para o *Enquirer* e estamparia a capa de uma das revistas de musculação e condicionamento físico da AMI. Acontece que, no fim das contas, a empresa não cumpriu sua parte no pacto. Da mesma forma, ao estilo do mais chinfrim dos vigaristas, o acordo da AMI com Trump também se desfez: a empresa jamais foi ressarcida dos 150 mil dólares, nem por Trump nem por Cohen.

Mais tarde, em 2018, Dylan Howard, com uma concessão de imunidade parcial, durante o depoimento que prestou a promotores, teve acesso a um e-mail de Pecker que dizia: "Dylan não sabe sobre isso" — "isso" se referindo ao acordo secreto de Cohen, Pecker e Trump. Howard, de acordo com uma pessoa presente na sala de depoimento, se desmanchou em lágrimas ao perceber então que provavelmente tinha sido um infeliz instrumento de Pecker e Cohen tentando agradar ou manipular Donald Trump — ou ambas as coisas.

Entre os advogados pessoais de Trump, Kasowitz, sócio de um conceituado escritório de advocacia de Nova York, tentou manter sua posição independente. Cohen, por outro lado, ficou encantado em ser o "solucionador de problemas" de Trump. Ele frequentemente citava Tom Hagen, o advogado e *consigliere* da família Corleone em *O poderoso chefão*: "A minha prática jurídica é especial. Eu cuido de um único cliente".

Cohen se deleitava em saber como tudo funcionava — mais especialmente, como ele dizia, em saber "quem fazia depósitos e quem fazia saques do banco dos favores". Era necessário entender, dizia ele, não apenas os acordos, mas os acertos paralelos e os negócios por debaixo do pano. Todo o mundo, exceto os idiotas, atuava dessa maneira; portanto, você também deveria fazê-lo. Na verdade, deveria fazer mais ainda. Ao mesmo tempo, pouquíssimas pessoas na Organizações Trump, incluindo o próprio Trump, tinham confiança de que Cohen sabia o que estava fazendo. Trump volta e meia fazia críticas ácidas sobre a falta de jeito do outro e sua limitada capacidade intelectual. Cohen, por sua vez, gravou conversas com Trump, por medo de que este voltasse atrás e renegasse os tratos, esquemas e negociatas tramados pelos dois.

Certamente o problema com os casos Karen McDougal e, mais tarde, Stormy Daniels — que caíram no colo de Cohen para que ele os resolvesse — se tornaram, cada um a seu modo, terríveis trapalhadas. Com efeito, Kasowitz, com medo de que seus escritórios fossem invadidos por operações de busca e apreensão realizadas pelo FBI, como tinha acontecido com o escritório de Cohen, defendeu-se a amigos enumerando as muitas mulheres que ele, com eficácia, havia manipulado para Trump.

A confusão do episódio Stormy Daniels foi ainda pior para Trump e, em última análise, para Cohen do que para McDougal. Quando Davidson recorreu a Cohen para que chegasse a um acordo com Daniels, Cohen tentou fazer um arranjo semelhante ao de McDougal por intermédio do *Enquirer*. Mas Pecker estava preocupado com o rastro do dinheiro e a possibilidade de que os pagamentos pudessem se qualificar como contribuições ilegais de campanha, e em todo caso a AMI dificilmente poderia contratar uma estrela pornô para escrever colunas. Então Davidson negociou um pagamento de 130 mil dólares pelo silêncio de Daniels. Cohen, Trump e o diretor-executivo de finanças das Organizações Trump, Allen Weisselberg, concordaram com um ardil em que Cohen pagaria o dinheiro e seria reembolsado posteriormente por meio do que foi descrito como "honorários pela prestação de serviços jurídicos".

Mais tarde, quando o esquema foi revelado, alguns dirigentes da campanha de Trump e altos executivos das Organizações Trump consideraram que se tratava de uma típica transação Cohen-Trump — os dois homens gostavam de agir como "solucionadores de problemas". Para Trump fazia muito menos sentido tentar comprar o silêncio de alguém que provavelmente não ficaria em silêncio do que apenas receber pancadas por mais uma acusação de infidelidade.

No início de 2018, Daniels contratou Michael Avenatti para representá-la e processou Davidson e Trump. Avenatti, advogado com um passado duvidoso salpicado de falências, confisco de bens para quitação de dívidas fiscais e acusações de lavagem de dinheiro, era um novo tipo de advogado de porta de cadeia, cuja sofisticada compreensão da mídia lhe permitira construir uma plataforma pública formidável. Em sua incansável perseguição a Trump na televisão, sem impressionar muito a ninguém além do próprio Trump, ele apontou o dedo diretamente para Cohen, Davidson, Pecker e Howard.

O que Avenatti identificou não era apenas uma ligação entre atividades financeiras suspeitas e traição, mas um potencial cofre de segredos e roupa suja mantidos por membros de uma gangue que, provavelmente sem necessidade de muita pressão, se voltariam uns contra os outros. De fato, Avenatti havia rastreado os pagamentos tanto para Daniels quanto para McDougal, e traçara uma linha que levava diretamente às Organizações Trump. No final dela estava o homem que organizava os pagamentos, Allen Weisselberg — mais um personagem cujo comportamento era esperado no mundo Trump.

Os amigos de Trump vinham esperando que Weisselberg, de 72 anos de idade, fosse identificado. Judeu ortodoxo que passara toda a sua carreira trabalhando para os Trump, primeiro para Fred, depois para Donald, ele havia atuado como diretor-executivo de finanças da malfadada operação dos cassinos de Trump, como chefe do setor financeiro das Organizações Trump e como curador do fundo que controlava todos os bens e ativos de Trump durante sua presidência. Weisselberg administrava as despesas pessoais da família; também preparava os cheques das Organizações Trump e os levava para Trump assinar. Ele era como o contador no filme *Os intocáveis*.

Nas frequentes aparições na televisão a partir do início de 2018, Avenatti bateu implacavelmente em Trump e no pagamento que Cohen fez para Daniels. A história tomou outro rumo após a batida do FBI no escritório de Cohen em abril; depois do cumprimento desse mandado de busca e apreensão, advogados e um juiz designado por um tribunal vasculharam os registros de Cohen, separando e confiscando qualquer material que pudesse se qualificar para a confidencialidade advogado/cliente e admitindo o restante como evidência, a maior parte do trabalho de Cohen sendo considerada, na melhor das hipóteses, fora da legalidade. Investigando a fundo o negócio das licenças de táxi de Cohen, os promotores identificaram uma colossal fraude fiscal, que ia inclusive além de sua participação nas violações das leis de financiamento de campanhas. Cohen foi ameaçado com duzentos anos de prisão. Sua esposa, que havia assinado a declaração conjunta de imposto de renda do casal, também foi ameaçada com uma longa sentença. O pai dela era sócio de Cohen no ramo de táxis.

Em 21 de agosto — no mesmo dia, em uma desgraça dupla para ocupar o fluxo ininterrupto de notícias, com Paul Manafort condenado na Virgínia —, Cohen, tendo os promotores concordado em não importunar sua família, se declarou culpado de cinco acusações de evasão fiscal e uma de prestar falsas declarações a um banco e duas de irregularidades financeiras na campanha eleitoral. Em sua declaração de culpa, ele implicou Trump diretamente nas violações de financiamento de campanha.

Em 24 de agosto, o *Wall Street Journal* informou que David Pecker havia conseguido um acordo para testemunhar. No mesmo dia, informou que Weisselberg também aceitara um acordo de imunidade e tinha testemunhado várias semanas antes.

"Os judeus sempre viram a casaca", disse Trump.

Nos dias após a admissão de culpa de Cohen, ele passou a se referir ao "escritório de advocacia de Pecker, Cohen e Weisselberg". Fez um comentário jocoso acerca dos horrores que um judeu ortodoxo provavelmente encontraria na cadeia, um gracejo que esboçava uma detalhada imagem de um companheiro de cela nazista e tatuado.

Levando-se em consideração o respeito geralmente baixo de Trump por seus associados próximos, não era difícil imaginar que eles estariam dispostos a depor contra ele. Trump podia chamá-los de "meu pessoal" ou "meus rapazes", mas Cohen era "o único judeu burro", e Weisselberg era o consultor financeiro cujo nome, depois de mais de quarenta anos, Trump se deliciava em destroçar ("Weisselman", "Weisselstein", "Weisselwitz"). Pecker era muitas vezes ridicularizado por Trump como o "Pequenino Pecker",* e seu bigode era alvo de comentários zombeteiros e obscenos (curiosamente, Pecker tinha certa semelhança com o pai de Trump, que também usava bigode). Mas, quando ficou evidente que os interesses de Pecker e Trump estavam em conflito direto, os executivos da AMI acreditaram que Pecker e Trump ainda estavam conversando e que Pecker ainda tentava, aparentemente de forma desamparada e impotente, bajular Trump e cair nas graças dele — enquanto o outro tentava manter, por assim dizer, Pecker no bolso.

Enquanto Cohen e Manafort admitiam crimes ou eram condenados por eles, uma nova e considerável frente se abriu na batalha legal contra o presidente — ou, na visão de Trump, na guerra do Departamento de Justiça contra ele. O Distrito Sul de Nova York — onde Geoffrey Berman, o procurador federal indicado por Trump, havia se recusado a tomar parte da investigação de Cohen — chegou a um entendimento com a procuradoria especial e assumiu jurisdição sobre o rastro do dinheiro de Trump. As pessoas ao redor dele

---

* *"Pecker"* é uma gíria em inglês para "pênis". (N.T.)

estavam dizendo agora que Mueller era uma atração secundária e de menor importância, ao passo que o Distrito Sul era o evento principal.

Em uma indicação ainda maior da situação de risco do presidente, o *New York Times* publicou em 18 de agosto um detalhado artigo sobre a ampla cooperação do advogado Don McGahn, conselheiro da Casa Branca, com a investigação de Mueller, um nível de cooperação desconhecido para Trump. Poucos questionaram que o vazamento que resultou na reportagem tivesse vindo de McGahn — que, na tentativa de se imunizar contra os promotores, estava agora ansioso para fazer o mesmo com a imprensa — ou dos representantes da mídia. Ao longo de muitos meses, McGahn vinha falando sobre quando e como deixar a Casa Branca, enquanto prometia, à feição de um bom soldado, ficar até que um substituto fosse encontrado.

Em 29 de agosto, sem informar McGahn, e num momento em que as dificuldades legais do presidente estavam se tornando cada vez mais intensas, Trump tuitou que McGahn deixaria seu cargo no outono. "Trabalho com Don há muito tempo", Trump escreveu, "e realmente aprecio seus serviços!"

Em âmbito privado, Trump descrevia em termos diferentes seu conselheiro da Casa Branca. "McGahn", dizia ele, "é um rato, um dedo-duro imundo."

Quão ruim era a situação?

Agosto tinha sido um dos momentos mais difíceis de uma presidência em que quase todos os meses pareciam progressivamente mais sombrios. Se Cohen e Manafort tinham caído *no mesmo dia*, o que poderia estar à espera?

A entrada de Pecker e do *National Enquirer* na história confirmou a preocupação mais ampla de alguns assessores e de muitos republicanos no Congresso: que o círculo de Trump não apenas carecia de experiência e talento, mas que era a maior concentração dos mais infames delinquentes, safados, pilantras, golpistas e vigaristas já vistos na história da política americana, o que dizia muito.

O verão terminava, e Trump passou os últimos dias de suas férias em Bedminster. Seu humor, como sempre, estava instável, mas sua resiliência — talvez sua qualidade mais subestimada — parecia não diminuir. Diretamente à frente tinha uma agenda lotada de grandes comícios; ele estaria na estrada quase em tempo integral até as eleições de meio de mandato. Os comícios de estilo livre e improvisado, àquela altura interações extremamente ritualizadas de ambas as partes, deixavam Trump singularmente satisfeito e saciado; ele sempre permitia que os comícios seguissem adiante, quase sem limite de tempo, até que se desse por contente.

Apesar de todas as evidências e opiniões em contrário, Trump estava convencido de que os republicanos venceriam tanto na Câmara quanto no Senado. Era uma confiança cega e feliz.

Enquanto isso, Mueller, observando a norma de praxe do Departamento de Justiça, parecia decidido a não fazer nada que pudesse ter um impacto nas eleições vindouras. No entanto, discretamente, sua equipe continuou arregaçando as mangas e queimando as pestanas, debruçada sobre o trabalho.

Em parte em deferência ao cessar-fogo de Mueller, a Casa Branca havia amordaçado Giuliani. Isso era principalmente obra de McGahn: em comum acordo com seu advogado Bill Burck, McGahn estava trabalhando na nomeação de Brett Kavanaugh para a Suprema Corte, e eles chegaram à conclusão de que Giuliani apenas salientava — ou convidava — o potencial confronto constitucional entre Trump e Mueller, embate que poderia ser decidido pelo voto de Kavanaugh na Corte.

Mueller e sua equipe — tendo chegado até aqui, tendo de alguma forma permanecido em ação a despeito das muitas ameaças de Trump para encerrar sua investigação — agora acreditavam que conseguiriam resistir sãos e salvos até novembro, e que uma vitória democrata lhes propiciaria uma parede corta-fogo, um mecanismo de segurança. Além disso, a solicitação de orçamento da procuradoria especial fora aprovada — eles tinham sobrevivido àquele obstáculo burocrático (Trump talvez não tivesse entendido que o processo orçamentário era uma arma que ele poderia ter usado contra a procuradoria especial — aparentemente ninguém havia lhe contado). Com efeito, apesar de todas as ameaças, o presidente não fizera nenhum movimento real para interferir no trabalho e na missão da procuradoria especial.

Enquanto Mueller trabalhava, muitos advogados do governo do lado de fora do escritório da procuradoria especial julgavam quase irresistível a ideia de abocanhar um pedaço da demanda contra o presidente, um processo judicial de envergadura cada vez maior. Se você fosse um procurador do governo e não estivesse envolvido com as investigações de Donald Trump, talvez estivesse deixando de aproveitar um importantíssimo momento em sua carreira.

A equipe de Mueller, agora há mais de quinze meses investigando, continuou a fornecer provas por ela coletadas a outros promotores, não apenas para assegurar a viabilidade de longo prazo de seus esforços, mas também porque havia muitas vias de ataque. Trump era vulnerável por ser um amador que tinha concorrido ao mais alto cargo do país em um mundo complicado, regido por regras eleitorais bizantinas. Trump era vulnerável porque não conseguia controlar as muitas pessoas ineptas e indisciplinadas ao seu redor. Trump era vulnerável porque não conseguia manter sua boca — ou seu feed no Twitter — fechada. E Trump era vulnerável porque durante quarenta anos havia comandado o que cada vez mais parecia se assemelhar a um empreendimento semicriminoso ("Acho que podemos deixar de fora a parte do 'semi'", gracejava Bannon).

O problema não era apenas o presidente. Havia também sua família, que ele tinha atrelado intimamente à sua administração. John Kelly continuava dizendo às pessoas que Jared e Don Jr. logo seriam indiciados.

O procurador do distrito de Manhattan, Cy Vance — que precisava se redimir por não ter investigado Harvey Weinstein por abuso sexual e tampouco Ivanka Trump e Donald Trump Jr. pela participação de ambos em esforços de vendas potencialmente fraudulentas em um hotel da rede Trump em Nova York —, agora estava tentando angariar pontos políticos em uma caçada às famílias Trump e Kushner. A equipe do procurador fez circular uma longa lista de caminhos promissores:

1. Receptação de material roubado por hackers;
2. Crimes financeiros, incluindo lavagem de dinheiro e falsificação de registros comerciais;
3. Prática de suborno/propina e outros crimes de corrupção;
4. Conduta ilegal/obstrução da justiça;
5. Violações das leis de lobby de Nova York;
6. Fraude fiscal.

Os cães de caça estavam em plena perseguição.

Muitas das pessoas envolvidas mais de perto com Trump — de McGahn a Kelly, da equipe de comunicação a Steve Bannon — viviam mais intensamente as realidades duais do presidente: aceitavam a probabilidade de que fosse derrubado pelas forças que o perseguiam, mas também ficavam maravilhadas e surpresas diante do extraordinário fato — o qual essas pessoas às vezes saboreavam — de que ele ainda não havia sido derrubado. O que levava, ainda que inexplicavelmente, à espantosa possibilidade de que Trump *jamais* fosse derrubado.

Aqui estava uma curiosa equanimidade, nascida, em parte, do fato de que muitas pessoas no círculo íntimo do presidente não se importavam muito com o que acontecia com ele — não lamentariam e tampouco ficariam surpresas se Trump caísse —, mas também do fato de que era completamente impossível prever o que poderia acontecer. Muitas pessoas na Casa Branca viam a si mesmas como espectadores do drama, e não como atores principais. Nenhuma lógica se aplicava de modo satisfatório, então por que se preocupar? John Kelly, por exemplo, adotou uma visão fatalista. Se Deus quisesse a cabeça de Trump, ia pegá-la — ela estava lá, não só disponível, mas dando sopa. E, se Deus não a pegava, devia haver uma razão. Então, o negócio era seguir em frente.

"Ele tem uma sorte incrível", disse Sam Nunberg. "A sorte mais incrível. Olha, vou te dizer. Não é nem verossímil. Provavelmente essa sorte vai acabar. Mas talvez não."

A defesa de Trump, em certo sentido a única, continuou sendo a de que ele havia sido eleito presidente. Ficou claro quem e o que ele era, e *ainda assim* havia sido eleito. Os eleitores tinham falado. Os processos judiciais contra Trump eram ilegítimos — "falsos" — não porque ele não tinha feito boa parte do que estava sendo acusado de ter feito, mas porque ninguém o estava acusando de fazer algo que a maioria das pessoas já não soubesse que ele tinha feito (as ações nefastas de Michael Cohen e David Pecker tinham chocado alguém?). Em intrincados termos teleológicos, os outros mascaravam sua desonestidade, mas a de Trump estava lá para todos verem.

Com efeito, a definição da prova irrefutável necessária para derrubar um presidente subitamente ficou muito mais complicada. Para condená-lo, para alijá-lo do poder, seria necessário provar não apenas que Trump era Trump. Criar caso e polemizar acerca da importância relativa desta ou daquela improdutiva conversa de trumpistas com os russos parecia, potencialmente, ater-se a minúcias ou ninharias insignificantes e irrelevantes demais para ser dignas de preocupação. Parecia injusto, de alguma forma, que transgressões completamente características pudessem derrubar Trump.

Mas, para todos os que eram mais próximos do presidente, estava claro que a lei era literal, e que quase certamente seria possível reunir evidências e fundamentar uma sólida acusação contra Trump, alegando-se que ele a havia transgredido repetidamente. Assim, a verdadeira defesa, a verdadeira estratégia legal, era uma crença nas propriedades mágicas de Trump. Na avaliação de Bannon, Trump era singular. "Ninguém mais", disse ele, "seria capaz de se safar dessa merda."

Ainda assim, o grupo ad hoc de líderes republicanos e grandes doadores de campanha — que agora tinha um nome, Defendendo a Democracia Juntos — era nada menos que um partido de cisão, uma organização partidária que cogitava afrontar seu próprio presidente. No início do outono, o grupo começou a encomendar pesquisas sobre o apetite por uma candidatura para desafiar Trump; até agora, os escândalos de Trump ainda eram vistos como revelações de pessoas de seu círculo íntimo detentoras de informações confidenciais, o que ajudava a manter o forte apoio ao presidente na base. Mas esse era precisamente o problema para Trump: o país como um todo ainda não estava prestando atenção à história que se desenrolava da corrupção do presidente.

17. McCain, Woodward, Anônimo

Trump interpretou o tumor cerebral de John McCain, diagnosticado no verão de 2017, como uma espécie de validação pessoal. "Viu só?", dizia ele, erguendo as sobrancelhas. "Viu só o que pode acontecer?" E depois imitava uma cabeça explodindo.

À medida que a doença de McCain avançava, Trump começou a expressar aborrecimento pelo fato de que ele "se agarrou ao cargo". Ou de que McCain não era um "um cara bacana", e sim um desmancha-prazeres que não renunciava à sua cadeira de modo a deixar o governador republicano do Arizona nomear um senador mais simpático a ele próprio. Trump muitas vezes transferia seu desdém por McCain para a filha do rival, Meghan, habitual debatedora do programa *The View*, da rede ABC, e contumaz antitrumpista. Trump estava obcecado pelo ganho de peso de Meghan, e a chamava de "Donut". "Quando ela ouve meu nome, parece que vai começar a chorar. Feito o pai dela. É uma família muito, muito durona. Buá, buá, buá."

McCain, por sua vez, aproveitou a oportunidade de sua doença fatal para traçar uma linha demarcando os limites entre seus valores norte-americanos e republicanos e os de Trump. Em um épico ato de desdenhosa humilhação política, ele não convidou o presidente para o funeral que estava planejando para si mesmo. Dois dias depois de sua morte, em 25 de agosto, sua família divulgou sua carta de despedida, uma poderosa declaração de princípios e uma repreensão direta a Trump.

O relacionamento do presidente com o chefe de gabinete da Casa Branca, o general dos fuzileiros navais reformado John Kelly — agora uma guerra fria declarada, na qual um permanecia fora do caminho do outro e proclamava que o outro era louco —, sofreu uma guinada ainda mais amarga. Kelly, com a afinidade de soldado por McCain, um ex-piloto de caça e prisioneiro de guerra, considerava os comentários de Trump antimilitares e antipatrióticos.

"John McCain", disse Kelly certo dia quando o presidente fez o gesto da cabeça explodindo, "é um herói norte-americano." Então virou as costas e saiu do Salão Oval.

O funeral de McCain foi uma pomposa cerimônia a rigor, perdendo apenas para os rituais de sepultamento que um presidente receberia. Realizado em 1º de setembro na Catedral Nacional de Washington, o evento contou com a presença de Barack Obama, Bill Clinton e George W. Bush, cada um deles pessoalmente convidado por McCain, cada um deles amplificando a exclusão de Trump. "Ninguém precisa fazer os Estados Unidos de John McCain voltarem a ser grandes, porque os Estados Unidos sempre foram grandes", disse Meghan McCain em seu discurso fúnebre, gerando uma improvável salva de palmas em um funeral.

O funeral atraiu figurões e pessoas importantes e respeitadas do establishment de ambos os lados do espectro político, e quase todos ali — exceto talvez os representantes da família Trump — deram um contundente testemunho contra o presidente. Os muitos republicanos presentes queriam ser levados em conta: os republicanos globalistas, os republicanos da Guerra Fria, com mentalidade militar, e os republicanos da segurança nacional, adeptos da manutenção da ordem mundial. Mesmo que não soubessem como lutar contra Trump, ou ainda que não estivessem preparados para tanto, puderam levantar um dedo ali no funeral de John McCain.

Trump, por sua vez, tentou gerar mais tuítes do que o funeral, depois foi jogar golfe.

No fim de semana do Dia do Trabalho, o establishment de Washington e a grande mídia tradicional — em larga medida uma única e mesma coisa, argumentavam muitos defensores de Trump — estavam aguardando ansiosamente a publicação do novo livro de Bob Woodward, *Medo*, sobre o primeiro ano de

Trump no cargo. A editora havia embargado o livro antes de sua publicação em 11 de setembro, mas os trechos vazados tinham suscitado uma enorme expectativa e, em igual medida, grande consternação na Casa Branca. Ainda que a obra viesse a expressar as convincentes declarações de Woodward sobre Trump, muitos no establishment do Partido Republicano acreditavam ser possível incluir o autor como alguém que refletia os pontos de vista dos próprios republicanos — e que ele até mesmo fornecia cobertura para esses pontos de vista.

Com suas matérias sobre o escândalo político do caso Watergate, Woodward e seu parceiro Carl Bernstein haviam criado o modelo arquetípico do jornalista político moderno. Seus subsequentes livros sobre o Watergate e o filme sobre a investigação do envolvimento de Richard Nixon tornaram os dois mundialmente conhecidos. Woodward, sempre ligado ao *Washington Post*, escreveu mais best-sellers e passou a ganhar mais dinheiro do que qualquer outro repórter de Washington na história. Aos 75 anos de idade, era um dos monumentos indissociáveis da cidade, ou pelo menos um de seus luminares institucionais.

Desde o Watergate, Woodward dedicara grande parte de sua carreira à cuidadosa análise da burocracia política, também conhecida como o pântano. Às vezes, parecia quase se tornar a voz dessa burocracia. De certa forma, essa foi a lição definitiva do Watergate. Em períodos de agudo estresse político, a burocracia cuidava de si mesma e se protegia, de modo que tudo o que um repórter esperto precisava fazer era ouvi-la. Quanto mais agudo o estresse, mais ativos os vazadores, maior a história. Agora, mais do que nunca, com um forasteiro e amador na Casa Branca, o pântano — tão ridicularizado por Trump — estava revidando.

A parte específica da burocracia do pântano que ao longo dos anos havia fornecido a Woodward tantos furos de reportagem era a parte mais profunda e mais arraigada dela, o vasto sistema de segurança nacional. Após a publicação do novo livro de Woodward, ficou imediatamente evidente que uma de suas principais fontes era H. R. McMaster, o general de três estrelas que se juntara à administração Trump em fevereiro de 2017 como conselheiro de Segurança Nacional, substituindo Michael Flynn. Perder Flynn, a primeira baixa da investigação sobre a Rússia, tinha sido desanimador para Trump de início, e ele concordou com a escolha de sua equipe para o substituto de Flynn sem pensar muito a respeito. Na primeira entrevista, McMaster, detalhista e norteado por planos, um *general de PowerPoint*, havia entediado o presidente. Querendo apenas liquidar o assunto e evitar uma entrevista posterior, Trump aceitou nomeá-lo para o cargo.

O relacionamento deles nunca melhorou muito. McMaster se tornou alvo do escárnio e das chacotas de Trump. O general mexia com os brios do presidente e tocava em pontos sensíveis para ele, que se melindrou com a aparência, a seriedade, a pomposidade e a baixa estatura de McMaster.

"O que você está escrevendo aí, sr. Anotador?", Trump atormentava McMaster, que invariavelmente rabiscava numa caderneta preta durante as reuniões. "Você é a secretária?"

No estágio final do processo de pesquisa para seu livro, Woodward entrara em contato com Bannon. Para Bannon, quase ninguém representava o establishment de Washington com mais perfeição que Woodward — a seu ver, ali estava o inimigo. Mas, depois de apenas alguns minutos de conversa, ele começou a entender qual era a carta que o jornalista tinha na manga. Era o acesso ao caderninho preto de McMaster, uma crônica detalhada, às vezes quase minuto a minuto, de todas as reuniões de que ele participara em seus dez meses na Casa Branca. Bannon decidiu que precisava entrar no modo de controle de danos.

O livro de Woodward, Bannon compreendeu, foi concebido para ser a vingança do Time Estados Unidos — o autoproclamado grupo de adultos, ou especialistas e profissionais, ou (como às vezes eles admitiam) os membros da resistência atuando na Casa Branca de Trump, que se viam como patriotas protegendo o país do presidente para o qual trabalhavam. Em diferentes períodos, o grupo incluiu, junto com McMaster, Jim Mattis, Rex Tillerson, Nikki Haley, Gary Cohn, Dina Powell, Matt Pottinger, do Conselho de Segurança Nacional, Michael Anton, porta-voz do NSC, e, em certos momentos, John Kelly. O grupo excluiu a maioria das pessoas que participaram ativamente da campanha presidencial de Trump, ou outras, a exemplo de Mick Mulvaney, diretor do Escritório de Administração e Orçamento, que tinha laços estreitos com o Tea Party. Cohn era um democrata, Mattis era pelo menos quase um, e o pai de Pottinger era um advogado liberal bem conhecido em Nova York. Os demais, todos republicanos, estavam muito mais próximos do Partido Republicano de John McCain e George Bush do que do partido que agora era de Donald Trump. Em particular, cada um representava a antítese da visão nacionalista contrária ao livre-comércio de Trump, a "América em Primeiro Lugar". Eram democratas e globalistas que — no caos de um pessoal despreparado tendo que criar, da noite para o dia, uma equipe presidencial de conselheiros — rapidamente degringolaram nessa Casa Branca nacionalista.

Se essas pessoas tentaram esconder ou obscurecer suas convicções durante o período que passaram na Casa Branca, agora, mais do que nunca, queriam ser conhecidas por elas. Toda essa gente, sem exceção, também nutria por Trump um alto nível de animosidade pessoal, bem como profissional. Ele as havia maculado. Agora fora do governo, a mensagem delas para Woodward era a de que tinham defendido a nação contra Trump e tentado mudar a direção das políticas dele, ou pelo menos tentado criar táticas diversivas quando o presidente alterava a rota rumo a uma direção extrema, ardilosa ou tresloucada.

Trump pode até não ter sido mais cruel com os globalistas ao seu redor do que era com os nacionalistas, mas isso não dizia muita coisa. O escárnio dele em relação a McMaster era um passatempo diário; Rex Tillerson era "Rex, o cachorro da família"; ele acusou Gary Cohn de ser gay; espalhou rumores sobre a vida pessoal de Dina Powell. Se os trumpistas mais obstinados não tinham escolha a não ser racionalizar as crueldades do presidente, às vezes até mesmo apreciá-las e valorizá-las quando eram direcionadas a outra pessoa, os "menos que fiéis" adotavam um ressentimento firme e de baixo nível do tipo "não tenho que aturar isso", "só tolero isso pelo meu país" (ao mesmo tempo, se Trump os ridicularizava, eles ridicularizavam Trump. Gary Cohn, por exemplo, atendia as ligações do presidente enquanto dava tacadas no clube de golfe privativo Sebonack, em Southampton, e estendia o telefone para que os outros pudessem ouvir as diatribes de Trump, enquanto fazia gestos indicando que ele era louco).

Para Bannon, a resposta passiva do establishment a Trump — a disposição das elites sociais, econômicas e políticas estabelecidas de ainda tolerar um homem que elas abertamente detestavam — era de alguma forma uma prova adicional da fraqueza do establishment e de sua covardia e fraqueza. O comportamento dos globalistas e dos especialistas e profissionais fornecia ainda mais evidências de que não eram confiáveis. Eles nem sequer eram capazes de fazer frente a uma pessoa a quem obviamente odiavam e que também os odiava.

Mesmo quando os membros desse grupo completaram seu ciclo e saíram da Casa Branca, parecia não haver vontade, determinação, capacidade ou coragem para se opor abertamente a Trump. Gary Cohn não conseguiu um novo emprego em grande parte por sua associação com Trump, mas, embora na esfera privada continuasse a entreter os interlocutores com seus relatos sobre as extravagâncias do presidente, ele parecia preocupado demais com sua reputação para expressar publicamente sua apreensão e seu asco. Dina Powell, furiosa com os rumores que Trump estava espalhando sobre ela, mas esperançosa de algum dia conseguir o cargo de embaixadora da ONU, não disse nada. Nikki Haley, de olho na porta de saída, continuou a cultivar seu relacionamento com Jared e Ivanka enquanto pensava em concorrer nas primárias contra Trump (e, na verdade, esperando que a essa altura Trump já tivesse dado o fora e que, no fim das contas, um desafio nas primárias não fosse necessário para levá-la até a Casa Branca).

Mas Woodward e seu livro forneceram cobertura para a transmissão de uma mensagem poderosa: o Time Estados Unidos representava a resistência coletiva ao comportamento extremado, maníaco e desinformado de Trump.

A comunicação dessa mensagem exigia um esforço coordenado. A disposição de cada pessoa de conversar com Woodward era cuidadosamente contrastada e verificada vis-à-vis com a disposição de várias outras pessoas de falar com ele. Era parte do método de Woodward de estabelecer uma massa crítica de fontes internas: ele criou um tipo de grupo exclusivo, o que também sugeria que, se alguém deixasse de participar, não perderia apenas a oportunidade de fazer parte da panelinha, mas seu lugar na história — na verdade, acabaria por se tornar um dos trouxas da história. Mas as fontes de Woodward agora ofereciam algo maior do que fofoca ou um relato egoísta e interesseiro de eventos. Ali estavam membros da Casa Branca tentando se distanciar da Casa Branca que seus próprios habitantes tinham ajudado a criar. Aquelas pessoas queriam rejeitar a Casa Branca, e, de fato, muitos dos principais participantes da administração Trump estavam declarando que o governo dele era um fracasso, embora não por culpa delas.

Lançado 57 dias antes das eleições de meio de mandato, o livro de Woodward se tornou um evento político, e muita gente esperava que a obra fizesse o que, 44 anos antes, o primeiro livro dele havia feito: ajudar a derrubar o presidente.

Dentro da Casa Branca, Trump não só recebeu a mensagem como de repente não conseguia parar de falar sobre Richard Nixon e como ele havia sido injustiçado. Nixon, Trump anunciou, foi o maior de todos os presidentes. O fato de as principais forças do establishment terem se juntado e o colocado para fora da Casa Branca era a *prova* de que ele era o maior. O erro de Nixon foram as fitas — ele deveria tê-las queimado. "Trump", disse o próprio presidente, como já havia dito muitas vezes, "teria queimado."

Quando teve início o ciclo de campanha de outono, com Trump planejando estar na estrada quatro ou cinco dias por semana, o clima em meio à equipe sênior da Casa Branca — nunca bem-humorado, raras vezes esperançoso — ficou ainda mais desanimado.

Não era apenas que os trumpistas estivessem sendo atacados por ex-colegas, mas tinham sido deixados para trás. Ser um membro da equipe de Trump se tornou um dilema existencial: mesmo se a pessoa quisesse sair, e quase todas queriam, não teria para onde ir. A visão interna do livro de Woodward — a de que aqueles que haviam servido como suas fontes, não importando quanta virtude reivindicassem agora, cairiam no descrédito para sempre pelo fato de terem trabalhado na Casa Branca de Trump — nem de longe servia para fortalecer a confiança. O que o livro retomava, e isso foi relevante de uma maneira pessoal para todos os que trabalharam na Casa Branca e que poderiam querer trabalhar em outro lugar, era a frágil legitimidade de Trump. Todos eles tentaram, alguns encabuladamente, alguns com coragem, insistir no seguinte ponto: *Ele foi eleito, não foi?* Mas, ao fim e ao cabo, ficou claro que ter sido eleito presidente não faz de alguém um presidente legítimo — pelo menos não aos olhos do establishment, que ainda parecia ser o árbitro final em tais julgamentos.

"Woodward é parte do esforço de derrubada", disse Bannon em uma manhã de setembro, sentado à mesa de jantar da "Embaixada". Mas ele não deixou de demonstrar admiração pela maneira eficaz como seus antigos colegas haviam manipulado Woodward, e pela destreza com que Woodward os havia manipulado.

Tanto quanto qualquer um, Bannon entendia por que as pessoas que trabalhavam para Trump podiam naturalmente, ou de modo inevitável, voltar-se contra ele. Bannon compreendia todas as razões empíricas pelas quais as pessoas poderiam pensar que Trump era inadequado e inepto. Ele reconhecia, também, que parte da arte de ser presidente — da qual Trump é extremamente desprovido, e talvez venha a ser lembrado, acima de tudo, por essa ausência — era evitar ser expulso do cargo.

Mas Bannon acreditava também que, qualquer um que conseguisse se esquivar do caráter repulsivo de Trump, contornar suas deficiências intelectuais e os evidentes problemas de saúde mental, deveria ser capaz de ver que ele estava sendo atacado com selvageria — com os mandachuvas e poderosos tentando tirá-lo do cargo — por fazer muita coisa que havia sido eleito para fazer. O trumpismo, a bem da verdade, estava funcionando.

A União Europeia estava prestes a ceder à maioria das demandas dos Estados Unidos. O México estava comprando as reformulações de Trump no Nafta, e o Canadá certamente seguiria o exemplo. E a China? Estava em pânico total. As ameaças de Trump de impor 500 bilhões de dólares em tarifas estavam fazendo o que o significativo aumento nos gastos militares e do poderio bélico da Era Reagan havia feito à União Soviética. Poderia ser, caso Trump se mantivesse firme, o fim da inevitabilidade chinesa.

Aqui, Bannon acreditava, residia a verdadeira natureza do esforço para derrubar o presidente: o establishment não queria Trump fora do poder por ser um presidente fracassado, mas porque ele era um sucesso. Trump era um presidente da Guerra Fria, e a China era seu inimigo — sobre isso ele não poderia ter sido mais claro. Ainda que fosse desinformado e indigno de confiança com relação a tudo o mais, tinha uma crença fundamental e inquebrantável, uma ideia que de fato entendia: China malvada. Essa era a base de novas políticas poderosas que colocariam os Estados Unidos em pé de igualdade com ela. Se bem-sucedidas, as diretrizes políticas poderiam derrubar a China e, como consequência, atrapalhar e comprometer um futuro econômico — o mesmo pelo qual Gary Cohn, a Goldman Sachs e grande parte do Time Estados Unidos haviam apostado *seu* próprio futuro — que estava penalizando e até mesmo debilitando a classe trabalhadora americana.

Bannon estava inquieto agora. Cohn, McMaster, Tillerson e a burocracia do Conselho de Segurança Nacional estavam vendendo o país. O que eles estavam defendendo — junto com todos os outros que haviam falado, nenhum deles à meia-voz, com Woodward — era o status quo. Acrescente-se a esse grupo

Paul Ryan e Mitch McConnell e seus aliados dos fundos de hedge, todos eles pesando na balança as fraquezas do presidente e ponderando sobre se, quando e com quem movimentar-se contra ele.

Esqueça que Trump era um idiota e claramente tinha provocado tudo o que estava vindo em sua direção. Havia um golpe em andamento.

Em 5 de setembro, a quarta-feira após o Dia do Trabalho, aparentemente com o intuito de complementar o iminente lançamento do livro de Woodward — e propositadamente dias após o funeral de John McCain —, o *New York Times* publicou um ensaio anônimo de "um funcionário do alto escalão" da administração Trump.

> O presidente Trump está enfrentando um teste para sua presidência, diferente de qualquer um jamais enfrentado por qualquer outro líder norte-americano moderno.
>
> Não é somente o fato de a procuradoria especial ser motivo de grande preocupação. Ou de o país padecer de uma amarga divisão por causa da liderança de Trump. Ou até mesmo de seu partido poder muito bem perder a Câmara para uma oposição firmemente decidida a derrubá-lo.
>
> O dilema — que Trump não compreende totalmente — é que muitos dos altos funcionários de seu próprio gabinete estão trabalhando de forma diligente de dentro do governo para frustrar partes de sua agenda e suas piores inclinações.
>
> Eu tenho como afirmar isso. Eu sou um deles.

O artigo retratou Trump como o homem que quase todo o mundo sabia que ele era: errático, desfocado, impetuoso, alguém cuja mente provavelmente não era sã. Mas o artigo também parecia destacar uma preocupação maior: "Apesar de ter sido eleito como republicano, o presidente demonstra pouca afinidade com ideais há muito defendidos por conservadores: mentes livres, mercados livres e pessoas livres. Na melhor das hipóteses, evocou esses ideais em cenários ensaiados. Na pior das hipóteses, ele os ataca de imediato e sem rodeios".

O texto seguia adiante e argumentava, como o livro de Woodward ecoaria, que partes significativas de várias agências e departamentos do Executivo tentavam ativamente solapar a vontade e as políticas de Trump. Isso foi mostrado como algo de bom em uma situação ruim, a bonança em meio à tempestade, ou o que o autor chamou de "pouco consolo", mas também poderia ter sido apresentado como prova da incompetência do governo: a presidência de Trump estava, segundo o artigo sugeria, se subvertendo. Visivelmente, o artigo terminava com uma referência a John McCain e sua carta de despedida.

Por 24 horas, parecia de fato que estava acontecendo no governo norte-americano algo que raramente havia acontecido. Uma parte dele estava em rebelião civil aberta contra a outra, com a ajuda do veículo de mídia mais influente do país.

Poucas vezes na história a proveniência de um artigo de jornal foi dissecada com tanta minúcia. "Um funcionário do alto escalão" significava exatamente o quê? Um assistente do presidente, um secretário de gabinete, um subsecretário, o chefe de uma agência importante? Mas o *Times*, em uma resposta enigmática a uma pergunta sobre o autor do texto, sugeriu que talvez nem sequer soubesse de quem era a autoria. ("O autor do texto", disse o editor respondendo a uma pergunta, "foi apresentado a nós por um intermediário a quem conhecemos e em quem confiamos.") Trump protestou contra "os Sulzbergers" e como eles estavam deliberadamente em busca de pretextos para prejudicá-lo, um tropo às vezes empregado pela direita para lembrar as pessoas do passado judaico da família que controlava o *Times*.

Dentro da Casa Branca, a especulação sobre o autor se tornou um daqueles frenéticos jogos de salão, com a maioria dos palpites centrados no Conselho de Segurança Nacional e um esforço conjunto de dois ou três antigos e atuais funcionários graduados do NSC. Mas talvez fosse alguém dos níveis mais altos da administração com um relacionamento próximo com um advogado que pudesse servir de intermediário com o *Times* e que, por razões de privilégio advogado-cliente, poderia proteger a identidade do autor caso se seguisse uma investigação formal. Ademais, esse advogado precisaria ser alguém em quem o *Times* pudesse confiar. Este último ponto era imprescindível e extremamente decisivo se o *Times*, como parecia possível, não conhecesse a identidade do autor.

Um dos principais palpites era Matthew Pottinger, o diretor sênior para a Ásia do Conselho de Segurança Nacional. Embora não fosse considerado um "funcionário do alto escalão", poderia ter colaborado com H. R. McMaster e Michael Anton, porta-voz de McMaster, que, sob pseudônimos, escrevera ensaios de ampla repercussão muito lidos durante a campanha de 2016 (seus textos e ensaios eram pró-Trump, mas depois Anton ficara do lado de McMaster em sua guerra contra o presidente). O pai de Pottinger era o advogado baseado em Nova York Stan Pottinger, figura muita conhecida dos círculos liberais e do *Times*, também por ter sido um consorte de longa data de Gloria Steinem, ícone feminista.

Mas, com efeito, era extraordinário quantas pessoas na administração poderiam ter escrito o artigo ou contribuído com ele. Pouca gente poderia ser excluída. "Traição" — uma palavra raramente usada na política norte-americana, e nunca na Casa Branca, mas que tinha sido aplicada ao presidente e ao filho dele em referência às suas relações com os russos — era agora, em especial por parte de Trump e sua família, empregada contra o autor ou os autores do artigo, com a promessa de uma rápida retaliação.

Pairava na Casa Branca a terrível sensação de que a carta poderia ter consequências devastadoras. "Isto é Monica no Hotel Ritz", disse uma pessoa próxima ao vice-presidente, referindo-se ao momento em que agentes do FBI levaram Monica Lewinsky abruptamente para o Ritz em Washington e a mantiveram trancada em uma suíte até que ela admitisse seu caso com Clinton, o que resultou no processo de impeachment contra o presidente.

Seria difícil fazer vista grossa para o fato de que o establishment republicano parecia menos do que chocado com o que de forma sensata poderia ser interpretado como uma rebelião aberta dentro da Casa Branca. Mitch McConnell, embora se esforçasse ao máximo para não criticar o "Anônimo" ou até mesmo expressar preocupação com o aparecimento do texto, parecia quase rir. Na verdade, no mesmo dia em que o artigo de opinião foi publicado, McConnell usou a controvérsia suscitada pelo texto para levantar uma questão diferente, mas talvez bastante afim. Ao tratar dos novos ataques de Trump ao seu procurador-geral, McConnell disse: "Sou um grande defensor de Jeff Sessions. Acho que ele fez um bom trabalho e espero que continue onde está".

A outra questão que pessoas bem informadas da Casa Branca levantariam nos dias seguintes era reveladora em igual medida. A desordem e a discórdia que provavelmente tinham levado à publicação do artigo contribuíam para a completa incapacidade de descobrir quem o havia escrito.

18. Kavanaugh

Após o anúncio da nomeação de Brett Kavanaugh em 9 de julho, Trump parecia ter ficado bastante satisfeito com sua escolha — "ele é muito seguro", o presidente insistia em repetir, "muito respeito, o cara perfeito". Porém, mais para o final do verão Trump começou a expressar reservas em alguns de seus telefonemas depois do jantar. Ali estava mais um exemplo de um presidente que invariavelmente parecia sentir que sua própria Casa Branca estava trabalhando contra ele. Alguém o estava alimentando de dúvidas. Um amigo especulou que poderia ser sua irmã Maryanne Trump Barry, juíza federal agora aposentada, embora ela e o presidente não fossem exatamente próximos. Mas, de onde quer que viesse, a mensagem se tornou uma repentina irritação para Trump: não havia protestantes na Suprema Corte. "Você sabia disso?", ele questionou um amigo.

Dos oito juízes da Suprema Corte na ativa, todos eram judeus ou católicos. Kavanaugh era católico, assim como a segunda opção, Amy Coney Barrett. Havia alguma confusão a respeito de Neil Gorsuch, e Trump recebeu opiniões conflitantes. Mas Gorsuch certamente foi criado como católico e até estudara na mesma escola católica onde Brett Kavanaugh havia estudado.

Não conseguimos encontrar advogados que não sejam católicos ou judeus?, Trump queria saber. Não havia mais advogados brancos, anglo-saxões e protestantes? (Sim, disseram a ele: Bob Mueller.)

Parecia desconcertante para Trump que ele não tivesse ciência desse novo e extraordinário fato sobre a Suprema Corte. Inexplicavelmente, a maré da história havia virado, mas ninguém tinha notado — e ninguém o informara.

"Todos lá eram protestantes e depois, em poucos anos, não havia nenhum. Isso não parece estranho?", ruminou Trump. "Absolutamente nenhum." Presbiteriano pelo menos em tese e oficialmente, Trump continuou: "Mas não posso dizer: 'Eu quero colocar um protestante na Corte para uma melhor representatividade'. Não, você não pode dizer isso. Mas eu deveria poder. Deveria ser possível ter a principal religião neste país representada na Suprema Corte".

Aquilo era obra de McGahn?, perguntava-se Trump, agora profundamente desconfiado do conselheiro da Casa Branca. Ele era o representante do governo em nomeações para a Suprema Corte e também era católico. McGahn estava abarrotando a Corte de católicos? Kavanaugh, tal qual Gorsuch, havia sido pré-aprovado pela Sociedade Federalista, e Leonard Leo, o homem-chave da sociedade, era (supostamente) um membro do Opus Dei, organização católica de extrema direita. Trump disse que havia sido informado de que Leo tinha relações íntimas com o Vaticano.

Como se juntasse dois mais dois para deduzir algo — um lento processo de realização —, Trump começou a se concentrar no aborto. Ali estava ele na corda bamba: toda vez que o tema vinha à tona, depois de apenas algumas frases de discussão, o presidente quase sempre começava a vacilar. Sua visão agora padrão de defesa do direito à vida se revertia para sua visão anterior, pró-escolha, ou seja, a favor da legalização do aborto. No final de agosto, semanas depois de indicar Kavanaugh, Trump queria saber: o cara fazia parte de uma conspiração católica para abolir o aborto?

Subitamente consciente da realidade de uma Suprema Corte não protestante, e agora suscetível a tal realidade, o presidente continuou precisando da tranquilizadora confirmação de que Brett Kavanaugh não estava simplesmente determinado a tornar o aborto ilegal. Disseram a Trump que Kavanaugh era um "textualista", o que significava que a preocupação primordial dele era frear a autoridade cada vez maior e, na visão textualista, inconstitucional do Estado administrativo. O aborto estava longe de ser seu interesse primordial.

Ainda assim, enquanto os membros da equipe da Casa Branca se preparavam para o que eles presumiram que seria uma confirmação duramente contestada, Trump sentiu que não estava recebendo a história completa. A irritação teve efeito sobre um tema mais amplo que surgiu durante a nomeação de Gorsuch:

por que o presidente não estava autorizado a escolher qualquer pessoa? Trump conhecia muitos advogados; por que não podia simplesmente escolher um?

Quase todos os observadores da presidência de Trump concordaram que a nomeação e a confirmação de Neil Gorsuch tinham sido uma das manobras mais suaves da Casa Branca. Eles também concordaram que a razão de tanta suavidade era o fato de que a Casa Branca — e o próprio Trump — tinham muito pouco a ver com isso.

Durante a campanha, a Sociedade Federalista elaborou uma lista de juízes que considerava aceitáveis para qualquer assento aberto na Suprema Corte. Todas as opções eram figuras bem avaliadas e muito conceituadas, egressas das melhores faculdades de direito; todos os nomes eram de juízes que endossavam opiniões textualistas e não tinham apoiado decisões pró-aborto. Isso tornou-se um ponto de discussão obrigatório de Trump durante a campanha: se tivesse a oportunidade, ele nomearia alguém da lista (essa postura contrastava nitidamente com o fortuito esforço da campanha para produzir uma lista de possíveis assessores de política externa. Essa lista foi gerada dentro da campanha e incluía um grupo em larga medida aleatório de nomes desconhecidos, notadamente Carter Page e George Papadopoulos, que mais tarde ajudariam a enredar a campanha e a futura Casa Branca no imbróglio da Rússia).

Mas não importava o quanto a lista da Sociedade Federalista era sólida, ou o quanto a escolha de Gorsuch tivesse funcionado, Trump ainda assim se rebelou. Era um cargo cobiçadíssimo; por que razão ele não podia oferecer o emprego a um amigo? Trump podia até não *ser* um advogado, mas sabia muito mais do que a maioria dos advogados. Afinal, ele havia contratado e demitido advogados ao longo de quase cinquenta anos. E, em Nova York, esse era um procedimento operacional padrão: você queria juízes que lhe devessem favores.

Trump havia feito pressão para indicar Giuliani (também, no fim das contas, católico) como sua primeira escolha para a Suprema Corte, mas foi demovido dessa ideia — Giuliani era pró-aborto. Agora Kavanaugh, como Gorsuch, foi apresentado como algo consumado. Havia segundas opções, como por exemplo Barrett, mas Kavanaugh era a escolha McGahn-Federalista, a escolha do establishment. Eles tinham um plano claro: Kavanaugh seria lançado no verão e as audiências começariam logo após o Dia do Trabalho. A ocasião não poderia ser mais propícia. Apenas algumas semanas antes das eleições de meio de mandato, era quase certo que os democratas morderiam a isca e fariam um esforço barulhento e fútil para obstruir a escolha do presidente. O presidente defenderia habilmente seu candidato sólido e correto, um juiz que era aceitável para o establishment legal. Ele também cumpriria sua necessária promessa à base: um juiz da Suprema Corte ultraconservador e defensor do direito à vida.

O fato de Kavanaugh ser confirmado no auge da temporada de eleições de meio de mandato foi um bônus inestimável. Aqui estava a mensagem de ouro para os eleitores conservadores: por mais que Trump irrite você, você pode contar com ele para entregar uma Suprema Corte reabilitada. Com a aposentadoria do juiz Kennedy, Kavanaugh empurraria a corte com firmeza para a direita — e talvez houvesse mais duas indicações por vir.

Mas agora um Trump confiante tornou-se um Trump mais truculento. Ele queria mais opções. Queria adicionar seu pessoal à lista. Em último caso, Trump precisaria de pessoas nas quais pudesse confiar. Para deixar bem claro, o presidente insistiu na questão: ele queria algo que o ajudaria a se safar.

Esse então passou a ser o foco do Trump. Dados os inúmeros níveis de exposição pessoal, a investigação da procuradoria especial e as perspectivas de uma Câmara democrata agindo de forma rápida e resoluta em direção ao impeachment, ele precisava saber que Kavanaugh o protegeria. McGahn e os outros tinham certeza de que Kavanaugh o defenderia? Sempre pouco sutil em seus desejos, o presidente foi além: seria possível arrancar de Kavanaugh um compromisso?

Isso não era um problema. Trump foi informado de que Kavanaugh já havia argumentado que o cargo conferia um status especial, que um presidente no exercício do mandato estava isento de culpabilidade legal pessoal (na verdade, Kavanaugh, que havia trabalhado para o promotor de Clinton, Ken Starr, também argumentou exatamente o contrário durante a investigação de Clinton, e, embora parecesse defender agora um Executivo forte, os detalhes ainda pareciam bastante confusos). Sim, os conselheiros de Trump repetidamente lhe asseguraram, todas as questões relacionadas a Trump que poderiam vir à tona perante a Corte — sobre seus interesses comerciais, sobre o privilégio executivo, sobre seu possível indiciamento — pareciam bastante seguras com Kavanaugh.

A indicação de Kavanaugh foi uma bandeira vermelha brilhante para Andrew Weissmann e a equipe de Mueller. Caso a procuradoria especial levasse adiante o indiciamento do presidente, a questão da imunidade presidencial indubitavelmente seria debatida na Suprema Corte e produziria uma decisão que poderia ter consequências tão importantes quanto Bush contra Gore ou o caso envolvendo as fitas de Nixon. De fato, a decisão poderia garantir a permanência de Trump na Casa Branca ou destituí-lo. E, se a Corte chegasse a essa encruzilhada, qual seria o efeito de Kavanaugh?

Quase desde o início, a equipe de Mueller havia dado como certo que o destino do presidente, e possivelmente o destino da investigação da procuradoria especial, seria decidido pela Suprema Corte. Mas agora as questões constitucionais que estavam no cerne do provável caso seriam avaliadas por alguém que parecia já ter se decidido acerca da falibilidade presidencial — e julgado o presidente totalmente infalível. Supondo que o Senado confirmaria Kavanaugh, quase uma certeza dada a maioria republicana, o mais novo juiz da Corte poderia propiciar exatamente o tipo de exceção presidencial que tornaria a investigação de Mueller e sua equipe quase inútil e sem sentido.

Todavia, à medida que a equipe de Trump procurava fazer de Kavanaugh o mecanismo de segurança à prova de falhas do presidente, Weissmann buscava maneiras de anular o provável novo juiz e a proteção que ele provavelmente ofereceria a Trump. Na véspera das audiências de Kavanaugh, a equipe da procuradoria especial aventou o que poderia acontecer se o Departamento de Justiça exigisse que ele se recusasse.

Esse enfoque tinha a seu lado a virtude, embora não necessariamente a lei. Se você fosse um magistrado e se visse ponderando sobre o destino de alguém com relação a quem poderia, de modo plausível, ser tendencioso — digamos que essa pessoa tivesse lhe concedido um favor, por exemplo ter feito de você um juiz —, deveria se recusar a arbitrar. Era o que juízes justos faziam. Se não o fizessem, os magistrados poderiam ser obrigados a se declarar impedidos ou em suspeição por meio de um recurso aos tribunais superiores. Mas, embora todos os magistrados dos tribunais federais estivessem sujeitos aos mesmos padrões relacionados a conflitos de interesse, estava menos claro se tal padrão se aplicava aos juízes da Suprema Corte — ou, de qualquer maneira, que houvesse alguém capaz de impô-lo a eles.

A própria revisão que a procuradoria especial fez da lei aqui não oferecia muito espaço para otimismo. "O regimento da Suprema Corte não tem previsão de arguição de impedimento. Previsivelmente, tais petições raramente são protocoladas, e não encontramos nenhum exemplo de uma que tenha sido acatada", declarou uma pesquisa feita para a equipe de Mueller. "E não chegou ao nosso conhecimento nenhum exemplo em que o governo dos Estados Unidos tenha protocolado uma arguição de impedimento de um magistrado."

Acerca das questões mais básicas da lei, o documento era lamentável: "O código de ética que geralmente rege as decisões de impedimento de magistrados federais — o Código de Conduta para Juízes dos Estados Unidos, promulgado pela Conferência Judicial — por seus termos não vincula os magistrados da Suprema Corte Tribunal".

Ainda assim — e aqui estava o duradouro argumento da procuradoria especial — não havia, na lei, nenhuma exceção definitiva, nenhuma opção imperial: "O estatuto federal de impedimentos [...] por seus termos se aplica a 'todo juiz, magistrado e ministro da Suprema Corte dos Estados Unidos'. [...] Ademais, são claras as decisões da Suprema Corte de que a declaração de impedimento é uma questão fundamental de justiça e aparência de justiça, o que implica o devido processo legal".

Infelizmente, não havia "nenhum mecanismo para recorrer de uma decisão de um juiz da Suprema Corte de não declarar seu impedimento, tampouco nenhum meio de levar a questão a qualquer audiência judicial além do próprio juiz".

A solução proposta por Weissmann para resolver o problema Kavanaugh parecia um fiasco. Se Brett Kavanaugh se tornasse juiz da Suprema Corte, o Departamento de Justiça poderia exigir que ele se declarasse impedido para atuar no que potencialmente seria o caso do século. Mas Kavanaugh poderia simplesmente se recusar — e isso seria o fim de tudo.

Enquanto o escritório da procuradoria especial pesava na balança suas opções na esteira da nomeação de Kavanaugh, o mesmo acontecia com a minoria democrata do Senado. A conclusão a que chegaram foi a de que a única maneira de obstruir a indicação de Kavanaugh seria um ataque à sua retidão pessoal. Um e-mail de um funcionário do Senado listou alguns dos problemas que, na última hora, talvez pudessem ser capazes de atravancar o caminho de Kavanaugh: "Conduta sexual imprópria e ilicitudes financeiras, drogas, violência e questões de controle da raiva, plágio, dívidas de jogatina".

Durante todo o verão, houve rumores de baixo nível sobre a fraternidade de Kavanaugh em Yale, a Delta Kappa Epsilon. Uma geração antes, rumores semelhantes haviam perseguido a candidatura presidencial de George W. Bush; ele também era membro da DKE, e boatos sobre abuso extremo de álcool e comportamento sexualmente agressivo o acompanharam de perto.

Mas foi a vida escolar de Kavanaugh no ensino médio que veio assombrá--lo. Dianne Feinstein, senadora pela Califórnia e membro minoritário do Comitê Judiciário do Senado, confidenciou a vários amigos que recebeu uma carta sigilosa contendo alegações sobre o comportamento de Kavanaugh certa noite durante uma festa na escola. Quem acusava Kavanaugh era uma mulher chamada Christine Blasey, que às vezes usava seu nome de casada, Ford. Professora de psicologia na Universidade Palo Alto, ela tinha formação acadêmica e trajetória profissional sólidas, e sua história parecia crível. Mas estava com medo de se apresentar publicamente para tratar do caso; além disso, Feinstein tinha dúvidas se o único incidente que Blasey Ford descreveu impressionaria alguém. Feinstein se perguntava até mesmo se o incidente era suficiente para ter *algum* efeito. Durante semanas, manteve a carta em sigilo.

As audiências de confirmação de Kavanaugh começaram em 4 de setembro. Inicialmente, as sabatinas não causaram grande alarme entre os apoiadores do indicado do presidente para a Suprema Corte. Mas os oponentes de Kavanaugh estavam desesperados, e depois de uma série de vazamentos dos democratas no Capitólio, Blasey Ford, querendo ou não, se tornou a arma da vez contra o indicado. Forçada a vir a público, ela descreveu sua experiência com Kavanaugh em um artigo publicado pelo *Washington Post* em 16 de setembro.

A história que a mulher contou aconteceu em Maryland no verão de 1982, quando um pequeno grupo de adolescentes se reuniu certa noite na casa de um deles. Blasey Ford tinha quinze anos; Brett Kavanaugh, então com dezessete, era um conhecido distante, alguém que ela encontrava de vez em quando nos círculos do colégio do condado de Montgomery. Naquela noite, de acordo com Blasey Ford, quando ela subiu para procurar um banheiro, um Kavanaugh bêbado, com um amigo também embrigado a reboque, a obrigou a entrar em um quarto, empurrou-a para a cama e pulou em cima dela, agarrando suas roupas e pondo uma mão sobre sua boca por tempo suficiente para que ela entrasse em pânico.

Trump, ao que parece, não tinha ouvido o suficiente da história. "Ele a empurrou para a cama e é isso?" Quanto tempo a segurou? O presidente queria saber mais. "Só ficou em cima dela e tentou beijá-la? Ou houve sexo?"

Quando Trump soube que Mark Judge, o amigo de Kavanaugh que Blasey Ford alegava estar no quarto, escreveu um livro sobre suas façanhas bêbadas no ensino médio, bateu na lateral da cabeça. "Que tipo de idiotas vocês me trouxeram aqui?"

Depois Trump voltou a insistir que as coisas estariam muito melhores se ele tivesse escolhido o indicado. "Isso é constrangedor", disse ele. "Meninos de escola católica." E isso lhe provocou uma rememoração de suas próprias façanhas quando *ele* tinha dezessete anos: Trump não tinha roubado apenas beijos, não restavam dúvidas.

Como a história de Blasey Ford dominou instantaneamente o noticiário, de súbito Trump começou a demonstrar uma dose de indisfarçável desprezo por Kavanaugh. "Ele parece fraco. Nem um pouco forte. Provavelmente foi molestado por um padre."

À medida que Kavanaugh foi sendo colocado cada vez mais na defensiva, a nomeação abruptamente parecia em perigo. A Casa Branca e a equipe de Kavanaugh rejeitaram uma possível entrevista para a CBS, por acreditarem que o indicado não seria capaz de resistir a questionamentos hostis. Mas a essa altura Kavanaugh chegou a um ponto em que precisava se defender de alguma forma, então a Casa Branca concordou com a promessa de uma entrevista branda na Fox, com as perguntas fornecidas de antemão.

Durante essa sentimental entrevista de 24 de setembro, um Kavanaugh derrotado e cheio de autocomiseração disse que era virgem no ensino médio e assim continuou por muito tempo depois disso. Trump mal podia acreditar. "Pare! Quem diria uma coisa dessas? Meu juiz virgem. Este homem não tem orgulho! Homem? Eu disse *homem*? Acho que não."

Trump parecia ansioso para contabilizar seus prejuízos e seguir em frente. Apenas vários e vigorosos alertas de membros do alto escalão de sua equipe destacando o efeito deprimente que abandonar Kavanaugh à própria sorte provavelmente teria sobre a base republicana nas eleições de meio de mandato, agora a apenas algumas semanas de distância, impediram o presidente de postar um tuíte descartando seu indicado.

Jogando lenha na fogueira, Ivanka disse a seu pai que a imagem de Kavanaugh estava muito ruim junto às mulheres. Ele estava causando sérios danos às chances dos republicanos nas eleições vindouras. Os democratas mal podiam acreditar, mas a batalha de Kavanaugh parecia estar virando, inexoravelmente, a favor deles.

A ira de Trump aumentou ainda mais quando ele soube que George W. Bush — um dos políticos que mais desprezava — tinha saído em defesa de Kavanaugh, e que muitos republicanos acreditavam que Bush estava mantendo a nomeação viva.

"Os bêbados andam juntos", disse Trump. "Se ele é um cara do Bush, não é um cara do Trump. É papo-furado que a gente pode confiar nele. Esse virgem vai me trair."

Durante a semana de 24 de setembro, o testemunho público de Blasey Ford dava a impressão de estar por um fio. Ela daria as caras para testemunhar ou não? O suspense criou um nível de incerteza e tensão que parecia incomodar especialmente Trump, porque Blasey Ford estava conseguindo toda a atenção.

Lewandowski e Bossie, encorajados por Bannon, estavam dizendo a Trump que, se ele perdesse Kavanaugh ou, pior, se o descartasse, perderia não só a Câmara em novembro, mas também o Senado.

Trump parecia ter encontrado uma nova determinação se concentrando em Michael Avenatti, advogado de Stormy Daniels, e Ronan Farrow, jornalista cujos textos muitas vezes giravam em torno de abuso sexual, ambos surgindo de última hora com mulheres acusando Kavanaugh, enquanto Blasey Ford hesitava em sua resolução de testemunhar. A acusadora ligada a Avenatti contou uma história de estupros coletivos de adolescentes no subúrbio de Washington, DC. A acusadora ligada a Farrow afirmou ter reconhecido Kavanaugh em uma festa de bebedeira em Yale e disse que ele talvez tivesse mostrado a ela seu pênis.

"Patético", declarou Trump, depois divagou em considerações sobre se Farrow era filho de Frank Sinatra, como sua mãe, Mia Farrow, havia sugerido que poderia ser, ou de Woody Allen, acrescentando, em outra digressão, que conhecia pessoalmente tanto Frank como Woody.

Enquanto as acusações contra Kavanaugh se avolumavam, Trump parecia se identificar mais com seu indicado, ou reconhecer que a fúria contra Kavanaugh também era dirigida a ele.

"Eles estão atrás *de mim*, a fim de *me* pegar", dizia Trump, como se sentisse orgulho.

Mais uma vez no combate, o presidente teve que ser contido e impedido de liderar o contra-ataque. Seu forçoso empenho para demonstrar algo remotamente semelhante a um temperamento judicioso e sensato fazia muita gente morrer de rir na Casa Branca e era o tema de algo similar a uma silenciosa bolsa de apostas na Casa Branca: "Quando ele vai explodir?".

Quando Blasey Ford concordou em testemunhar — seu depoimento foi marcado para a quinta-feira, 27 de setembro —, Trump expressou mais preocupação sobre se Kavanaugh era capaz de lidar com uma situação pública tensa. Ele começou a passar instruções e conselhos: "Não admita nada. Zero!". Queria agressividade.

Nos dias e horas que antecederam o depoimento, Trump ligava para amigos e repetia o que agora era seu tema favorito: quando *ele* foi acusado, aguentou firme e resistiu à adversidade. Trump parecia estar sondando todo mundo de modo a saber a opinião das pessoas e se elas achavam que Kavanaugh era realmente durão.

"Eu não acho que ele seja tão duro na queda", concluiu Trump.

Em meio a tudo isso, parecia haver um reconhecimento implícito por parte do presidente de que aquilo que Blasey Ford tinha dito provavelmente era verdade. "Se não fosse verdade", Trump sugeriu, "ela teria alegado estupro ou algo assim, não apenas um beijo."

Na manhã do dia 27, Trump assistiu ao depoimento de Blasey Ford na residência antes de descer para a Ala Oeste. Ele passou quase o tempo todo ao telefone com amigos. "Ela é boa", Trump repetia. Ele achava que Kavanaugh estava em "uma encrenca das grandes".

Naquela tarde, assistindo ao depoimento de Kavanaugh, Trump foi tomado por um profundo descontentamento. Ele parecia pessoalmente ofendido por

Kavanaugh ter chorado em algumas partes de seu testemunho. "Eu queria dar um tapa nele", disse o presidente mais tarde a um interlocutor. "Virgem chorão."

Mas Trump também reivindicou o crédito pelo fato de que Kavanaugh não admitiu coisa alguma. "Você não pode admitir nem sequer um aperto de mão", disse Trump ao mesmo interlocutor. O presidente fez uma digressão sobre "meu amigo Leslie Moonves", o presidente da CBS, que recentemente estivera sob fogo cerrado após uma série de acusações do movimento #MeToo. "Les admitiu um beijo. Ele já era. Pode esquecer. Quando ouvi sobre o beijo, pensei: Acabou. Está morto e enterrado. A única pessoa que sobreviveu a esse tipo de coisa fui eu. Eu sabia que não se pode admitir nada. Tente explicar e está morto. Peça desculpas, está morto. Se admitir até mesmo conhecer uma dessas vadias, está morto."

Nessa noite, acompanhando a cobertura midiática e vendo os comentários fortemente favoráveis a Kavanaugh na Fox, os pontos de vista de Trump pareceram mudar. "Todo homem neste país acha que isso poderia acontecer com ele próprio", disse o presidente a um amigo. "Trinta anos atrás você tenta beijar uma garota, trinta anos depois ela está de volta: bum. E que tipo de pessoa se lembra de um beijo depois de quarenta anos? Depois de quarenta anos, ela ainda está chateada? Me poupe. Dá um tempo."

No dia seguinte, Jeff Flake, o senador mosca-morta do Arizona, uma carta fora do baralho que estava em fim de mandato e sem chance de reeleição, foi confrontado em um elevador por chorosos e briguentos partidários de Blasey Ford e opositores de Kavanaugh, e ameaçou negar seu voto de confirmação, a menos que o FBI empreendesse uma nova investigação.

"Traíra", declarou Trump. Mas, apesar do revés, ele estava sentindo certa confiança de que a indicação de Kavanaugh seria aprovada. "É uma investigação de merda de cabo a rabo. Uma completa baboseira."

Quatro dias antes da data marcada para a votação de confirmação — enquanto o FBI realizava sua nova rodada de minucioso escrutínio —, Trump participou de um comício no Mississippi. Até aquele momento, estava cheio de arrogância.

"'Eu tomei uma cerveja.' Certo? 'Eu tomei uma cerveja.' Bem... vocês acham que foi...? Não! Uma cerveja. Ah, tudo bem. Como você chegou em casa? 'Não lembro.' Como você chegou lá? 'Não lembro.' Onde fica o lugar? 'Não lembro.' Foi há quantos anos? 'Não sei.' Não sei. Não sei. Não sei. Em que bairro ficava? 'Não sei.' Onde é a casa? 'Não sei.' No andar de cima? Andar de baixo? Onde foi? 'Não sei.' Mas eu tomei uma cerveja. Essa é a única coisa de que me lembro. E a vida de um homem ficou em frangalhos. A vida de uma homem foi destruída."

A grosseria de Trump pegou o embalo: nada atrapalharia a indicação de Kavanaugh agora.

Em 6 de outubro, Brett Kavanaugh foi confirmado pelo Senado por cinquenta votos a favor e 48 contra.

Após a votação, Bannon estava praticamente gritando de prazer. "Jamais subestime a capacidade dos democratas de exagerar no otimismo, dar um passo maior que a perna e foder com as coisas. Kavanaugh é a presidência." Os democratas não só estavam desamparados diante da indicação como também a transformaram em uma causa decisiva, do tipo tudo ou nada. Então, já sentindo o gosto da vitória, eles perderam a luta na última hora.

Na opinião de Bannon, Trump havia puxado para seu lado as pessoas que não acreditavam nos democratas e em Blasey Ford, bem como aquelas que não achavam que um episódio de duas pessoas se atracando por dois minutos ocorrido décadas atrás tivesse algo a ver com o caso. Mas Bannon também entendeu que Trump talvez tivesse perdido de forma irrecuperável todas as mulheres com diploma universitário do país.

Ainda assim, o programa de Sean Hannity teve uma audiência de 5,8 milhões de telespectadores na noite dos depoimentos de Blasey Ford e Kavanaugh. "É um monte de hobbits", disse Bannon.

Para Bannon, era um momento de impor limites. Os alvoroçados democratas viam a eleição iminente como um jogo de vida ou morte. Agora os hobbits também. Em âmbito privado, a equipe de Pelosi, que até quatro semanas antes estava convicta de assegurar sessenta assentos adicionais na Câmara, agora reduzia suas estimativas para trinta.

Bannon mal podia acreditar que a balança das eleições de meio de mandato estivesse pendendo de novo para seu lado. "Finalmente, porra, finalmente Kavanaugh nacionalizou esta eleição."

Ele só desejava que fosse 6 de novembro e não 6 de outubro. E esperava fervorosamente que não ocorressem mais eventos exógenos.

19. Khashoggi

Jamal Khashoggi — cidadão saudita residente nos Estados Unidos, jornalista e jogador de alto risco na política do golfo Pérsico, e uma figura irritante para o príncipe herdeiro Mohammed bin Salman, que aos 32 anos se tornou o governante saudita — entrou no consulado saudita em Istambul na tarde de 2 de outubro de 2018, logo depois das treze horas. Foi recebido por um esquadrão de assassinos enviado pelo volátil príncipe herdeiro, o aliado internacional mais próximo de Jared Kushner em seu esforço para ser uma voz dominante da política externa no governo de seu sogro. Depois que Khashoggi foi assassinado e teve os membros arrancados, tudo indica que o dissolveram em um tanque de ácido ou que seu corpo em pedaços saiu da Turquia dentro de um malote diplomático.

Sem o conhecimento do nem um pouco suave grupo de assassinos sauditas, os serviços de segurança turcos estavam registrando a maioria dos últimos momentos de Khashoggi. Nas horas e dias seguintes, enquanto os sauditas insistiam que Khashoggi havia saído ileso da embaixada, o presidente turco Recep Tayyip Erdoğan — alinhado com Qatar e Irã, inimigos da Arábia Saudita — autorizou um vazamento a conta-gotas dos obscuros detalhes da guerra do desaparecimento e do assassinato de Khashoggi.

O presidente Trump descartou a primeira explicação, vaga e incompleta, do desaparecimento e da possível morte de Khashoggi. Quando mais detalhes começaram a surgir, ele disse que não confiava nos turcos. Por fim, Trump incitou Jared a "ligar para seu amigo" — o príncipe herdeiro.

"Mohammed", informou Jared, "está investigando isso. Ele sabe tanto quanto nós."

Em 4 de outubro, o *Washington Post* publicou um espaço em branco onde a coluna de Khashoggi "deveria aparecer". O *Post* colocou a suspeita do assassinato do jornalista no colo do governante saudita. No dia seguinte, os turcos confirmaram que Khashoggi havia entrado na embaixada saudita, mas nunca saíra.

Como tantas vezes acontecia no Mundo de Trump, uma vitória importante, e rara — a votação de confirmação de Kavanaugh —, era quase instantaneamente engolida por uma nova e feia realidade, Trump e o estreito relacionamento pessoal de sua família com um provável assassino.

A Arábia Saudita, com sua complexa e difícil família real, alianças com organizações terroristas, crueldades de lei e cultura, vastas quantidades de petróleo e posição-chave no Oriente Médio, sempre exigiu por parte dos presidentes norte-americanos a maior finesse e as mais hábeis artimanhas diplomáticas. Desprovida dessas habilidades, a administração Trump, quatro semanas antes de uma eleição problemática, viu-se admitindo, e defendendo publicamente, um flagrante ato de tortura e vingança política, com mais detalhes sangrentos pipocando a cada dia.

Em um acachapante exemplo dos eventos exógenos temidos por Bannon, aqui estava uma janela aberta — que ninguém parecia capaz de fechar — permitindo entrever Trump e as estranhas relações de sua família nos cantos mais suspeitos do mundo.

Era um segredo mal guardado nos círculos de política externa que Mohammed bin Salman (MBS) tinha um problema com cocaína e amiúde desaparecia durante dias em farras ou em viagens longas e assustadoras (pelo menos para outros passageiros) a bordo de seu iate. Ele também passava horas a fio todos os dias plantado em frente a uma tela, jogando video game. Tal qual Trump, o príncipe herdeiro era invariavelmente descrito como uma criança petulante. Incontrolável, estava determinado a esmagar qualquer oposição ao seu governo dentro da numerosíssima família real e, a serviço desse objetivo, usar um nível de brutalidade ainda maior do que a marca de selvageria costumeira do reino. MBS, a política externa e a comunidade de inteligência dos Estados

Unidos entendiam, era, mesmo para os sauditas, um osso duro de roer — Tony Montana no filme *Scarface*.

O mais difícil de compreender era a excepcional aceitação do homem por parte de Jared Kushner. Os dois não apenas se tornaram bons camaradas genuinamente íntimos, mas Kushner dedicava tempo, esforço e uma significativa dose de credibilidade política promovendo o príncipe herdeiro. A já vasta operação de relações públicas dos sauditas nos Estados Unidos incluía Kushner como um dos seus principais patrocinadores.

Nos dias 5 e 6 de outubro, com o presidente percorrendo o país de ponta a ponta em sua série quase diária de eventos para o Make America Great Again diante de plateias amigáveis em estádios e ginásios, Kushner ficou incumbido de tirar seu amigo MBS — e ao mesmo tempo a si mesmo — da bagunça do caso Khashoggi. Em contato frequente com o príncipe herdeiro, Kushner efetivamente se tornou um gerente de crise para ele. Para tanto, passou a ser também o mais prolífico vazador de desinformação e teorias da conspiração sauditas na Casa Branca.

De fontes da Casa Branca veio a teoria da maquinação turca: culpar MBS pelo "desaparecimento" de Khashoggi fazia parte do plano de Erdoğan de restabelecer o califado otomano e tomar dos sauditas o controle de Meca. De fontes da Casa Branca veio a trama conspiratória dos Emirados Árabes Unidos: o avião que transportava o esquadrão de extermínio partiu de Riad, mas aterrissou em Dubai a caminho de Istambul. MBS já havia sido um protegido de Mohammed bin Zayed (MBZ), governante dos Emirados Árabes Unidos, mas recentemente o relacionamento deles estava azedando, em parte porque MBZ reprovava o uso de cocaína de MBS. MBZ, dizia-se, poderia ter dado ordens para que vários de seus assassinos se juntassem à equipe em Dubai de modo a depois poder colocar em MBS a culpa pela morte de Khashoggi.

Kushner, em uma conversa extraoficial com um repórter, afirmou categoricamente qual era o ponto crucial do caso saudita: "Esse cara [Khashoggi] era o elo entre certas facções da família real e Osama. Nós sabemos disso. Um jornalista? Espere aí! Ele era um terrorista disfarçado de jornalista".

Para o cada vez mais profundamente enojado secretário de Defesa, Jim Mattis, o desastre de Khashoggi forneceu mais um exemplo das bizarras e inexplicáveis relações que Trump e sua família haviam formado com bandidos ao redor do mundo, de Putin a Kim Jong-un passando por seu enroscamento na novela sem fim nos Estados do golfo Pérsico, em particular as interações de alto risco entre MBS, MBZ e o homem forte do Qatar, Hamad bin Jassim (HBJ). Os instintos de Trump eram esquisitos e confusos, mas às vezes ainda mais alarmantes e frustrantes eram a incessante intromissão e a pauta de interesses e segundas intenções de Kushner. Mattis ficava cada vez mais convencido de que as contínuas investidas e incursões de Kushner eram malucas, criminosas ou as duas coisas. E o FBI talvez desse a impressão de que tinha suas próprias preocupações: Kushner não havia sido aprovado nos requisitos para receber autorização oficial de acesso a informações sigilosas governamentais e só obteve um status de segurança ultrassecreto devido à quase inaudita intervenção do próprio presidente (fato negado com veemência por Kushner e Ivanka).

Os problemas financeiros da família Kushner e suas ligações com a região do Golfo eram fonte de incrédulos debates nos círculos de política externa. Parecia ir muito além da mera ingenuidade que alguém às voltas com um conflito de interesses tão escancarado — o genro do presidente estava tentando levantar dinheiro privado das mesmas pessoas envolvidas em complexas negociações e relações com o governo dos Estados Unidos — pudesse, sem oposição universal, exercer um papel de liderança nessas mesmas questões. "O signo da besta" tornou-se uma espécie de epíteto jocoso e pejorativo para Kushner, e o reconhecimento de que as ações ou recomendações de Kushner poderiam ter algo a ver com os esforços de sua família para refinanciar sua problemática propriedade, situada à Quinta Avenida, número 666.

O prédio de escritórios e lojas da Quinta Avenida havia sido comprado por Jared Kushner em 2007 — na véspera do colapso financeiro mundial —, enquanto o pai dele estava na prisão. A aquisição fazia parte do grandioso plano da família Kushner de transferir suas propriedades e a ênfase de seus negócios de Nova Jersey para os holofotes da cidade de Nova York. Os Kushner pagaram pelo prédio da Quinta Avenida 1,8 bilhão de dólares, o dobro do preço recorde para o metro quadrado de um edifício em Manhattan. Desde o início, a propriedade, que precisava de uma extensa reforma, teve problemas para atrair inquilinos de primeira linha. Além disso, depois de várias reestruturações, um financiamento com uma parcela balão de 1,4 bilhão de dólares, valor garantido em colaterização cruzada por muitos outros ativos da família, estava previsto para vencer em 2019.

Desde antes da eleição, a família havia tentado, sem muito sucesso, garantir um acordo de refinanciamento. Manter o 666 financeiramente saudável poderia ser a diferença entre o status multibilionário da família e circunstâncias significativamente mais ignominiosas. Para adicionar especial urgência à situação, a maior parte da riqueza pessoal de Jared estava vinculada aos negócios de sua família.

O relacionamento de Jared com Steve Bannon, que nunca foi bom depois que eles entraram na Casa Branca, atingiu um precoce ponto crítico quando Kushner descobriu que o outro estava mantendo um metafórico relógio de contagem regressiva para quando o prédio da Quinta Avenida iria à bancarrota e arrastaria a família para a ruína. Sem dúvida, o trabalho de Kushner na Casa Branca tornara os esforços de refinanciamento imensamente mais complicados: qualquer credor da família atrairia um escrutínio ético e chamaria atenção. Credores dispostos, se houvesse algum, manteriam a família no aperto e poderiam forçar uma venda urgente e desesperada — a menos, é claro, que houvesse *outros* benefícios potenciais de se fazer negócios com os Kushner, vantagens pelas quais um credor poderia pagar um vultoso ágio.

À medida que Jared se tornava uma das vozes mais significativas da política externa dos Estados Unidos, a família Kushner tentou obter financiamento junto aos cataris, sauditas, chineses, russos, turcos e nos Emirados Árabes Unidos, onde os fundos privados estavam invariavelmente alinhados com os interesses do Estado. Em cada caso, os investidores estrangeiros concluíram que o potencial positivo de fazer negócios com os Kushner estava seriamente comprometido pela desvantagem da exposição. Mas a família seguiu em frente, lutando para encontrar um parceiro disposto no limitado grupinho de bilionários investidores imobiliários de alto risco.

Em agosto de 2018, a família Kushner aparentemente se salvara, fechando um acordo para socorrer o prédio da Quinta Avenida com uma empresa de investimentos sediada em Toronto, a Brookfield Asset Management. Com quase 300 bilhões de dólares em ativos sob sua gestão, ela era líder mundial na aquisição e no gerenciamento de fundos soberanos — o Qatar era um dos seus principais investidores — que pudessem exigir altos níveis de anonimato. Em muitos negócios, o anódino nome "Brookfield" estava mais bem posicionado do que, por exemplo, o mais conspícuo Autoridade de Investimentos do Qatar. E nesse círculo nada virtuoso da Brookfield, seus fundos soberanos e a família Kushner, não era apenas dinheiro do Oriente Médio potencialmente buscando influência na Casa Branca de Trump, mas a Brookfield buscando a influência da Casa Branca a favor de seus interesses no Oriente Médio.

Após o anúncio do acordo com a Brookfield, John Kelly perdeu a cabeça. Sua relação com Jared e Ivanka, uma incessante gangorra, com o casal tentando puxar o tapete de Kelly e ele por sua vez tentando alijar os dois, atingiu seu ponto mais baixo, com Kelly acusando Kushner de ter vendido o governo de seu sogro.

Em meados de outubro, quase duas semanas depois do início do pesadelo Khashoggi, tudo havia ficado ainda pior e muito mais público. Tanto os sauditas quanto a Casa Branca pareciam totalmente incapazes de se ajustar aos fatos do caso. Os sauditas negavam o óbvio, com contranarrativas quase sempre imprudentes e irrefletidas, ao passo que a Casa Branca racionalizava o óbvio com uma lógica imatura, irreal e mal concebida.

Estranhamente, os assessores do presidente o deixaram lidar com a difícil situação disparando sua metralhadora verbal. Quando falava ou tuitava sobre o assassinato, Trump parecia estar tendo uma discussão pública consigo mesmo, de algum modo agonizando em voz alta sobre o embate entre o comportamento realpolitik e os valores morais. Durante cinco dias seguidos ele ofereceu uma variedade de opiniões e arrazoados.

"A questão está sendo investigada, muito, muito fortemente, e ficaríamos muito chateados e irritados se fosse esse o caso [se os sauditas tivessem ordenado o assassinato]", disse ele em 14 de outubro. "Até o presente momento, eles negam. E negam com veemência. Podem ter sido eles? Sim", admitiu Trump, aparentemente relutante, até mesmo grosseiro.

Em 15 de outubro: "Acabei de falar com o rei da Arábia Saudita, que nega qualquer conhecimento sobre o que aconteceu com relação a, nas palavras dele, seu cidadão saudita [...] Não quero entrar na mente dele, mas talvez tenham sido assassinos renegados, agindo por conta própria. Quem sabe? [...] Achei que ele não tinha conhecimento, nem o príncipe herdeiro".

Na verdade, o rei da Arábia Saudita estava na maior parte do tempo *nom compos mentis* (incapacitado mentalmente) — o que era de conhecimento de muitos no establishment da política externa —, portanto era bastante improvável que tal conversa de fato tivesse ocorrido.

Em 16 de outubro, Trump continuou a pelejar para encontrar uma solução para o assunto ou uma linha consistente para seguir. "Aqui vamos nós de novo com, vocês sabem, você é culpado até que se prove inocente. Não gosto disso. Nós acabamos de passar por isso com o juiz Kavanaugh, e ele era inocente até onde eu sei."

Mais tarde, no mesmo dia: "Para que fique registrado, não tenho interesses financeiros na Arábia Saudita (nem na Rússia, aliás). Qualquer sugestão de que eu tenha são apenas mais FAKE NEWS (e há muitas)!".

E novamente no mesmo dia: "Acabei de falar com o príncipe herdeiro da Arábia Saudita, que negou qualquer conhecimento sobre o que aconteceu em seu consulado turco. Ele estava com o secretário de Estado Mike Pompeo durante a ligação e me disse que já iniciou e vai expandir rapidamente uma investigação completa e minuciosa".

Veio mais no dia 17 de outubro: "Vamos descobrir a verdade. Espero que o rei [saudita] e o príncipe herdeiro não saibam nada sobre isso. Esse é o grande fator a meu ver [...]. Não estou acobertando ninguém. Eles são um aliado nosso. Temos outros bons aliados no Oriente Médio".

No mesmo dia, a Casa Branca anunciou que os sauditas tinham acabado de transferir 100 milhões de dólares para os Estados Unidos como parte de uma quantia não paga que eles tinham concordado em gastar em armamentos norte-americanos mais de um ano antes.

E, por fim, indagado em 18 de outubro se achava que Khashoggi estava morto, Trump disse: "Certamente é o que parece para mim. Estamos esperando algumas investigações [...] e acho que vamos fazer uma declaração, uma declaração muito forte. Terá que ser muito severa. Quero dizer, isso é ruim, é uma coisa ruim. Mas vamos ver o que acontece".

Nessa semana, conversando com um de seus interlocutores em um telefonema depois do jantar, Trump colocou a coisa de forma um pouco diferente: "É claro que ele o matou. Ele provavelmente tinha um bom motivo. Quem liga?".

Nesse ínterim, em âmbito menos público, Kushner estava tentando controlar MBS. O esforço não ia nada bem, uma vez que MBS era aparentemente incapaz de ter consciência, em praticamente qualquer nível, de que o mundo além do reino saudita e dos Estados do Golfo poderia exigir um padrão de comportamento diferente do que era aceitável na realidade de um príncipe feudal despótico.

Kushner sugeriu ao príncipe herdeiro que ordenasse a prisão e a rápida execução de quinze conspiradores envolvidos no assassinato de Khashoggi. MBS disse que estava cogitando essa ideia. Kushner pediu com insistência ao príncipe que cancelasse Davos no Deserto, a conferência de investimentos da Arábia Saudita, primorosamente planejada e marcada para começar no dia 23 de outubro. De maneira embaraçosa, muitos executivos-chefes de empresas norte-americanas de primeira linha tinham concordado em participar, em parte instigados por Kushner. Mas MBS, inflexível quanto à importância de não demonstrar preocupação nem pesar, recusou-se terminantemente. Ele apontou para Kushner que na Arábia Saudita a cobertura da imprensa era muito positiva — ninguém se importava com Khashoggi!

Em público e em particular, os esforços da Casa Branca para gerenciar as consequências do assassinato de Khashoggi serviram simplesmente para abrir um buraco cada vez mais fundo. Depois de vários dias de pressão de diversos assessores, Steve Mnuchin, secretário do Tesouro, finalmente cancelou seu plano de comparecer à Davos saudita. Trump continuou a fazer comentários quase diários sobre o assassinato, nenhum deles satisfatório, até o dia em que a conferência começou.

Àquela altura, as eleições de meio de mandato estavam a menos de três semanas.

Jared Kushner entrou na Casa Branca acreditando que seria capaz de iniciar e representar uma nova geração de precisão fria e genuína, à la Kissinger, na política externa — com o próprio Kissinger o encorajando a acreditar nisso.

Alguns meses antes do assassinato de Khashoggi, no entanto, Kissinger compareceu a um almoço oferecido por um pequeno grupo de advogados influentes de Nova York. Ele levou Rupert Murdoch a tiracolo. Os dois homens haviam ajudado na ascensão de Jared Kushner e, apesar de seus melhores instintos, haviam insistido na ideia de manter uma mente aberta em relação ao governo Trump. Durante a maior parte do primeiro ano da presidência, ou um pouco mais que isso, a atitude de Kissinger foi a de que, a despeito da retórica asquerosa e do fato de que nada de particularmente positivo havia acontecido, nada particularmente negativo havia ocorrido na forma como essa Casa Branca administrava o papel global dos Estados Unidos, então era possível dar a Trump e a seu pessoal uma chance. Mas agora, no almoço — e com Murdoch, de braços cruzados, meneando a cabeça em sinal de aprovação —, um enojado Kissinger destroçou Trump e Kushner da maneira mais fundamental e visceral. "Toda a política externa é baseada na reação de um único indivíduo instável às percepções de ofensas ou bajulação. Se alguém diz algo agradável sobre ele, é nosso amigo; se diz algo indelicado, se não beija o anel, é nosso inimigo."

Depois do assassinato de Khashoggi, Kissinger, com renovado desprezo, disse a amigos que Kushner, ao forjar uma amizade com MBS, não havia sido capaz de entender o principal ponto acerca dos sauditas. A Casa Branca de Trump tinha se atrelado a MBS, que se vinculara ao renascimento econômico de seu país. Mas a Arábia Saudita, enfrentando o declínio dos preços do petróleo e tendo de alimentar bocas reais cada vez mais exigentes, estava praticamente falida: o futuro do país, ou o futuro da família real, estava ligado ao acordo com a Aramco, que era cada vez mais improvável.

"O 'M' de MBS é de Madoff", disse um financista norte-americano trazido para prestar consultoria sobre o acordo com a Aramco. O poder de MBS, para não mencionar seu futuro, baseava-se em sua capacidade de vender algo muito parecido com um esquema de pirâmide financeira, do qual Kushner se tornara um participante e um patrocinador.

Desde a eleição de Trump, seu genro vinha desenvolvendo um elaborado cenário cor-de-rosa, cujos principais atrativos eram o apoio à Aramco e laços econômicos cada vez maiores entre Estados Unidos e Arábia Saudita. Tal cenário foi acoplado à promessa de que os sauditas usariam sua influência junto aos palestinos para firmar um acordo de paz com Israel. Essa seria a mais extraordinária das realizações de Kushner — e esse grande sucesso, ele acreditava, ajudaria a manter seu sogro no cargo e impulsionaria o destino político do próprio Kushner.

Sob os auspícios de Kushner, MBS fez uma ampla turnê de investimentos e negócios nos Estados Unidos. Ao longo do caminho, David Pecker, amigo de Trump do mundo editorial, recebeu a promessa de dinheiro saudita para sua empresa AMI; o agente de Trump do programa televisivo *The Apprentice*, Ari Emanuel, também recebeu a promessa de verbas para sua empresa WME;

o empresário favorito de Trump e Kushner, Stephen Schwarzman, diretor-presidente do fundo de private equity da Blackstone, recebeu 20 bilhões de dólares dos sauditas para um novo fundo de investimento.

Em vez de ver a si mesmo como uma pessoa comprometida com a busca da sua família por recursos financeiros no Oriente Médio e empenhada nos acordos negociados por vários amigos e aliados, Kushner se considerava alguém que ocupava uma posição singular para arbitrar os conflitos. Ele tinha começado a fazer referências a *Oslo*, uma peça teatral sobre os esforços dos diplomatas noruegueses em 1993 para reunir Yitzhak Rabin e Yasser Arafat. Via a si mesmo como a pessoa dotada da sagacidade e temperamento para levar a efeito uma resolução entre todos os atores mais importantes da região.

Durante o verão de 2018, Kushner preparou o que ele julgava que poderia ser a iniciativa definitiva, seu próprio movimento à la *Oslo*. Sua ideia era construir uma plataforma para o desenvolvimento econômico pan-médio-oriental; por meio de programas de financiamento de joint venture, a plataforma levaria a discussões políticas e a um arcabouço conceitual para uma paz duradoura. O mero tamanho do que ele concebeu criaria uma estrutura de cooperação e codependência. De acordo com a descrição de Kushner, a plataforma compartilhada seria como nada que a região já tivesse visto antes. No encalço dessa ideia, Kushner estava operando fora dos canais diplomáticos. Ele também estava avançando com ímpeto e sem muito envolvimento da própria Casa Branca, embora tenha prometido a seu sogro que sua iniciativa seria algo "muito grande".

À medida que a ideia evoluía, Kushner sugeriu que o Banco Mundial estaria por trás do projeto, com investimentos maciços de cada um dos Estados mais ricos da região. E o projeto seria encabeçado por alguém que Kushner já havia escolhido, um banqueiro de investimentos chamado Michael Klein.

Klein, na verdade, estava reticente quanto ao projeto, dizendo às pessoas que achava que uma das motivações de Kushner, além de seu desejo urgente de anunciar a iniciativa às vésperas das eleições de meio de mandato, era vender a si mesmo como o homem indispensável do governo. Kushner, disse Klein, estava montando uma campanha de relações públicas com o objetivo de combater e contragolpear qualquer publicidade negativa para o caso de vir a ser indiciado: ele queria parecer uma figura essencial para a obtenção da paz no Oriente Médio.

Esse talvez não tenha sido o único aspecto do esquema que fracassava por causa de sua incapacidade de reconhecer a realidade. Verdade seja dita, Klein era uma escolha bastante peculiar, que refletia a evidente incapacidade de Kushner de perceber até mesmo um letreiro de neon piscante sinalizando o aparecimento do conflito. Ex-banqueiro do Citibank, Klein era um estabelecedor de contatos à la Zelig, dono de um vasto escritório com vista para a Catedral de São Patrício, no centro de Manhattan, um espaço ao estilo de um paxá ocupado apenas por ele e um punhado de assistentes. Ele era daquele tipo, observou um banqueiro que havia participado de um acordo com Klein, que parecia ter identificado as dez pessoas mais ricas do mundo e, em seguida, feito todos os esforços para ter um relacionamento pessoal com pelo menos uma delas. Os sauditas eram o principal cliente atual de Klein. Ele fornecia consultoria de investimentos para MBS e foi um defensor estratégico do plano para subsidiar publicamente a Aramco por 2 trilhões de dólares, no que seria a maior oferta pública do mundo. Em junho de 2017, Klein esteve em Riad com a comitiva presidencial durante a primeira incursão estrangeira de Trump.

A iniciativa de Kushner e o envolvimento de Klein nela salientaram o quanto MBS era uma peça central e decisiva para os planos de Kushner e sua visão de mundo. Juntos, Kushner e o banqueiro pessoal de MBS fariam a paz no Oriente Médio. Mas o ambicioso plano de Kushner entrou em colapso no final do verão de 2018, não muito depois do colapso da oferta pública da Saudi Aramco.

O fórum econômico Davos no Deserto foi inaugurado em 23 de outubro, três semanas após o assassinato de Khashoggi, com Kushner novamente pedindo aos executivos norte-americanos que participassem do evento saudita. Ao mesmo tempo, Trump despachou sua diretora da CIA, Gina Haspel, para a Turquia. A tarefa dela era revisar as evidências dos turcos sobre o assassinato de Khashoggi, incluindo as gravações do homicídio.

Haspel confirmou o óbvio: exatamente como todas as agências de inteligência dos Estados Unidos haviam concluído, Khashoggi morrera da maneira descrita pelos turcos. Além disso, parecia incontroverso que o assassinato tinha acontecido com o conhecimento e a anuência — e, com grande probabilidade, sob a direção — do príncipe herdeiro.

Trump, farto e desgostoso com a enrascada do caso Khashoggi, culpava Kushner. "Eu disse a ele para fazer a paz", o presidente contou a um interlocutor. "Em vez disso, ele faz amizade com um assassino. O que posso fazer?"

Em público, Trump debateu abertamente as conclusões de suas agências de inteligência quanto à culpabilidade de MBS: "Pode muito bem ser que o príncipe herdeiro tivesse conhecimento deste trágico evento. Talvez ele tivesse e talvez não tivesse!".

Mais uma vez Trump tinha mudado as regras do jogo e dificultado as coisas sem necessidade. Não era apenas o fato de que ele havia conduzido de forma espetacularmente equivocada o desafio diplomático de lidar com um aliado tóxico, mas — assim como havia feito repetidas vezes com a Rússia — o presidente solapou a comunidade de inteligência dos Estados Unidos. Em algum sentido real, Trump estava fazendo com que o desastre fosse de responsabilidade das agências de inteligência norte-americanas. Ele não só as culpava por notícias inconvenientes, como também duvidava da veracidade das informações que forneciam.

Como uma questão política às vésperas das eleições de meio de mandato, as evasivas, palavras vazias, hesitações e a fraqueza pública de Trump ao discutir um escândalo internacional envolvendo um assassinato sangrento certamente não seriam uma vantagem. Mas, como questão prática, a maneira como o presidente lidou com o incidente poderia ser ainda mais prejudicial para seu futuro. Muitos acreditavam que, em sua maioria, os membros mais tarimbados e de posições hierárquicas mais altas nas comunidades de defesa, diplomática e de inteligência já haviam chegado a um ponto em que duvidavam da competência ou da estabilidade mental do presidente. Além disso, poucos poderiam ter a certeza de que, nesse caso, o enfoque do presidente, desafiando a lógica, e seus dolorosos esforços para negar o óbvio não eram um reflexo de acordos paralelos ou outros interesses ligados às famílias Trump e Kushner.

Jim Mattis, por exemplo, havia racionalizado seu lugar no governo Trump argumentando que, uma vez que o próprio presidente não era digno de confiança e não se podia acreditar no que ele dizia, era necessário que alguém com credibilidade e uma mão firme segurasse as pontas. Ele dizia a amigos que esperava e presumia que os democratas ganhassem a Câmara em novembro — o que, por sua vez, permitiria que finalmente deixasse o cargo.

20. Surpresas de outubro

Em 9 de outubro, 28 dias antes das eleições de meio de mandato, a embaixadora de Trump nas Nações Unidas e um dos mais brilhantes luminares da Casa Branca, Nikki Haley, anunciou sua renúncia, decisão que entraria em vigor no final do ano.

Como ela não sairia imediatamente, não haveria nenhuma diferença prática entre anunciar o plano em 7 de novembro, um dia após as eleições, e agora. A diferença efetiva, no entanto, foi que o anúncio de Haley se tornou parte da narrativa da campanha — a narrativa negativa. Durante uma temporada eleitoral em que Donald Trump estava afugentando as mulheres com educação superior da nação, a figura feminina mais visível da administração — tirando a filha do presidente — escolheu dizer que ia arrumar as malas e ir embora.

O pedido de demissão de Haley seria uma das impressões finais da campanha. Ela não havia sequer avisado a Casa Branca com antecedência, para que Trump pudesse nomear, com alarde e sorrisos, um substituto capaz de mitigar a sombra de sua saída. A sempre atrapalhada equipe agora tinha que se esforçar mais do que o habitual: de alguma forma, os trumpistas precisavam acatar a desistência de Haley de modo a não parecer surpresos ou, na verdade, abertamente ofendidos com a renúncia.

A solução foi pedir a Haley que fizesse o anúncio no Salão Oval. Ela resistiu, o que forçou a Casa Branca a insistir, ou implorar, que desse as caras na Ala Oeste. Mas, na verdade, a percepção pública era favorável a Haley, não à

Casa Branca. Ela era tão importante e tão valorizada que não foi descartada em um tuíte, como havia acontecido com tantos outros (mesmo aqueles que pediam demissão em geral eram despedidos em um tuíte). Haley, por outro lado, foi bajulada pelo presidente no Oval, e ainda assim desistiu do cargo. Ninguém pedia as contas para o presidente, era *ele* quem demitia as pessoas. Mas agora, aqui — Trump tinha um olhar atordoado e desamparado enquanto enchia Haley de lisonjas durante o anúncio encenado —, ele estava sendo descartado. "Espero que você volte em algum momento", disse Trump, "talvez em um cargo diferente, você pode escolher…"

Indo-americana e a primeira mulher a ser eleita governadora da Carolina do Sul, Haley, de 46 anos de idade — que antes da eleição de Trump expressara apenas repugnância por ele —, era a recruta pessoal de Ivanka Trump dentro da Casa Branca de seu pai, composta majoritariamente de homens brancos. A energia resoluta e o empenho de Haley, mesmo entre os vigorosos e esforçados, já era objeto de fascínio nos círculos do Partido Republicano. Ela disse a Trump que queria ser secretária de Estado. Na primeira reunião com o presidente, orgulhosamente proclamou seu grande sucesso e sua singular experiência em negociações exteriores: havia persuadido os alemães a instalar uma fábrica da Mercedes-Benz na Carolina do Sul. Trump, que geralmente se aborrecia com pessoas que falavam por si mesmas, parecia encantado com o ardoroso entusiasmo de Haley e nem um pouco incomodado pela falta de experiência dela. E, ao contrário de muitos outros candidatos que o presidente vinha entrevistando para cargos de política externa, Haley não estava tentando ensiná-lo. A secretaria de Estado talvez fosse um exagero como o primeiro emprego de Haley na política externa, mas Trump ficou feliz em indicá-la como embaixadora na ONU.

Profundos conhecedores em talento político enumeravam as habilidades de Haley: ela aprendia rápido e tinha boa memória, era capaz de entender as emoções e os pensamentos dos interlocutores, era ágil, tinha jogo de cintura e combinava carisma com firmeza. Além disso, era uma dádiva demográfica para o Partido Republicano, uma das poucas líderes do partido que rompia com a tradição e quebrava os paradigmas.

Ao enviar Haley para a ONU, Trump não apenas lhe dera uma reputação nacional e credenciais instantâneas de política externa, como também a transferiu para Nova York, a capital financeira e midiática do país. Analistas políticos começaram a comparar Nikki Haley em Nova York a Richard Nixon em Nova York. Depois de ser derrotado na disputa para governador na Califórnia em 1962, Nixon se mudou para Manhattan e, em preparação para um futuro que ninguém imaginava que ele teria, procurou cair nas graças dos ricos e poderosos.

Haley, dotada de grande capacidade de rápido aprendizado, dominou a ONU e depois o circuito social. Em pouco tempo, passou a circular com desenvoltura entre os mandachuvas de Wall Street e se tornou íntima das mulheres influentes e poderosas da cidade. Em uma administração na qual todo mundo estava contaminado por Trump, ela usou sua distância geográfica do presidente e sua facilidade com as alas dominantes do establishment para se tornar o elemento contrastante, a figura não Trump do governo. Curiosamente, enquanto quase todos os outros da Casa Branca de Trump falavam com rancor sobre o presidente, tanto em âmbito particular quanto na esfera não tão privada, Haley ficou famosa por sua contenção. Ou, talvez de modo mais incisivo, ela parecia se desdobrar e não medir esforços para não falar sobre Trump. Suas ostensivas habilidades políticas não passaram em brancas nuvens: para o pequeno círculo de líderes republicanos e doadores tentando ativamente criar estratégias para um futuro além de Donald Trump — o grupo Defendendo a Democracia Juntos —, Haley se tornara a possibilidade número um.

À medida que ela ganhava notoriedade e se firmava em seu badalado cargo de alta visibilidade, rapidamente encontrando novas maneiras de obter destaque ainda maior, Trump parecia não saber ao certo o que fazer em relação a ela. Ele deveria sentir gratidão ou desconfiança? Na primavera de 2018, o presidente passou um fim de semana em Mar-a-Lago, perguntando às pessoas se deveria ou não demitir Haley, ao mesmo tempo que a elogiava por ser a única em sua administração a obter repercussão positiva na imprensa. Isso também era, obviamente, um motivo para demiti-la — ela estava recebendo atenção demais.

No nível mais básico, mulheres executivas não tinham muito espaço com Trump. À sua volta, elas eram ou funcionárias que cuidavam dele — por exemplo, Hope Hicks na Casa Branca ou Rhona Graff, sua secretária e ajudante de campo das Organizações Trump — ou bonequinhas de luxo, a exemplo da esposa e da filha. Ele só poderia comparar Haley a... si mesmo. Trump ficou fascinado com os detalhes da disputa de Haley ao cargo de governadora em 2010, quando ela sobreviveu a acusações de dois homens que alegaram ter sido seus amantes. A sobrevivência de Haley, Trump julgou, equiparava-se à dele próprio depois da catástrofe do vídeo "Agarrar elas pela boceta".

No outono de 2017, Trump disse a diversos confidentes que Haley havia feito um boquete nele — palavras do próprio presidente. O que havia de verdade aqui era que Trump havia de fato dito isso; tratava-se de um exemplar de suas famosas conversas de vestiário. O que estava longe de certo era se o que ele disse era mesmo verdade, e poucos em torno dele deram muito crédito.

Haley ficou enfurecida com os rumores de um relacionamento com Trump e negou veementemente que houvesse qualquer fiapo de verdade em relação a essa suposição. Em Nova York, ela se tornou amiga próxima de várias mulheres republicanas de prestígio que se opunham a Trump. Agora, parte das discussões desse grupo se concentrava em como Haley poderia evitar o dano que Trump certamente seria capaz de causar a ela — não apenas por causa de sua associação, mas como resultado da necessidade reflexa do presidente de desmoralizar e debilitar todos ao seu redor.

No começo do segundo ano de Trump como presidente, Haley havia decidido qual seria sua estratégia: com cuidado, mas persistentemente, declararia sua independência. Onde tantos outros no Partido Republicano tinham sido intimidados por Trump, ou estavam resignados a ele, ou agiam com insolência e rabugice diante dele, Haley estava determinada a pensar além do presidente.

Em abril de 2018, Haley abriu o jogo. Ela havia feito pressão exigindo novas sanções contra a Rússia por seu papel nos recentes ataques químicos na Síria. Trump, instado por Ivanka, assim como Haley e outros da administração, concordou com o plano, que Haley anunciou no programa *Face the Nation*. Mas então o presidente — sempre se desdizendo em qualquer movimento que fosse crítico em relação à Rússia — reverteu o rumo e insistiu que Haley tinha que voltar atrás. Ela se recusou. Instigado pelo presidente, Larry Kudlow, o novo assessor econômico da Casa Branca, foi enviado para fazer a correção e, em um comentário aos jornalistas, colocou a culpa diretamente em Haley: "Pode ter havido alguma confusão momentânea sobre isso".

A regra operacional mais básica da Casa Branca de Trump era que ninguém poderia retrucar ao presidente — nunca, em nenhum sentido. Quem fizesse isso, ou mesmo desse a impressão de querer fazer, instantaneamente se tornava um inimigo ou um ninguém para Trump. Tão clara era a incapacidade dele de aceitar qualquer crítica ou tomar parte de qualquer discussão honesta sobre política que quase nunca alguém tentava fazer isso (mesmo quem acreditasse que tinha que dizer não a alguma coisa em que Trump insistia, na verdade tinha que dizer sim e depois confiar que, com os breves períodos de concentração do presidente e a desorganização crônica da Casa Branca, em algum momento aquilo seria esquecido). Ninguém contou isso ao desavisado John Kelly no início de seu mandato, o que lhe rendeu um sofrimento incessante. Até mesmo Jim Mattis, à medida que ficava cada vez mais insatisfeito, mantinha uma perene fisionomia impassível. Mike Pompeo, o membro mais confiável do gabinete de Trump, acomodou-se em um papel de subserviência constante.

Haley, como todos os demais na Casa Branca, tinha plena consciência de que Kudlow havia falado em nome do presidente. No entanto, ela rapidamente fez uma retumbante reprimenda ao comentário dele: "Com todo o respeito, eu não me confundo". E em seguida insistiu que a Casa Branca obrigasse Kudlow a se desculpar publicamente com ela.

Embora Trump com frequência se irritasse ou se entediasse com as pessoas ao seu redor, ou as tratasse de modo desdenhoso, ou se cansasse delas, ou sentisse ciúmes delas, esta talvez tenha sido a primeira vez que ele pareceu temer um de seus próprios subordinados. "O que ela quer?", o presidente perguntou a amigos e conselheiros. Em vez de preocupá-la, Trump tinha ficado preocupado com ela.

Agora, nas derradeiras semanas daquelas que talvez tenham sido as eleições de meio de mandato mais ferrenhas da história — uma disputa acirrada e feroz que provavelmente ia se resumir a quantas mulheres o partido conseguiria assegurar —, Haley, que tinha sido nomeada a rainha das mulheres republicanas ao renunciar sem motivo conhecido no momento mais prejudicial que se poderia imaginar, efetivamente anunciou que não estava mais ao lado do presidente. Parecia que o propósito expresso de Haley, que agora Trump se via impotente para combater, era machucá-lo. Era difícil interpretar a renúncia dela de qualquer outra forma além de uma mensagem que dizia: "Não votem nele".

Era assim que alguém inclinado a integrar o establishment republicano, cujo objetivo fosse abandonar o barco furado da causa perdida do trumpismo e retornar às alas tradicionais e predominantes da política, cuja ambição era ser o líder e a personificação da reforma republicana, fazia, com determinação de aço e graciosidade. Era assim que anunciava que estava concorrendo à presidência. Era assim que se salvava da vergonha sofrida por quase todos os outros ex-trumpistas e, antes de tudo, se preparava para fechar um contrato multimilionário de publicação de livros, para abocanhar uma cadeira cativa em diretorias corporativas e trabalhos de consultoria muito bem remunerados.

Em 18 de outubro, nove dias depois de anunciar sua saída e menos de três semanas antes das eleições de meio de mandato, Haley comandou o jantar Al Smith em Nova York. "É extraordinário como Nikki Haley saiu com tamanha dignidade dessa administração", disse o mestre de cerimônias ao apresentá-la a uma plateia que incluía o governador de Nova York, Andrew Cuomo, o prefeito Bill de Blasio, o ex-prefeito Michael Bloomberg, o senador Chuck Schumer, o ex-secretário de Estado Henry Kissinger e o financista de Wall Street Stephen Schwarzman. Esse jantar anual é uma exposição de talento político: ali, para todos verem, estão habilidade, perspicácia, charme e astúcia, além da grande admiração que os doadores sentem por você. Em 2016, na ocasião em que o próprio Trump teve a chance de ser a atração principal, o jantar foi um desastre; incapaz de rir de si mesmo, ele ficou simplesmente destilando barbaridades sobre Hillary Clinton. Agora, Haley habilmente fazia piadas sobre Trump, apresentando-se como uma espécie de princesa da Disney presidencial — generosa, envolvente, afetuosa e gentil, além de agradavelmente espirituosa e engraçada.

Brincando que Trump havia lhe dado conselhos sobre o que dizer no jantar, Haley comentou que o presidente disse para ela "apenas se gabar de minhas realizações". Depois, referindo-se ao recente e amplamente criticado desempenho do presidente nas Nações Unidas, Haley declarou: "Ele realmente arrasou na ONU, tenho que admitir". Ela disse que, quando Trump soube de sua origem indígena, "ele me perguntou se eu era da mesma tribo de Elizabeth Warren", a senadora por Massachusetts cujas reivindicações de ancestralidade indígena Trump costumava ridicularizar com frequência. Mas foi o encerramento da fala de Haley, e sua repreensão mais contundente ao presidente, que fez a casa vir abaixo em uma onda de aplausos: "Em nosso tóxico ambiente político, ouvi algumas pessoas de ambos os partidos descreverem seus oponentes como inimigos ou diabólicos. Nos Estados Unidos, nossos opositores políticos *não* são diabólicos".

O presidente, assistindo à cobertura televisiva da performance de Haley, parecia incerto sobre como ficou sua imagem depois do evento. Em telefonemas para os amigos, perguntou se eles achavam que as piadas dela tinham sido engraçadas e comentou sobre seu "vestido de loja de departamentos".

Bannon não era fã de Haley. Achava que ela era uma trabalhadora comum, sem atributos especiais — "não há um único pensamento original naquela cabeça". Mas não podia deixar de admirá-la. "Ela entende o que ninguém mais parece entender", disse Bannon. "As chances de Trump não sobreviver são muito altas. Então é preciso planejar de acordo com isso."

Bannon acreditava que a partida cuidadosamente coreografada de Haley não só fornecia indicações ainda maiores sobre os problemas que o grupo teria em 6 de novembro com as mulheres de ensino superior, mas também que a perder era um prenúncio de que o partido perderia praticamente todo o eleitorado com algum grau de educação formal. Era um território desconhecido para um partido político norte-americano, mas, refletindo um princípio essencial da estratégia trumpista, ainda assim o negócio era seguir em frente e dobrar as apostas. "Lá vamos nós, o partido dos camponeses", disse Bannon, nem um pouco infeliz.

Agora, ele entendeu, Trump precisava de seu próprio evento exógeno para acionar a base. *Et voilà*: entra em cena a caravana.

No dia 12 de outubro, um grupo de mais de duzentos hondurenhos (as estimativas pareciam variar de duzentos a mil) partiu da cidadezinha de San Pedro Sula rumo ao México e aos Estados Unidos. A maioria alegava estar fugindo do caos da inoperância da lei e da violência de gangues; tinham todos a esperança de receber asilo ao chegar aos Estados Unidos.

Enquanto a caravana começava a se deslocar para o norte, Bannon pegou um voo rumo à Cidade do México a fim de participar de uma conferência de investidores de fundos de hedge que todo ano se reuniam sob a batuta de Niall Ferguson, historiador, escritor e comentarista conservador britânico. A viagem também deu a Bannon a oportunidade de buscar informações sobre o homem que logo ia se tornar o novo presidente do México, Andrés Manuel López Obrador, um populista de esquerda disposto a desafiar Trump, o populista de direita ("um sujeito estoico, incorruptível, ex-prefeito da Cidade do México", comentou Bannon. "Nunca pegou um centavo, é o *primeiro* cara no México a nunca pegar um centavo, mora em uma casinha minúscula, um populista feroz, autêntico, cuja campanha inteira é: 'Eu sou o cara para enfrentar Donald Trump'"). Um aspecto em vias de desenvolvimento desse antecipado embate direto era um possível confronto fronteiriço. Durante sua viagem ao México, Bannon foi alertado para a caravana que se avolumava e a propensão do outro país a permitir que o grupo cruzasse suas fronteiras.

Bannon, em contato constante com a mídia conservadora, se tornou uma das principais fontes da narrativa da caravana. Para Bannon, o enredo era perfeitamente conhecido: ele era um admirador do cultuado clássico francês de direita de Jean Raspail, *O campo dos santos*, publicado em 1973, um romance xenofóbico sobre o fim da civilização no qual centenas de navios transportam imigrantes do Terceiro Mundo para a França. Quando os navios chegam a Gibraltar, o presidente francês envia tropas para o sul a fim de detê-los, mas sem sucesso.

A ideia por trás da caravana era que os imigrantes que viajavam em massa estavam mais seguros do que em uma jornada solitária. Sozinho ou apenas com a família, o imigrante era alvo fácil para organizações criminosas e para a polícia; além disso, muitas vezes dependia de contrabandistas inescrupulosos. Mas um contingente significativo de pessoas propiciaria algum grau de segurança, atenção da mídia e poder. Também fornecia à mídia conservadora uma aparente avalanche de imagens alarmantes às vésperas das eleições de meio de mandato.

Nos dias que se seguiram, a caravana cresceu para mais de mil viajantes — ou refugiados, ou invasores, dependendo do ponto de vista. Hannity e a Fox tomaram conhecimento formal da caravana em 13 de outubro; o presidente ficou sabendo dela três dias depois. Trump postou dezessete tuítes em 16 de outubro, a maioria deles mensagens diretas, de insultos a Elizabeth Warren a avisos sobre menores desacompanhados na fronteira, de uma reiterada defesa do príncipe herdeiro saudita passando por bofetada em Stormy Daniels até ataques ao FBI e ao "falso dossiê". Mas a esse grupo de alvos de praxe ele acrescentou a caravana.

Os Estados Unidos informaram enfaticamente ao presidente de Honduras que, se a imensa caravana de pessoas que está se dirigindo aos Estados Unidos não for detida e levada de volta, não serão dados mais dinheiro ou ajuda a Honduras, medida com vigência imediata!

Hoje informamos a Honduras, Guatemala e El Salvador que, se permitirem que seus cidadãos, ou outros, atravessem suas fronteiras e avancem até os Estados Unidos, com a intenção de entrar ilegalmente em nosso país, todos os pagamentos feitos a eles CESSARÃO (FIM)!

Qualquer pessoa que entrar ilegalmente nos Estados Unidos será presa e detida antes de ser enviada de volta ao seu país de origem!

Bannon havia pautado Hannity acerca da história da caravana, e agora Hannity pautava o presidente.

Para Trump e seus confederados mais dedicados, havia apenas uma questão verdadeiramente confiável: a imigração ilegal. Na curta história política de Trump, a questão nunca deixou de inspirar e ativar o núcleo primordial de seus eleitores.

A caravana era uma jogada de Trump-Fox-Bannon. Todas as outras partes do espectro republicano praticamente anulavam a capacidade do partido de manter o controle da Câmara. Mas a aliança Trump-Fox-Bannon tinha uma visão diferente, e a surpresa de outubro foi dobrar as apostas na sua questão mais potente.

O Comitê Republicano Nacional do Congresso (NRCC, na sigla em inglês) e o Fundo de Liderança do Congresso continuavam investindo recursos nos moderados dos estados historicamente divididos, a exemplo de Barbara Comstock, favorita da ala majoritária do partido em uma apertada disputa na Virgínia. Eles se comportaram como se Trump não existisse e o ciclo eleitoral continuasse em sua situação normal e em seu andamento costumeiro. Enquanto isso, os partidários de Trump forçavam a barra na questão da imigração de uma forma que poderia desagradar e afugentar até mesmo muitos tradicionais eleitores republicanos.

Bannon estava impenitente. "O grupo do establishment tem Nikki Haley, nós temos Donald Trump e a caravana. Não é o ideal, talvez, mas você trabalha com o que tem." A essa altura, era óbvio que os democratas compareceriam em grande número às urnas (a votação antecipada já havia começado em alguns estados), e Bannon acreditava que era fundamental estimular a ida às urnas dos conservadores — ou, mais especificamente, dos deploráveis.

A caravana oferecia apenas uma narrativa binária. As pessoas poderiam acreditar na versão de Trump da história: uma invasão estava a caminho do país, ganhando força e paixão violenta à medida que avançava, apoiada por forças pérfidas como George Soros. Ou poderiam ver Trump como um propagandista desesperado, contando uma história que até mesmo para os padrões dele era vergonhosamente capenga e inconsistente, transparente em seus esforços para manipular as emoções perigosas e tóxicas de quem estava inclinado a considerá-la verdade.

A equipe política de Trump em breve triplicaria as apostas em seu tema de encerramento com um anúncio veiculado em rede nacional, tão carregado de tintas racistas que até mesmo a Fox News, depois de várias exibições, recusou-se a continuar veiculando-o. O anúncio mostrava Luis Bracamontes, um assassino estranhamente entusiasmado que tinha uma risada demente e se gabava de matar policiais — mais para uma sátira do programa humorístico *Saturday Night Live* do que uma figura realista e ameaçadora. Brad Parscale se gabou do quanto a produção do anúncio havia sido barata; o presidente ficou aborrecido por não aparecer nele.

Tematicamente, a obsessão de Trump com a caravana e o profundo ódio que fornecia o subtexto da questão pareciam ser da mesma espécie de duas outras surpresas de outubro. Em 22 de outubro, bombas caseiras começaram a ser entregues a pessoas e organizações de mídia que Trump havia selecionado e destacado como seus inimigos. Quatro dias depois, Cesar Sayoc, de 56 anos de idade, residente na Flórida, foi preso e acusado de ter enviado pelo correio os pacotes. Sayoc, um fanático seguidor do presidente, parecia satisfazer a certeza de todos os antitrumpistas — e o medo de todo eleitor dos estados divididos — acerca de quem poderia ser o candidato verdadeiramente deplorável. Com uma casa hipotecada, adesivos do tipo *CNN é uma merda* cobrindo as janelas da perua branca em que vivia e uma ameaçadora conta de rede social devotada a Trump, Sayoc parecia traçar uma nítida linha divisória, com americanos racionais de classe média de um lado e, do outro, amargos apoiadores do *Make America Great Again*.

Então, em 27 de outubro, onze dias antes das eleições, um homem armado abriu fogo contra a sinagoga Árvore da Vida, em Pittsburgh, durante os cultos da manhã de sábado, matando onze pessoas e ferindo sete. O atirador, Robert Gregory Bowers, de 46 anos, um antissemita ativo nas redes sociais, havia sido incitado pela fala do presidente sobre a caravana que rumava para os Estados Unidos. "Não posso ficar sentado vendo meu povo ser massacrado", Bowers postou pouco antes do ataque. "Foda-se o que vocês pensam, eu vou pra cima."

As questões centrais da nova política de Trump pareciam cada vez mais claras: até onde ele poderia insistir com o orgulho nativista e a revitalização do fanatismo? Conseguiria encontrar suficientes seguidores secretos, e não tão secretos, para contestar a ideia da esquerda de um mundo moderno reconstruído? Ou a sensibilidade moderna, a sensibilidade culta e o mundo multicultural agora enraizado na cultura pop eram um baluarte adequado contra ele?

Antes da chegada de Trump à arena política, até mesmo a mensagem política em código dos republicanos provavelmente tinha se tornado menos fanática; a arte política do partido passara a se concentrar em como enviar uma mensagem de classe ao mesmo tempo que se negava uma mensagem racial. Mas Trump, primeiro como candidato e agora como presidente, estava se comportando de maneiras que de outra forma poderiam parecer inconcebíveis e autodestrutivas para um político norte-americano de âmbito nacional. Ele estava pedindo para ser tachado de racista. De fato, essa era a questão que o perseguia: Trump era, de fato, racista?

Todo o mundo se fazia essa pergunta. Não apenas os inimigos de Trump, mas as pessoas mais próximas a ele. Em um mundo em que o racismo se tornara um apanhado geral de atitudes e comportamentos, os aliados de Trump muitas vezes inventavam desculpas para ele. *Os esquerdistas chamam de racista qualquer um que discorde deles.* Mas, na própria Casa Branca, os funcionários debatiam sobre o que, na verdade, Trump pensava e sentia em seu íntimo.

Bannon também havia pensado muito sobre o assunto. Trump provavelmente não era antissemita, ele concluiu. Mas Bannon tinha muito menos confiança para afirmar que Trump não era racista. Ele nunca tinha ouvido Trump usar o termo ofensivo "nigger", mas conseguia facilmente imaginá-lo fazendo isso.

Trump, falando sobre sua preferência por mulheres, certa vez dissera a Tucker Carlson que gostava de um "pouquinho de chocolate em sua dieta".

O próprio Trump contava uma história sobre ser ridicularizado por amigos por ter dormido com uma mulher negra. Mas, na manhã seguinte, ele se olhou no espelho e se assegurou de que nada havia mudado — ainda era o Trumpão. Ele contava a anedota para mostrar que não era racista.

O fato de que Trump não desautorizava sem rodeios nem demora o racismo e os racistas, de ter deixado a questão em aberto, de que foi sua filha quem teve de garantir pessoalmente que, com toda a honestidade, ele não era racista, fez com que a pergunta pairasse, dias antes da eleição, como um enigma. Ele era?

21. 6 de novembro

Às vésperas da eleição, Steve Bannon havia estado na estrada todos os dias durante cinco semanas. "Se alguma vez eu tinha pensado que passaria uma noite em Buffalo e uma noite em Staten Island..."

Quando Bannon chegou a Buffalo, duas semanas antes da eleição, soube que os republicanos locais cobrariam 25 dólares por uma foto de um aperto de mão com ele em um evento de campanha.

Foi um encontro deprimente, com homens que entravam a passos arrastados em um auditório minúsculo e escuro e ficavam de pé ao redor de um imenso bule de café. Eram trabalhadores sindicalizados — ou que outrora já haviam sido. Eram fumantes. Veteranos. Usavam camisas e botas de trabalho. Pareciam os Estados Unidos do jeito que os Estados Unidos eram em 1965, disse Bannon, sentimental diante da visão de seus deploráveis.

"Não vou deixar que essas pessoas paguem 25 dólares por uma foto minha", disse Bannon aos organizadores do evento. "Meus pais ficariam enlouquecidos." Bannon disse que em vez disso ele pagaria à organização do partido local 25 dólares por cada foto e aperto de mão.

Durante aquela arrancada final de cinco semanas, Bannon tentou marcar presença em muitos dos principais distritos indecisos no país. Ele e Trump podiam não estar se falando, mas Bannon, pelo menos em sua mente, continuava sendo o melhor soldado do exército do presidente. Era praticamente um meme — imagens de Bannon, de calça cargo e colete acolchoado de náilon, de pé em uma interminável série de salas aleatórias, falando para um punhado de pessoas.

Bannon havia reduzido o campo de jogo à sua essência existencial. Havia 43 cadeiras em disputa na Câmara: dessas, vinte eram causas perdidas; em 22 a situação era tensa, e os republicanos podiam se dar ao luxo de perder apenas cinco delas; outras três provavelmente trocariam de mãos, dos democratas para os republicanos. Se as coisas dessem certo para os republicanos, com sorte o partido perderia 22 assentos e assim manteria uma maioria de um voto. Esse voto proporcionaria uma margem de segurança para Trump, mas se os republicanos perdessem a maioria por um único assento que fosse, ele estaria em perigo constante. Perder trinta ou mais assentos, no entanto, seria um dilúvio — e, Bannon acreditava, o efetivo fim da presidência de Trump.

Em determinado momento, durante as derradeiras semanas da campanha, Bannon visitou Nova York para conversar com um velho compadre de Trump que monitorava de perto o estado de espírito do presidente. O que aconteceria, pensou Bannon, se a derrota republicana fosse realmente decisiva e a nova maioria democrata amontoasse intimações, investigações agressivas, vigilância constante e supervisão hostil? Trump seria capaz de aguentar isso, especialmente levando em conta que ele já tinha demitido ou afugentado quase todo mundo que outrora havia fornecido seu aparato de apoio? "Acho que ele vai se matar", disse Bannon, respondendo à sua própria pergunta.

"Não, não", disse o velho amigo de Trump. "Ele vai fingir um ataque cardíaco."

Sim, Bannon riu, essa certamente seria a solução de Trump para escapar.

Para Bannon, as apostas eram óbvias: seria uma presidência de dois anos ou uma presidência de quatro anos, um Trump indomável ou um Trump subjugado. Nessa batalha final, Bannon às vezes sentia que ele era um Partido Republicano — ou um Partido Trump, ou um Partido Bannon — de um homem só. A operação política de Trump, liderada pelo substituto de Kushner, Brad Parscale, estava demonstrando indiferença pelas eleições de meio de mandato e, em negação cor-de-rosa, mirando 2020.

De maneira significativa, quase ninguém da campanha de 2016 permaneceu na equipe política de Trump, exceto Parscale. Um web designer autônomo de San Antonio, Texas, Parscale havia trabalhado para as Organizações Trump projetando sites baratos durante a maior parte de uma década antes do início da campanha. Ele criou o primeiro site da campanha, foi promovido a diretor de mídia digital e, depois, sob a liderança de Kushner, recebeu a supervisão da segmentação de dados e da estratégia de captação de recursos on-line. (Bannon observou que uma das iniciativas da Parscale durante o período que antecedeu as eleições de meio de mandato foi encomendar uma pesquisa sobre se Trump deveria usar uma linguagem mais inclusiva. "Foi hilário", disse Bannon.) Com Parscale como seu principal estrategista político em um dos momentos mais complicados da história política moderna, Trump mais uma vez tinha escolhido menos experiência em vez de mais.

Isso deixava a Casa Branca a um só tempo despreparada para a campanha das eleições de meio de mandato e, em muitos aspectos, indiferente, se não hostil, a elas. No cálculo de Bannon, a Casa Branca não estava dando quase nenhuma contribuição para a luta nas eleições para o Congresso. Kelly disse que não era seu trabalho ajudar, e mal estava falando com Trump. O diretor de comunicação Bill Shine — e agora principal alvo dos insultos e reclamações de Trump — tentava se manter invisível. O restante da equipe de comunicação da Casa Branca estava em sua desordem habitual, e de todo modo Trump felizmente ignorava isso. Don Jr. e sua namorada Kimberly Guilfoyle estavam fazendo uma campanha política agressiva, mas a única pessoa que os trumpistas acreditavam ter alguma chance de assegurar o voto das mulheres, Ivanka Trump, estava ausente e ocupada com outras coisas.

A estratégia do Partido Republicano, se pudesse ser chamada assim, era gastar polpudas quantias na mídia e pular o combate corpo a corpo da angariação de votos, bem mais complicado. Bannon acreditava que nas disputas eleitorais apertadas o fator de desempate era a maior paixão de um dos lados e a devoção dos correligionários em guarnecer centrais telefônicas e ligar para os eleitores, o empenho dos cabos eleitorais de percorrer os distritos e bater de porta em porta — "quem rala mais leva", no dialeto de Bannon. Nesse ciclo eleitoral, eram os democratas que estavam telefonando, batendo perna para vasculhar os bairros e visitar casas.

"Jamais houve um plano organizado para salvar a Câmara", disse Bannon. "As tropas ficaram em casa. Nunca houve uma batalha, nunca se deu uma mobilização para entrar em combate." A duas semanas do pleito, a avaliação mais otimista da liderança republicana era a perda de 35 assentos.

Trump permaneceu na estrada, continuando a lotar estádios e ginásios onde quer que a Casa Branca acreditasse que isso poderia acontecer. Para Bannon, os comícios se tornaram totalmente rotineiros, já nostálgicos, menos empolgantes, porque já eram conhecidos e habituais. Mas os comícios permitiam a Trump ficar dentro de sua bolha, contente com as multidões extasiadas diante da visão dele mesmo, ignorando as pesquisas.

"Ele não tem ideia do que pode acontecer, não tem ideia", dizia Bannon. "Totalmente trá-lá-lá, fora da realidade. Ele acha que Nancy Pelosi é uma idosa chata, e não uma bala com ponta de aço apontada diretamente para ele."

À medida que o dia da eleição se aproximava, Bannon estava taciturno, mas ainda acreditava no poder quase totêmico dos democratas de arruinar com as coisas. E, de fato, no momento em que os democratas tentavam fechar a venda, suas luzes mais brilhantes exibiam uma extraordinária demonstração de ego e avareza. Cory Booker e Kamala Harris viajaram para Iowa a fim de dar início às campanhas presidenciais. Bill e Hillary Clinton estavam em uma lucrativa turnê nacional ("uma turnê de extorsão", nas palavras de Bannon). E Elizabeth Warren tinha tentado provar, com um teste de DNA, que era pelo menos e parte nativo-americana, provando justamente o contrário.

Mesmo assim, Bannon estava impressionado com o jogo organizacional quase impecável dos democratas. Políticos republicanos no exercício do cargo e tentando a reeleição e candidatos a assentos em aberto elevaram, sem urgência, o custo-padrão de uma campanha para uma cadeira da Câmara: uma corrida bem financiada custaria 1,5 milhão de dólares, mais ou menos. Mas vastas quantias — dinheiro graúdo e dinheiro miúdo, um grande rio verde de desespero e esperança — foram despejadas nas corridas democratas do Congresso. Em algumas disputas apertadas, os adversários democratas conseguiram até quatro vezes mais do que os candidatos republicanos tinham arrecadado.

As eleições de meio de mandato produziram dois universos separados de gastos e recursos. Um era o habitual para os republicanos, em que a maior parte do dinheiro vinha dos bolsos muito fundos de sempre; o outro era uma explosão de dinheiro para os democratas, suficiente para neutralizar os candidatos concorrendo à reeleição, superar os efeitos do processo de manipulação de divisão de distritos eleitorais como forma de fortalecer determinado candidato ou partido e introduzir uma numerosa e vigorosa classe de incógnitas políticas.

Na verdade, o problema não era que os republicanos nacionalistas não tivessem dinheiro suficiente; eles tinham. O problema era que estavam gastando no céu, não no chão. Faziam-no como se fosse uma campanha eleitoral normal, não uma eleição singular envolvendo Trump. No dia da eleição, o Comitê Republicano Nacional do Congresso e os Comitês de Ação Política do Congresso, juntamente com outros grupos externos, gastariam até meio bilhão de dólares em anúncios de TV, uma blitz que valia a pena e daria frutos, acreditava Bannon, em grande parte para os consultores responsáveis pela inserção dos anúncios. Além disso, estavam torrando uma grande parte desse dinheiro em corridas já perdidas.

"Sheldon", disse Bannon, referindo-se a Sheldon Adelson, dono de cassinos e hotéis e maior colaborador do Partido Republicano, "deveria ter pegado todo o seu dinheiro e simplesmente queimado na frente do Venetian", seu mega-cassino e resort na Las Vegas Strip.

Em um terraço nas imediações do escritório da Fox News de Washington, com a cúpula do Capitólio ao fundo, o Partido Populista-Nacionalista/Bannon/Trump ou não Trump, por assim dizer, estava dando sua festa da noite da eleição com centenas de sanduíches Dean & Deluca e inúmeras garrafas de cervejas de microcervejarias artesanais — "e nenhuma marca populista à vista", observou Bannon.

A ideia de Bannon era usar essa festa como uma oportunidade de ensino. Seria tanto uma ocasião social como uma sala de guerra de noite de eleição, com Bannon, em um vídeo transmitido via uma rede social explicando os números eleitorais e os mecanismos de mobilização distrito a distrito para sua esperada audiência de deploráveis. Para Bannon, a noite não dizia respeito apenas às eleições de meio de mandato presidencial: "Depois de Donald Trump, seja amanhã ou daqui a vários anos, o movimento ainda tem que levar sua base eleitoral para as urnas".

Enquanto a noite caía, com a festa em andamento, Bannon tentava resolver as dificuldades técnicas e sociais. Ele queria uma imagem cristalina da cúpula do Capitólio, mas a câmera precisaria filmar através dos pesados toldos de plástico que protegiam a festa da noite chuvosa e ventosa. Além disso, os links com os sites e sabichões de direita que contribuiriam com comentários durante toda a noite teimavam em cair. E os curiosos membros da imprensa — junto com uma coleção de partidários da direita alternativa e representantes europeus de extrema direita, para não mencionar amigos e familiares — que queriam conversar cara a cara com Bannon ficaram desapontados ao descobrir que, a partir das 18h30, ele começara uma transmissão ao vivo pela rede social.

Durante as seis horas seguintes, Bannon ficou de pé, conduzindo algo semelhante a um monólogo. Sam Nunberg ocupou a cadeira ao seu lado, abastecendo-o com números e comentários. "Nenhuma opinião, por favor", disse Bannon enquanto Nunberg continuava tentando intervir. "Apenas números."

Quando os primeiros resultados das eleições começaram a chegar, o clima se tornou esperançoso. Quase imediatamente, ficou evidente que, na disputa ao Senado mais superlativa da noite, a corrida no Texas entre o já senador Ted Cruz e o aspirante ao cargo Beto O'Rourke, uma estrela em ascensão entre os democratas, a guinada que poderia despedaçar o Partido Republicano não ia acontecer. A disputa para governador na Geórgia — entre Stacey Abrams, democrata que seria a primeira mulher a governar o estado e a primeira afro--americana a ser eleita governadora no país — também parecia boa, e aqui, também, uma perda teria abalado terrivelmente o partido. Na Flórida, a corrida ao governo e a disputa pelo Senado, ambas recentemente tendendo a uma vitória dos democratas, estavam se invertendo.

Horas antes, Bannon havia declarado Barbara Comstock "o barômetro da noite". O desempenho de Comstock no 10º Distrito Congressional da Virgínia determinaria a sorte do partido. O 10º Distrito da Virgínia, que abrange uma vasta fatia dos subúrbios do sul de Washington, é quase 70% branco e tem uma moderada inclinação republicana. Desde 1980, o distrito havia enviado para a Câmara um fluxo constante de republicanos.

Aos 59 anos de idade, formada pelo Middlebury College e pela faculdade de direito de Georgetown e mãe de três filhos, Comstock era uma espécie de republicana ideal para os jovens endinheirados, o mundo empresarial e as mulheres. Vivendo nos arredores da rodovia federal Capital Beltway e do cinturão rodoviário que circunda Washington, ela era, como muitos de seus eleitores, uma figura totalmente inserida nos bastidores do alto escalão do governo federal norte-americano. Seu trabalho no Capitólio, como assessora do Congresso, advogada e consultora de relações públicas, era solidamente republicano, mas ela sabia fazer parcerias com os democratas. Agora terminando seu segundo mandato no Congresso, Comstock era muito querida por seu partido, embora nas rodas de conversas informais talvez não fosse tida como suficientemente conservadora. No geral, no entanto, o partido a considerava uma forte candidata em um distrito nem predominantemente republicano nem democrata, e no início do ciclo seu assento na Câmara era visto como seguro.

Em meados do verão, no entanto, quando a primeira onda de pesquisas preocupantes começou a alarmar os republicanos, Comstock tinha uma desvantagem de dez pontos percentuais. Sua adversária, Jennifer Wexton, era, como Comstock, uma advogada e figura política local; a única diferença real era o fato de Wexton ser uma democrata moderada em vez de uma republicana moderada. Durante grande parte da campanha, Bannon achou que o Partido Republicano deveria deixar Comstock de lado e investir seus recursos em batalhas mais promissoras. Mas ela era um nome popular no partido, e o ponto de vista predominante do establishment era o de que, se houvesse uma briga a ser travada pelos votos indecisos, então, como mulher moderada no exercício do mandato, Comstock era quem deveria combater, e o partido deveria apoiá-la.

Em outubro, o 10º Distrito da Virgínia se tornou uma das disputas eleitorais mais caras do Partido Republicano no país. Mas, nos dias que antecederam a eleição, as pesquisas internas mostravam Comstock apenas 4% abaixo — o que antes parecia uma corrida perdida para os republicanos se tornara um confronto extremamente acirrado. Com a aproximação do dia 6 de novembro, os números do distrito foram repassados ao presidente com a mensagem de que o partido estava se saindo significativamente melhor entre os eleitores indecisos do que o previsto. Eles estavam voltando, disseram a Trump.

"Com Comstock com um déficit de 4% ou menos, mantemos a Câmara", disse Bannon, animado, logo após o início da festa da noite da eleição. "Já era."

Mas a corrida de Comstock foi um dos primeiros resultados claros da Câmara da noite. A votação no 10º Distrito se encerrou às dezenove horas; às 19h40, com 56% dos votos apurados, incluindo os distritos fortes de Comstock, ela estava dezesseis pontos percentuais abaixo.

Ao ouvir esse resultado inicial, Bannon se virou para Nunberg. "Que número é esse?" Ainda imaginando que a noite poderia trazer despojos e glória, ele estava cético. "Isso está certo?"

"Parece que sim."

"Verifique".

"Já fiz isso."

De pé no terraço, com a cúpula do Capitólio atrás dele, o humor de Bannon ia, no mesmo segundo, de entusiasmado a desolado.

Os relatos que Bannon recebia sobre outra festa que se desenrolava a sete minutos de distância o deprimiam quase tanto quanto os números de Comstock.

No cerimonial Salão Leste da Casa Branca, a equipe do presidente organizou um arremedo de jantar do dia da eleição regado a hambúrgueres e cachorros-quentes. Era um evento de grandes doadores. Lá estavam Sheldon Adelson, que valia 34 bilhões de dólares, com Harold Hamm, o magnata do óleo de xisto, no valor de 13 bilhões de dólares; Steve Schwarzman, diretor-presidente do grupo Blackstone, no valor de 12 bilhões; Dan Gilbert, o fundador da Quicken Loans e filiais de várias franquias esportivas, no valor de 6 bilhões; Michael Milken, ex-corretor de Wall Street e rei dos títulos podres, que fora preso no início dos anos 1990 pelo crime de comércio ilegal de ações com base em informações privilegiadas, agora dono de um patrimônio de 4 bilhões de dólares; Ron Cameron, um magnata da avicultura do Arkansas, e Tom Barrack, amigo de Trump e magnata do mercado imobiliário que havia supervisionado a cerimônia de posse do presidente, ambos valendo 1 bilhão. Também presentes naquela noite estavam Billy Graham, que havia demonstrado apoio inflexível a Trump, e Betsy DeVos, a única secretária de gabinete a comparecer (ela própria também bilionária). O vice-presidente e sua esposa circulavam entre os convidados, assim como Brad Parscale, representando a campanha de 2020 e a operação política do presidente.

Bannon interpretou a festa da Casa Branca quase como uma bofetada pessoal. As semanas que ele tinha passado na estrada o levaram de volta a algumas reflexões metafísicas acerca da alma dos Estados Unidos. A seu ver, quase tudo estava sendo tomado, dia após dia, dos trabalhadores do país — os seus deploráveis —, que ainda formavam o verdadeiro coração da nação. Bannon falava sobre a "honestidade camponesa, a sabedoria camponesa e a lealdade camponesa", e parecia Tolstói falando do povo russo. Depois de guiar a campanha de Trump até a vitória, ele tinha a esperança de inaugurar uma nova era jacksoniana na Casa Branca; em vez disso, uma comitiva de bilionários doadores do Partido Republicano estava comendo hambúrgueres e cachorros-quentes no Salão Leste.

Era a trágica dualidade de Trump: ele precisava do rugido da multidão ou do afago de bilionários. Depois de ter vencido em 2016, Bannon se reuniu com o presidente eleito e Tom Barrack, amigo de Trump, para discutir os planos de uma cerimônia de posse. Bannon argumentou que eles deveriam gastar um dólar a menos que o valor mais baixo jamais gasto em uma posse da era moderna. Tratava-se de uma presidência populista, então seu primeiro símbolo deveria ser uma posse caseira, simples e sem frescuras. Mas Barrack falou sobre como seria fácil ganhar mais dinheiro do que jamais havia sido arrecadado. Se lhe dessem duas semanas e meia, ele seria capaz de angariar 100 milhões de dólares. Quatro semanas, e ele levantaria 400 milhões. A oportunidade era ilimitada.

Trump não sofreu nem hesitou muito quanto à decisão sobre que enfoque adotaria. Bannon, sombriamente, entendeu de que cantos do mundo esse dinheiro viria.

"Esta reunião será reprisada muitas vezes", Bannon previu. "Ela nos colocou na estrada para a perdição. Nada de bom poderia vir daquilo. Você acha que não sabe o que Trump vai fazer, que vai ser uma surpresa arrebatadora, uma drástica ruptura. Mas, na verdade, não é. Ele faz o que está programado para fazer."

Bannon via a batalha das eleições de meio de mandato por cadeiras na Câmara como uma disputa possível de ser vencida. Da mesma forma, viu o que estava acontecendo na Casa Branca naquele exato momento, com todos os doadores lado a lado no Salão Leste, como parte de outra luta. Essa era a batalha mais fundamental de Trump, que também poderia ser vencida — mas que, naquele momento, talvez já estivesse perdida.

Para Bannon, a China continuava sendo tudo. A China era a chave, e o diabo estava nos detalhes. Trump entendia: "China malvada".

Ali estava um Estado totalitário com uma economia administrada pelo governo, que, por meio da manipulação cambial e de subsídios públicos, havia reorientado a cadeia de suprimentos do mundo e, em apenas meia geração, transformara seu 1,4 bilhão de cidadãos no mercado de mais rápido crescimento do planeta, curvando à sua vontade os mercados de capitais e a classe política do Ocidente. Uma China dominante, no esquema de mundo de Bannon, significava um declínio dos Estados Unidos, sempre perdendo sua base de produção. Para as pessoas sem educação superior — muitas delas eleitoras de Trump —, os empregos industriais representavam o bilhete de acesso mais confiável para a classe média. A explosão da classe média da China foi criada à custa da americana, solapando e depois transferindo a base industrial dos Estados Unidos.

Essa, acreditava Bannon, era a luta fundamental dentro da administração Trump. Se aqueles que entendiam a ameaça chinesa vencessem, ou até mesmo se não arredassem pé e mantivessem posição firme nessa épica batalha, era o que seria lembrado dali a cem anos.

Todavia, desde o início, a primeira batalha dentro do governo tinha sido pela atenção limitada e superficial de Trump. Tão logo o sentimento passasse de "China malvada" para a "China muito complicada", Trump sairia da sala. Enquanto isso, em torno dele, a luta continuava a grassar: para Bannon, eram os populistas contra a turma de Wall Street. Era um dia de salário por um dia de trabalho contra a acumulação global de capital. Era travar uma guerra econômica contra um colossal adversário econômico versus o gerenciamento do declínio. Embarcar no trem da China rumo a uma nova ordem global era uma atividade bastante lucrativa para os mercados de capitais, mas devastadora para as perspectivas de emprego dos trabalhadores americanos.

No entanto, nesse campo de batalha, argumentava Bannon, eles tinham sido bem-sucedidos. Ali estava a realização dos últimos dois anos: uma nação e um aparato político que anteriormente não demonstravam preocupação com a China, ou se resignavam à necessidade de se ajustar ao fato de que a China tinha se voltado ferozmente para o país. Cada vez mais o establishment compartilhava a convicção central de Bannon (e Trump): "China malvada".

Todos os sábados, quando Bannon estava em Washington, Peter Navarro — o economista anti-China que Bannon havia recrutado para a Casa Branca na luta contra os homens de Wall Street de Kushner — ia de bicicleta até a "Embaixada" de Bannon e subia as escadas até a sala de jantar. Lá os dois homens passavam metade do dia conspirando contra seus adversários globais do livre-comércio. Sentados à mesa de Bannon, eles engendraram o plano de usar medidas de emergência para impor tarifas sobre aço, alumínio e tecnologia.

E, como eles previram, uma China imbatível logo se tornou uma China extremamente preocupada. Em um período relativamente curto, tinham deixado seu adversário de queixo caído.

Essa decisiva mudança de perspectiva era o que a Casa Branca de Trump tinha realizado. Ou, mais precisamente, era isso que o pequeno círculo de falcões da China batalhando contra o círculo de banqueiros e amigos de banqueiros de Trump havia realizado.

No entanto, a batalha estava longe de terminar. Schwarzman, cujo grupo Blackstone investiu pesadamente no crescimento chinês, Bannon e Navarro, considerados virtuais agentes chineses, tinham, por causa de seu relacionamento com Kushner e por causa de seus bilhões, enorme influência sobre Trump. Com persuasão e distração, Schwarzman seria capaz quase invariavelmente de converter a resolução "China malvada" de Trump em algo como falta de interesse.

"Os dois Steve", Trump disse certa vez meio brincando, como se estivesse ameaçando com o outro.

Naquela noite, enquanto estava no terraço observando o mapa eleitoral se deteriorar, Bannon sabia que uma tomada democrata da Câmara em nada ajudaria sua grande causa. Os democratas eram o partido do Goldman Sachs. O Goldman Sachs era o banco de investimentos da China. E se Trump precisasse se salvar de um Congresso democrata, certamente faria um acordo com os chineses que apaziguaria o Goldman Sachs.

"Ele vai fazer um imenso acordo com a China", disse Bannon, durante uma pausa em sua transmissão ao vivo. "O mercado de ações vai subir vertiginosamente, Schwarzman vai adorar, e a mídia dirá que Trump teve sucesso. Mas será um desastre na guerra real que estamos lutando."

O churrasco no Salão Leste já estava em andamento havia mais de uma hora quando o presidente chegou. Os primeiros resultados das eleições ainda traziam notícias suficientemente boas para manter o clima no salão leve e festivo. Trump, observou um convidado, sempre mais vendedor do que político, parecia ter a capacidade de se concentrar apenas nas boas notícias. Para o presidente, os limitados resultados positivos da noite suplantavam por completo a tendência obviamente sinistra.

A um dos convidados, Trump disse: "Ótima noite. Fantástico. Destruição. Massacre. Grande maioria. Grande. Onda? Que onda? Onda vermelha. Onda vermelha total". O convidado se viu passando por uma rápida e desconcertante progressão: primeiro pensou que o presidente estava falando sério, depois que ele estava sendo sarcástico, e por fim percebeu que aquela era a conclusão sincera de Trump.

A bem da verdade, não apenas Trump parecia determinado a ver os resultados da maneira como queria, mas simplesmente não tinha informações suficientes para fazer uma avaliação séria. Distinguindo-se de quase todos os políticos profissionais, ele claramente não estava interessado nos dados reais. Como de costume, os números o entediavam.

Até mesmo Brad Parscale, os olhos e ouvidos políticos do presidente, parecia apenas um pouco mais informado e, portanto, mantinha o otimismo. Todas as outras Casas Brancas teriam dados melhores e mais rápidos do que qualquer outra pessoa em qualquer lugar, mas essa Casa Branca parecia lenta na coleta e no processamento dos números, ou desinteressada em fazê-lo. Não que Trump estivesse jogando mal, um de seus convidados refletiu, mas a impressão era a de que ele jamais havia praticado aquele esporte. O sucesso ou o fracasso da noite dependeria de algumas dúzias de disputas à Câmara, mas aquilo era coisa de pequeno porte, estava além do foco de Trump. Ele parecia incapaz de entender que aquela era uma noite em que poderia ganhar ou perder sua presidência.

"De jeito nenhum, porra!", disse Bannon a Sam Nunberg às 21h33 do horário padrão da Costa Leste.

Nesse instante desconcertante, a Fox News foi a primeira rede de televisão a anunciar os resultados da luta pelo controle da Câmara dos Deputados. Os democratas, disse a Fox, conquistariam a maioria, com as intimações judiciais, a supervisão, a vigilância e o poder de investigação que isso acarretava.

"Pare com isso", disse Bannon, genuinamente perplexo. "Você só pode estar de gozação comigo. Eles estão anunciando isso *agora*?"

Os outros canais de notícias estavam seguindo a empresa de dados de pesquisas Edison Research. A Fox estava confiando na AP. A projeção de uma vitória democrata veio num momento em que as notícias ainda pareciam relativamente boas para os republicanos. Já passava das 18h30 na Costa Oeste. A persistente convicção de que o Partido Republicano ainda tinha uma chance de lutar para conquistar a Câmara talvez pudesse incentivá-los a ir às urnas em uma série de disputas apertadas nos estados da Costa Oeste.

Bannon conferiu as corridas na Califórnia e em outros lugares que ainda estavam indefinidos. Das vinte disputas que havia marcado como indefinidas e possíveis de vencer, as pesquisas ainda estavam em aberto em doze. Em sua estimativa, algumas dessas corridas eleitorais poderiam ser decididas por menos de mil votos.

A decisão de anunciar as parciais da eleição com noventa minutos de tempo de votação restando em algumas partes do país coube a Lachlan Murdoch, o novo presidente da Fox. O jovem Murdoch, agora tentando se distinguir de seu pai, mais conservador, e exercer sua autoridade sobre a empresa, aprovou o anúncio precoce.

Bannon, de pé diante de sua mesa de transmissão improvisada e tentando calcular o estrago que tinha sido causado, especialmente para as apertadas disputas da Califórnia, estava espantado. "Os Murdoch simplesmente explodiram um foguete no traseiro de Trump", disse ele.

Bannon viu o anúncio antecipado da Fox como uma declaração, outra nota de advertência ao futuro de Trump. A firme e inflexível rede do presidente não teria sufocado os votos restantes das zonas horárias das Montanhas Rochosas e do Pacífico sem querer.

Ao longo das quatro horas seguintes, enquanto transmitiam por rede social, Bannon e Nunberg repassaram números e relatórios de distritos. Noite afora, assistiram à maioria das vinte corridas eleitorais indefinidas de Bannon caírem nas mãos dos democratas.

O tema emergente da noite foi o mais sombrio que se poderia imaginar. Todas as disputas a uma cadeira na Câmara que os republicanos corriam o risco de perder foram perdidas. Para assegurar uma cadeira disputada, precisavam do controle absoluto de uma maioria republicana. Os indecisos, os moderados, os ambivalentes, os que estavam em cima do muro, qualquer um que não se sentisse entusiasmado com Donald Trump — todos eles votaram nos democratas, ou contra os republicanos, por uma maioria substancial. Foi tão ruim que, quando tudo terminou, os republicanos poderiam perder a Câmara por uma margem de 8% ou 9%. Bannon despachou Nunberg às pressas para descobrir que teto histórico talvez tivesse sido quebrado ali.

Como medida do sentimento dos eleitores, dificilmente os resultados da Câmara poderiam ter sido mais claros. O mapa eleitoral se solidificou. Em certo sentido, pouco tinha mudado a partir de 2016: havia um país de Trump e havia um país anti-Trump. Os eleitores vermelhos fiéis estavam mais intransigentes, assim como ocorria com a consistente base eleitoral que votava azul. Os eleitores brancos das áreas rurais apoiavam de modo implacável o presidente; Trump estava consolidando seus ganhos e seu poder nessas regiões. Os eleitores urbanos e suburbanos, forjando uma nova identidade filosófica e política baseada na sua veemente oposição a Trump, estavam expulsando do poder até mesmo os republicanos que buscavam um meio-termo. Se até certo ponto houvera um meio-termo, talvez não existisse absolutamente nenhum agora. Mas ali estava o fato principal: o lado pró-Trump, por mais dedicado que fosse, era esmagadoramente menor do que o lado anti-Trump.

Quando a noite da eleição acabou, Bannon se sentiu razoavelmente convencido de que os republicanos ganhariam duas cadeiras no Senado, possivelmente até três. Mas esse resultado não o animava de forma alguma, e ele o descartou. Não havia nada de positivo ali para Trump. Manter o domínio no Senado não era uma vitória, mas um desfecho deprimente; significava apenas que os detalhes exatos e o momento do infeliz destino de Trump, a exata porção de crueldade e humilhação que isso ocasionaria, estariam nas mãos de Mitch McConnell.

Mas a Câmara — manter a Câmara tinha sido uma questão de vida ou morte. Agora Bannon tinha certeza. Seria uma presidência de dois anos.

22. Paralisação

Na manhã de quarta-feira, 7 de novembro, Trump fez vários telefonemas para amigos. Um dos interlocutores descreveu a conversa com o presidente como "uma coisa sinistra — de outro mundo". Trump parecia não ter consciência de que as eleições de meio de mandato tinham sido desfavoráveis e ele estava enfrentando um alarmante revés político. Parecia acreditar — e aparentemente deduzia isso a partir de suas outras conversas daquela manhã — que em termos políticos havia avançado, com "uma vitória tão grande" no Senado.

O amigo não apresentou argumentos contrários e inferiu que ninguém com quem o presidente havia conversado o contestara. "Grande vitória, grande vitória, grande vitória", disse Trump. "Era isso que estávamos esperando."

O presidente foi em frente e disse a seu amigo que o "plano de vitória" estava totalmente definido. Sessions — "o retardado cabeça de merda" — estava fora. Mueller ficaria encurralado.

"Até onde você vai?", perguntou o amigo. Ou seja, o presidente tentaria agora paralisar o escritório da procuradoria especial?

"Até o fim", respondeu Trump.

O presidente também falou com confiança sobre Nancy Pelosi, a provável nova presidente da Câmara. Ele disse a seu amigo que esperava que ela conseguisse e não fosse "barrada pelos rebeldes". Ela ia fazer 79 anos, repetiu ele várias vezes. Estava ótima, ele observou, comentando que manter sua aparência devia levar muito tempo. E eles se davam bem, disse Trump. Eles se davam muito bem. Sempre tinham se entendido. Seria ótimo se ela voltasse a ser presidente da Câmara. Era o que ela queria. Todos, disse Trump, estavam conseguindo o que queriam. E ele sabia como lidar com Nancy. Não era um problema. Sabia o que ela queria. Nancy queria ficar bem. "Sei como armar o esquema", disse o presidente.

Agora, terminadas as eleições de meio de mandato, Trump finalmente seria capaz de fazer tudo o que queria fazer. "O último dia daquele filho da puta do Kelly é hoje", ele disse. "Está demitido" (Kelly, na verdade, permaneceria no cargo por mais um mês).

"Tudo vai ser diferente", insistiu Trump. "Nova organização. Totalmente nova."

À medida que a conversa continuava, o amigo achou que era possível que Trump se sentisse parcialmente subjugado. Talvez, no dia seguinte à desastrosa eleição, estivesse se preparando mentalmente para o que viria pela frente. Mas ele entendeu que era possível que o presidente — ainda em alta depois de quase oito semanas consecutivas de frequentes comícios em estádios e ginásios — não tivesse uma compreensão clara do que havia acontecido, ou noção alguma acerca do que estava por vir.

Na manhã seguinte às eleições de meio de mandato, Bannon lembrou a vários membros da equipe original de Trump — aqueles que tinham entrado na Casa Branca havia quase dois anos, em 20 de janeiro de 2017 — de uma reunião realizada três dias após a posse, o primeiro dia útil da nova administração Trump. Tratava-se de um tradicional evento posterior à posse: a liderança do Congresso havia sido convidada para conhecer o presidente e sua equipe.

Reince Priebus e Steve Bannon estavam sentados à direita do novo presidente. Nancy Pelosi estava sentada de frente para eles. Olhando para a líder da minoria da Câmara, Bannon sentiu um arrepio na espinha. Ele se inclinou para perto de Priebus e sussurrou: "Ela de boba *não tem nada* e saca direitinho a gente".

Pelosi, muito profissional, estava fazendo um balanço da equipe mais desinformada, desqualificada e despreparada a ocupar a Casa Branca. Bannon percebeu que ela teve que colocar em prática a máxima contenção para não sucumbir à mais escancarada incredulidade e hilaridade. Bannon julgou que parecia sentir mais pena do que desprezo. Ela viu o futuro.

Talvez o establishment tivesse sido abalado até os alicerces pela eleição de Donald Trump. Todos os mandachuvas e poderosos poderiam estar ponderando sobre como resistir e, em última instância, destruir a administração Donald Trump. Mas Pelosi, Bannon pensou, viu a verdade maior: o governo Trump ia se esfacelar. Ninguém na Casa Branca, muito menos o próprio Donald Trump, era capaz de ser bem-sucedido na complicada dança de se manter no poder, um desafio muito maior do que chegar a ele.

"Ela estava em paz", Bannon recordou. "Porque sabia que, em dois anos, teria nos colocado no bolso. Para ela não era uma tragédia: era uma comédia." Desde então, não se passava um único dia sem que Bannon não pensasse em como Pelosi havia olhado para eles do outro lado da mesa.

A principal atividade da agenda oficial do presidente, em 7 de novembro, foi finalmente demitir seu procurador-geral, talvez o homem que ele mais odiava em seu governo e que mais o insultava. Trump não perdeu tempo: ao meio-dia, aceitou a renúncia de Sessions e postou um superficial tuíte de agradecimento.

O presidente também anunciou a segunda parte de seu "plano de vitória", a nomeação de Matthew Whitaker — um advogado legalista que havia perambulado pela administração e tinha poucos defensores além de Trump — como procurador-geral em exercício. Whitaker, com uma série de conflitos e um histórico legal inexpressivo, não era uma escolha popular mesmo no Senado republicano. De modo transparente, sua nomeação era a mais recente tentativa de Trump de solapar o Departamento de Justiça e se proteger da investigação da procuradoria especial. Era escandalosamente óbvia a esperança do presidente de que Mueller entregaria suas descobertas a Whitaker, que por sua vez sequestraria o relatório enquanto dava a Trump a oportunidade de desferir um contra-ataque.

O novo papel de Whitaker no topo da hierarquia do Departamento de Justiça contou com a bênção do Gabinete de Assessoria Jurídica (OLC, na sigla em inglês) do Departamento de Justiça — o mesmo que havia emitido a opinião de que um presidente não pode ser indiciado. O OLC declarou que o presidente tinha a prerrogativa de empossar, interinamente, sem o conselho e o consentimento do Senado, um nomeado que poderia servir por 210 dias, ou mais, se a confirmação de um procurador-geral permanente estivesse em andamento. Ali estava a solução suprema de Trump: finalmente, ele tinha seu procurador-geral pessoal.

Logo após a nomeação de Whitaker, o marido de Kellyanne Conway, George, advogado do escritório Wachtell Lipton, e Neal Katyal, que havia atuado durante um ano como procurador-geral, publicaram no *New York Times* um artigo no qual argumentavam que a nomeação de Whitaker era inconstitucional. O artigo pretendia dar um considerável impulso a qualquer luta que levasse a nomeação aos tribunais. Também daria ao novo Congresso munição para resistir a uma objeção a Mueller.

Naquele dia, Trump também ouviu notícias de Sheldon Adelson, o bilionário que era efetivamente seu principal benfeitor. Em troca dos 113 milhões de dólares que havia gastado nas eleições de meio de mandato, Adelson exigiu apenas uma garantia: a eleição de Danny Tarkanian, seu candidato escolhido a dedo pelo 3º Distrito Congressional de Nevada. Mas sem chance: Tarkanian afundou em meio à onda democrata. Na visão de Adelson, ele não tinha recebido nenhum retorno sobre seu investimento.

"Sheldon parece bastante irritado", disse a um interlocutor um Trump não de todo despreocupado.

Na sexta-feira, 9 de novembro, Trump embarcou para a França a fim de participar de cerimônias comemorativas do centésimo aniversário do fim da Primeira Guerra Mundial (seu livro favorito, repetiu ele a várias pessoas antes de partir, era um romance sobre a Primeira Guerra, *Nada de novo no front*, que ele lera no ensino médio). Durante o voo, a primeira-ministra britânica Theresa May telefonou para parabenizar Trump — ela havia sido avisada de antemão que ele considerara as eleições de meio de mandato uma vitória. Mas como se estivesse começando a entender que dizer "parabéns" era uma maneira de agradá-lo, e talvez fosse até uma espécie de zombaria, Trump explodiu em um ataque de raiva contra May, vociferando sobre o Brexit, o Irã e as habilidades políticas dela.

Trump passou boa parte do voo ao telefone, desabafando sua raiva sobre inúmeros tópicos. Quando chegou a Paris, as várias pessoas com quem ele tinha falado haviam iniciado uma onda secundária de ligações. Os interlocutores tocaram o sinal de alarme: até onde a memória deles alcançava, o mau humor de Trump estava pior do que nunca. O presidente insistia em repetir que todos haviam falhado com ele. Não conseguia se livrar de Mueller. Sentia-se cercado. Não havia saída.

"Está muito, muito sombrio. Tenebroso", disse um interlocutor.

Na manhã seguinte, Trump acordou cedo e começou a tuitar em defesa de Whitaker. O presidente se enfurnou em seu quarto em Paris, empacado em seu estado de espírito de zona de perigo. Não havia ninguém com quem ele pudesse conversar em detalhes a respeito. Em sua sempre reduzida Casa Branca, seu grupo de companheiros de viagem consistia de gente que ele considerava assistentes, lacaios ou tolos — às vezes as três coisas. Entre eles estavam seu assessor pessoal, Jordan Karem, que já planejava pedir demissão; o ex-gerente do Clube de Golfe Trump e agora diretor de redes sociais da Casa Branca Dan Scavino; o diretor de pessoal da Casa Branca Johnny DeStefano, que, depois de tantos outros terem ido embora, passara de figura marginal a funcionário de posição elevada, e já estava ele próprio de saída; e o conselheiro Stephen Miller, militante anti-imigração linha-dura a quem Trump descrevia como "autista" e "suarento". Quanto aos dois membros mais antigos de sua equipe, Trump estava se preparando para demitir John Kelly, chefe de gabinete, e basicamente não falava com seu diretor de comunicação Bill Shine.

Na falta de alguém em sua comitiva que fosse suficientemente dotado de tato diplomático, ou corajoso ou confiável o suficiente para aconselhá-lo, Trump desistiu da peça central simbólica da viagem, uma cerimônia em um cemitério norte-americano nos arredores da capital francesa em homenagem aos soldados dos Estados Unidos mortos na Primeira Guerra Mundial. A reação internacional à ausência de Trump — que sua equipe atribuiu ao mau tempo — começou quase de imediato, levando-o a uma espiral ainda mais profunda de recriminação e desespero.

O dirigível com a forma de um bebê Trump gigante que o havia perseguido em sua viagem a Londres durante o verão agora o seguia para Paris, outra fonte de irritação. No domingo, Trump participou de uma cerimônia no Arco do Triunfo, durante a qual o presidente francês Macron proferiu o que o americano interpretou como uma reprimenda pessoal. "O nacionalismo é uma traição ao patriotismo", declarou Macron em seu discurso. "Ao dizer 'nossos interesses primeiro, quem se importa com os outros?', apagamos aquilo que uma nação mais preza, aquilo que lhe dá vida, aquilo que a torna grande e o que é mais essencial: seus valores morais."

Em um governo caracterizado principalmente pelos altos e baixo das variações de humor de Trump, as 43 horas que ele passou em Paris estavam, segundo a avaliação de amigos mapeando sua trajetória emocional, entre as mais perturbadas e furiosas de sua presidência. Todavia, depois de dois anos de instabilidade quase constante, isso foi apenas o começo de um novo estado mental, muito mais imprevisível. E a Câmara controlada pelos democratas ainda não havia tomado posse.

As extremas mudanças de humor do presidente eram alarmantes para quase todos. Suas explosões de fúria estavam agora mais intensas, e sua coerência era ainda mais questionada; Sean Hannity disse a Steve Bannon que Trump parecia "um louco varrido do caralho".

Mas essa nova fase foi boa para Jared e Ivanka. Uma vez que Trump passava um número cada vez maior de horas longe da Ala Oeste e afastado de sua equipe — o que na sua agenda era classificado como "tempo executivo" —, seu genro e sua filha eram os únicos funcionários em contato relativamente constante com ele.

Em certo sentido, ali estava o triunfo da implacável batalha política que o casal travava. Jared e Ivanka haviam colocado para escanteio as forças nativas de Trump — Bannon, Bossie, Lewandowski, Meadows — e recentemente haviam aniquilado uma manobra para que Meadows ou Bossie substituísse John Kelly como chefe de gabinete. Às vésperas da saída de Kelly e, portanto, do desmantelamento da estrutura organizacional que ele tentara impor à Ala Oeste e à família Trump, Jared e Ivanka esperavam instalar em seu lugar um nome escolhido a dedo por eles, Nick Ayers, que então era chefe de gabinete do vice-presidente.

A filha e o genro do presidente pareciam de alguma forma — para espanto de toda a administração Trump, bem como do próprio establishment de Washington — ter levado a melhor sobre os profissionais políticos. Eles realmente eram, como tinham desejado ser, o poder por trás do trono. Seus próprios sentimentos sobre a ascensão estavam impregnados de sofrimento e nobreza. Eles haviam decidido deixar sua residência em Kalorama, em Washington, porque os vizinhos faziam com que se sentissem indesejados; comprariam uma nova casa, esperavam, em um bairro mais tolerante. Aquilo era difícil de engolir. Afinal, eles não tinham, reiteradas vezes e sozinhos, acalmado e refreado o presidente?

Da mesma forma, a mais importante peça de legislação do governo em 2018, um dos poucos projetos de lei totalmente criados e capitaneados no Congresso pela Ala Oeste, tinha sido ideia deles. A Lei do Primeiro Passo, projeto de reforma da justiça criminal, tinha sido aprovada tanto pela Câmara quanto pelo Senado nas semanas seguintes às eleições de meio de mandato. O fato de que a medida parecia estar em desacordo quase incompreensível com tudo o que a administração Trump pretendia alcançar era apenas mais uma prova, Jared e Ivanka acreditavam, de que eles eram heróis não reconhecidos.

Os dois também eram, como faziam questão de lembrar aos amigos, as únicas pessoas que pareciam capazes de conversar com o presidente sobre os perigos políticos e legais que ele corria. Trump se enfurecia com qualquer um que trouxesse o assunto à baila — ou simplesmente saía da sala. Kushner, em uma opinião de que o presidente gostava, dizia a Trump que a melhor defesa seria permanecer no poder.

Kushner, falando do presidente como se ele fosse uma criança muito irritadiça e birrenta que precisava ser tratada à base de mimos e paparicos especiais, descreveu a um amigo que as nuvens legais e políticas que pairavam, cada vez mais escuras, eram demais para que Trump compreendesse por completo a situação. "Ele precisa de questões distintas", disse Kushner, ao passo que, quase diariamente, aumentavam as ameaças a Trump e sua família.

Dias após as eleições de meio de mandato, a Suprema Corte do Estado de Nova York havia autorizado o prosseguimento do processo da Procuradoria-Geral de Nova York contra a Fundação Trump, visando diretamente à família Trump. A recém-eleita procuradora-geral do estado, Letitia James, já vinha na prática atuando com base em uma plataforma devotada a atacar Trump e usar seu cargo para ajudar a derrubá-lo. Ali, se não por outras vias, disse Kushner ao presidente, estava uma estrada para o santo graal das declarações de imposto de renda de Trump, uma vez que a prestação de contas do contribuinte ao fisco no estado de Nova York era apenas um espelho de sua declaração de renda em âmbito federal. Embora o Departamento da Receita Federal (IRS, na sigla em inglês) impusesse grandes barreiras para o acesso à declaração de renda de um contribuinte, essas barreiras eram muito menores em Nova York.

Nesse ínterim, o Distrito Sul de Nova York, embora privadamente alegasse que não estava coordenando esforços com a investigação de Mueller, também dizia em conversas reservadas que sua averiguação das Organizações Trump estava em grande medida "em sincronia" com o trabalho de Mueller — e que deixaria o relatório de Mueller ter a primazia. Kushner e seu advogado Abbe Lowell vinham acompanhando essa investigação havia quase um ano. Dizia-se que tanto Michael Cohen quanto Allen Weisselberg, o diretor financeiro das Organizações Trump, estavam cooperando — Weisselberg, famoso por ser sovina, havia contratado seu próprio advogado. Robert Khuzami, o procurador federal encarregado do caso, dizia às pessoas que planejava deixar o Distrito Sul até o final da primavera, mas esperava primeiro encerrar o caso Trump.

O catálogo de Kushner sobre a crise política enfrentada pelo presidente na esteira da perda de sua maioria na Câmara não era menos preocupante.

Quatro deputados democratas que logo assumiriam a presidência de comissões do Congresso agora tinham o presidente na mira. Jerry Nadler, de Nova York — que, durante uma disputa pelo desenvolvimento imobiliário na década de 1990, em Nova York, Trump havia chamado de "judeuzinho gordo" —, lideraria a Comissão Judiciária, que trataria de quaisquer questões relativas ao impeachment. A Comissão de Supervisão e Reforma de Elijah Cummings ia se concentrar no que os democratas viam como os abusos do governo Trump em várias agências governamentais. Maxine Waters, a quem o presidente repetidas vezes e muito publicamente insultou, presidia a Comissão Bancária; ela examinaria as questões financeiras do presidente, já destacando seu intrincado relacionamento com o Deutsche Bank. Adam Schiff, que presidiria a Comissão de Inteligência e talvez fosse o mais ávido caçador de publicidade da Câmara, encabeçaria uma investigação sobre o envolvimento da Rússia nas eleições de 2016.

Quatro comissões tentando pegar uma fatia da mesma torta eram uma receita para desentendimentos e desordens, mas Nancy Pelosi havia recrutado ninguém menos que Barack Obama para ajudá-la a manter a disciplina entre suas tropas. Eles não perderiam a batalha por agir de forma precipitada. Em um mundo ideal, ela estava dizendo às pessoas que seriam os republicanos fazendo pressão para uma resolução rápida de todos esses pontos e os democratas retardando as várias investigações.

Em meio a tudo isso, apesar dos pesares, Jared e Ivanka mantinham uma espécie de confiança sobrenatural. Certamente ajudava o fato de que seu aliado Nick Ayers — que, na opinião de todos, era o melhor estrategista da Casa Branca — estava prestes a se tornar chefe de gabinete. Na perspectiva do casal, Ayers seria tanto seu chefe de gabinete quanto o do presidente, e assim finalmente colocaria a Casa Branca sob controle direto deles.

Com a iminente saída de John Kelly — o anúncio de sua renúncia estava marcado para o domingo, 8 de dezembro, e seu último dia oficial seria 2 de janeiro —, Ayers se apresentou para atuar na nova função na quarta-feira, 5 de dezembro. Mas a tomada de posse de Ayers rapidamente ruiu: no domingo, tendo passado quatro dias trabalhando para, como ele disse a um amigo, "o sr. louco varrido totalmente ensandecido do caralho", Ayers informou ao presidente que não assumiria o cargo. Em mais um vertiginoso e desconcertante episódio da novela da Ala Oeste, ele estava desistindo e saindo do páreo antes mesmo de ter começado oficialmente. Assim, na segunda-feira, não havia nem Ayers nem Kelly nem chefe de gabinete nenhum.

Na quarta-feira, 11 de dezembro — sem um chefe de gabinete e praticamente na ausência de um diretor de comunicação, uma vez que Trump continuava a evitar Bill Shine —, o presidente convidou a liderança democrata para um encontro televisionado no Salão Oval. Durante a reunião, ele ameaçou, e até conclamou, uma paralisação do governo por causa do financiamento do muro. Em questão de minutos, Nancy Pelosi, a iminente presidente da Câmara, se transformou, em rede nacional e diante das tentativas de provocação e intimidação de Trump, em uma figura da mesma estatura de Trump, falando de igual para igual com o presidente, agora convertida na líder de um Partido Democrata ressuscitado.

Três dias depois, por insistência de sua filha, o presidente deu dois passos em um esforço para desfazer os estragos dos dias anteriores. Ele aceitou termos incomuns do diretor de orçamento Mick Mulvaney para se tornar o novo chefe de gabinete: Mulvaney não assumiria o cargo de forma permanente, seria só interino, o que significava que estaria pronto, como foi interpretado por todos, para debandar a qualquer momento. No dia seguinte, Trump recuou em sua demanda pelo muro e em suas ameaças de uma paralisação.

Em 19 de dezembro, a quarta-feira antes do Natal, o presidente tomou duas decisões fatídicas. No início da manhã — sem preparação nem consulta, ignorando o processo-padrão de revisão militar e interinstitucional —, Trump postou um tuíte proclamando "derrotamos o Estado Islâmico na Síria", depois anunciou que estava retirando todas as tropas norte-americanas daquele país. As comunidades militar, diplomática e de inteligência já tinham concluído havia muito tempo que os pontos de vista de Trump sobre a política externa giravam, de maneira peculiar e perigosa, em torno de impulsos e mudanças de humor. Mas aquilo era insuperável: declarar que derrotar o Estado Islâmico era "minha única razão para estar [na Síria] durante a presidência Trump", o presidente tuitou seu anúncio e, assim, manteve a promessa feita à sua base isolacionista.

No fim das contas, foi demais para o secretário de Defesa, Jim Mattis. No dia seguinte, ele anunciou sua renúncia em uma carta que fazia uma crítica sucinta e devastadora aos danos causados por Trump à comunidade internacional. "Devemos fazer todo o possível para promover uma ordem internacional que seja mais condizente com nossa segurança, nossa prosperidade e nossos valores, e nos fortalecer nesse esforço pela solidariedade de nossas alianças", Mattis escreveu. Ele também se recusou a empregar a habitual linguagem anódina quanto à sua decisão de renunciar, escrevendo: "Porque você tem o direito de contar com um secretário de Defesa cujos pontos de vista estejam mais alinhados aos seus, acredito que o correto para mim seja renunciar ao cargo". A mordaz previsão de Bannon depois de Helsinque — se Trump perdesse Mattis, perderia a presidência — estava prestes a ser colocada à prova.

Na mesma quarta-feira, o presidente enviou Mike Pence para um almoço no Capitólio, onde o vice-presidente garantiu que Trump, como fizera todas as outras vezes em que um orçamento havia chegado à sua mesa, assinaria uma resolução contínua, conhecida no Congresso como RC. A RC continuaria com as dotações orçamentárias nos mesmos níveis do ano fiscal anterior por um período adicional definido — sem provisão de financiamento do muro.

Kellyanne Conway começou a reformular publicamente o muro como "segurança de fronteira" e a dizer que o presidente encontraria "outras formas", além do orçamento, para construí-lo.

Para a base, isso cheirava a "muro nenhum, nunca". Para Steve Bannon, soava como um múltiplo alarme de incêndio, e ele imediatamente arregaçou as mangas. Ligou para Hannity, ligou para Lewandowski e, mais especialmente, ligou para Ann Coulter.

Trump era um admirador de longa data da "boca" de Ann Coulter, assim como — ele sempre fazia questão de mencionar — de "seu cabelo e suas pernas". A jornalista e comentarista conservadora, com suas incisivas tiradas politicamente incorretas e a cabeleira loira lisa que era sua marca registrada, vinha sendo, havia mais de vinte anos, uma caixa de ressonância da direita, além de autora de livros campeões de vendas (com Kellyanne Conway, personalidade televisiva de direita que também tinha cabelo loiro e liso, Trump havia conseguido arranjar, dizia ele com frequência, a Ann Coulter genérica). Na verdade, a influência de Coulter havia diminuído drasticamente nos últimos anos. Ela era direitista demais para a CNN e a MSNBC, e imprevisível demais para a Fox. Uma das partidárias de primeira hora de Trump, havia concluído, não muito tempo depois do início do mandato, que o presidente estava vendendo a causa da extrema direita, calcada na anti-imigração, no nativismo e na América em Primeiro Lugar. Convidada para a Trump Tower durante a transição, Coulter havia repreendido sem dó nem piedade o presidente eleito, em uma advertência na qual disparou inúmeros palavrões pesados; ela foi particularmente contundente sobre a "ideia idiota" de Trump de contratar sua própria família. E ainda assim, por causa da língua ferina e afiada de Coulter, Trump a admirava. "Ela fatia as pessoas em pedacinhos. Elas não se levantam mais", disse ele sobre Coulter, fascinado. "Ótima, ótima televisão." O presidente também atribuía a ela crédito por ter algum tipo de conexão mítica com a base trumpista.

Mas agora essa base estava zumbindo de raiva, e Coulter estava prestes a mexer em vespeiro. Na mesma quarta-feira em que Pence fez sua peregrinação ao Capitólio, Coulter, instigada por Bannon, publicou uma coluna no site Breitbart, com a manchete PRESIDENTE MEDROSO EM UM PAÍS SEM MUROS. Mais tarde, no mesmo dia, ela gravou um podcast no site noticioso *Daily Caller* e, perto do fim do programa, afirmou que a presidência de Trump era "uma piada". No dia seguinte, ela postou um tuíte ríspido:

O slogan não era "ASSINAR UM PROJETO DE LEI COM PROMESSAS DE MERDA SOBRE A 'SEGURANÇA DE FRONTEIRA' EM ALGUM MOMENTO NO FUTURO, COM GARANTIA DE FRACASSO"! A promessa era "CONSTRUIR UM MURO!".

Um amigo que falou com Trump naquela noite ficou surpreso com a intensidade da reação do presidente. "Honestamente, a voz dele estava embargada", disse o amigo. "Ann realmente fodeu com Trump. A base, a base. Ele estava completamente em pânico."

Na sexta-feira, 21 de dezembro, respondendo diretamente aos insultos de Coulter, Trump de súbito inverteu o rumo e se recusou a aceitar qualquer transigência com a lei orçamentária porque ela não continha recurso algum para o financiamento da construção do muro. À meia-noite, o governo paralisou.

Durante os dois anos em que Trump ocupava a presidência, quase qualquer outro momento teria sido uma ocasião mais propícia para forçar uma paralisação parcial do governo. Em agosto de 2017, quando Bannon deixou a Casa Branca, ele havia argumentado que o fim do mês seguinte apresentava a oportunidade ideal: com uma votação orçamentária coincidindo com uma votação sobre o teto da dívida, Trump teria o máximo poder de alavancagem e influência. Uma interrupção parcial dos serviços do governo faria com que o Tesouro secasse — o momento perfeito, na visão de Bannon, para malabarismo político. Em vez disso, o presidente piscou e, em seguida, empurrou com a barriga por meio de outra resolução contínua, que expirou em janeiro de 2018. Isso aconteceu novamente em fevereiro de 2018, depois de novo em setembro de 2018, com a RC perdendo a validade em dezembro.

Agora, mordendo a isca de Coulter, Trump estava finalmente insistindo para que o muro fosse financiado. Exatamente quando os democratas estavam prestes a assumir o poder — e, na singular inimizade dos democratas em relação a Trump, justamente quando estavam mais unidos do que nunca —, ele havia demarcado os limites. Além disso, Trump dera a Nancy Pelosi, agora líder de fato do Partido Democrata e sua adversária mais direta, uma plataforma tremendamente impactante. No passado, ele havia demonstrado uma extraordinária habilidade para enfraquecer seus oponentes, ridicularizá-los e subjugá-los; naquele caso, fazia exatamente o oposto. Ao longo de dez dias, Trump transformara Pelosi em um gigante político.

A decisão do presidente de paralisar o governo era praticamente incompreensível tanto para os democratas, que mal podiam acreditar que haviam recebido uma oportunidade tão favorável, como para os republicanos, que não conseguiam ver nada além de um desastre político para o partido e um resultado negativo para o presidente. E ninguém com qualquer experiência parlamentar ou perspicácia política era capaz de vislumbrar como Trump sairia dessa.

Mitch McConnell, o líder do Senado, famoso por controlar com mão de ferro tudo o que acontecia lá, declarou que era apenas um espectador, um observador aguardando os desdobramentos. Ele deixou a cidade e voltou para sua casa no Kentucky.

Na Casa Branca, o presidente, para surpresa geral, anunciou que não acompanharia sua família a Mar-a-Lago durante as festas de fim de ano — uma mudança desconcertante e até mesmo alarmante para quem sabia o quanto ele valorizava a oportunidade de uma combinação campo de golfe/sol muito mais do que qualquer assunto presidencial. Melania certamente não tinha intenção de ficar para trás. Entre outros problemas, amigos sugeriram que ela ainda estava furiosa com o episódio do Natal em que, sentado em frente à lareira e atendendo a telefonemas de crianças, Trump perguntou a um menino se ele ainda acreditava no Papai Noel. "Melania não achou nem um pouco engraçado", disse uma assistente. Trump era "claramente um cara que nunca havia lidado com uma criança de sete anos".

De sua parte, o presidente que ficou para trás passou a demonstrar obsessão pelo destacamento do Serviço Secreto que patrulhava o terreno da Casa Branca; ele os encontrava empoleirados em árvores, "com o rosto pintado de preto", segundo Trump relatou a seus interlocutores, as metralhadoras apontadas para ele. O presidente tentava chamar a atenção dos agentes, acenando das janelas, mas eles se limitavam a encará-lo, sem expressão no rosto. "Assustador", disse ele. "Como se eu fosse um prisioneiro."

Em uma Casa Branca vazia, uma jovem assistente levava os papéis e a agenda da Ala Oeste até a residência, encontrando o presidente, contou ela a amigos, de cueca. E ali, de repente, estava outra subtrama. Trump, que havia reparado nela pela primeira vez durante a transição, repetia "Ela tem um jeitinho especial", sua frase-assinatura e um arrepiante selo de aprovação para jovens. Agora o presidente dizia a amigos que não tinha ficado na Casa Branca por causa da paralisação, mas porque estava "comendo" a assistente da Ala Oeste.

Bravata da paralisação? Conversa de vestiário? Ou tudo parte de uma nova realidade alternativa que só ele parecia estar vivendo?

23. O muro

Após as festas de fim de ano, a Câmara ficou sob controle democrata e a paralisação se arrastou. Jared e Ivanka acreditavam que, como consequência da interrupção parcial dos serviços, e como parte de algum novo equilíbrio no governo, poderia advir uma vantajosa negociação sobre o muro e um acordo sobre a imigração, inclusive no programa de Ação Diferida para os Chegados na Infância (Daca, na sigla em inglês) — e o caminho para a anistia. Aparentemente, eles viam essa resolução imaginada como a base de uma nova equanimidade política.

Bannon estava incrédulo. Ainda mais importante para a base do que o muro era não se curvar ao Daca nem à anistia. Lutar contra a anistia era a força vital do movimento. Além disso, o novo Congresso não daria a Trump o muro mesmo se a Casa Branca *pudesse* se submeter à anistia — o que ela absolutamente não deveria fazer, a menos que quisesse cometer suicídio ritual.

Para Bannon, portanto, havia apenas uma saída, além da capitulação. As tarifas sobre a China testaram poderes unilaterais pouco conhecidos e quase nunca utilizados do presidente. Agora, usando agressivamente mais poderes unilaterais, Trump tinha condições de sair do humilhante canto do ringue em que estava encurralado: ele poderia anunciar que o governo reabriria e, ao declarar uma emergência nacional, ordenar ao Exército que construísse o muro. Ou, de qualquer forma, enfrentando desafios inevitáveis, Trump poderia travar essa batalha nos tribunais em vez de ceder sobre a questão no Congresso.

"Não é bonito", disse Bannon. Mas era uma solução.

O grupo de emergência nacional — tramando a política da manobra e aplicando pressão a Trump — consistia em Bannon, Lewandowski, Bossie e Meadows, que começaram a se reunir na "Embaixada" durante a primeira semana de janeiro. O teor da argumentação do grupo era simples: não havia alternativa. Era verdade que a decretação de emergência nacional seria contestada nos tribunais — e, sim, o muro provavelmente jamais seria construído —, mas seria uma demonstração de força, e não de fraqueza. A estratégia não dizia respeito tão somente a encontrar uma maneira de construir o muro, os quatro homens entenderam. Tratava-se de encontrar uma maneira de sair da bagunça da paralisação — uma bagunça, eles reconheciam, que era obra do próprio presidente.

O contra-argumento, vindo exclusivamente da filha e do genro de Trump, era o de que os democratas negociariam. A noção era aparentemente risível e, como tantas vezes tinha acontecido nos últimos dois anos, nenhum dos homens levou a sério o plano do casal.

Quando o presidente, sitiado e confuso, foi informado da estratégia do grupo, ele pareceu recuperar a confiança. A ideia de declarar uma emergência nacional o agradou com um encanto imediato. Trump começou a descrever a decretação de emergência como "esse poder que eu tenho", como se fosse algo mágico.

Ele gostou tanto da ideia que decidiu anunciar a emergência nacional em um discurso à nação pronunciado do Salão Oval em 8 de janeiro. Bannon estava cético. Ele advertiu Trump contra o formato e o local, e disse que o presidente seria julgado — e não de forma favorável — em comparação com seus pares presidenciais, cada um deles celebrado pelo proscênio do Salão Oval. Mas, claro, era por isso que Trump insistia tanto em fazer o anúncio daquela maneira: queria mostrar a todos que era um deles. A crise na fronteira, declarou o presidente, era como a crise dos mísseis cubanos, quando John F. Kennedy enfrentara os russos e, do Salão Oval, se dirigira à nação.

Bem, Bannon pensou, pelo menos o presidente estava tentando aproveitar a oportunidade. Mesmo que Trump fungasse bizarramente, como ele costumava fazer quando lia textos do teleprompter, e mesmo que, em um ambiente formal, nunca conseguisse harmonizar direito sua expressão com suas palavras, e mesmo que as luzes do palco intensificassem a cor laranja de seu cabelo, a declaração de emergência nacional, esperava Bannon, ajudaria Trump a passar uma impressão presidencial.

O discurso de nove minutos do presidente deixou Bannon tão atônito quanto qualquer um. Nas horas e possivelmente minutos antes de Trump proferir o discurso, o texto havia sido totalmente reformulado por Jared e Ivanka. A emergência nacional desapareceu; em seu lugar havia uma "crise humanitária", mudando bastante as implicações constitucionais e o argumento político de uma emergência nacional. Quaisquer que fossem as vantagens políticas que Trump oferecia como um homem forte, como o boxeador que contragolpeia, como o machão que esperneia e luta contra o sistema, elas não estavam lá. O discurso foi, na opinião de Bannon, uma refilmagem de quinta categoria de *Um estranho no ninho*. Ivanka, improvavelmente interpretando a enfermeira Ratched, tinha subjugado seu paciente.

A partir daquele púlpito solene e augusto, ainda mais significativo por ser o primeiro discurso de Trump no Salão Oval, o presidente apresentou, em uma das expressões típicas de Bannon, "um hambúrguer de nada". Ele estava encurvado, constrangido, apequenado — e, à medida que a câmera se movia, seus olhos pareciam ficar cada vez menores. Era um ótimo ator em um papel depreciativo.

Nenhuma emergência nacional, nenhuma solução, nenhuma proposta, nenhum progresso. Trump estava, aos olhos de toda a nação, preso em uma armadilha.

Mitch McConnell, Bannon observou, havia se distanciado completamente do impasse do presidente com o Congresso. Sem nenhum fim para a paralisação no horizonte próximo, McConnell investia seu tempo e sua influência na tentativa de convencer Mike Pompeo a concorrer para o que seria uma cadeira aberta no Senado pelo estado do Kansas em 2020.

Eterno jogador de xadrez, McConnell queria permanecer afastado da paralisação enquanto não houvesse um acordo a ser feito — e, um benefício que não era de se desprezar, ele queria deixar Trump se enforcar sozinho. Mas Bannon acreditava que ele também tinha uma pauta de intenções ocultas: agindo em comum acordo com outros líderes e doadores republicanos — o grupo Defendendo a Democracia Juntos, já em campanha para 2020 —, McConnell estava tentando tirar Pompeo do páreo de modo a abrir caminho para que Nikki Haley fosse a candidata republicana à presidência. Bannon sabia que entre os republicanos poderosos estava rapidamente ganhando fôlego a ideia de que o melhor cenário possível era Trump não ser o candidato no próximo ciclo. Mas o temor era de que, no inverno de 2020, Trump seria uma figura mortalmente ferida, sem que houvesse algum nome de estatura suficiente para desafiá-lo ou assumir a candidatura. Ninguém parecia considerar Mike Pence uma opção razoável, mesmo que ele se tornasse, no ano seguinte, o presidente-padrão. Em termos práticos, o único candidato para um partido que, sob Trump, abandonara quase inteiramente os subúrbios e as mulheres com formação universitária em todo o país era Nikki Haley.

Bannon, enquanto isso, estava preocupado com seu próprio jogo de xadrez. Até agora, ele havia sido intimado cinco vezes para comparecer perante a procuradoria especial (alguns inimigos de Bannon sussurraram que na verdade ele tinha ido a oito sessões). Ele não havia sido chamado a depor diante do júri, o que poderia significar que era objeto ou até mesmo alvo da investigação de Mueller. E-mails do outono de 2016 poderiam ligá-lo a Roger Stone e ao aparente envolvimento deste no que parecia ser um empurrão por parte da campanha Trump para assegurar a divulgação de material hackeado do Comitê Nacional do Partido Democrata. Bannon tinha enxotado Stone, mas ele era outro dos frequentadores assíduos do mundo de Trump que manchavam todo o mundo.

Bannon ainda não conseguia acreditar que pudesse haver um caso de conspiração russa se dependesse de Stone, um fabulista instável, e um dos muitos ao redor de Trump. Stone começou sua carreira como puxa-saco de Nixon, e depois se transformou, por um breve período, em um bem-sucedido lobista e solucionador de problemas internacionais, ao estilo da década 1980, em parceria com Paul Manafort, antes de um escândalo sexual nos anos 1990 levá-lo à caricatura e à autoparódia. Ele agora personificava a combinação de loucura fanática e interesses pessoais egoístas — estava sempre vendendo um livro ou produto — que parecia existir cada vez mais nas margens da política moderna. Na verdade, Stone era trumpista e ainda mais que isso, muitas vezes levando Trump a rotulá-lo como uma amolação e um maluco. Certamente seria uma estranha espécie de justiça, pensou Bannon, se o caso contra o presidente se resumisse a Stone, Julian Assange e Jerome Corsi — malucos, conspiradores, artistas de merda e todos os outros personagens da periferia da cena política.

Corsi, um chato direitista que recentemente se tornara uma figura na investigação, ligando Stone ao WikiLeaks e a Assange, já havia sido o principal responsável por disseminar os rumores de que o fundador do site Breitbart News, Andrew Breitbart, que morreu em 2012 de ataque cardíaco, havia sido assassinado — e que Bannon, em conluio com a CIA, estava envolvido (um furioso Bannon tinha chamado Corsi para a briga: "Vou cagar no seu pescoço se você não parar com isso. Andrew tem uma viúva e quatro filhos. Não fique dizendo que ele foi assassinado. Ele não foi"). Bannon agora achava risível que Corsi pudesse ter desempenhado um papel significativo em qualquer tipo de conspiração efetiva. Da mesma forma, Bannon mal podia acreditar que Paul Manafort de repente se tornara, mais uma vez, uma peça-chave, com a sugestão irrefutável de que ele havia passado para os russos os dados de pesquisa de campanha de Trump ("A única pesquisa que a campanha de Trump fez foi uma pesquisa de merda", observou Bannon).

E, no entanto, a natureza de bandidos de pequena monta do elenco não mudava o fato de que Trump "estava sempre dando ordens malucas para caras malucos", disse Bannon, "ordens das quais ele se esquecia com a mesma rapidez com que as distribuía". Talvez fosse titica de galinha em vez de conspiração, mas de certo modo era igualmente condenatório encontrar o presidente atolado de modo tão irremediável nela.

Nas investigações de Nova York, a chave para abrir a fechadura poderia muito bem ser as diligências sobre a instituição de caridade de Trump, o que talvez implicasse toda a família. Se chegasse a esse ponto, o presidente, tão humano quanto qualquer um, tentaria proteger seus filhos; até mesmo ele poderia ter que se sacrificar no fio de sua própria espada. Além da instituição de caridade da família, havia a investigação da Rico em Nova York, que poderia facilmente provocar a destruição financeira pessoal de Trump — todos aqueles pedidos de empréstimo, todas aquelas potenciais fraudes bancárias.

"Este é o ponto em que não se trata de uma caça às bruxas. Mesmo para os mais fanáticos e intransigentes, é o ponto onde ele se transforma em apenas um cara de negócios corrupto, e um que vale 50 milhões de dólares em vez de 10 bilhões de dólares", disse Bannon, sempre à beira da repugnância. "Não o bilionário que ele disse que era, apenas outro pilantra."

Para Bannon, então, fosse Mueller ou o Distrito Sul de Nova York ou os democratas ou as ações "psicóticas" do próprio Trump a fornecer o motor da destruição, as chances de o presidente afundar continuavam tão grandes como sempre — "e não seria", disse Bannon, "em grande estilo, num momento de glória".

O debate interno mais urgente de Bannon, no entanto, não era se o presidente cairia. Era sobre quando e como ele mesmo romperia com Trump — e salvaria o movimento para o qual o presidente, aos olhos de Bannon, nunca tinha sido mais do que veículo e agente. Bannon insistiu que sempre havia antecipado a chegada desse momento: "É claro, ficou óbvio desde o início que o verdadeiro desafio seria fazer com que esse movimento fosse além de Trump".

E, no entanto, mesmo enquanto Bannon avaliava sua ruptura com o presidente, também cogitava a possibilidade oposta. O infortúnio de Trump sempre tinha sido a oportunidade de Bannon. Quando, em agosto de 2016, a campanha estava moribunda, Trump a entregou nas mãos de Bannon, sem fazer perguntas. "Ele era totalmente maleável. Eu fiz tudo o que eu queria: tudo."

Agora tinha chegado um momento semelhante. Trump estava no fundo do poço, sem opções. Bannon começou a sondar pessoas. "Se eles me pedirem para voltar, eu devo? Isso seria insano? Acha que eu seria capaz de salvá-lo, se tiver absoluta liberdade?"

Bannon já estava apostando suas fichas no resgate. Não muito depois de Trump ter feito seu discurso no Salão Oval, Bannon se sentou à sua mesa na "Embaixada" e descreveu seu plano. "Aqui está o caminho para a solução. Está na cara, é claro como o dia. No Estado da União, você expõe a necessidade da emergência nacional como questão de segurança. Você anuncia: *Estou notificando os chefes do Estado-Maior hoje à noite de que amanhã pela manhã vamos militarizar a fronteira*. E aí você recebe de bom grado o processo de impeachment. Podem vir com tudo, porque Stormy Daniels, obstrução da justiça e Rússia agora são assuntos insignificantes. Agora eles podem destituir Trump por aquilo que faz com que eles realmente o odeiem: tentar mudar o sistema. Quero dizer, você preferiria sofrer impeachment por tentar derrubar o establishment ou por pagar Stormy Daniels para te fazer um boquete?"

Mas o plano de Bannon foi lançado por terra quase com a mesma rapidez com que tinha sido concebido. Em 16 de janeiro, Nancy Pelosi não convidou

Trump a proferir o discurso do Estado da União na Câmara dos Deputados no final daquele mês, alegando que o evento deveria ser adiado até que o governo reabrisse. Com o mais vigoroso ímpeto, ela roubou a plataforma do presidente diante do Congresso e da nação.

Bannon estava repleto de admiração. "Até os caras da direita a respeitam agora. E como poderia ser diferente? Ela esmagou esse filho da puta."

No decorrer dos dias que se seguiram, Jared e Ivanka convenceram o presidente de que um grupo de senadores democratas ia se unir à maioria republicana e votar um projeto de lei contendo, em uma linguagem que parecia sempre acalmar Trump, uma "substancial quantia como primeira parcela para a construção do muro". Cory Booker estava dentro. Assim como Bob Menendez. Até mesmo Chuck Schumer. Mas era uma ilusão: não houvera ruptura nas fileiras democratas, longe disso.

A paralisação — agora a mais longa da história do país — continuou, com a maioria das pesquisas culpando, por acentuadas margens, o presidente e seu partido pelo desastre. Finalmente, em 25 de janeiro, 35 dias depois, Trump capitulou em todas as questões e assinou uma legislação que reabriu temporariamente o governo, alegando que a lei "não era de forma alguma uma concessão". Ao longo dos 21 dias seguintes, o governo contaria com a alocação de recursos enquanto os negociadores do Congresso tentavam elaborar um acordo sobre a segurança de fronteira, embora os democratas imediatamente demarcassem uma linha vermelha, declarando que rejeitariam qualquer acordo que incluísse verbas para a construção de um muro físico.

O canto do ringue em que Trump encurralou a si mesmo exigia algo que ninguém acreditava que ele fosse capaz de chamar à ação: um golpe de mestre político. Trump estava mais uma vez em uma habitual enrascada. Ele queria o que queria, mas não tinha uma compreensão clara de como obter o que queria. O muro — ao qual Trump havia jurado comprometimento absoluto, sem ter em mente as complicações logísticas e políticas, e que depois, durante dois anos, ele havia até certo ponto negligenciado — estava agora pendurado desesperadamente em volta do seu pescoço.

Debatendo-se erraticamente, Trump declarou que se as negociações orçamentárias continuassem em um beco sem saída, ele fecharia mais uma vez o governo, uma opção que ninguém acreditava que o restante de seu partido aceitaria. A Trump restava apenas a mesma ameaça que havia mais de um mês ele vinha alardeando e da qual, em seguida, desistia para bater em apressada retirada: ele usaria poderes de emergência para construir o muro. Mas suas reviravoltas já haviam minado a natureza da emergência — ele sacrificara tanto a lógica quanto sua vantajosa posição de superioridade. A liderança Republicana alertou que qualquer declaração de emergência nacional poderia ser derrubada por uma maioria no Congresso — caso em que Trump teria que vetar um projeto de lei respaldado por alguns em seu próprio partido. Fosse qual fosse o resultado, certamente não agradaria aos colegas republicanos.

As coisas iam de mal a pior; a uma reprimenda se seguia uma repreensão. Em 29 de janeiro, a diretora da CIA, Gina Haspel, o diretor do FBI, Christopher Wray, e o diretor de Inteligência Nacional, Dan Coats — todos nomeações de Trump —, foram ao Congresso e disseram, com efeito, que o presidente não fazia ideia do que estava falando em suas avaliações de ameaças contra os Estados Unidos. Nunca os chefes de inteligência haviam desmentido e contestado publicamente um presidente. Trump estava vivendo, eles pareciam dizer, em outra realidade.

No início de fevereiro, os republicanos do Senado, em massa, romperam com Trump e se opuseram ao seu plano de retirar as tropas da Síria. Desde que tinham retomado a Câmara, os democratas vinham proclamando que o Congresso era um braço do governo com poder equivalente ao da Casa Branca. Agora os republicanos estavam apresentando o mesmo argumento.

O Distrito Sul de Nova York, na escalada de sua investigações da Rico, vazou que estava entrevistando executivos das Organizações Trump. E procuradores federais em Nova York de repente emitiram uma nova e abrangente intimação relativa ao escrutínio dos fundos que o comitê de posse de Trump tinha arrecadado e gastado, o que significava que os agentes federais estavam seguindo a estrada certeira para a perdição mencionada por Bannon.

O presidente, dando ouvidos a Kushner, continuou a acreditar que os democratas ainda lhe ofereceriam um acordo para salvar as aparências e evitar a humilhação. Chuck Schumer, dizia Trump, era alguém com quem ele podia conversar.

Lou Dobbs, um dos pilares do apoio e da filosofia de Trump, disse a Bannon que não conseguia acreditar no grau de delírio a que o presidente tinha chegado.

* * *

Três dias após o encerramento da paralisação, Nancy Pelosi convidou o presidente para proferir o Estado da União em 5 de fevereiro. Nos dias anteriores ao discurso, os aliados de Jared e Ivanka começaram a divulgar relatos de que Trump faria um discurso de "unidade". Isso fazia parte do permanente plano de Kushner de cultivar uma nova atmosfera e uma nova "cordialidade", disse ele a confidentes, com os democratas. Kushner estava até mesmo sugerindo que Trump poderia dar uma guinada em relação aos republicanos e firmar vários acordos importantes com os democratas — sobre infraestrutura, sobre preços de medicamentos e sobre a estimada noção de Kushner de uma lei de reforma da imigração ampla e de longo alcance.

Assim como tinha sido desde o início de sua presidência, um Trump fundamentalmente egocêntrico e de resto desinteressado estava disposto a ceder ao desejo de sua filha e de seu genro pelo establishment. Ao mesmo tempo, Trump era — e em geral, se não sempre, entendia isso — totalmente dependente da crença de seus defensores mais obstinados e intransigentes de que ele representava o que eles representavam. Oscilava constantemente para a frente e para trás entre esses polos divergentes, mas até que ponto ele fazia isso dependia da hora do dia.

Poucos dias antes do Estado da União, Bannon estava em Nova York tomando café da manhã com um velho amigo de Trump. A conversa, com algum senso de crescente urgência, girou em torno do destino do presidente.

"Acho que ele vai voltar para nós", disse Bannon, prevendo o teor e a essência do discurso do Estado da União. "Ele é um ator de vaudeville. Não pode perder seu público. Sabe interpretar os anseios de uma plateia." Mas Bannon também entendeu que Trump estava agora operando em um mundo no qual o retorno do investimento era cada vez menor. "Todo o aparato está se desligando dele", Bannon observou.

O velho amigo de Trump, enumerando todas as investigações em andamento e antecipando um derradeiro desfecho do jogo, perguntou-se: "Com quem ele negocia? Como ele renuncia?".

"Bem, ele não vai sair com classe", respondeu Bannon. "Nixon era elegante, apesar de ser Nixon, e era inteligente. Não somos inteligentes e não temos classe. Se você parar para pensar, a história dos Estados Unidos não tem tantos momentos indecorosos. Até os caras maus, de olho no final, engolem o sapo. Isto aqui não vai ser assim. Isto vai ser muito... indecente."

"Romney? Talvez sobre para Romney ir até ele", disse o amigo sobre o ex-candidato à presidência que recentemente havia sido eleito para o Senado. "Ou McConnell?"

"Romney, odiado", disse Bannon. "Mitch? Odiado também, mas Mitch é um cara de acordos. Não dá para ir até Trump e guiar o cara por meio de um processo pormenorizado. Você precisa ir até ele com um acordo; a única maneira de Trump sair é com uma isenção de culpa. Departamento de Justiça, procurador-geral, Departamento do Trabalho, todas as coisas da Rico, nem um único dia na cadeia... E ele fica com todo o seu dinheiro. Tem que ser limpo."

"Não vai acontecer", disse o amigo. "Não há acordo limpo. Ninguém vai dar isso a ele. Então, tudo bem, Ivanka e Jared vão ter que ir até ele. Como Julie e David Eisenhower, que foram falar com Nixon."

"David Eisenhower era neto de Eisenhower", disse Bannon. "Jared e Ivanka estão vindo de uma linhagem muito diferente. Eles são vigaristas" — uma palavra que Bannon vinha usando desde os primeiros dias da administração, introduzindo-a no léxico político moderno. "Eles entendem que, se Trump sair de cena, a vigarice acabou. A vigarice só continua enquanto ele estiver por perto. Esse é o esquema. É por isso que a Apple retorna os telefonemas deles, é assim que eles conseguem as marcas registradas dos chineses. Vamos lá, eles são hambúrgueres de nada. Se Trump sair, ninguém vai se aglutinar em torno deles, ninguém vai apoiar os dois. O que, vai me dizer que Jared e Ivanka manterão Camelot vivo?"

Depois de dois anos na Casa Branca, Trump ainda não tinha redatores de discurso. Ao se preparar para o Estado da União, a equipe do presidente delegou grande parte da produção do texto a Newt Gingrich e seu pessoal. Outras partes do trabalho terceirizado foram supervisionadas por Jared e Ivanka, embora nem um dos dois tenha realmente redigido o discurso, só sugerido a inclusão de pensamentos estratégicos aqui e ali. Stephen Miller também desempenhou um papel importante, mas escrevia apenas no PowerPoint e tinha, para dizer o mínimo, um talento limitado com as palavras. Também estavam envolvidos Lewandowski e Bossie, autores a quatro mãos de dois livros — embora, em termos práticos, nenhum deles tivesse escrito nada.

Essa era a equipe. Os rascunhos iniciais do discurso eram tão floreados que Trump mal conseguia percorrê-lo de cabo a rabo. Ele não era capaz de acompanhar as mensagens abstratas e tropeçava no palavrório verborrágico e inchado sobre a Unidade.

Na noite do discurso, o presidente estava, estranhamente, desacompanhado na limusine que o levou da Casa Branca até o Capitólio. O cerimonial daquela noite também era revelador. A equipe da Casa Branca tradicionalmente espera nos bastidores enquanto o presidente fala, mas Jared e Ivanka — agora voltando ao status de família — se juntaram a Don Jr., Eric, Tiffany e Melania (Barron não estava presente) para ocupar as cadeiras em lugar de destaque reservadas aos convidados de honra.

Bannon, preparando-se para assistir ao discurso em Nova York — "Odeio assistir a essas coisas, é tão constrangedor" —, estava extremamente otimista. Ele havia tido acesso a trechos do texto final e disse, com considerável satisfação, que "a Unidade está descartada, fora das negociações".

O discurso durou longos oitenta minutos, e muitas vezes parecia o resultado de uma redação do ensino médio com o tema "o discurso do Estado da União". O presidente dividiu seu tempo quase igualmente entre palavras insípidas sobre a importância da conciliação de diferentes pontos de vista e um implacável convite para a briga. Aquecendo com seus temas favoritos, Trump fez uma ríspida crítica à ameaça das investigações que se aproximavam. Renovou seus argumentos acerca do muro e sua promessa de que o construiria. E as hordas de imigrantes, disse ele, estavam mais uma vez vindo em nossa direção.

"Aí está", disse Bannon. "Esse é o cabeçalho. Vamos lá. Para onde mais vai? Se você se colocar em um canto do ringue, tem que estar pronto para sair dele atacando. Quantas vezes pode anunciar que não vai aceitar nada menos do que um grande e lindo muro e depois aceitar menos?"

A política favorece os ágeis. Se o pior acontecer, é preciso ter outra carta para jogar. Mas ali estava Trump, com as mãos vazias.

"Se você colocar Trump na bancada republicana do Senado e apagar as luzes, em dez segundos ele está morto", disse um aliado do presidente. O Partido Republicano, sentindo ao mesmo tempo pena e vergonha de si mesmo, também era carta fora do baralho.

O período de 21 dias de negociação estava quase no fim, e o novo relógio de paralisação avançava rumo a 15 de fevereiro. Os representantes do Senado e da Câmara estavam reunidos e trabalhando arduamente; demonstravam pouca dúvida de que cumpririam sua tarefa e mostravam preocupação apenas limitada com a reação da Casa Branca. Ou o presidente concordaria ou o Congresso votaria sem o apoio dele e anularia a decisão de Trump caso ele tentasse um veto. Feliz da vida, Jared Kushner dizia às pessoas que tudo estava sob controle. Não se preocupe: o governo não vai fechar e o muro não será financiado. Tudo bem, todo mundo a bordo.

Exceto pelo fato de que o homem que tinha passado a vida inteira construindo sua marca pessoal em cima da imagem da vitória agora estava perdendo. Chamando ainda mais atenção para sua derrota, Trump compareceu a uma manifestação na fronteira dos Estados Unidos com o México e insistiu que o muro seria construído, que na verdade *estava sendo* construído. Olhem lá, estão vendo?

Em Washington, Kushner continuou a fornecer garantias de que seu sogro aceitaria o acordo negociado, que agora era menos vantajoso para o presidente do que o que estava sobre a mesa antes da paralisação. Eles voltariam à antiga linguagem; o novo acordo asseguraria o pagamento de uma "primeira parcela" para a construção de algum tipo de barreira na fronteira. "Ele vai exigir isso", disse Kushner.

Mas exércitos hostis cercavam o presidente. De um lado, Trump enfrentava a maioria do eleitorado, que acreditava que ele tinha abusado de seu alto cargo e sujado o país, com suas opiniões cada vez mais endurecidas. De outro, encarava, a poucos dias ou semanas de distância, uma série de investigações que agora deveriam enumerar seus crimes e devastar sua presidência. Na terceira frente de batalha, arrostava uma rebelião do próprio partido, se não seu desprezo aberto. E, na quarta linha de fogo, uma maioria democrata efetivamente comprometida com sua destruição. Trump conseguiria escapar mais uma vez?

Em 14 de fevereiro, William P. Barr foi empossado como procurador-geral. Entre outras tarefas, agora era seu trabalho supervisionar os promotores federais e os júris que investigavam o presidente. Barr substituiu Matthew Whitaker, procurador-geral interino escolhido a dedo por Trump. Dias após a nomeação de Whitaker, Mitch McConnell revelou ao presidente que seu plano para contornar a aprovação do Senado não funcionaria. Trump precisava nomear alguém aceitável para a maioria republicana — e tinha que fazê-lo dentro de semanas, não em meses.

A liderança do Partido Republicano estava antevendo que o procurador--geral precisaria ser um agente intermediador das investigações do Departamento de Justiça, incluindo as apurações de Mueller, e do presidente. Olhando mais adiante, o procurador-geral era provavelmente uma figura de papel decisivo nas complexas e delicadas negociações que talvez precisassem ser conduzidas com o presidente de modo a evitar uma crise constitucional.

Bill Barr foi sugestão de McConnell. Ele era uma escolha segura: já havia servido uma vez como procurador-geral, de 1991 a 1993, sob o governo do presidente George H. W. Bush. Foi uma ideia encampada por Pat Cipollone, o conselheiro da Casa Branca, e até mesmo pelo advogado do presidente, Rudy Giuliani, sugerindo algo parecido com um consenso sobre o modo como as coisas poderiam ser encaminhadas se, de fato, a situação ficasse feia.

Barr foi vendido ao presidente como um respeitado advogado, que tinha um histórico de acreditar em um Executivo forte. Ele havia expressado publicamente dúvidas e suspeitas acerca da investigação de Mueller, em especial sua ênfase na obstrução da justiça em junho de 2018, Barr havia declarado sua opinião em um memorando não solicitado ao Departamento de Justiça; para muitos observadores legais o memorando era um pouco melhor do que o esforço de um calouro da faculdade de direito cujo único objetivo era agradar ao presidente.

Contudo, em um sentido mais amplo, Trump não tinha entendido o essencial. O que Barr representava era a visão do establishment. Ele não era apenas um republicano e um legalista da família Bush; havia trabalhado para a CIA e tinha laços de longa data com a comunidade dos serviços de inteligência. Todos esses detalhes foram suavemente obscurecidos na hora de descrever sua boa-fé ao presidente.

Barr, entretanto, vinha dizendo a amigos que estava à procura de emprego. Se conseguisse de alguma forma contornar os baixios dessa situação inflamável — driblando um presidente imprevisível e possivelmente instável, uma intransigente maioria democrata e uma infeliz liderança republicana — e ao mesmo tempo satisfazer algum inefável ideal do establishment republicano, haveria muitos, muitos futuros milhões para ele.

As ordens de Barr eram evitar tanto uma conflagração constitucional quanto a destruição do Partido Republicano. Na opinião de Barr, uma manobra bem--sucedida após um confronto nu e cru com Donald Trump deveria render um grande e polpudo salário — do que ele seria merecedor.

Trump passou a noite de 14 de fevereiro ao telefone. Tentando usar a lábia para sair do canto do ringue, ele ressuscitou, requentados sob nova roupagem, os desastres em série das últimas semanas.

Ninguém o estava defendendo, reclamou com amargura. Ninguém estava lá ao seu lado para lhe dar apoio. Os agentes federais estavam fazendo Weisselberg falar, declarou um Trump bastante agitado. Michael Cohen era o fantoche dos Clinton; Jared o impediu de defender firmemente sua posição quanto ao muro. E a propósito, disse ele, eram favas contadas — Jared seria indiciado. Era o que Trump tinha ouvido dizer.

Então, aqui estava uma ideia: e se ele concedesse o indulto presidencial a todo o mundo? Todo o mundo! Pelo bem do país! Trump retornou mais uma vez à magia de seus poderes de indulto. "Eu poderia perdoar El Chapo", disse ele.

Todos os democratas eram fracos, afirmou Trump com súbita determinação. Fracos! Ele poderia destruir todos. Mas Mitch estava fodendo com ele. Que cobra maldita McConnell era.

Ele teve outra ideia ousada: um novo vice-presidente. Bum! Pence porta afora. Sangue fresco. Grande surpresa. "Provavelmente tenho que escolher Nikki Haley", acrescentou ele, em tom um pouco mais melancólico.

Trump sabia que seria trucidado na emergência nacional. Mas o que mais ele poderia fazer? Tinha que fazer isso. Deveria fazer isso? Tinha que fazer isso. O muro, o muro, o muro. A porra do muro.

"Ele é como um cervo que foi baleado", disse um saciado Bannon.

Na manhã seguinte, em pânico, irracional, empacado no vaivém incessante de seu próprio fluxo de consciência — ao que parece, mais para simplesmente acabar com a coisa toda, já que agora a diversão tinha sumido —, Trump declarou emergência nacional.

Epílogo

O relatório

Depois de 3 de janeiro, quando a nova maioria democrata assumiu na Câmara, todos os dias eram uma data possível ou mesmo provável para a entrega do relatório do procurador especial com os resultados de sua investigação do presidente. Semanas se passaram, mas ainda não havia nem sinal do relatório; no final de fevereiro, as já mágicas propriedades do documento como um potencial fator de virar a mesa e acabar com Trump pareciam exageradamente aumentadas a ponto de ser irreais. Muitos julgaram que o atraso deveria significar que Robert Mueller havia encontrado um inesgotável atoleiro de crimes, forçando-o a cavar cada vez mais fundo e penetrar no caráter sombrio de Donald Trump, suas malfeitorias e seus negócios enrolados.

Para os trumpistas, o fato de o relatório não ter sido entregue embrulhava o estômago, aumentando a sensação de mau agouro com o passar do tempo. Um indicador bastante revelador era o advogado de Jared Kushner, Abbe Lowell. Durante meses, Lowell vinha dizendo com absoluta convicção que seu cliente estava a salvo — que havia conseguido livrá-lo do perigo —, mas agora Lowell parecia ter beijado a lona. O silêncio parecia funesto.

Kushner, enquanto isso, estava pintando um cenário sombrio. Mesmo que, na melhor das hipóteses, nenhum dirigente de alto escalão da campanha — o próprio Kushner, Flynn, Manafort, Donald Trump Jr. ou mesmo, de forma inconcebível, o presidente — fosse indiciado por conspiração, era quase certo que se esperava uma crítica devastadora à descuidada conduta da campanha e sua disposição desleixada, se não sua avidez, em aceitar ajuda russa. Em igual medida, muito provavelmente o relatório de Mueller enumeraria, com doloroso grau de detalhe, a covarde busca da família Trump pela satisfação de seus próprios interesses durante a campanha. Quanto à obstrução de justiça, Kushner ainda tinha a esperança de escapar, mas supunha que seu cunhado, Don Jr., não teria a mesma sorte, e que o presidente, no mínimo, seria citado como um coconspirador não indiciado. Mesmo sem acusações formais, o relatório teceria uma narrativa contundente, questionando diretamente a aptidão de Donald Trump para presidente.

Onde você estava quando o relatório foi entregue, Steve Bannon começou a pensar, classificando o evento no mesmo patamar e contexto histórico de "onde você estava no Onze de Setembro". Eis, afinal, uma análise sistemática da presidência Trump. Ali estaria Donald Trump reduzido à essência existencial. De certo modo, o julgamento que ele tinha evitado durante toda a sua vida seria por fim realizado. E ninguém, muito menos Bannon, acreditava que Trump seria considerado culpado de qualquer outra coisa além de ser Trump.

O trem desgovernado estava prestes a bater contra a parede.

As asas estavam prestes a se desprender da aeronave.

Mas onde estava o relatório?

Na verdade, tudo estava praticamente concluído no início de janeiro. A maioria dos membros da equipe de Mueller já planejava sua saída. O clima que outrora era de coleguismo entre os dezenove advogados que tinham trabalhado na investigação havia ficado, na melhor das hipóteses, taciturno. Dois anos de investigação e debate interno reduziram o amplo escopo da procuradoria especial em um prudente e cuidadosamente definido par de questões. O presidente ou membros de seu círculo íntimo haviam conspirado com agentes do Estado russo para influenciar a eleição presidencial dos Estados Unidos em 2016? E se esse "evento sugerido" não ocorreu, poderia o presidente — a despeito de suas resolutas tentativas de atrapalhar a investigação — ser justamente acusado de obstrução da justiça?

Bob Mueller não quis apresentar seu relatório a Matthew Whitaker, o procurador-geral em exercício. Ele decidiu esperar até que William Barr, nomeado pelo presidente para a função de procurador-geral, fosse confirmado e empossado no cargo. Pouco depois, Barr assumiu seu novo posto, em 14 de fevereiro; ele expressou a opinião de que o protocolo era o procurador--geral solicitar o relatório da procuradoria especial — e ele ainda não estava solicitando nada. Barr não queria ver o relatório antes de o presidente Trump realizar sua reunião de cúpula com os norte-coreanos no Vietnã no final de fevereiro. Talvez não o pedisse, na verdade, até depois do encontro de cúpula planejado com o presidente chinês Xi, no fim de março.

O que estava em jogo aqui era o desejo do novo procurador-geral de colocar as questões de extrema importância do país em primeiro lugar. Mas a realidade também era que Barr estava se preparando e procurando se situar em seu novo cargo antes de encarar a aguardada bomba de Mueller.

No Congresso, a expectativa de tirar o fôlego estava se transformando em frustração e irritação. Em 4 de março, a Comissão Judiciária da Câmara perdeu a paciência e decidiu emitir pedidos de informação a 81 indivíduos e organizações. A Comissão iniciaria sua própria investigação sem mais demora.

O gesto da Comissão Judiciária, com a mensagem clara de que a Casa democrata estava agora estabelecendo seu próprio cronograma, forçou a mão de Barr. Em 5 de março, o procurador-geral e a procuradoria especial se reuniram, e Mueller explicou as conclusões de seu relatório.

Em 14 de março, a provável reunião de cúpula de Trump-Xi em Mar-a-Lago foi adiada. O procurador-geral solicitou oficialmente o relatório até o final da semana seguinte: o prazo final era agora sexta-feira, 22 de março.

No mesmo dia, 14 de março, Andrew Weissmann, o principal adjunto de Bob Mueller, anunciou que deixaria a procuradoria especial. Weissmann prometera permanecer inabalável e acompanhar a investigação até o fim. Mas agora, amargamente desapontado, conforme diria a seus amigos, pela estreiteza com que Mueller acabou por restringir o escopo da investigação, ele não desejava continuar nem um minuto mais.

Robert Mueller, o estoico fuzileiro naval, ao longo dos quase dois anos de investigação se revelou, aos olhos de seus colegas e sua equipe de funcionários, uma figura hamletiana. Ou, em termos menos dramáticos, um burocrata cauteloso e indeciso. Ele havia repetidamente oscilado entre o desejo de usar sua autoridade plena contra Donald Trump e a persistente e incômoda convicção de que não tinha tal autoridade. Mueller sabia que poderia ser o corretivo para um presidente corrupto e de reputação duvidosa; ao mesmo tempo, perguntava-se, que direito tinha ele de corrigir o líder devidamente eleito do país? Por um lado, era possível indiciar o presidente por agir como se estivesse acima da lei; a sigilosa minuta de indiciamento, descrevendo os ocasionais abusos do presidente, esteve sobre a mesa de Mueller durante quase um ano. Por outro lado, um homem sensato pode, de certas formas nuançadas, ver aspectos da presidência como sendo, de fato, acima da lei.

De certo modo, ali estava um resultado involuntário do excepcional silêncio da função do procurador especial: ele vivera inteiramente dentro de sua própria cabeça. Apartando-se da discussão pública, passara a habitar sua própria ambivalência — ou a ambivalência de Bob Mueller. Para o procurador especial, fazer a coisa certa se tornou fazer o menos possível.

Mueller deixou claro que, por mais preocupado que estivesse com Donald Trump, estava igualmente desassossegado por causa de Ken Starr, o advogado independente que investigou Bill Clinton. Como Mueller continuava lembrando à sua equipe, havia diferenças substanciais entre um procurador especial e um advogado independente. O cargo de procurador especial não era independente: ele trabalhava diretamente para o Departamento de Justiça. Além disso, Mueller acreditava que Starr, com seu escritório repleto de vazamentos, sua investigação orientada por interesses pessoais, suas segundas intenções e seu ódio visceral a Bill Clinton, havia minado a presidência.

Ken Starr obrigou Bill Clinton a depor perante o júri. Decidir se intimaria ou não Trump se tornou talvez a linha de falha central na investigação de Mueller — e quando a procuradoria especial decidiu *não* intimar o presidente para comparecer em juízo anulou a vontade de grande parte de sua equipe. Aqui, parte da análise de Mueller não era apenas sobre a autoridade limitada da procuradoria especial; era também um reconhecimento de sua parte de que, de alguma forma, não seria uma luta justa fazer o presidente testemunhar, porque Trump certamente ia se incriminar.

De certo modo, Robert Mueller acabou por aceitar a premissa dialética de Donald Trump — a de que Trump é Trump. Era um raciocínio circular usar o caráter essencial do presidente contra ele. Em outras palavras, confrontado por Donald Trump, Bob Mueller entregou os pontos e jogou a toalha. Surpreendentemente, ele se viu chegando a um entendimento com a Casa

Branca: Donald Trump era o presidente e, para o bem e para o mal, é o que temos para hoje — foi nele que o país votou.

Mas Trump ainda não sabia de nada disso. Um alerta sobre os conteúdos do relatório estava chegando a algumas pessoas na Casa Branca, mas houve um cuidadoso esforço para manter a informação bem longe do incontrolável presidente, com receio de que começasse a comemorar antes da conclusão do processo. Trump continuou, na mesma descrição dada por três diferentes aliados, "completamente ensandecido" até o final. Seu hábito de postar tuítes, sempre pouco controlado, atingiu níveis obsessivo-compulsivos durante o fim de semana anterior ao prazo final do relatório, com sua agitação mental em nítida exibição. E, no entanto, Trump continuava convencido de que levaria a melhor e sairia vencedor, que Bob Mueller não tinha coragem de enfrentá-lo. Os inimigos do presidente podiam ter elevado Mueller à condição de herói, mas Trump ainda o considerava um zero à esquerda.

Curiosamente, nos dias que antecederam a entrega formal do relatório, uma das pessoas com quem o presidente conversou com frequência foi seu velho amigo e colaborador de campanha Robert Kraft, dono do time de futebol americano New England Patriots. Em fevereiro, Kraft tinha sido acusado de solicitar os serviços sexuais de uma prostituta enquanto visitava uma casa de massagens em Palm Beach, na Flórida.

Trump parecia se consolar dando conselhos a seu amigo sobre os riscos jurídicos que ele corria, oferecendo-lhe uma copiosa quantidade de orientações e reiterando que ele, Trump, era muito melhor naquilo do que qualquer advogado. Ele sabia o que fazer. Sabia como lidar com a situação. Sempre querem que você confesse, mas é importante não ceder. "Você é inocente", disse Trump, embora a polícia tivesse imagens gravadas de Kraft numa casa de massagens.

No encerramento do horário comercial do dia 22 de março, o relatório de Mueller foi finalmente entregue. O júri, reunido nessa sexta-feira, não emitiu nenhuma acusação, e o escritório do procurador especial confirmou que sua investigação não renderia nenhum novo indiciamento.

Não estava claro qual era a extensão do relatório ou seu grau de envolvimento. Não ficou claro que porção do produto do esforço de 22 meses de trabalho havia sido enviada ao procurador-geral. Mas quase imediatamente depois de aceitar o relatório, Barr escreveu uma carta ao Congresso expressando confiança de que ele rapidamente teria condições de fornecer uma síntese das descobertas da procuradoria especial, possivelmente em 48 horas.

Um calafrio percorreu o establishment. Talvez o relatório não contivesse tanta coisa assim.

De certo modo, era essa a questão central: até que ponto Bob Mueller havia reduzido o escopo de sua investigação? E se seus dois anos tivessem sido gastos não no trabalho para construir seu inquérito, e sim trabalhando para limitá-lo?

No domingo, no final de uma tarde primaveril com temperatura de 18°C em Washington, o procurador-geral enviou seu sumário do relatório ao Congresso. Em uma carta de quatro páginas, Barr afirmou que a procuradoria especial não tinha conseguido encontrar evidências de uma conspiração entre Trump ou seus assessores e representantes do governo russo para influenciar a eleição de 2016. Ademais, embora o procurador especial tivesse encontrado evidências de possível obstrução da justiça, ele deixara a critério do procurador-geral prosseguir ou não com a demanda. Em sua carta, Barr declarou ter determinado que as evidências não justificavam a instauração de processo legal.

De maneira elíptica, a carta acrescentou: "Durante o curso de sua investigação, a procuradoria especial também encaminhou outros temas a outros órgãos e instâncias para novas ações". De fato, havia agora mais de uma dúzia de outras investigações federais e estaduais envolvendo a Casa Branca de Trump, as Organizações Trump, a família Trump e o próprio Donald Trump. Os potenciais crimes investigados incluíam lavagem de dinheiro, fraudes e ilegalidades de financiamento de campanha, abuso do poder de indulto presidencial, corrupção envolvendo doações de dinheiro ao comitê que organizara a cerimônia de posse, mentiras sobre divulgações financeiras e fraudes bancárias.

Mas, por ora, aparentemente Donald Trump se safara de seus perseguidores. Conforme um contente Steve Bannon comentou: "Nunca envie um fuzileiro naval para fazer o trabalho de um assassino".

No domingo à noite, um sentimento de desolação e perplexidade, que mais lembrava a noite da eleição de 2016, espalhou-se pela grande mídia tradicional, entre o establishment de esquerda e entre todos aqueles que estavam confiantes de que haviam encurralado Donald Trump e o deixado sem possibilidades de fuga. Isso era — e nem de longe existe ilustração melhor — arrancar a vitória no último minuto de jogo, quando o adversário já estava com a mão na taça.

Quase de imediato, Trump já estava proclamando publicamente sua "completa e total isenção de culpa". Logo ele foi se pendurar ao telefone em busca de congratulações, ouvindo congratulações e congratulando-se a si mesmo.

"Quem é o cara? Eu sou o cara. Eu sou o cara", disse ele a um dos interlocutores que o parabenizaram. Trump se gabou de sua resistência, ferocidade e perspicácia estratégica. Ele reafirmou seu argumento constante: "Nunca, nunca, nunca desista. Fraqueza é o que eles esperam. Medo. Sou destemido. Eles sabem disso. Fiz todos se borrarem de pavor".

Trump continuou com imprecações contra os democratas e a mídia, e mais uma vez encetou uma longa e amarga recapitulação das acusações do "vídeo do xixi". Depois desferiu uma desdenhosa crítica a Robert Mueller: "Que babaca".

E aí, talvez, Trump tivesse alguma razão. Se este era o resultado — isenção de culpa no envolvimento em uma conspiração e conclusão evasiva e ambígua quanto à obstrução da justiça —, como não apresentaram o relatório mais rápido, e, pior, como Mueller podia ter fomentado a impressão exatamente oposta? Ao longo de dois anos, o tribunal secreto deixou a nação presumir o perigo e a culpa de Trump. Como podia ter demorado 22 meses para grelhar um hambúrguer de nada?

"Estou seguro?", Trump insistiu em perguntar ao interlocutor. "Estou seguro?"

Ele respondeu à sua própria pergunta: "Eles vão continuar vindo atrás de mim".

Ali estava uma das mais sísmicas inversões da vida política norte-americana — e, no entanto, para Donald Trump, não era nada fora do comum. Mais uma vez ele havia escapado de um potencial sopro da morte. Mas sua "isenção de culpa" mudou pouca coisa, porque ele ainda era culpado de ser Donald Trump. Não era apenas o fato de que sua natureza continuaria a causar um sentimento de repulsa e rejeição na maior parte da nação, bem como em quase todo mundo que entrava em contato com ele — isso ia levá-lo de novo e de novo à beira da destruição pessoal.

Sua escapada, por assim dizer, seria breve.

Agradecimentos

Imediatamente após a publicação de *Fogo e fúria*, o presidente rompeu relações, publicamente e de maneira furibunda, com Stephen K. Bannon, o homem que sem dúvida foi o maior responsável por torná-lo presidente, por causa de comentários que Bannon havia feito no livro. A ira de Donald Trump custou a Bannon o apoio de seus patrões, o bilionário Bob Mercer e sua filha Rebekah, e forçou sua saída do Breitbart News, o site de notícias que ele liderava e os Mercer controlavam.

Dá uma medida do caráter de Bannon o fato de que ele manteve com firmeza suas observações incluídas em *Fogo e fúria*, sem reclamações, polêmicas sobre ninharias ou sentimentos feridos. Em todos os meus anos neste ramo, encontrei poucas fontes que, depois de se revelarem, não culparam a pessoa que as expôs.

Steve Bannon, como o mais lúcido e perspicaz intérprete do fenômeno Trump que eu conheço, como o Virgílio que qualquer um teria a sorte de possuir como guia para uma descida ao Mundo de Trump — e como o dr. Frankenstein com sua profunda ambivalência sobre o monstro por ele criado —, está de volta neste volume, e de maneira oficial e registrada, com meus agradecimentos por sua confiança e cooperação.

Stephen Rubin e John Sterling, da Henry Holt, são a espécie de editor com que a maioria dos escritores pode apenas sonhar. O entusiasmo a todo o vapor e a confiança de Steve impulsionaram este livro. A meticulosidade e o discernimento de John permeiam todas as páginas; graças a seu ânimo é que o livro cruzou a linha de chegada, mais uma vez. Maggie Richards e Pat Eisemann, da Holt, puseram este livro no mercado com paixão e destreza.

Escrever sobre um presidente dos Estados Unidos imprevisível e vingativo envolve riscos incomuns de publicação. Meus maiores agradecimentos a John Sargent e Don Weisberg, da Macmillan, empresa matriz da Holt, por seu apoio inabalável e, de fato, retumbante.

Meu agente, Andrew Wylie, e seus sócios Jeffrey Posternak, em Nova York, e James Pullen, em Londres, além de fornecer conselhos e serviços quase diários, coordenaram uma publicação internacional complexa e impecável.

Os advogados deste livro, Eric Rayman e Diana Frost, que enfrentaram as ameaças legais do presidente após a publicação de *Fogo e fúria*, permaneceram sempre agradáveis, alegres, destemidos, respaldando firmemente a publicação da história completa.

Como sempre, dependi da amizade e dos conselhos de Leela de Kretser. Meu grande agradecimento a Danit Lidor, que conferiu os fatos do manuscrito, Chris de Kretser, que conferiu a checagem, e Edward Elson e Thomas Godwin, meus competentes assistentes de pesquisa.

Michael Jackson, John Lyons, Jay Roach e Ari Emanuel, meus parceiros na tentativa de descrever a Casa Branca de Trump de forma eloquente e impactante, me ajudaram a pensar em aspectos-chave de como contar uma história política que gira menos em torno de ideias tradicionais de poder e tem mais a ver com a extraordinária batalha pública de um homem contra quase todo o mundo — e talvez, sobretudo, contra si mesmo.

Meu grande apreço e gratidão pelas fontes não mencionadas aqui, muitas das quais me deram aconselhamento amiúde, se não diariamente, ao longo da escrita deste livro.

Minha esposa, Victoria, tem sido minha rocha e inspiração.

Índice remissivo

#MeToo, 104-5, 254
11 de setembro de 2001, 72, 142
22 milhas (filme), 199
60 Minutes (programa de TV), 199

aborto, 245-6
Above the Law, site, 94
Abrams, Stacey, 285
Ação Diferida para os Chegados na Infância (Daca), 307
Access Hollywood, vídeo, 43, 86, 104, 271
acontecimentos exógenos, 101, 202, 255, 257, 274
Acordo de Livre-Comércio da América do Norte (Nafta), 240
Adelson, Sheldon, 284, 287, 297
Agência de Imigração e Alfândega (ICE), 153
Agência de Inteligência de Defesa (DIA), 115
Ailes, Roger, 58, 154-60, 195, 207-8, 221
Al Smith, jantar, 273
Alabama, disputa pelo Senado no, 171
Alemanha, 168, 269
Aliot, Louis, 172
Allen, Woody, 253
alumínio, 212, 214, 289
América em Primeiro Lugar, 156, 237
American Dharma (documentário), 200
American Media, Inc. (AMI), 218-24, 227, 264

Anbang Insurance Group (companhia de seguros), 143, 145
Anderson, Kristin, 105
"Anônimo", artigo, 241-3
antissemitismo, 278
Anton, Michael, 236, 242
AP (Associated Press), 291
Apollo Global Management, gestora de ativos, 28
Apprentice, The (programa de TV), 89, 92, 148, 215, 264
Arábia Saudita: assassinato de Khashoggi e, 256-62, 266-7; Davos no Deserto e, 266-7; gastos com armamentos e, 262; Jared e, 141-2, 258, 260, 263-4; Kissinger e, 264; Pecker e, 141, 219
Arafat, Yasser, 265
Aramco, 141, 264, 266
Arpaio, Joe, 109
Arthur Andersen (empresa de auditoria), 74
Ashcroft, John, 52
Assange, Julian, 113, 310
assassinatos na sinagoga Árvore da Vida, 277
Auchincloss, Louis, 72
Autoridade de Investimentos do Qatar, 261
Avenatti, Michael, 57, 60, 106, 225, 252
Axios, 21-2
Ayers, Nick, 63-5, 299, 302
Azerbaijão, 169

Banco Mundial, 265

Bannon, Maureen, 73

Bannon, Steve, 14; acontecimentos exógenos e, 101, 202; ala direitista e, 144; aliados de, 34; ambições de, 40; ameaça de impeachment e, 45, 47; assassinato de Khashoggi e, 257; banido da Casa Branca, 33-4, 46, 66; Burck e, 111; Cambridge Analytica e, 116; caravana e, 275-6; casamento de Trump com Melania e, 101; cerimônia de posse e, 288; China e, 142, 149, 288; Cobb e, 15; Cohen e, 43, 94; Comey e, 47, 54; Congresso e, 17, 295; Conway e, 195; Coreia do Norte e, 149; Corsi e, 311; cúpula da Otan em Bruxelas e, 170; cúpula de Helsinki e, 184-6, 190; Daniels e, 95; demissão de Rosenstein instigada por, 48, 113; democratas e, 134; deploráveis e, 44, 113, 128, 130, 197-8, 276, 280, 284, 287; doadores e, 129; dossiê Steele e, 85; eleições de 2016 e, 44, 94, 133, 195, 203, 205-11, 312; eleições de 2020 e, 154, 202; eleições de meio de mandato e, 43, 124, 126, 128-34, 147, 153, 170-1, 196-8, 202, 204, 255, 280-93; e-mails de Hillary Clinton e, 180; emergência nacional e, 307-9, 312, 320; equipe da Casa Branca e, 159; escândalos sexuais de Trump e, 104; establishment e, 128, 237, 240; Estado da União e, 315, 317; Estado profundo e, 116-9; Europa e, 34, 167-8, 171-3; filme *Trump @War* e, 200; finanças de, 17, 128-9; Fox News e, 39, 157; Giuliani e, 59-60, 80-1; globalismo liberal e, 144; Haley e, 274, 276, 310; Hannity e, 54, 154, 157-9, 162, 164, 187, 197, 299; Ivanka e, 316; Jackson e, 65; Jared e, 46, 139, 144, 201, 260, 299, 316; Kavanaugh e, 252, 255; Manafort e, 205-11; Mattis e, 191, 303; México e, 274; mídia liberal e, 199-200; Mueller e, 17, 46-7, 73, 112-4, 181, 310; Murdoch e, 162; o muro e, 33, 38, 41, 303-7, 317; paralisação do governo e, 303-4, 307-8; Pelosi e, 295-6, 312; Pence e, 63; personalidade de Trump e, 84-5, 101, 164, 230, 232; plano para salvar Trump, 44-7, 312; política dos Estados Unidos e, 35; populismo e, 34, 40, 134, 154, 167, 171, 177, 198, 274, 284, 288; Porter e, 19; Priebus e, 17, 194; projeto de lei orçamentária e, 38; Reino Unido e, 166-7; relatório de Mueller e, 322, 326; Rússia e, 172-3, 310; Ryan e, 43; separações familiares e, 153; Sessions e, 53, 56; sobre o ultimato, 315-6; Summers e, 34-5; teoria de campo unificado de, 142; Trump e, 14, 35, 38-42, 46-8, 53, 56, 62, 84-5, 129, 158, 166-9, 193, 196, 200-1, 278, 311-2, 314; viagem a Londres e, 170-7; Woodward e, 236, 239

Barr, William P., 318-9, 322-6

Barrack, Tom, 61, 99, 211, 287

Barrett, Amy Coney, 244, 246

Barry, Maryanne Trump, 244

Bedminster Golf Club, 135, 148, 193, 207, 209, 215, 228

Berman, Geoffrey, 227

Bernstein, Carl, 235

Bharara, Preet, 30-1

bin Laden, Osama, 149

Black, Leon, 28

Blackstone Group, 142, 265, 287, 290

Blagojevich, Rod, 109

Blasey Ford, Christine, 250-5

Bliss, Corry, 198

Bloomberg, Michael, 273

Bolton, John, 34, 67, 151, 182-3, 188-9

Booker, Cory, 134, 283, 313

Bossie, David, 34, 113, 118, 127, 130-2, 252, 299, 308, 316

Bowers, Robert Gregory, 277

Bracamontes, Luis, 277

Brand, Rachel, 51

Breitbart News, 33, 129, 179-80, 199, 206, 304, 311

Breitbart, Andrew, 311

Brennan, John, 118, 215

Brexit, 167, 173-5, 297

Brookfield Asset Management, 260

Burck, Bill, 73, 111

Burdick contra os Estados Unidos, 120

Burnett, Mark, 89, 92

Bush contra Gore, 248

Bush, família, 71

Bush, George H. W., 319

Bush, George W., 51-2, 54, 60, 109, 164, 234, 236, 250, 252

Bush, Jeb, 206

Calamari, Matt, 89

Calley, Brian, 68

332

Câmara dos Deputados dos Estados Unidos: Barr como procurador-geral, 319; Comissão Bancária, 301; Comissão de Inteligência, 18, 68, 117, 189, 301; Comissão de Supervisão e Reforma, 301; Comissão Judiciária, 301, 323; democratas ganham controle da, 291-5, 299, 307-8, 314, 318-9, 321; eleições de meio de mandato e, 42-3, 64, 123-7, 134, 146, 171, 197-9, 216, 229, 247, 255, 267, 276, 281-91; Freedom Caucus (grupo conservador), 39, 113; investigações de Trump pela, 318, 323; lei orçamentária de 2018 e, 35, 37; Pelosi e, 294-5, 302

Cambridge Analytica, 116

Cameron, Ron, 287

campo dos santos, O (Raspail), 275

Canadá, 141, 240

Canal Trump, 221

Car & Driver, revista, 220

caravana, 274-6

Carlson, Tucker, 39, 86, 106, 155-6, 187, 278

Carter, Sara, 118

Casa Branca, equipe da, 13, 34, 36-7, 49-52, 62-3, 65-6, 128, 195

Casa Branca, jantar dos correspondentes, 67, 69

católicos, 244-5

CBNC, 67

CBS, 192, 251

Centro Médico Militar Nacional Walter Reed, 98-9, 107

Chao, Elaine, 126

Charles, príncipe de Gales, 178

China, 34, 40, 68, 135-6, 140-3, 203, 260, 288-90, 316, 323; Coreia do Norte e, 149-50; tarifas e, 240, 289, 307

China Club, 105

Christie, Chris, 56, 131, 144, 208

Churchill, Winston, 174, 176

CIA (Agência Central de Inteligência), 118, 266, 311, 314

cidadania por nascimento, 163

Cipollone, Pat, 319

Citibank, 266

Citizens United, 132

Clapper, James, 118

classe trabalhadora, 40, 44

Clifford, Clark, 35

Cline, Ray, 116

Clinton Cash (Schweizer), 179

Clinton Foundation, 179

Clinton, Bill, 149, 179, 234, 283, 320; impeachment e, 75, 113, 149, 243, 247, 324; indulto a Rich e, 121

Clinton, Hillary, 22, 52, 54, 69, 80, 94, 113, 134, 160, 179-80, 186, 196, 199, 203, 273, 283, 320

CNN, 21, 131, 156, 304

Coats, Dan, 191, 314

Cobb, Ty, 14-5, 45-6, 56, 111-2

coerção de testemunhas, 74

Cohen, Michael, 32, 42, 78, 89, 91, 93-4, 96, 104, 141, 221-8, 231, 320; admissão de culpa, 226-8; batida do FBI e, 42, 48, 53, 95-6, 226; Daniels e, 57, 95, 224, 226; McDougal e, 222-3

Cohen, Samantha, 96

Cohn, Gary, 27, 66, 195, 236-7, 240

Cohn, Roy, 14, 89

colapso financeiro de 2008, 259

Colbert, Stephen, 54

Comey, James, 15, 47, 52-5, 60, 69, 85, 119, 139, 147; Ashcroft e, 52; eleições de 2016 e, 203; e-mails de Clinton e, 52, 55; Estado profundo e, 118; Flynn e, 74, 119; Giuliani e, 30, 80; publica *A Higher Loyalty*, 54-5

Comissão Federal de Comunicações (FCC), 162

Comitê Nacional Republicano (RNC), 128, 197, 206

Comitê Republicano Nacional do Congresso (NRCC), 43, 276, 284

Comstock, Barbara, 276, 285-6

comunidade dos serviços de inteligência, 115-6, 143, 181, 266-7

Congresso dos Estados Unidos: Bannon e, 17; controle do Partido Republicano do, 77, 79, 113; cúpula de Helsinki e, 188-9; departamento de Justiça (DOJ) e FBI, 51-2; eleições de meio de mandato e, 77, 124, 134, 197; imigração e, 163; investigações de Trump e, 45; lei orçamentária de 2018 e, 35-40; paralisação do governo e, 303, 305, 307-10; projeto de lei tributária e, 37; regulação da procuradoria especial e, 77-9; relatório de Mueller, 326; reunião de Trump com a liderança do, 295-6

conselheiro de Segurança Nacional, 17, 24, 34, 63, 66, 74, 235

Conselho de Segurança Nacional (NSC), 66, 151, 182, 236, 240, 242

Conselho do Trabalhador Americano, 191

Conselho Econômico Nacional, 34, 67

Constituição dos Estados Unidos: acusação do presidente em exercício e, 75; Cláusula de Julgamento de Impeachment, 76; poder de indulto e, 120-2

Convenção Nacional Democrata (DNC), 180, 186, 310

Convenção Nacional Republicana (2016), 156

Conway, George, 64, 87, 297

Conway, Kellyanne, 55, 64, 87, 128, 159, 192, 195, 206, 303

Coreia do Norte, 68, 80, 127, 135-6; China e, 149; cúpula de Cingapura, 136, 149-51, 182-3; cúpula do Vietnã, 323; retirada de tropas norte-americanas, 151

Coreia do Sul, 151

Corsi, Jerome, 310, 311

Costa, Robert, 47-8, 199

Coulter, Ann, 304-5

Crimeia, 185

crise dos mísseis cubanos, 116, 308

Cruz, Ted, 206, 285

Cummings, Elijah, 301

Cuomo, Andrew, 273

cúpula de Cingapura, com Kim, 149-52, 182

D'Souza, Dinesh, 109

Daily Beast, 199

Daily Caller, 304

Daily Mail, 20, 100

Daniels, Stormy, 57, 80, 86, 95, 105, 222, 224, 226, 252, 275, 312

Davidson, Keith M., 222-3, 225

Davos no Deserto, 263, 266

de Blasio, Bill, 273

Dean, John, 112

decretos presidenciais, 163-4

Defendendo a Democracia Juntos, 232, 270, 309

Delgado, A. J., 131

Delta Kappa Epsilon, 250

Deng Xiaoping, 143

Deng, Wendi, 143

Departamento da Receita Federal (IRS), 300

Departamento de Assuntos de Veteranos de Guerra, 62, 66, 68

Departamento de Defesa, 40

Departamento de Estado, 136, 142

Departamento de Justiça (DOJ), 23, 49-56, 116-8, 144, 214, 227, 316; Barr como procurador-geral e, 319, 323; divisão de fraudes criminais, 74; indiciamento do presidente em exercício, 75; Kavanaugh e, 248-9; McGahn e, 49-50, 53; poder de indulto e, 121; Whitaker como procurador-geral em exercício e, 296-7

deploráveis, 44, 113, 128, 130, 197-8, 276, 280, 284, 287

Deripaska, Oleg "sr. D", 212-4

Dershowitz, Alan, 57-8, 81

DeStefano, Johnny, 298

Deutsche Bank, 26, 146, 301

DeVos, Betsy, 287

Di Maio, Luigi, 167

direita, 34, 42, 54, 109, 111, 131-2, 139, 144, 154, 167, 171-3, 179, 199-200, 203, 237, 245, 247, 274, 284, 304, 311

direita europeia, 34, 167, 171-3, 285

diretor de Inteligência Nacional, 118, 191, 314

Distrito Leste da Virgínia, 205

Distrito Leste de Nova York, 145

Distrito Sul de Nova York (SDNY), 30-1, 42-3, 78, 145, 227, 301, 312, 314

Dobbs, Lou, 157, 169, 314

Dowd, John, 13-5, 23, 30, 32-3, 45-6, 56, 111

Dravis, Samantha, 20

Drexel Burnham Lambert, banco, 30

Edison Research, 291

Eisenhower, David, 316

Eisenhower, Julie, 316

El Salvador, 276

eleições, 110, 116; de 2016, 32, 44, 48, 52, 55, 68, 115, 126-7, 134, 146, 178-80, 189, 192, 199, 203, 205-14, 222, 231, 239, 281, 301, 312; de 2018 (de meio de mandato), 38, 42, 44, 77, 83, 123-34, 147, 153, 160, 170, 181, 194-8, 201-2, 204, 216, 228-9, 238, 247, 252, 255, 263, 265, 267-8, 272, 274-6, 279, 280-94, 297; de 2020, 146, 148, 154, 193, 309-10

Elizabeth II, rainha da Inglaterra, 166, 178, 180

Elle, 220

Emanuel, Ari, 264
emergência nacional, 307-9, 312, 314, 320
Emirados Árabes Unidos (EAU), 142, 258, 260
Enron, 74
Epstein, Jeffrey, 26
equipe da Casa Branca: "Anônimo", artigo e, 241-3; Departamento de Justiça (DOJ) e, 50-2; eleições de meio de mandato e, 239, 297-8; equipe de comunicação, 63, 99, 128, 130, 159, 165, 230, 282; Mueller e, 16-7, 46, 110-1
Erdoğan, Recep Tayyip, 256, 258
Escócia, 166, 180, 183
Escritório de Administração e Orçamento (OMB), 28, 38, 236
Estado Islâmico, 303
"Estado profundo", 54, 115-8, 157, 215
Estados do golfo Pérsico, 140, 142, 259
Estatuto Federal Contra o Nepotismo (1967), 52

Face the Nation (programa de TV), 271
Fahrenheit 11/9 (documentário), 199
Farage, Nigel, 167, 173
Farrow, Mia, 252
Farrow, Ronan, 252
FBI (Agência Federal de Investigação), 20, 28, 31, 51-6, 75, 145, 214-5, 275, 314; batida no escritório de Cohen, 42, 53, 96, 226; Bill Clinton e, 51, 243; Comey e, 15, 80; Estado profundo e, 118; Flynn e, 17, 74, 109, 119; Hillary Clinton e, 179; Jared e, 29, 145, 259; Kavanaugh e, 254; Mueller como diretor do, 72-3
Feinstein, Dianne, 250
Ferguson, Niall, 274
Flake, Jeff, 254
Flood, Emmet, 112
Flórida, 127
Flynn, Michael, 17, 24, 62, 66, 74, 115, 235, 321; indulto e, 109, 112, 119-22
Fox & Friends (programa de TV), 39
Fox Network, 161
Fox News, 39, 54, 69, 86, 118, 153-62, 195, 275, 277, 284, 291, 304
França, 172, 297
Freeh, Louis, 52
Frente Nacional (França), 172-3
Fundação Trump, 300, 311
Fundo de Liderança do Congresso, 276

G20, cúpula (Alemanha, 2017), 22
Gabinete de Assessoria Jurídica (OLC), 75, 83, 296
Gabinete de Inovação Americana, 63
Gabinete de Relações Públicas, 59
Gates, Rick, 24
Gawker, site, 100
George, revista, 220
Geórgia (Estados Unidos), disputa eleitoral ao governo da, 285
Geórgia (Europa), 169
Gilbert, Dan, 287
Gillibrand, Kirsten, 134
Gingrich, Newt, 316
Ginsburg, William H., 133
Giuliani, Andrew, 59
Giuliani, Judy, 58, 81
Giuliani, Rudy, 30, 56, 58-60, 72, 79-83, 111, 114, 208, 229, 246, 319
globalistas, 144, 237
Globe, tabloide, 221
Glor, Jeff, 192
Goldman Sachs, 240, 290
Gorsuch, Neil, 244-6
Graff, Garrett, 72
Graff, Rhona, 89, 91, 270
Graham, Billy, 287
Grant, Hugh, 178
Greenberg Traurig, 60
Grisham, Stephanie, 107
Guatemala, 276
Guerra ao Terror, 72
Guerra do Vietnã, 72, 119, 200
Guilfoyle, Kimberly, 162, 194, 282
Guzmán, Joaquín "El Chapo", 320

Haberman, Maggie, 133, 199, 205
Hahn, Julie, 157
Haley, Nikki, 236, 238, 268-74, 276, 310, 320
Halper, Stefan, 116, 118
Hamad bin Jassim (HBJ), xeique do Qatar, 259
Hamm, Harold, 287
Hannity, Sean, 39, 54, 79, 118, 192, 195; Bannon e, 154, 170, 202; Cingapura e, 151; cúpula de Helsinki e, 187, 189; eleições de meio de mandato e, 127, 197; Estado profundo e, 118; Fox News e, 79-80, 154-62; imigração e, 159-63,

335

165, 275, 304; Kavanaugh e, 255; paralisação do governo e, 304; Trump e, 157-65, 195, 197, 299
Harder, Charles, 100
Harris, Kamala, 134, 283
Harvey, Derek, 189
Haspel, Gina, 266, 314
Hearst, Patty, 57
Hegseth, Pete, 39
Helsinki, cúpula com Putin em, 180-90, 200
Hemel, Daniel, 121
Hernest, Karen, 64
Hicks, Hope, 17-22, 32, 34, 64, 66, 89, 270
Higher Loyalty, A (Comey), 54-5
Hilton, Paris, 222
Hiltzik Strategies, 21
Hogan, Hulk, 100, 222
Honduras, 274-5
Hotéis Trump, 230
Howard, Dylan, 218-9, 222, 224-5
Hungria, 172
Hutchison, Kay Bailey, 168

imigração, 33, 36-9, 44, 68, 108, 153, 157, 159-65, 203, 274-6, 302-6, 307, 315, 318; Europa e, 175; *ver também* segurança de fronteira; muro
imigrantes alemães, 71
impeachment, 27, 32, 45, 47, 53, 64, 75, 112-3, 120, 122, 124-5, 146, 189, 192, 196, 198, 243, 247, 301, 312
In Touch, tabloide, 221
Inglaterra (Reino Unido), 141, 166, 173-8, 183
Ingraham, Laura, 39, 155-6
intocáveis, Os (filme), 226
Iowa, primárias de, 283
Irã, 115, 256, 297
Israel, 121, 173, 264
Itália, 167, 172

Jackson, Andrew, 287
Jackson, Ronny, 62, 64-5, 68
James, Letitia, 300
Jobs, Steve, 199
Johnson, Boris, 175
Johnson, Lyndon B., 200
Johnson, Woody, 174, 206
judeus, 173, 277
Judge, Mark, 251

Karem, Jordan, 298
Kasowitz, Marc, 89, 95, 104, 221, 223, 225
Katyal, Neal, 297
Kavanaugh, Brett, 203, 229, 244-55, 257, 262
Kelly, John, 19, 111, 166; cúpula da Otan e, 168; cúpula de Cingapura e, 151; cúpula de Helsinki e, 183, 187, 189, 191-2; demissão de Coats e, 191; Don Jr. e, 230; eleições de meio de mandato e, 282; Jared e, 41, 230, 261; McCain e, 234; Melania e, 107; Porter e, 21; relação de Trump com, 41, 63, 230-1, 272, 282; renúncia de, 191, 295, 298-9, 302; telefonemas Trump-Hannity e, 157; Time Estados Unidos e, 236
Kelly, Megyn, 155
Kennedy, Anthony, 165, 247
Kennedy, Jacqueline, 102
Kennedy, John F., 14, 42, 52, 99, 102, 180, 185, 200, 308
Kennedy, John F., Jr., 220
Kennedy, Robert F., 14, 52
Kerry, John, 72
Khan, Sadiq, 175
Khashoggi, Jamal, 256-67
Khruschov, Nikita, 185
Khuzami, Robert, 301
Kim Jong-un, 136, 148-52, 182, 259
Kissinger, Henry, 135-8, 148, 263, 273
Klein, Michael, 265-6
Knight, Shahira, 195
Knowles, John, 72
Koch, Charles, 37, 49, 193
Kraft, Robert, 325
Kudlow, Larry, 34, 67, 272
Kurdi, Alan, 153
Kurson, Ken, 130, 145
Kushner, Charlie, 28, 109, 139, 144, 146-7, 259
Kushner, família, negócios imobiliários da, 28, 139-40, 143-4, 230, 259-60
Kushner, Jared, 52; ameaças legais a, 144-6, 201, 230, 265; assassinato de Khashoggi e, 256, 258, 262, 264, 266-7; autorização de segurança e, 29, 145, 259; Ayers e, 299, 302; Bannon e, 46, 139, 144, 201, 260, 299, 316; casas em D.C. e, 87, 299; China e, 135, 136, 141-3, 148, 290; Christie e, 144; Comey e, 147; Coreia do Norte e, 127, 136, 148; cúpula de Helsinki e, 182, 184; Distrito Sul de Nova York (SDNY)

e, 301; eleições de 2016 e, 213, 282; eleições de 2020 e, 146, 148, 201; eleições de meio de mandato e, 123, 125, 127, 147, 201, 265, 281, 300; esperanças de paz no Oriente Médio, 141, 264-5; Estado da União e, 315, 317; finanças de, 139-40, 144, 146, 259-60, 265; Haley e, 238; Hicks e, 19; imigração e, 163, 315; indulto para o pai e, 109; Kelly e, 41; Kissinger e, 136-8, 148, 263; Lewandowski e, 131; Mattis e, 259; Mueller e, 145, 147, 321-2; Murdoch e, 143, 263; negócios imobiliários de Trump e, 25-6; *New York Observer* e, 130, 145; o muro e, 309, 318, 320; papel na Casa Branca, 34, 63, 137-9; paralisação do governo e, 307-9, 313, 318; política da corte e, 28; política externa e, 136-41; Qatar e, 142; Raffel e, 21; relação de Trump com, 27, 299-300, 302; Rosenstein e, 48, 147; Rússia e, 74, 119, 141, 213; sauditas e MBS e, 142, 256-60, 262-7; Tillerson e, 139; Trump alertado por, sobre ameaças legais, 30-2; viagem de Trump para a Inglaterra e, 166, 174; volatilidade de Trump e, 146-8; Wall Street e, 289
Kushner, Josh, 147

lavagem de dinheiro, 25-6, 121, 230, 326
Le Pen, Marine, 172
Lee Hsien Loong, 151
Lee, Wen Ho, 51
LeFrak, Richard, 61
Lei de Justiça Contra Patrocinadores do Terrorismo (Jasta, 2016), 142
Lei do Primeiro Passo (2018), 300
leis de financiamento de campanha, 225-6, 326
leis de lobby da cidade de Nova York, 230
leis orçamentárias, 36-40, 43, 63, 305, 318-9
Leo, Leonard, 245
Lewandowski, Corey, 19-20, 34, 41, 89, 92, 94, 103, 113, 132, 189, 299, 316; eleições de meio de mandato e, 127, 130-1; "Estado profundo" e, 118; Kavanaugh e, 252; paralisação do governo e, 304, 308
Lewinsky, Monica, 75, 133, 149, 243
Libby, Scooter, 109
liberais, 34, 40, 44, 114, 199, 200
Liga Norte (Itália), 167, 199
Lighthizer, Robert, 143
Linton, Louise, 64

Lohan, Lindsay, 222
López Obrador, Andrés Manuel, 274
Lowell, Abbe, 29, 146,-7, 301, 321

Macron, Emanuel, 298
Madoff, Bernard, 264
máfia e mafiosos, 30-1, 55, 89, 93, 96-7
Manafort, Paul, 24, 97, 205-17, 321; admissão de culpa, 216, 227-8; dados de pesquisa e, 311; Deripaska e, 212-3; eleições de 2016 e, 94, 205-10; indulto e, 216; julgamentos e, 181, 205, 214-6, 226; Ucrânia e, 210
Manigault Newman, Omarosa, 215
Maples, Marla, 101, 103
Mar-a-Lago, 27, 88; encontro entre Trump e Xi em, 136; paralisação do governo e, 306
Mattis, James, 236, 272; cúpula de Cingapura e, 149-50, 152; cúpula de Helsinki e, 188, 190; Khashoggi e, 258-9; lei orçamentária e, 40; Otan e, 168, 170; renúncia de, 190-1, 303
May, Theresa, 174-8, 297
McCabe, Andrew, 27-8, 53, 75
McCain, John, 233-4, 236, 241-2
McCain, Meghan, 233-4
McCarthy, Kevin, 42
McConnell, Mitch, 36, 42, 77, 206, 241, 243, 316, 320; Barr e, 319; eleições de meio de mandato e, 43, 125-6, 128, 194, 198; paralisação do governo e, 306, 309; poder de, 293
McDougal, Karen, 95, 105, 222-4, 226
McGahn, Don, 13, 31, 49-50, 53, 71, 81, 110-2, 118, 228-30; Kavanaugh e, 229, 245-7
McMaster, H. R., 34, 63, 66, 149, 235-7, 240, 242
McNamara, Robert, 200
Meadows, Mark, 39, 42, 113, 299, 308
Medo (Woodward), 234-42
Menendez, Bob, 313
Mera coincidência (filme), 149
Mercedes-Benz, 269
Mercer, Bob, 129, 206
Mercer, Rebekah, 129, 206
Merkel, Angela, 169
México: fronteira, 153, 274, 318; Nafta e, 240; pagando pelo muro, 39; *ver também* imigração; muro
MI6 (agência de inteligência britânica), 116
Milken, Michael, 287

Miller, Jason, 130-1, 195
Miller, Stephen, 151, 157, 298, 316
Miss Universo, concurso (Moscou, 2013), 85-6, 185
Mnuchin, Steve, 64, 189, 206, 263
Mohammed bin Salman (MBS), príncipe herdeiro da Arábia Saudita, 141-2, 275; assassinato de Khashoggi, 256, 258, 262, 266; Jared e, 258, 262-5, 267
Mohammed bin Zayed (MBZ), príncipe herdeiro de Abu Dhabi, 258
Montenegro, 188
Moonves, Leslie, 254
Moore, Michael, 199
Moore, Roy, 171
Morris, Errol, 200
Mossad, 121
Movimento Cinco Estrelas, 167, 199
MSNBC, 54, 156, 304
Mueller, Robert S., III, 11, 15-8, 30-2, 43, 53, 244; acusação de hackeamento russo e, 178-81, 183, 185; acusações por parte de, 24; ameaças de demissão por Trump, 47, 50-1, 70-1, 76-9, 82-3, 147, 204; ameça de indiciamento de Trump, 73-6, 83, 248; Bannon e, 17, 46-7, 73, 112-4, 181, 310; Barr e, 319; casos entregues a outros procuradores por, 78, 229-30; Cobb e, 56; Distrito Sul de Nova York (SDNY), 30, 42, 78, 228, 301; eleições de meio de mandato e, 229, 294, 297; equipe da Casa Branca e, 110; equipe jurídica de Trump e, 45-6, 111; Estado profundo e, 54; finanças de Trump e, 23, 25, 31, 42; Flynn e, 24, 109, 112, 119-20, 122; Giuliani e, 60, 82; Hicks e, 18, 22; história de, 71-3; interrogatório de Trump e, 84; Jared e, 147; Kavanaugh e, 248-9; Manafort e, 24, 181, 205, 210-1, 216; McGahn e, 112, 118, 228; nomeado procurador especial, 47; Nunberg e, 133; orçamento de, 78; Organizações Trump e, 13, 30; poder de indulto e, 119-20, 122; privilégio do Executivo e, 45; Raffel e, 22; regulamentos da procuradoria especial e, 76-9; relatório de, 301, 321-7; Rosenstein e, 47, 51, 78, 83; Rússia e, 22, 24-5, 30, 42, 74-5, 114; sigilo de, 16; táticas protelatórias contra, 83; temor e hostilidade de Trump para com, 15-6, 24-5, 52, 112-5; Trump Tower Moscou e, 32; Whitaker e, 296-7

Mueller, Robert S., Jr., 71
Muhammed bin Nayef (MBN), príncipe herdeiro da Arábia Saudita, 142
Mukasey, Marc, 60, 82
Mukasey, Michael, 60
Mulvaney, Mick, 38, 236, 302
Murdoch, James, 155, 160-1
Murdoch, Kathryn, 161
Murdoch, Lachlan, 155, 160-2, 292
Murdoch, Rupert, 137, 143, 155, 160-2, 174, 220, 263, 292
muro, 33, 36, 38-9, 41, 68, 158-60, 162-3, 203, 302-8, 313-4, 317, 320

Nações Unidas (ONU), 268-70, 273
Nada de novo no front (Remarque), 297
Nadler, Jerry, 301
National Endowment for the Humanities, 145
National Enquirer, 141, 218-9, 222-3, 225, 228
Navarro, Peter, 143, 289
Netanyahu, Benjamin "Bibi", 146
New York Observer, 130, 145
New York Post, 160
New York Times, The, 50, 103, 121, 133, 206, 209, 228, 297; "Anônimo", artigo, 241-3
New Yorker, 72, 103
Nixon, Richard, 119, 148, 270, 310; Watergate e, 15, 71, 77, 110, 112, 203, 235, 239, 248, 315
Nunberg, Sam, 94, 130, 132-4, 231, 285-6, 291-2
Nunes, Devin, 117-8

O'Reilly, Bill, 155, 195
O'Rourke, Beto, 285
Obama, Barack, 34, 49, 52, 54, 65, 73, 85, 215, 234, 301; eleições de meio de mandato de 2010 e, 124; Estado profundo e, 115-8
Obama, Michelle, 85
Observatório Jurídico, 79
obstrução da justiça, 27, 50, 74, 76, 79, 110, 113, 119, 121-2, 230, 300, 312, 322
OK!, tabloide, 221
oligarcas russos, 27, 184, 212
Oprah, revista, 219
Opus Dei, 245
Orbán, Viktor, 172
Ordem dos Advogados dos Estados Unidos, 79

338

Organização do Tratado do Atlântico Norte (Otan), cúpula de Bruxelas, 166-70, 174, 183, 187

Organizações Trump, 26, 28, 31, 55, 148, 270, 281, 326; círculo íntimo nas, 62, 89-91; Cohen e, 94-7, 224; Distrito Sul de Nova York (SDNY) e, 31, 301, 314; Mueller e, 13, 30-2; pagamento a Daniels, 225-6

Oriente Médio, 141; finanças de Jared e, 259-60, 265; plano de paz de Jared e, 264-5, 267; plataforma de desenvolvimento econômico, 265

Oslo (Rogers), 265

Oswald, Lee Harvey, 180

Page, Carter, 113, 116, 246

Page, Lisa, 118

palestinos, 142, 264

Palm Beach, acordo imobiliário, 26

Palm Beach, polícia de, 27, 325

Papadopoulos, George, 24, 113, 116, 246

paralisação do governo, 36-40, 203, 302-14, 318

Parlamento Europeu, 171-2

Parscale, Brad, 146, 201-2, 277, 281-2, 287, 291

Partido de Independência do Reino Unido (UKIP), 167, 173

Partido Democrata, 312; Barr como procurador- -geral, 319; China e, 290; desprezo de Bannon pelo, 134; dossiê de Steele e, 85; eleições de meio de mandato e, 44, 126, 196, 198-9, 229, 247, 255, 267, 281-3, 285, 321; hackeamento russo e, 178; Kavanaugh e, 249-50, 255; o muro e, 313; obtém o controle da Câmara, 83, 290-3, 299, 301, 305, 313-4, 318; paralisação do governo e, 36-7, 301-2, 305, 307-8, 313-4; relatório de Mueller e, 327; Time Estados Unidos e, 236; Trump acusa, de conluio com a Rússia, 69

Partido Republicano: "Anônimo", artigo e, 243; Bannon e, 128; Barr e, 318-9; controle do Senado e, 128, 248, 252, 285, 293; cortes de impostos e, 45; cúpula de Helsinki e, 189, 193; doadores, 39, 43, 126, 193, 198, 206; eleições de 2016 e, 116; eleições de 2020 e, 146, 309; eleições de meio de mandato e, 43-5, 123-8, 146, 171, 194, 197-9, 216, 229, 274, 276, 281-6, 292-3; eleitores com formação universitária e, 274; e-mails de Hillary Clinton e, 179; Estado

profundo e, 118; Fox News e, 155; funeral de McCain e, 234; Haley e, 270-4; imigração e, 169; Ivy League e, 71; Kavanaugh e, 248, 252; lei orçamentária e, 36, 39; liderança congres- sional e, 36, 39, 43; Mueller e, 113; o muro e, 36-7, 39, 314; paralisação do governo e, 305, 314; relação de Trump com, 27, 197, 228, 232, 236, 317; Short como diretor legislativo e, 195; Síria e, 314; Whitaker e, 296-7

Pecker, David, 141, 218-28, 231, 264

Pelosi, Nancy, 36, 125, 255, 283, 294-6, 301-2, 305, 312, 315

Pence, Karen "Mãe", 64-5

Pence, Mike, 38, 63-4, 66, 189, 303-4, 310, 320

Philip, príncipe, duque de Edimburgo, 178

Pirro, Jeanine, 157

Playboy, 222

poder de indulto, 119-2

poderoso chefão, O (filmes), 224

Podesta, John, 180

Pompeo, Mike, 34, 67, 149, 151, 168, 181-3, 188, 262, 272, 309

populismo, 34, 40, 134, 198, 288

Porter, Rob, 19, 62

Posner, Eric, 121

Pottinger, Matt, 151, 236, 242

Pottinger, Stan, 243

Powell, Dina, 236-7

Powell, Laurene, 199

Preate, Alexandra, 200

preços do petróleo, 141, 264

Priebus, Reince, 17, 41, 60, 64, 66, 111, 194, 295

Primeira Guerra Mundial, comemoração do fim da, 297

privilégio do Executivo, 45, 47

procurador-geral do Estado de Nova York, Fun- dação Trump e, 300, 311

proibição de viagens presidenciais, 164-5

projeto de lei de reforma tributária, 45, 128-9, 188

Putin, Vladimir, 68, 114, 138, 259; cúpula de Hel- sinki e, 166, 180-93; França e, 172; Manafort e, 213-4; proposta de visita à Casa Branca, 191

Qatar, 141-2, 146, 256, 259-60

Quinta Avenida, 666, 139, 143, 259

Quinta Emenda, 31, 120

Rabin, Yitzhak, 265
racismo, 277-9
Raffel, Josh, 21-2
Raspail, Jean, 275
Reagan, Ronald, 132, 240
reforma da justiça criminal, 300
Reno, Janet, 51
Rhee, Jeannie, 31-2
Rich, Marc, 121
Rico (Lei Federal das Organizações Corruptas e Influenciadas pelo Crime, 1970), 30-1, 311, 314, 316
Rolling Stone, 64
Romênia, 169
Romney, Mitt, 316
Rosen, Ira, 199
Rosenstein, Rod, 47-8, 51, 53, 78, 80, 82, 113, 117-8, 147, 204
Roth, Steven, 61
Rove, Karl, 164
Rowan, Marc, 28
Rubio, Marco, 206
Ruby Ridge, impasse, 51
Ruddy, Chris, 141
Ruemmler, Kathy, 49
Rusal, empresa, 214
Rússia, 15, 22, 24, 140, 267, 312; acusação de hackeamento e, 178-81, 183, 185, 189-90, 193, 310; China e, 142; Congresso e, 301; Don Jr. e, 22, 74; dossiê Steele e, 85, 106; Estado profundo e, 115-7; Europa e, 172-3; Flynn e, 74, 109, 115, 119, 235; Haley e sanções contra, 271; Jared e, 74, 141, 260; Kissinger e, 138; Manafort e, 212, 311; relatório de Mueller e, 321-2; Stone e, 310; Trump e, 69, 114-5, 168, 231
Ryan, Paul, 36-7, 43, 47, 62, 126, 128, 194, 206, 241
Rybolovlev, Dmitry, 27

Salvini, Matteo, 167
Sanders, Sarah Huckabee, 63, 86, 128, 151, 159, 183, 192
Sayoc, Cesar, 277
Scaramucci, Anthony, 162, 189
Scarface (filme), 258
Scavino, Dan, 298
Schick contra Reed, 120

Schiff, Adam, 301
Schiller, Keith, 86, 89-90, 99, 103
Schlapp, Mercedes, 63, 128, 159, 192
Schuette, Bill, 68
Schulze, Gabriel, 135-6
Schumer, Chuck, 36, 273, 313-4
Schwarzenegger, Arnold, 220
Schwarzman, Stephen, 142-3, 265, 273, 287, 290
Schweizer, Peter, 179
Segunda Guerra Mundial, 174
segurança de fronteira, 36-7, 275, 303-4, 308, 312-3; *ver também* muro
Sekulow, Jay, 14, 45, 84, 111
Senado dos Estados Unidos, 193; Comissão de Inteligência, 105; Comissão Judiciária, 250; derrota de Moore no Alabama e, 171; eleições de 2020 e, 126, 309; eleições de meio de mandato e, 43, 64, 124-6, 229, 285, 293-4; impeachment e, 120; nomeação de Kavanaugh e, 248, 250, 255; paralisação do governo e, 306, 313; Síria e, 314; Whitaker como procurador-geral em exercício e, 296
separações familiares, 108, 153, 163-5
Separate Peace, A (Knowles), 72
Serviço Secreto, 68, 306
Sessions, Jeff, 31, 50, 52-3, 56, 77, 80, 204, 215, 243; demissão de, 294, 296
Sheen, Charlie, 222
Sherman, Gabe, 199
Shine, Bill, 159, 183, 186, 188-9, 192, 195, 282, 298, 302
Short, Marc, 38, 63, 195
Shulkin, David, 62
Simpson, O. J., 57
Sims, Cliff, 53
Sinatra, Frank, 252
Singer, Paul, 37, 193
Síria, 271, 303, 314
Sob a névoa da guerra (documentário), 200
Sociedade Federalista, 50, 245-6
Soros, George, 277
Stálin,Ióssif, 216
Star, tabloide, 221
Starr, Ken, 75, 247, 324
Stavigile (estimulante), 65
Steele, Christopher, 85, 115
Steele, dossiê, 69, 85, 105, 115, 118, 275

340

Steinem, Gloria, 243
Stephanopoulos, George, 80-1
Stewart, Martha, 109
Stivers, Steve, 43
Stoltenberg, Jens, 168
Stone, Roger, 113, 132, 181, 310
Strzok, Peter, 118, 215
suborno, 121, 140, 230
Sulzberger, família, 242
Summers, Larry, 34
Sun, The, tabloide, 174-8
Suprema Corte do Estado de Nova York, 300
Suprema Corte dos Estados Unidos, 120; código
 de ética e, 248-9; Gorsuch e, 246; Kavanaugh
 e, 203, 229, 244-55, 262; proibição de viagens
 presidenciais, 164-5
Surabian, Andy, 209
Swan, Jonathan, 21
Swift, Taylor, 49

tarifas do aço, 289
Tarkanian, Danny, 297
Tea Party, 236
terrorismo, 72, 115
Tester, Jon, 68
teto da dívida, 305
Threat Matrix, The (Graff), 72
Tillerson, Rex, 27, 135, 139, 149, 236-7, 240
Time, 138, 141, 221
Time Estados Unidos, 236-8, 241
Tribunal de Monitoramento e Inteligência Estran-
 geira (Fisa), 118
Trump @War (filme), 200
Trump Aberdeen, campo de golfe, 166
Trump Casinos, 88
Trump Shuttle, 88
Trump Soho, 88
Trump Tower, 22, 31, 88, 209
Trump Tower Moscou, 32
Trump Turnberry, resort de golfe, 182
Trump University, 88
Trump, Barron, 102, 108, 317
Trump, Donald: acordo de imunidade de Weissel-
 berg e, 301, 320; Alemanha e, 168; ameaça de
 acusação e, 73-6; ameaça de impeachment, 27,
 32, 45, 47, 53, 64, 75, 112-3, 120, 122, 124-5,
 146, 189, 192, 196, 198, 247, 301, 312; ameaças

legais a, 30-2, 201, 311; "Anônimo", artigo e,
241-3; aparência de, 39, 107; Arábia Saudita
e, 142, 260-2, 264; assassinato de Khashoggi
e, 256-7, 261-2, 266-7; Ayers e, 299, 302;
bancada republicana no Senado e, 317; Bannon
e, 35, 38-42, 46-8, 53, 56, 62, 84-5, 129, 158,
166-9, 193, 196, 200-1, 278, 311-2; Barr como
procurador-geral e, 319; Bharara demitido por,
31; bilionários e, 287; caravana e, 274-8; casamento com Marla Maples, 101; casamento com
Melania Knavs, 98-108, 306; cerimônia de posse, 9, 211, 287, 295, 314, 326; Charlie Kushner
e, 140; chefe de gabinete e, 42; China e, 142-3,
148-9, 240, 288-90; China e os encontros de
cúpula com Xi, 136, 323; círculo íntimo de,
41-2, 89-94, 118; Coats e, 191; cochichos de
Bannon para, 47; Cohen e, 53-4, 93, 95, 221-4,
227; Comey e, 15, 31, 52, 54-5, 85; comícios e,
67-8, 228-9, 239, 258, 283; Coreia do Norte
e, 127, 135-6, 148-52, 182; corrupção e, 232;
Coulter e, 304-5; Departamento de Justiça
(DOJ) e, 49-56, 83; deploráveis e, 44, 113, 128,
130, 197; Deripaska e, 213-4; Deutsche Bank e,
26; dificuldades de andar de, 92; discurso na
ONU, 273; Distrito Sul de Nova York (SDNY) e,
30, 43, 314; Dossiê Steele e, 85-6, 105; Dowd
demitido por, 32; droga Stavigile e, 65; eleições
de 2016 e, 24, 44-5, 92, 206-13, 231; eleições
de 2020 e, 148, 154, 201, 238, 310; eleições de
meio de mandato e, 42-3, 83, 123-9, 171, 196-8,
203-4, 228-9, 239, 258, 267, 268, 280-301;
Elizabeth II e, 178; e-mails de Hillary Clinton
e, 179-80; emergência nacional e, 307-9, 312-4,
320; entrevista ao The Sun, 174-8; Epstein e,
26; equipe da Casa Branca e, 11, 24, 27, 34,
62-6, 159; equipe jurídica de, 13-7, 45-6,
56-60, 70, 111; escândalos sexuais, 27, 32, 86,
91, 95, 100, 104-5, 221-6, 306; escândalos
sexuais, "catch and kill" de McDougal, 223,
225; escândalos sexuais, pagamento a Daniels,
57, 80, 86, 95, 222, 224, 226, 275; Estado
da União e, 312, 315-7; Estado profundo e,
115-8; estilo de gestão de, 24, 62, 89-90; FBI
e, 52, 54-5; filho Barron e, 102-3; filho Don
Jr. e, 92, 103, 131, 196; filho Eric e, 103; filme
de Bannon sobre, 200; finanças de, 23, 25-8,
42, 44, 230, 267, 300, 311, 314; finanças de

campanha e, 44, 226; fita do xixi e, 85, 88, 184-6, 327; Flynn e, 62, 74, 109, 112, 115, 119; Fox News e, 39, 155-60; gabinete e, 27; Giuliani e, 59-60, 79-82, 111; golfe e, 59, 100, 102, 135, 166, 180, 182, 193, 206-8, 234, 306; Haley e, 268-74, 320; Hannity e, 62, 155-65, 170, 187, 195, 197, 202, 299; Hicks e, 18-9, 21-2; história de, 23, 70, 73; histórico escolar da faculdade, 184; imigração e, 37-8, 153, 157, 162-5; indicação de Jackson para chefe de Assuntos de Veteranos, 62, 66, 68; investigação do Congresso de, 17, 45, 318; Ivanka e, 28-9, 103, 299-300, 302, 316; jantar dos correspondentes da Casa Branca e, 67; Jared e, 27-32, 141, 143-4, 146-8, 201, 259, 264, 299-300, 302; John Dean e, 112; judeus e, 227, 242; Karen Pence e, 64; Kelly como chefe de gabinete, 41-2, 63, 191, 295, 298-9, 302; Kissinger e, 138, 264; legitimidade da presidência, 117, 239; lei orçamentária e, 36-41; Lewandowski e, 131; liderança democrata e, 302; mafiosos e, 31, 55, 89; Manafort e, 97, 205-16, 227, 311; Mattis e, 152, 190-1, 303; McCabe e, 28, 74-5; McCain e, 233-4, 242; McConnell e, 126, 320; McGahn e, 49-50, 112, 228; McMaster e, 63, 236; mentiras, 11, 18, 86-9; Mercers e, 129; mídia e, 67, 69, 159, 215, 220; Mueller e, 22-5, 31, 42, 45, 47, 70-8, 82-3, 110, 112-5, 147, 186, 228-9, 298, 301; Mueller e, ameaças de demissão, 47, 50-1, 70-1, 76-9, 82-3, 147; Mueller e, perguntas para, 84; Mueller e, problema da prova irrefutável, 231-2; Mulvaney como chefe de gabinete interino, 302; Murdoch e, 160-2; Nafta e, 240; National Enquirer e Pecker e, 218-28; negócios imobiliários e, 25-8, 55, 59, 61, 100, 182, 230; netos e, 92; nomeações por, 65; Nunberg e, 132-4; o muro e, 36-41, 158-60, 162-3, 302-8, 313-4, 317-8, 320; Obama e, 118; Organizações Trump e, 30, 62-95; Oriente Médio e, 264; Otan e, 169; paralisação do governo e, 39, 302-14, 318; Partido Republicano e, 27; Pelosi e, 294-6, 302, 305, 312, 315; Pence e, 63-4, 320; personalidade de, e ataques de raiva, 39, 91, 299; personalidade de, e aversão à fraqueza, 164; personalidade de, e desatenção e mudanças de humor, 10, 41, 45, 62, 91, 123, 147, 289, 297-9; personalidade de, e desejo de derrotar o sistema, 14, 74, 88; personalidade de, e falta de conhecimento sobre o governo, 52-3; personalidade de, e incapacidade de processar números, 92; personalidade de, e instabilidade mental, 11, 176, 267, 314, 325; personalidade de, e instintos de sobrevivência, 35, 231, 327; personalidade de, e narcisismo, 23, 59, 61-2, 66; personalidade de, e perder ou ganhar, 38, 40, 89, 101; poder de indulto de, 109-10, 320, 326; poder de indulto de, e Arpaio, 109; poder de indulto de, e autoindulto, 109, 120; poder de indulto de, e Cohen, 96; poder de indulto de, e Flynn, 109, 112, 119-20, 122; poder de indulto de, e Manafort, 216; política comercial, 143; política externa, 141, 144, 148; Pompeo e, 67; Porter e, 21; privilégio do Executivo e, 45, 47-8, 247; processo orçamentário e, 229; proibição de viajar, 164-5; Putin e, 68, 114, 179-93, 214; racismo e, 215, 277-8; relatório de Mueller e, 321-7; reunião na Trump Tower e, 22; reuniões, 85, 150, 183; Rosenstein e, 47-8, 51, 53, 147; Rússia e, 68, 106, 114-5, 118-9, 138, 168-9, 179-80, 185-93, 231, 260, 271, 301; Ryan e, 37; separações familiares e, 108, 153, 164; Sessions e, 31, 52-3, 243, 294, 296; Shine sobre, 195; solidão na Casa Branca, 67, 306; Suprema Corte e aposentadoria de Kennedy, 165; Suprema Corte e nomeação de Gorsuch, 246; Suprema Corte e nomeação de Kavanaugh, 229, 244-55; táticas de protelação de, 47, 83-4; telefonemas noturnos, 29, 39, 48, 54-5, 60-62, 157, 161, 206, 297; tempo executivo e, 299; The Apprentice (programa de tv), 89, 92; transição e, 34, 59, 304; Trump Tower Moscou e, 32; Tucker Carlson e, 156; tuíte sobre a Síria, 303, 314; tuíte sobre o Estado Islâmico, 303; ultimato e, 315, 317-8; União Europeia e, 240; viagem à Alemanha, para a cúpula do G20, 22; viagem à Arábia Saudita, 266; viagem a Bruxelas, para a cúpula da Otan, 174, 166-70, 187; viagem a Cingapura, para cúpula com Kim, 136, 149-52, 182; viagem à França, para o aniversário do fim da Primeira Guerra Mundial, 297-8; viagem a Helsinki, para a cúpula com Putin, 166, 180-93; viagem ao Vietnã, para cúpula com Kim, 323; viagem para Inglaterra e Escócia, 166-7, 170-1, 173-8, 180, 182; vulnerabilidade legal da família e, 230; Whitaker como procurador-geral em exercício e, 296-7; Woodward e, 234-6, 238-9

Trump, Donald, Jr., 19, 184, 317; ameaça de acusação e, 146, 230; caso Guilfoyle e, 162; círculos de direita e, 139; Cohn e, 94; eleições de meio de mandato e, 194, 196, 282; Lewandowski e, 131; relação de Trump com, 90, 92, 103; relatório de Mueller e, 321; reunião na Trump Tower e, 22, 74; Vance e, 230

Trump, Eric, 90, 103, 317

Trump, Fred, 71, 226

Trump, Ivanka, 52, 137, 146, 166, 174, 268; ambições de, 147; autorização de segurança de Jared e, 29, 259; Ayers e, 299, 302; Bannon e, 46, 316; casas de, em D.C., 87, 299; China e, 316; Christie e, 144; Cohen e, 94, 96; cúpula de Helsinki e, 189-90; eleições de meio de mandato e, 279, 282, 302; equipe da Casa Branca e, 34, 138-9; Estado da União e, 315, 317; Haley e, 238, 269, 271; Hicks e, 19; imigração e, 163; Kavanaugh e, 252; Kelly e, 41, 261; linha de roupas de, 21; Melania e, 99; Mulvaney e, 302; nomeação de Jackson para chefe de Assuntos de Veteranos, 66; paralisação do governo e, 302, 307, 309, 313; programa de treinamento profissional e, 191; Raffel e, 21; relação de Trump com, 28, 61, 103, 300-2; Vance e, 230; Wendi Deng e, 143

Trump, Melania Knavs, 98-108, 168, 187, 306, 317; acordo nupcial, 107; casa em Maryland com os pais e, 102, 108; filho Barron e, 102, 106; história de, 99-100; hospitalização de, 98-9, 107

Trump, Robert, 52

Trump, Tiffany, 103, 317

Trump's Enemies (Lewandowski e Bossie), 119

Turquia, 256-8, 260, 262, 266

Twitter, 87, 303

Tyson, Mike, 57

Ucrânia, 169, 185, 188, 212

União Europeia (EU), 171, 175, 240

União Soviética, 240

Us Weekly, tabloide, 221

Vance, Cyrus, Jr., 216, 230

Vanity Fair, 199

Vietnã, cúpula com Kim no, 323

View, The (programa de TV), 233

Virgínia, eleições de meio de mandato de 2018, 276, 285-6

Wachtell, Lipton, Rosen & Katz, 87, 297

Waco, impasse de, 51

Wahlberg, Mark, 199

Wall Street Journal, 95, 227

Warren, Elizabeth, 134, 273, 275, 283

Washington Post, 47-8, 199, 235, 250, 257

Washington, Michigan, discurso de Trump em, 68-9

Watergate, escândalo, 15, 50-1, 71, 75, 77, 110, 112, 203, 235, 239, 248, 315

Waters, Maxine, 301

Weinstein, Harvey, 21-2, 103-4, 220, 230

Weisselberg, Allen, 89, 225-7, 301, 320

Weissmann, Andrew, 73-4, 83, 216, 248-9, 323

Wexton, Jennifer, 286

Whitaker, Matthew, 296-8, 318, 322

Whitestone, Erik, 89, 90-2

Whitewater, investigação, 132

WikiLeaks, 311

Wiles, Susie, 127

Wilson, Woodrow, 120

Winfrey, Oprah, 219

WME, empresa, 264

Wolf, Michelle, 68

Woman's Day, revista, 220

Woodward, Bob, 203, 234-42

Wray, Christopher, 314

Wu Xiaohui, 143

Xi Jinping, 136, 323

Young, Cy, 56

Zelinsky, Aaron, 31-2

ESTA OBRA FOI COMPOSTA PELA ABREU'S SYSTEM EM INES LIGHT
E IMPRESSA EM OFSETE PELA LIS GRÁFICA SOBRE PAPEL PÓLEN SOFT DA SUZANO
PAPEL E CELULOSE PARA A EDITORA SCHWARCZ EM JUNHO DE 2019

A marca FSC® é a garantia de que a madeira utilizada na fabricação do papel deste livro provém de florestas que foram gerenciadas de maneira ambientalmente correta, socialmente justa e economicamente viável, além de outras fontes de origem controlada.